자랑스러운
우리의 역사

김숙복·정윤화·정일동 공저

2

우리 민족의 우수성과 문화적 힘

(주)백산출판사

머리말

   본 저서는 이전에 발간하였던 『한국사의 이해』 1, 2, 3은 내용이 너무나 조잡하고 부실하여 다시금 집필하고자 하였다. 즉 이전의 책은 내용 정리나 내용의 순서가 뒤죽박죽되어 어딘가 모르게 어설픈 느낌이 들게 되었다. 따라서 한국사의 교재로서는 다소 무리가 있어 다시 이를 고치고자 하였다.

   2021년 교양과목으로서 한국사를 강의한 지 벌써 몇 해가 지나자 이제야 한국사에 대한 이해가 정리되기 시작하여 어느 정도 자신감이 들기 시작했다. 자신감만 가지고 한국사를 강의하면서 나 자신이 너무나 초라하고 부끄러운 점도 있었다. 단순히 지식만을 가지고 학생들에게 전달만 하는 것이 최선이라는 생각은 오늘날 학생들에게 너무나 죄송스러운 마음이 들었다. 따라서 학생들에게 대한민국 국민이라면 이 정도는 반드시 교양으로서 알아야 할 내용들을 다시 정리하기 시작하여 좀 더 정리가 되고 흥미와 야사를 중심으로 전개하였다.

   오늘날 대한민국은 어려운 세계 환경 속에서 여전히 국제정세에 발맞추어 지구촌의 일원으로서 자리를 잡고 있다. 어려웠던 지난 세월을 기억하면서 정치(政治), 경제(經濟), 스포츠, 대중문화(大衆文化, 예를 들면 K-Pop)를 통하여 대한민국(大韓民國)은 세계로 향하고 있다. 과거(過去) 우리가 느끼고 있는 대한민국(大韓民國)과는 너무나 다른 세상(世上)에 살고 있다.

   불과 30년 전만 하더라도 대한민국은 교육 분야 이외에 서서히 경제, 정치, 문화 등이 자리를 잡기 시작하더니 과거의 가난하고 정치의 불안정, 전쟁의 위험, 폭력과 정치적 야합 등으로 어려운 시절을 이겨내고 어느덧 원조받던 나라에서 세계의 중심 국가로 정치, 경제 등 관련분야에서 세계를 놀라게 하는 나라로 성장했다.

   당시 우리가 부러워했던 일본은 선진국으로 우리가 신경을 쓰지 않았던 중국은 어느덧 세계 경제를 이끌어 가고 있으며 일부 아시아 국가들은 이제 신흥 국가로 성장을 가속하고 있다.

따라서 우리는 그 동안 양적 성장에서 벗어나 질적 성장으로 기지개를 펼쳐야 할 때이다.

그러나 아무리 나라가 부강하더라도 우리는 잊어서는 되지 말아야 할 것은 있다. 과거의 역사와 다가올 미래 역사인 역사철학을 기억해야만 한다. 아무리 물질, 황금만능이 우선이 되는 시대라 할 지라도 우리가 살아왔던 우리의 역사 그리고 그것을 통해 앞으로 가야 할 역사를 분명하게 인식해야만 그 나라는 성장하고 존속할 것이라는 점이다. 이러한 점을 우리는 분명하게 간과해서는 안 된다.

이러한 예는 우리 주위에서 나타나고 있다. 오늘날 일본(日本)은 과거(過去)의 화려함만을 내세운 채 잘못된 역사 인식(歷史認識)으로 군국주의(軍國主義)와 국수주의(國粹主義)를, 중국(中國)은 거대(巨大)한 국가로 성장하여 국가안보(國家安保)나 경제 대국(經濟大國), 군사 대국(軍事大國)으로서 우리를 위협(威脅)하기 시작(始作)하였고, 북한(北韓)은 정치(政治), 경제(經濟) 등 아직도 사회주의(社會主義)에 매달려 국민(國民)을 고통(苦痛)스럽게 하거나, 핵(核)을 내세워 대한민국과 세계(世界) 평화(平和)에 위협을 주고 있다. 러시아도 마찬가지로 과거에 알았던 구소련(舊蘇聯)이 해체(解體)되어 민주화(民主化)로 진행(進行)되는 듯하였으나 잘못된 역사관으로 우리 안보(安保)를 위협(威脅)하고 있다.

이러한 상황에서 우리는 선진대국에 이르렀으나 물질만능주의가 우리 사회를 지배하고 있다. 즉 개인주의화로 인하여 우리가 가지고 있는 역사적 가치를 인식하지 못하고 무조건적 서양의 문물만 선호하는 것이 생활 곳곳에까지 지배하고 있음을 알 수가 있다.

이러한 시기에 대한민국은 과거(過去)의 양적 성장 위주(爲主)에서 벗어나 새로운 길을 선택(選擇)해야 하는 기로(岐路)에 서 있다. 물론 세계는 경제전쟁(經濟戰爭)으로 인한 무역전쟁(貿易戰爭)으로 어느 국가도 우리의 우방(友邦)이나 적국(敵國)으로 생각(生覺)하여야 하는 처지(處地)가 아니다. 자국(自國)의 이익(利益)을 위해서는 어떠한 국가도 우방이 될 수 없는 것이, 오늘날 우리의 현실(現實)이다. 북한(北韓)은 경제적으로는 세계에 손을 내밀려고는 하지만 여전히 정치적으로 장벽(障壁)을 세우고 있고, 일본은 경제, 역사 등에는 아직도 우리의 우방이 아니라 우방보다도 더한 군국주의(軍國主義)를 내세우고 있다. 중국은 자국(自國)의 힘을 내세워 정치적(政治的), 경제적(經濟的), 군사적(軍事的) 그리고 역사적(歷史的)으로 공정(工程)을 내세워 주위 국가를 우려(憂慮)하게 한다.

우리 주변(周邊) 환경(環境)이 어려울수록 우리 나름대로 국력(國力)을 신장(伸張)해야 하고 균형외교(均衡外交)를 통해 평화를 공존(共存)하는 시대(時代)를 열어야 하는 것이 당면(當面)한 과제(課題)이다. 이를 위해서는 대한민국을 올바로 바라보는 역사적 시각(視覺)을 가져야 한다. 물론 역사는 과거이면서 사실적이고 객관성(客觀性)을 가져야 하지만 이를 토대(土臺)로 미래지향적(未來指向的)인 세계로 나가는 역사철학(歷史哲學)을 가질 필요성(必要性)이 있다.

오늘날은 정치, 경제, 문화 등 세계화 시대로 가고 있다. 과거의 좁은 시각으로는 살아갈 수 없고 세계사(世界史)에서 도태(淘汰)될 수 있다. 그렇다고 해서 과거를 버리라는 것이 아니라 그 토대(土臺) 위에 현재(現在)와 미래(未來)를 밝힐 수 있는 세계를 보는 태도가 필요하다는 것이다.

우리의 역사를 살펴볼 때 홍익인간(弘益人間)이라는 거대(巨大)한 가치 아래 대한민국을 이끌어 왔다. 단군 조선 이후(檀君 朝鮮 以後) 이러한 가치는 절대(絕對)로 가져야 하는 우리의 정신(精神)이다. 이러한 정신은 오늘날 서구사상(西歐思想)의 도입(導入)으로 약화(弱化)는 되었지만, 어느 나라도 가지고 있지 않은 우리만의 가치로 자랑스럽게 여겨야 한다. 이를 통해 자유민주주의(自由民主主義)와 세계평화를 주도(主導)할 수 있다.

위에서 말했듯이 대한민국(大韓民國)의 역사(歷史)는 문화(文化)의 우수함을 토대로 하였다. 이러한 문화의 힘은 군사적 강대국보다도 매우 강한 힘을 가지고 있다. 오늘날 대한민국이 세계의 중심(中心)이 된 것도 우리만의 문화적 우수성과 세계에서 유래를 찾아볼 수 없는 교육열(敎育熱) 때문이다.

본(本) 한국사(韓國史)의 내용(內容)은 우리 민족(民族)의 우수성(優秀性)과 문화적 힘을 가감 없이 학생(學生)들에게 전달(傳達)하고자 한다. 따라서 『자랑스러운 우리 역사』 1, 2권은 한반도의 정착에서부터 조선 말까지를 정리하였다. 그 이유는 근, 현대사는 여전히 평가할 부분이 남아 있기에 본 저자는 조심할 필요가 있어서이기 때문이다. 본 집필은 역사적으로나 연구 업적으로는 충분하지는 않으나 교양과목(敎養科目)으로서 한국사를 조금이라도 이해(理解)하는 데 도움이 되고자 하였다.

이 글을 함께 집필(執筆)해 준 대표로서 출판사 관계자들과 경북과학대학교 간호학과 정윤화 교수님, 군사학과 정일동 교수님에게 감사(感謝)를 드린다.

2025년 저자 일동

차 례

자랑스러운 우리의 역사

제**1**장

조선 중기
사림세력의 득세

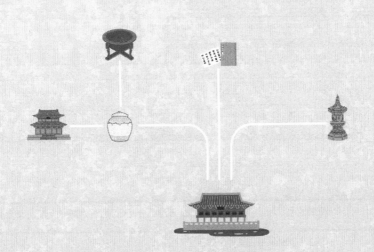

자랑스러운 우리의 역사

제1장 조선 중기 사림세력의 득세

1. 조선 중기의 주변 정세와 사대교린 정책

조선시대 주변국과의 관계는 사대교린 정책(事大交隣政策)을 펴왔다. 사대교린이란『맹자(孟子)』에서 처음 나온 말로 내용은 다음과 같다.

> 제의 선왕이 이웃 나라와의 교린의 도를 묻자 맹자가 말하기를
> "오직 인자(仁者)만이 능히 대(大)로써 소(小)를 섬기니 이런 까닭에 탕(湯)이 갈(葛)을 섬기시고 문왕(文王)이 곤이(昆夷)를 섬겼습니다. 오직 지자(智者)만이 능히 소(小)로써 대(大)를 섬기니 때문에 태왕(太王)이 훈죽(獯鬻)을 섬기시고 구천(句踐)이 오(吳)를 섬겼습니다. 대로써 소를 섬기는 자는 하늘의 뜻을 즐거워(樂)하는 자요, 소로써 대를 섬기는 자는 하늘의 뜻(天)을 두려워(畏)하는 자이니, 하늘의 뜻을 즐겨 하는 자는 천하를 보전(保全)하고, 하늘의 뜻을 두려워하는 자는 그 나라를 보전할 수 있습니다."

맹자(孟子)는 사대교린 정책을 명분과 현실이라는 두 마리 토끼를 잡는 것으로 비유하였다. 즉, 국가 간의 관계는 국가의 안정을 도모하는 것이 최우선 정책이다. 따라서 조선

은 당시의 강대국이었던 명(明)나라에는 사대(事大)를 표하였고 주변의 여진족, 일본 등에 대해서는 교린정책(交隣政策)을 폈다. 이는 당시는 중국을 섬기는 사상이 있어서 명(明)을 강대국이라고 의미를 두어 명(明)과의 충돌은 곧 조선의 안위와 관계가 있다고 생각하였 다. 사대교린 정책(事大交隣政策)은 조선은 명(明)에게는 섬기고(事大) 주변 국가에는 상황에 따라 교린정책(交隣政策)을 사용했다는 것이다.

당시 조선의 국제적 문제는 일본과의 관계였는데 당시 조선은 왜구(倭寇)의 침입으로 골칫거리를 앓고 있던 시기였다. 왜(倭)가 한반도에 나타난 것은 매우 오래되었다. 역사적 으로 본다면 서기 663년 백제 부흥군(復興軍)과 왜의 백제 구원군(救援軍)이 나당연합군에 게 대패한 뒤 한반도에서 철수하는 듯하였으나, 당시 왜는 당나라에서 안녹산의 난이 일 어나자, 한반도에서 영향력을 회복하기 위하여 '신라정토계획(新羅征討計劃)'을 세워 신라 를 괴롭히기 시작하였다(전경일, 2011). 그러나 이러한 계획이 실패하자, 한반도를 약탈하 기 시작하였고 당시 조선은 이를 해결하려고 노력하였으나 일본의 중앙정부가 이를 해결 할 능력이 없음을 알고 중앙정부와는 대등 관계를, 그리고 쓰시마(對馬島) 일대의 영주, 즉 다이묘(大名)에게는 기미(羈縻, 고삐를 메다, 복종) 관계(關係)를 유지할 수밖에 없는 실정이었다.

따라서 조선은 다이묘를 통해 왜구를 토벌하려고 하였다. 여기서 다이묘(大名)란 10~19 세기에 걸쳐 일본 각 지방의 영토를 다스리며 권력을 누렸던 영주를 말한다. 무로마치 시대부터 전국 시대를 거쳐 에도 막부 시대까지 다양한 계급의 변천사가 있었으나, 대개 쇼군(막부의 우두머리, 장군) 바로 아래의 높은 지위를 가지고 있었다. 다이묘들은 사무라이 들을 고용하여 자신들의 영지를 지키도록 하곤 하였다.

에도 시대에는 주로 1만 석 이상의 영지를 막부(幕府)로부터 부여받은 무사를 지칭하였 다. 다이묘 중에서 100만 석 이상의 거대 다이묘들은 따로 분류되었다. 이 거대 다이묘는 정말 손에 꼽을 정도로 그 수가 적어서 도쿠가와 이에야스, 도요토미 히데요시, 모리 데루 모토, 우에스기 가게카쓰, 다테 마사무네 정도밖에 없었다. 다테 마사무네는 백만 석을 넘지 못했다. 마에다 토시이에가 백만 석을 넘겼다. 다이묘들의 통치는 1871년 메이지 유 신을 통해 근대적인 현도부(縣道府) 제도가 완성되면서 소멸이 되었다. 조선은 초기에 쓰 시마(對馬島)를 정벌하고 난 후 양국의 관계는 안정되어 갔으나 세조 때부터 사신을 교환 하지 않는 등 소극적으로 변화하였다.

2. 사화(士禍)로 얼룩진 붕당정치의 시작

선조에 이르러서의 조선의 국내 정치는 붕당정치(朋黨政治)가 득세하였다. 예전에는 붕당(朋黨)이라는 말 대신 당파라는 용어를 썼는데 이 용어는 우리 조선의 정치를 깎아내리려고 일본인 학자들이 의도적으로 사용한 것이라고 하여 지금은 사용하지 않는다. 당파싸움이라는 말도 여기에서 나온 것이다.

정치가 존재하는 한 서로 경쟁하는 단체나 정당이 생기기 마련이다. 현재에도 정치하는 데 있어서 뜻을 같이하는 정당들이 있는데, 각 나라에서는 마찬가지로 미국에도 공화당과 민주당, 또 영국에도 보수당과 진보당이 있다. 이런 단체들은 어느 한쪽이 권력을 잡게 되면 다른 한쪽은 견제 세력이 되고, 권력을 잡은 단체가 권력을 잃게 되면 다른 한쪽이 새로운 중심 세력으로 대체되는 것이 상례이다. 우리나라의 정치를 너무 시끄럽다고 생각하는 몇몇 사람들은 우리나라의 정당들을 싫어하거나 필요 없다고 생각하는데, 만일 이런 다양한 목소리를 내는 단체가 없는 정치가 있다고 하면 민주국가가 아니라 독재국가일 것이다.

어찌 되었든 이런 원칙은 조선시대에도 적용되어서 조선이 건국되었을 당시 건국을 주도한 세력은 고려 말 신진사대부(新進士大夫)라고 불렸던 사람 중, 급진파(훗날 훈구파로 불리는 사람들)에 속하는 사람들이다. 건국 초기에는 견제 세력이 없었지만, 성종 때 등장한 사림파에 의해서 견제되기 시작하였다. 훈구파(勳舊派)와 사림파(士林派)의 경쟁 관계는 종국에는 많은 희생이 뒤따르게 되었는데, 이를 사화(士禍, 정치적으로 반대파들에 의해 화를 입는 일)라고 한다. 대표적인 사화(士禍)는 무오사화(戊午士禍,), 갑자사화(甲子士禍), 기묘사화(己卯士禍), 을사사화(乙巳士禍)이다. 뒤에 자세히 설명하겠지만 미리 잠시 언급하고자 한다.

무오사화(戊午士禍)는 1498년(연산군 4) 음력 7월 훈구파가 사림파를 대대적으로 숙청한 사건이다. 사화가 일어난 1498년이 무오년이기에 "무오사화"라는 이름이 붙여졌으며, 사초(史草, 사기의 초고)가 원인이 되었다 하여 무오사화(戊午史禍)라고도 한다. 조선 시대 4대 사화 가운데 첫 번째 사화이다.

갑자사화(甲子士禍)는 1504년(연산군 10) 연산군의 어머니 폐비 윤씨의 복위 문제로 인하여 일어난 사화이다. 연산군이 폐비 윤씨의 복위를 추진하면서 성종 때 폐비를 찬성한 훈구 원로세력이 대부분 숙청당했다. 이때 희생된 사람들은 중종반정 직후 대부분 복권된다.

기묘사화(己卯士禍)는 1519년(중종 14) 음력 11월에 조선에서 남곤(南袞), 심정(沈貞), 홍경주(洪景舟), 김전(金詮), 중종(中宗) 등이 조광조(趙光祖), 김식 등 신진 사림의 핵심인물들을 몰아내어 죽이거나 귀양보낸 사건이다. 조광조 등의 세력 확장과 위훈 삭제에 대한 불만이 원인 중 하나였다. 신진 사림파의 급진적인 개혁정책 역시 그들을 지지하던 정광필, 안당 등의 반감을 사면서 지원받지 못하였다. 남곤, 심정, 김전, 홍경주, 고형산 등은 후궁과 궐내 세력을 이용하여 조광조 일파의 제거 여론을 조성하여 제거하는 데 성공한다. 이때 희생된 인물들은 후일 기묘명현(己卯名賢)으로 부른다.

을사사화(乙巳士禍)는 1545년(명종 즉위년) 조선 왕실의 외척인 대윤(大尹) 윤임과 소윤(小尹) 윤원형의 반목으로 일어난 사림(士林)의 화옥(禍獄)으로 소윤이 대윤을 몰아낸 사건이다. 중종(中宗, 1488~1544, 제11대 왕)은 제1계비(繼妃, 임금의 후취인 비) 장경왕후(章敬王后) 윤씨에게서 인종(仁宗, 1515~1545, 제12대 왕)을 낳고, 제2계비인 문정왕후(文定王后) 윤씨에게서 명종(明宗, 1534~1567, 제13대 왕)을 낳았다. 이들 두 계비는 같은 파평 윤씨인데, 장경왕후의 오빠 윤임(尹任)과 문정왕후의 아우 윤원형(尹元衡)이 대립하기 시작했다. 윤임과 윤원형은 같은 종씨(宗氏)이면서 서로 국구(國舅)가 되어 세력을 잡으려고 일찍부터 반목하여 세간(世間)에서 윤임은 대윤(大尹), 윤원형 일파(一派)는 소윤(小尹)이라 불렀다(『백과사전』).

이런 훈구파와 사림파의 대결은, 사림을 마지막으로 핍박했던 명종 때 을사사화를 끝으로 훈구파가 역사 속으로 사라지면서 끝이 났다. 이후 선조 때가 되면 조정에는 사림파라고 할 수 있는 사람들만이 남아 있었으나 외부의 적이 없어지면 그때부터는 스스로 분열하여 서로 견제하여 정치적으로 서로 다른 길을 가게 되었으며 결국은 정치적 혼란만을 가중하게 되었다. 이렇게 당들이 서로 다른 정치적인 시각을 가지고 경쟁하는 것을 붕당정치(朋黨政治)라고 한다.

우리는 역사적으로 붕당정치의 단점만을 알고 있을 것이다. 이는 편애적(偏愛的) 시각만 강조한 것이다. 원래 정치는 반드시 집권 세력과 견제 세력이 있어야 한다. 그래야 집권 세력이 자기 마음대로 정치를 휘젓지 못할 뿐만 아니라 쉽게 부패하지도 않으며 결국은 민주정치로 가게 된다는 것이다. 민주주의의 근본 원리는 권력의 분산이라는 측면에 있어서 결국은 조선시대 후반으로 가면서 민주주의를 정착할 수 있는 정당정치를 한다는 것은 당시 획기적인 일이라고 할 수 있다.

이러한 붕당정치가 장점이 있음에도 불구하고 임진왜란이라든가 그 밖에 사회 혼란, 국론 분란의 원인이라는 측면만을 강조하였기 때문에 이런 붕당정치는 좋지 않다는 인식이 먼저 떠오르게 된다는 것이다.

붕당의 출현은 선조 때부터 공론을 중시하는 붕당정치가 본격적으로 행해졌으나 본격적으로 사림파들이 성종 대부터 중앙 정계에 본격적으로 진출하면서 시작되었다고 볼 수 있다. 사림들은 국왕 주도의 영토확장을 위한 부국강병책, 왕실의 재산 축적, 훈구세력들의 토지, 노비 등의 무리한 재산 축적 등의 사회비판을 하면서 정계에 진출하였다.

사림파가 나타나기 이전에는 조선이 건국하면서 중앙세력을 장악하였던 공신들이 그 주축을 이루었는데 그 가운데 일부는 왕실과 외척을 엮으면서 중앙을 독점하였던 관료들인 훈구파 세력들이다. 이들은 권력을 독점할 뿐만이 아니라 지방 세력과 결탁하여 재산을 축적하거나 경제적으로 공신에 책봉되어 방대한 토지나 노비를 소유하고 막대한 이익을 취하였다. 이와 반대로 사림파들은 조선의 개국에는 참여하지 않았던 재지사족(在地士族)의 후예나 문인들이 16세기에 들어와 중앙 정계에 진출하기 시작한 세력이다. 이들은 성리학을 구현하기 위해 노력하였고 따라서 훈구세력들을 견제하기 시작하였는데 대표적인 인물이 김종직, 조광조였다. 이들은 곧 훈구파들의 거센 도전을 받았는데 이것이 사화(士禍)로 확산이 되었다.

이 시기에는 중앙의 권력자 혹은 관료층 같은 지배 세력 이외에도 '사족'이라 칭하는 지방에서 성장하고 있는 새로운 계층이 존재했다. 이들은 이미 조선 초기 유향소 존폐과정에서 지방행정의 주도권, 곧 향권(鄕權)을 둘러싸고 국가와 대립하고 있었으며, 16세기 중반 이후 향안(鄕案) 작성(사족들의 명부, 조선 시대 지방자치기구인 유향소를 운영하던 향중사류들을 수록한 향약서), 서원 건립, 향약 시행 등 자치 기구의 설치와 운영으로 기반을 확대하고 있었다.

따라서 사림 세력은 척신 정치의 잔재를 어떻게 청산할 것인가를 둘러싸고 갈등을 겪게 되었다. 명종 때 이후 정권에 참여해 온 기성 사림은 척신 정치의 과감한 개혁에 소극적이었다. 반면에, 명종 때 정권에 참여하지 않았다가 새롭게 정계에 등장한 신진 사림은 원칙에 더욱 철저하여, 사림 정치의 실현을 강력하게 내세웠다.

두 세력의 갈등이 심해지면서 기성 사람을 중심으로 서인이 형성되고, 신진 사림 중심으로 동인이 형성되었다. 동인은 이황(李滉, 1501~1570)과 조식(曺植, 1501~1572), 서경덕(徐敬德, 1489~1546)의 학문을 계승한 사람들을 중심으로 다수의 신진 세력이 참여하여 먼저 붕당의 형세를 이루었다. 반면에, 서인은 이이와 성혼의 문인이 가담함으로써 비로소 붕당의 모습을 갖추었다. 이후 붕당은 정치적 이념과 학문적 경향에 따라 결집이 되어 정파적 성격과 학파적 성격을 동시에 가지게 되었다.

결국은 이러한 형태의 정치는 사림파가 성리학을 통하여 도덕 정치와 새로운 국가 질서를 수립하고자 노력하였으나 기성세력의 반발로 인하여 사화(士禍)로 이어졌다. 사화(士禍)는 선비들이 정치적 반대파에게 화를 입는 일을 가리키며, 한국사에서는 특히 조선 중기(연산군 때부터 명종 즉위년)에 사림 세력이 화를 당한 옥사를 말한다. 이들 사화는 1498년(연산군 4)의 무오사화, 1504년(연산군 10)의 갑자사화, 1519년(중종 14)의 기묘사화, 1545년(명종 즉위년까지)의 을사사화로 이루어져 있는데, 이를 '4대 사화'라고 부른다.

무오사화(戊午士禍)는 1498년(연산군 4)에 일어났으며, 사초(史草) 때문에 일어났다고 하여 무오사화(戊午史禍)라고도 부른다. 사초(史草)는 조선시대에 공식적인 역사서인 실록 편찬에 사용되었던 자료이다. 조선시대의 사관(史官)은 왕이 참석하는 행사에 모두 동행하여 사실 있는 그대로 기록하여 사초를 만들었으며 기록의 객관성을 확보하고 사관의 독립성 확보를 위해 임금이라도 사초의 내용을 볼 수 없었다. 편찬 작업을 통해 기록물이 작성되고 나면 세초(洗草: 사초를 물에 씻어 흘려 버리는 일)를 하고 사초에 쓰인 종이는 재활용하여 사용하였다.

연산군(1494~1506)이 즉위하면서 서로 협력하던 훈구파와 사림파의 사정은 달라졌다. 원래 시재(詩才)와 감성이 뛰어난 그의 어머니(성종의 비, 폐비 윤씨)가 신하들의 충돌로 죽게 된 것을 알고 훈구대신과 사림을 모두 누름으로써 왕권을 강화하려 하였다. 학덕 있는 훈구대신들은 대부분 사망하고, 사림 세력은 더욱 커져서 그들의 분방한 언론(言論) 활동이 왕의 노여움을 사는 일이 많았다. 이런 분위기를 이용하여 평소 사림의 공격을 받아 수세에 몰려 있던 훈구대신의 잔류 세력인 유자광(柳子光, ?~1512) 등은 1498년(연산군 4) 김일손(金馹孫, 1464~1498)이 지은 사초를 문제 삼아 왕을 충동하여 김종직(金宗直, 1431~1492)

과 관련이 있는 김일손, 표연말(表沿末), 정여창(鄭汝昌), 최부(崔溥) 등 수십 명의 사림을 사형, 유배 혹은 파직하게 했다. 이 사건으로 말미암아 김종직 문인으로 구성된 영남사림(嶺南士林)이 대부분 몰락하고 말았다. 여기에 대한 자세한 내용은 다음과 같다.

사관(史官)으로 있던 문인 김일손(金馹孫, 1464~1498)이 스승 김종직의 「조의제문(弔義帝文)」을 사초(史草)에 수록하였고, 이것이 연산군 대에 필화 사건으로 이어진 것이다.

김종직이 「조의제문」을 쓴 것은 초나라 회왕(懷王), 즉 의제의 죽음을 조문하기 위해서였는데, 숙부인 서초패왕(西楚霸王) 항우에게 희생당한 어린 조카의 죽음을 안타까워하는 내용이었다. 표면적으로는 의제를 조문하는 내용이지만, 실질적으로는 단종의 왕위를 찬탈한 세조를 비판하는 내용이었다. 제자인 김일손(金馹孫, 1464~1498)은 스승의 이 글이 사림파의 의식을 가장 잘 반영했다고 판단하여 사초(史草)에 실었다. 그러나 이 사초 문제는 1498년 무오사화가 발단되었고, 결국 김종직은 부관참시(剖棺斬屍)당하는 화를 입었다. 그러나 이 희생은 역설적으로 사림파 영수 김종직의 이름을 후대까지 널리 기억이 되게 만들었다.

갑자사화(甲子士禍)는 1504년(연산군 10)에 일어난 사화이다. 사림을 정계에서 몰아낸 후 연산군은 훈구(勳舊) 대신마저 제거하여 자신의 권력을 강화하려 했다. 그러던 중 연산군을 싸고도는 척신(戚臣)들이 연산군의 생모인 윤씨(尹氏)의 폐비사사(廢妃賜死) 사건에 윤필상(尹弼商) 등 훈신이 관여했음을 폭로하여 이 사건에 관련된 훈신과 아직 남아 있던 사림까지 몰아냈고 특히 가족, 제자 등을 처벌하였다.

기묘사화(己卯士禍)는 1519년(중종 14)에 조광조 일파를 견제하기 위해 일어난 사화이다. 두 차례의 사화로 쓸 만한 인재들을 처단하고 난 뒤 연산군의 음탕과 사치는 심해졌고, 관리들에게 '신언패(愼言牌)'라는 패 쪽을 차고 다니게 하여 말조심하도록 억눌렀으며, 자기의 행동을 비난하는 글이 국문으로 쓰였다고 하여 국문 학습을 탄압하고 국문 서적을 불사르기도 했다.

'신언패(愼言牌)'는 연산군 때 바른말을 하는 신하들이 많아지자, 이를 싫어하던 연산군은 말조심하라는 뜻으로 "입과 혀는 재앙과 화를 불러들이는 문(口舌者 禍患之門)"이라 하며 가슴에 달게 하였다는 것이다.

이를 자세하게 설명하면 아래와 같다.

연산군의 신언패(愼言牌)

口是禍之門(구시화지문)
舌是斬身刀(설시참신도)
閉口深藏舌(폐구심장설)
安身處處牢(안신처처뢰)
입은 화의 문이요,
혀는 몸을 자르는 칼이다.
입을 다물고 혀를 깊이 간직하여 보호하라,
이르는 곳마다 감옥이니라
(『연산군일기』 52권, 연산 10년 3월 13일, 경계하는 글을 환관에게 주다, 1504)

연산군(燕山君, 1476~1506)의 학정에 견디다 못한 박원종(朴元宗), 성희안(成希顏), 유순정(柳順汀) 등 훈구대신들은 군대를 동원해 연산군을 추방하고 그의 이복동생을 왕으로 추대했다. 이것이 '중종반정(中宗反正, 1506)'이다.

백성과 사림의 여망 속에 왕이 된 중종은 사림을 다시 등용하고 도학(道學)을 숭상하여 무너진 유교 정치를 다시 일으켜 세웠다. 특히 1515년(중종 10)에 젊고 깨끗한 조광조(趙光祖)가 중용되면서 그를 추종하는 젊고 기개 있는 사림이 현량과(賢良科)라는 추천제도에 의해서 대거 등용되었다. 이때 등용된 사림은 기호 출신이 많아 기호 사림으로도 불린다.

조광조(趙光祖, 1482~1519) 일파는 삼사(三司)의 언관직에 포진하여 자신들의 의견을 공론(公論)이라고 표방하면서 급진적 개혁을 요구하고 나섰다. 즉 연산군의 학정을 경험한 이후에 무엇보다도 군주의 마음을 바르게 하는 것이 중요하다고 믿어 경연을 강화하고 언론 활동을 활성화했으며, 내수사(內需司, 궁중에서 사용하는 쌀, 베, 잡물, 노비 등을 관리하는 관아) 장리(長利)와 소격서(昭格署)의 폐지, 그리고 향촌 사회에서 향약(鄕約)의 실시와 『삼강행실』, 『이륜행실(二倫行實)』, 『주자가례』, 『소학』의 보급, 균전제(均田制)를 통한 토지집중의 완화, 방납 폐단의 시정 등을 주요 정책을 내세웠다.

사림의 정책들은 지방 중소지주층의 이익을 크게 반영하고, 농민의 부담을 완화해 줄 수 있는 것이었으나, 중종반정에 공을 세운 공신들에게는 불리한 것이었다. 특히 조광조

일파는 공신에 책봉된 100명 가운데 4분의 3은 부당하게 공신이 되었으므로 그들의 공신 칭호와 토지 및 노비를 몰수해야 한다고 주장하여 공신들의 원한을 샀다. 또 공신들은 의정부와 6조의 높은 자리를 차지하고 있었는데, 삼사(三司, 사헌부 · 사간원 · 홍문관)에 포진한 사림의 견제가 공신들에게는 불만의 원인이 되었다. 그들은 언관(言官)의 권한이 너무 큰 것은 나라를 어지럽게 할 뿐 아니라, 『경국대전(經國大典)』의 권력체제를 무너뜨리는 위험한 행동이라고 비판하였다.

중종은 처음에 사림을 신임했으나, 나중에는 지나치게 군주를 압박하는 데 피로감을 느꼈다. 이런 분위기를 이용하여 1519년(중종 14) 남곤(南袞), 심정(沈貞) 등 훈구대신들은 조광조 일파에게 반역죄의 누명을 씌워 무참하게 죽이거나 유배를 보냈다. 이것이 기묘사화(己卯士禍)이다. 이 사건으로 사림의 개혁 정치는 4년 만에 끝나고, 그들이 추진했던 정책도 대부분 폐지되었다. 그러나 이때 화를 입은 조광조, 김정(金淨), 김식(金湜), 김구(金絿), 기준(奇遵) 등은 '기묘명현(己卯名賢)'으로 높은 추앙을 받아 16세기 후반에 사림 시대를 여는 정신적 바탕이 되었다.

기묘사화가 있은 지 10년 뒤에 중종은 훈구대신들을 견제하기 위하여 다시 사림을 등용했으나, 1545년에 명종(明宗)이 즉위하면서 일어난 소위 을사사화(乙巳士禍)에 또다시 밀려나는 네 번째 화를 입었다.

이 사건은 외척(外戚) 간의 권력 싸움에서 빚어진 것이 다른 사화와 다르다. 즉 중종이 돌아가자, 첫째 계비(章敬王后)의 소생, 인종(仁宗)이 즉위하고 왕비의 동생, 윤임(尹任, 大尹)이 세력을 떨쳤으나, 인종이 재위 8개월 만에 타계하자 둘째 계비인 문정왕후(文定王后)의 소생, 명종(明宗)이 왕위에 올랐다. 명종 역시 어린 관계로 왕후가 수렴청정하고 동생인 윤원형(尹元衡, 小尹) 일파가 실권을 장악했는데, 집권하자마자 전 왕의 외척인 윤임(尹任) 일파를 몰아낸 것이다.

명종 때에는 문정왕후가 불교를 숭상하여 보우(普雨)를 봉은사(奉恩寺) 주지로 삼고 오랜만에 불교가 중흥하였으나 사림의 비난을 샀다. 또 북방이 어수선하고, 임꺽정 일당이 경기도와 황해도 일대에서 활약하였다.

이처럼 사화는 사림세력이 중앙정치에 참여하면서 훈구세력과 빚어낸 정치적 갈등의 산물이었다. 사림세력은 여러 차례 박해를 받아 왔지만, 향약과 서원을 통해 지방을 장악하면서 전국적으로 확산이 되었고 선조 대 이후에 중앙 정계를 주도하게 되었다(송찬섭 외, 2016).

이들은 서원과 향촌을 중심으로 사림이 지방사회에서 구축하여 갔으며 결국은 중앙정 치를 주도하게 되었으나 이들의 대립은 왕권이 약화가 되고 양반들의 지나친 수취와 토지 겸병이 결국은 농민들의 삶을 어렵게 하여 농민 저항운동인 임꺽정(林——, ?~1562)이 난을 일으키게 된 상황에까지 이르렀다.

당시 향촌 사회는 고려 말부터 중소 지주의 사족들이 읍치(邑治)에 거주하였던 반면에 사림세력들은 고을의 외곽에 거주하면서 성리학을 공부하였다. 이때만 해도 중앙의 권력 이 지방까지는 미치지 못하여 사림들은 자연촌을 이루면서 살았다. 이들이 후에는 마을을 다스리게 되어 지배력을 강화하고 사족들의 명단인 향안(鄕案)을 만들고 향회(鄕會)를 열 었으며 유향소를 설치하여 수령을 보좌하면서 향리들을 감독함과 동시에 지방 풍속을 교 화하였고 이를 통해 더욱 지배력을 강화하였다. 이때 대표적인 향약(鄕約, 자치 규약)은 '여 씨향약'이었으며 이를 수정 보완하여 '주자증손여씨향약(朱子曾孫呂氏鄕約)'을 만들었다. 향 약은 원래 송나라 11세기 후반에 향리 전체를 교화하기 위하여 만든 자치 규약으로서 여 대균(呂大鈞, 1030~1083) 형제가 만들었다.

3. 선조 시대의 정치적 위기

명종은 자식을 남기지 못하고 승하하였다. 따라서 중종의 후궁 소생(所生) 덕흥군의 아 들이 왕이 되었는데 그가 조선 14대 왕인 선조이다. 그는 주로 덕망이 있는 사림파를 중심 으로 등용하여 정치했으며 이이(1536~1584), 류성룡(柳成龍, 1542~1607) 등과 같은 유능한 인 재들이 이 시기의 인물이다.

선조는 이들로 하여 독서당(讀書堂, 조선 시대 문신들에게 휴가를 주어 따로 글을 공부하도록 한 장소)에서 매달 글을 바치게 하였다. 이때 나온 대표적인 정치개혁안이 이이가 쓴 『동호 문답(東湖問答)』이다.

『동호문답』은 율곡이 홍문관 교리로 있으면서 군주와 신하가 해야 할 도리를 선조에게 보고서 형식으로 제출한 글이다. 이 글은 사가독서(賜暇讀書) 후 월과(月課)로 제출한 것인데, 왕도정치(王道政治)의 이상과 자신의 철인정치(哲人政治) 사상에 대하여 주인과 객이 서로 문답하는 형식으로 지어진 글이다. 사가독서(賜暇讀書)란 홍문관의 젊은 문신들을 선발하여 휴가를 주어 일정 기간 나라의 일을 떠나 독서당에서 글을 읽고 연구하여 학문에만 전념하도록 하는 제도이다.

여기서 객은 동호의 주인에게 현 시세를 묻고, 주인은 현세 분석을 통해 해결책을 제시하는 형식이다. 결국은 주인은 율곡 자신을 의미한다. 군주가 해야 할 도리만을 논하지 않고, 신하의 길, 군신의 도, 현실정치 문제, 태평성대를 이루는 방법, 백성을 편안케 하고, 교화하는 방법 등으로 확장하였다.

군주는 신하를 탓하고, 신하는 군주와 백성을 탓하고, 백성은 신하와 백성을 탓하는 시대이다. 군주다운 군주가 있다면 거기에 맞는 신하가 있기 마련이다. 이름이 바르지 않으면 말이 따를 곳이 없고, 말이 따르지 못하면 일이 이루어지지 않는다. "군군신신부부자자(君君臣臣父父子子, 임금이 임금답고, 신하가 신하답고, 아비가 아비답고, 자식이 자식다워야 한다)"라는 글로서 그의 정치관을 나타낸 글이라 할 수 있다.

이 시기에는 선조의 문인 정치가 뛰어나 이이, 류성룡과 같은 걸출한 인재들이 많이 배출되었다. 혹자들은 '목릉성세(穆陵盛世)'의 시기라고도 부른다. 이 시기에 사림학자(士林學者)들이 많이 배출되면서 유명한 학자들을 중심으로 갈등이 생기게 되었는데 오늘날처럼 정치 성향이 중심이 아닌 학문과 그로 인한 정치 성향으로 인하여 붕당이 이루어지게 되었다.

그들의 계보(系譜)를 보면, 선조 8년에 심의겸(沈義謙, 1535~1587)을 추종하는 기성 사림을 서인이라 불렀고 신진 사림인 조식(曺植, 1501~1572), 이황(李滉, 1501~1570)의 문인 김효원(金孝元, 1532~1590)을 영수로 하는 사림을 동인이라 칭하였다.

분파의 계기는 선조 때 자기 측근을 '이조 전랑'으로 임명하기 위하여 서로 대립하였다. 동인은 척신 정치혁파에 적극적인 이황, 조식, 서경덕, 김효원의 집이 서울의 동쪽이라고 하여 동인이라 불렸는데 당시 김효원은 오늘날 을지로 4가인 건천동에 살았다는 데서 유래되었다. 반면에 서인은 척신 정치혁파에 소극적인 이이, 성혼, 심의겸의 집이 오늘날 정동인 덕수궁에 있다고 하여 서인이라 불렀다. 서인의 기득권은 대체로 서울, 경기, 충청,

전라도를 기반으로 하였고, 동인은 안동지방(이황)과 지리산(조식) 그리고 개성(서경덕)에 기반을 둔 서경덕의 학풍을 따르는 젊은 선비들이 중심이 되었다.

이들의 학풍은 서로 비교가 되는데, 동인들은 주로 치자의 도덕성에 중점을 두었고(修己) 서인들은 제도 개혁을 통한 부국강병에 중점을 두는 치인(治人)을 위한 것이었다. 원래 붕당 전에는 갈등이 없었으나 이이가 죽자, 류성룡을 비롯한 이산해(李山海, 1539~1609), 이발(李潑, 1544~1589)로 권력이 이동하였으나 동인 출신 정여립(鄭汝立, 1546~1589, 대동계를 조직)의 모반사건(謀反事件)으로 다수의 동인이 처형되었는데 이것이 기축옥사(己丑獄事)이다. 그러나 2년 뒤에 정철이 선조에게 세자 책봉을 건의하자 이를 동인들이 문제 삼아 다시 서인를 밀어내고 동인이 권력을 잡았다.

그러나 동인들은 서인들을 몰아내면서 다시 파가 갈리게 되었는데 정철을 몰아내는데 강경한 주장을 한 인물들은 다시 북인으로 온건적으로 주장한 사람을 남인이라 불렀고 실질적인 붕당의 형태로 진행되기 시작하였다.

정여립 모반사건은 선조 22년 1589년에 관찰사, 군수 등이 박충간(朴忠侃, ?~1601)의 연명(連名) 상소로 시작되었다. 이들은 정여립이 한강이 얼 때 틈을 타서 한양으로 쳐들어가 병조판서 신립과 조정 중신들을 죽이고, 어명(御命)을 위조하여 지방관들을 파직하거나 죽이는 등의 혼란을 야기(惹起)하여 반란을 일으키려 한다고 주장하였다.

당시 동인들이 권력을 잡은 시기였고 정여립 역시 동인이었으므로 이 소식을 듣고 놀란 동인들은 정여립의 무죄를 주장하였으나 상황은 더욱 악화가 되었다. 그 이유는『실록』에 의하면 정여립(鄭汝立, 1546~1589)은 안악군(安岳郡, 황해도 북부지방)의 조구(趙球, 정여립의 제자)가 자신의 계획을 고변한 사실을 금구에서 변숭복(邊崇福, ?~1589)으로부터 전해 들었다. 그 후 변숭복과 아들 정옥남과 함께 자신이 서실을 차리고 대동계(大同契)를 운영했던 죽도(竹島, 금강 상류에 위치)로 도주했다. 그러나 진안 현감이 토벌대를 조직해 추격하자 변숭복과 정옥남(鄭玉男, ?~1589, 정여립의 아들)을 살해한 후 자신도 칼을 거꾸로 세운 다음 자살했다. 이후 동인들의 입지는 축소되어 버렸는데, 그의 자살은 반역을 인정하는 것처럼 보였기 때문이다.

송강 정철(鄭澈, 1536~1593)이 기축옥사에 가담한 사실은 결국 그를 죽음으로 몰아가게 되었다. 그가 지은 「관동별곡」, 「사미인곡」, 「속미인곡」, 「성산별곡(星山別曲)」은 우리나라에서 모르는 사람이 없을 것이다. 「성산별곡(星山別曲)」은 정철이 1560년(명종 15)에 지은 가사이다. 정철이 당쟁으로 인해 성산(현재 전라남도 담양군 창평면 지곡리)에 내려와 머무를 당시 처외재당숙(妻外再堂叔) 김성원을 위하여 지었다고 한다. 원전에 따라 내용이 조금 다른 것이 있으나 아래 내용은 성산 기슭에 있는 서하당(棲霞堂), 식영정(息影亭)을 중심으로 사시(四時) 풍경의 변화와 김성원의 풍류를 칭찬한 것이다. 서사(緒詞), 춘사(春詞), 하사(夏詞), 추사(秋詞), 동사(冬詞), 결사(結詞)로 구성되어 있다. 그의 원문을 살펴보자.

> 공산에 쌓인 잎을 북풍이 거두 불어,
> 떼구름 거느리고 눈까지 몰아오니,
> 천공이 이 일을 즐겨 옥으로 꽃을 지어
> 만수천림을 잘도 꾸며 내었구나
> 앞 여울 가리어 얼어 외나무다리 걸렸는데
> 막대 멘 늙은 중이 어느 절로 간다는 말인가
> 산옹의 이 부귀를 남에게 소문내지 마오.
> 경요굴 은세계를 찾을 이 있을까 두렵구나.
> 산중에 벗이 없어 서책을 쌓아 놓고
> 만고의 인물을 거슬러 세어보니
> 성현도 많거니와 호걸도 많고 많다.
> 하늘이 인간을 지으실 때 무심하랴마는
> 엇지된 시운이 흥했다 망했다 하였는가.
> 모를 일도 많거니와 애달픔도 끝이 없다.
> 기산의 늙은 고불 귀는 어찌 씻었던가.
> 박소리도 귀찮다 핑계하고 버린 조장이 가장 높다.
> 인심이 얼굴 같아서 볼수록 새롭거늘
> 세사는 구름이라 험하기도 험하구나.
> 엊그제 빚은 술이 얼마나 익었는가.
> (술잔을) 잡거니 권하거니 실컷 기울이니
> 마음에 맺힌 시름이 조금이나마 덜어진다.
> 거문고 줄을 엊어 풍입송을 타자꾸나.
> 손님인지 주인인지 다 잊어버렸도다
> 높고 먼 하늘에 떠 있는 학이 이 고을의 진선이라
> 이전에 달 아래서 혹시 만나지 아니하였는가.
> 손님이 주인에게 이르기를 그대가 곧 진선인가 하노라(『백과사전』).

> **해설**
> ** 天公(천공): 조물주
>   만수천림(萬樹千林, 수많은 나무와 숲)
> ** 경요굴, 옥으로 만들 굴, 성산을 의미
> ** 고불(古佛), 기산에 은거하고 있을 때에 요임금이 왕위를 물려주고자 했으나, 이를 거절하고
>   더러운 소리를 들었다 하며 영천(潁川)에 귀를 씻었다는 인물. 허유를 말함.
> ** 조장(操狀), 지조행장(志操行狀)의 준말로, 지조가 있는 품행을 일컬음

그러나 정철은 조선 선조 당시 '기축옥사(己丑獄事)'를 주도한 사람이다. 한성부에서 태어난 정철은 누나가 인종의 후궁인 귀인 정씨(鄭氏)로 권력의 한복판에 있던 집안에서 자랐다. 이후 그 역시 조선의 정치에 뛰어들면서 그는 유배와 복직을 반복하는 파란만장한 인생을 살고, 이후 '정여립의 난'에서 선조의 부탁으로 위관(당시 수사책임자)을 맡아 '기축옥사(己丑獄事)'를 주도하게 된다. '기축옥사(己丑獄事)'는 '정여립의 난'과 관련된 사람들 약 1,000명을 고문해 희생시킨 사건이다. 『선조수정실록』에 따르면 기축옥사로 인해 천여 명의 사람들이 숨지고, 수백 명이 유배당했다. 그러나 이후 정철은 후계 문제로 선조와 틀어지고, 임진왜란 후 사건 사고를 일으키며 결국 파직당하게 되었다.

서인과 동인의 양자 구도로 전개되던 당쟁은 1592년 임진왜란 발발 이전에 새로운 단계로 진입했다. 1589년 정여립 모반 사건(기축옥사)과 1591년 정철의 세자 책봉 실패를 거치면서 동인당 내에서 북인과 남인이 분화되는 현상이 나타났다. 각각 이산해(李山海, 1539~1609)와 우성전(禹性傳, 1542~1593, 조선 중기의 문신이며 의병장)이라는 거두로 대표되는 두 분파가 북인과 남인으로 불리게 된 이유가 신정일 황토현문화연구소장의 『지워진 이름 정여립』에 이렇게 설명돼 있다.

> "사람들은 이때부터 우성전의 집이 남산 밑에 있었기 때문에 그들을 남인이라 불렀고, 이산해의 집이 서울의 북악산 밑에 있었기 때문에 그들을 북인이라 불렀다."

선조 임금이 서얼인 광해군을 좋아하지 않는 줄도 모르고 송강 정철이 광해군을 세자로 책봉했다가 유배를 떠난 사건을 계기로, 정권은 서인당에서 동인당으로 넘어갔다. 이

때 동인당 내에서 주도권은 남인들이었다.

여기서 대표적인 정철의 문학작품 중 한 수를 읽어보자. 그는 1580년(선조 13) 45세 때 강원도 관찰사가 되어 「관동별곡」, 「훈민가」 등 16수를 지어 시조와 가사 문학의 대가로서 자질을 발휘하게 된다.

> 강호에 병이 깊어 죽림에 누었더니
> 관동 800리 관찰사를 맞기시니
> 어와 임금님의 은혜야말로 갈수록 그지없다
> 연추문(경복궁 서쪽문) 달려 들어가 경회루 남문(광화문) 바라보며
> 하직하고 물러나니 옥절(임금의 신표)이 앞에 있다
> 평구역(춘천과 원주로 가는 양주) 말을 갈아 흑수(한강 상류 여주)로 도라드니
> 섬강은 어드메오
> 치악(산)이 여기로다 (…) 소양강 내린 물이 어디로 흘러가는가
> 나라(임금)를 떠난 외로운 신하
> 백발이 많기도 많다
> (정철의 『관동별곡』 중에서)

4. 16세기 사림 시기의 문학과 문화

16세기에 이르러 문학 활동은 사림의 주축으로 향촌과 지방에까지 영향력을 미치게 되었다. 이 시기의 대표적인 어문 교재도 새롭게 나타나게 되었다. 왜냐하면, 그들의 교육에 필요한 교재로서 지방민들의 교화를 목적으로 학습 교재가 나타나기 시작하였다.

우선 1527년에 편찬된 『훈몽자회(訓蒙字會)』가 있는데 이 서적은 어린이를 위한 학습교재로 사용하였다. 『훈몽자회』는 조선 시대의 역관이자 중국어학의 대가인 최세진(崔世珍, ?~1542)이 1527년(중종 22)에 어린 학동들을 위해 쓴 한자 학습서이다. 당시 사용된 한자 학습서 『천자문』 등은 고사와 추상적인 내용이 많아 어린이들이 배우기 어려웠는데 이 책은 생활 주변에서 흔히 접할 수 있는 사물에 관한 글자들을 수록함으로 이런 문제를 해결하였다. 수록된 한자는 모두 3,360자인데 그 뜻과 음을 『훈민정음』을 사용해서 달아

놓았기 때문에 한글의 보급에도 일조하였으며 오늘날 이르러서는 『훈민정음』 고어(古語) 연구에 귀중한 자료가 되고 있다. 출판에 사용되었던 목판은 현재 부산대학교 박물관에 보관되어 있으며 부산광역시의 유형문화재 제166호로 지정되어 있다.

『훈몽자회』가 나오기 전에는 학습교재로서 『천자문』을 통하여 한자를 중심으로 학습하였기에 매우 어려운 것을 고려하였다. 즉 이전까지 한자를 배우는 데 교과서로 쓰던 『천자문』은 너무 오래되어서 사용되는 한자가 자주 쓰이는 한자와는 거리가 멀어졌고, 처음에 하늘과 땅, 우주, 해와 달 같은 게 나오듯 어린이에게는 난해한 구성인 데다가 문장도 일상생활과는 거리가 멀어졌기 때문에 이런 점을 보완하려고 썼다고 한다. 그런데 현대에 이르러서는 한자 학습서로서 연구보다, 오히려 중세 한국어 연구의 자료로서 가치가 더욱 높다. 『훈민정음』에 쓴 한자어 훈과 음 덕분에 중세 한국어 어휘를 다수 파악할 수 있게 되었으며, 한국어 연구의 이정표가 되었기 때문이다.

특이하게도 『노걸대(老乞大)』, 『박통사(朴通事)』라는 중국어책은 우리말로 번역하여 중국어 회화 학습용으로 사용하기도 하였다. 그리고 외교문서 작성을 위한 참고서로써 『이문집람(吏文輯覽)』, 『사성통해(四聲通解)』는 중국 음을 고금정속(古今正俗) 즉 고음, 금음, 정음, 속음으로 나누어 우리말로 기록하는 등 편찬 작업이 활발히 진행되었다(한영우, 『다시 찾은 우리 역사 2권』, 2020).

『사성통해(四聲通解)』는 조선 전기의 학자 최세진(崔世珍, ?~1542)이 지은 운서(韻書)이다. 1517년에 편찬된 원간본은 전해지지 않고, 임진왜란 이전과 1656년에 간행된 목판본과 1614년에 간행된 목활자본이 전한다.

최세진은 명나라의 『홍무정운(洪武正韻)』을 고쳐 쓴 『홍무정운역훈(洪武正韻譯訓)』을 보충하여 『속첨홍무정운(續添洪武正韻)』을 편찬하였고, 이를 신숙주가 지은 『사성통고(四聲通考)』와 비슷한 형식으로 다시 고친 것이 『사성통해(四聲通解)』이다. 정음(正音)과 속음(俗音)은 홍무정운역훈의 음계를 그대로 따랐으나 16세기 당시의 북방음(北方音)을 금속음(今俗音)이라는 이름으로 추가하였다. 입성(入聲, 한자음의 사성 중의 하나) 운미(韻尾)는 편찬 당시 중국에서 이미 소실되어 있었으므로, 홍무정운역훈과 달리 표기하지는 않았다.

이 시기에 또 현재의 『백과사전』의 형식을 가진 서책이 출간되었다. 『대동운부군옥(大東韻府群玉)』은 조선 선조 때의 학자 권문해(權文海)가 편찬한 『백과사전』이다. 총 20권 20책으로 원나라 음시부(陰時夫)가 지은 『운부군옥』의 체제를 본떠 만들었다. '운부군옥'이란 여러 가지 항목을 한자음의 높낮이에 따라 분류했다는 뜻으로, 우리나라와 중국의 문헌 약 190종 가운데 우리나라에 관련된 주요 내용 들을 단군부터 선조 때까지를 다룬 내용을 가려 뽑았다. 선조 22년(1589)에 완성되었지만, 임진왜란으로 펴내지 못하고, 후손 권진락 (權進洛)이 순조 12년(1812)에야 간행하기 시작해 헌종 2년(1836)에야 완간했다. 지금은 소실되고 없는 임진왜란 이전의 책들을 망라하여 사료적으로도 매우 중요한 가치를 지니며, 16세기 한글의 모습을 알 수 있어 국어학에서도 중요하게 쓰인다. 최근 남명학연구소 경상 한문학연구회 주도로 2007년에 총 20권으로 완간되었다.

이 시기 문학의 특징은 한시, 가사, 시조가 다양한 형태로 나타났다는 점이다. 송순과 정철 등은 가사 문학의 새로운 경지를 연 대표적인 작가이다. 특히 송순(宋純, 1493~1582)의 「면앙정가 (俛仰亭歌)」, 정철(鄭澈, 1536~1593)의 「사미인곡(思美人曲)」, 「관동별곡(關東別曲)」은 우리에게 잘 알려진 조선 시대 가사(歌辭) 문학의 대표작이다. 이 작품들은 현대문학으로 착각이 들 정도이다. 학창 시절 국어 시간에 배웠던 고전이라고 생각이 없을 정도로 친숙하다는 것이다. 이러한 작품은 순수한 한글로 되어있어 읽다 보면 500년 전 지어진 고전문학은 어렵고 고리타분할 것이라는 선입견이 여지없이 무너져 버린다. 그 시발점은 가사의 운율이다. 운율 덕분에 구절구절 입에 착착 감겨 읽어 나가는 데 막힘이 없다. 아름다운 우리말이 읽는 이를 미소 짓게 하고 고도의 은유와 상징이 탄성을 자아낸다. 특히 「사미인곡」은 정철이 선조에 대한 충성심을 여성 화자(話者)의 측면에서 연인을 향한 사랑으로 표현하였고 「관동별곡」은 금강산을 비롯한 관동팔경의 아름다움을 노래한 작품이다.

무등산 한 활기 뫼히 동다히로 버더 이셔
멀리 뻐쳐와 제월봉(霽月峰)이 되어거늘
무변대야(無邊大野)의 므슴 짐쟉하노라
일곱 구비 한데 움쳐 므득므득 버려는 듯
(무등산 한 줄기 산이 동쪽으로 뻗어 있어
멀리 떨치고 나와 제월봉이 되었거늘
끝없이 넓은 들에 무슨 생각 하느라고
일곱 굽이 한데 움츠려 무더기를 벌여 놓은 듯)
(「면앙정가」 일부)

이 몸 삼기실 제 님을 조차 삼기시니
한생 연분이며 하늘 모를 일이런가
나 하나 졈어 닛고 님 하나 날 괴시니
이 마음 이 사랑 견졸 데 노여 업다
(이 몸 태어날 때 임을 따라 태어나니
한평생 살아갈 인연, 하늘이 모르겠는가
나 오직 졂었고 임은 오직 나를 사랑하시니
이 마음 이 사랑을 비교할 곳 다시없네)
(「사미인곡」 일부)

위 두 작품은 가사 문학의 역사적 문화적 의미와 가치는 다양하지만, 그 가운데 가장 두드러진 것은 국문 정신과 한글 의식이라고 할 수 있다. 가사는 기본적으로 한글로 창작된 문학이다. 15세기 세종 때 한글이 창제는 되었으나 양반들은 16세기에도 여전히 한문에 의존했다. 그런 상황에서 양반 사대부가 한문이 아니라 한글로 글을 짓고 그것도 아름다운 문장으로 구현했다는 것은 각별한 의미를 지닌다. 또한, 담양을 중심으로 한 호남지역의 사대부들이 우리말 한글을 적극적으로 수용하고 활용했음을 보여주는 것이기도 하다. 즉 새로운 도전 정신으로서, 한자 위주의 작품에서 탈피하였다고 볼 수 있다.

이황(李滉, 1501~1570)은 「도산십이곡(陶山十二曲)」이라는 작품을 남겼다. 제목에서 드러나듯이 「도산십이곡」은 모두 12곡으로 전후 각 6곡으로 나뉜다. 앞의 6곡은 자연에서 느끼는 감흥을 노래한 언지(言志), 뒤의 6곡은 학문을 닦고 수양하는 심경을 노래한 언학(言學)으로 『청구영언』에 전한다. 이 「도산십이곡」은 시조로서는 치중할 바가 못 되지만, 선조 40년에 사촌(沙村) 장경세(張經世)로 하여 이를 본받아 「강호연군가(江湖戀君歌)」 전후 12곡을 짓는 데 영향을 주었다. 대표적으로 제1곡과 제11곡을 소개하면 다음과 같다.

제1곡
이런들 어떠하며 저런들 어떠하료
초야우생(草野愚生)이 이렇다 어떠하료
하물며 천석고황(泉石膏肓) 고쳐 무엇하료

제11곡
청산(靑山)은 어찌하여 만고(萬古)에 푸르르며
유수(流水)는 어찌하여 주야(晝夜)에 긋지 아니는고
우리도 그치지 말아 만고상청(萬古常靑) 하리라
(이황, 『도산십이곡』)

제1곡을 해석하여 보면 초야우생(草野愚生) 즉 시골 바닥에 묻혀서 살아가고 있는 어리석은 사람으로서 이황이 자기 자신을 겸손하게 표현한 것이다. 자연 즉 산수를 너무나 좋아하여 병이 되고 학문의 길을 가고자 하는 마음이 깃들어 있다. 그리고 기교에만 빠진 관료 문학을 비판한 내용으로 도문일치(道文一致)를 강조하였다. 천석고황(泉石膏肓, 샘과 돌이 고향에 들었다)은 산수의 아름다움을 즐기기를 너무 좋아하여 즉 자연을 사랑하는 마음이 고질병처럼 깊음을 비유하는 고사성어(故事成語)이다.

제11곡은 이황 선생이 고향으로 돌아와 도산서원을 짓고 후진을 양성하면서 푸른 산과 흐르는 물을 대비하여 학문 도야와 수양의 의지를 자연에 비유하여 나타내었다. '만고상청(萬古常靑, 언제나 푸르다)'은 도달하고자 하는 목표이자 이상으로, 진리가 내면화된 경지(境地)라 하겠다.

15세기에 들어서면서 세조의 왕위 찬탈을 비판한 방외문학(方外文學)이 성행하기 시작하였다. 즉 방외인들이 세속을 벗어난 곳, 즉 체제 밖에서 방랑하며 유가, 도가, 불가(佛家)의 선술(仙術, 신선이 행하는 술법)이나 민간신앙을 받아들이면서 체제 비판적인 시나 소설을 쓰기 시작하였다. 다시 말하면 지배체제에 반발하여 이념적으로 노장(老莊, 노자와 장자)을 비롯한 이단을 추구하는 사람들에 의해 창작된 문학을 말한다. 이러한 방외문학은 김시습(金時習, 1435~1493)으로부터 시작하여 16세기 이후에 더욱 성행하였다. 그의 시를 통하여 방외문학의 속성을 느껴보자.

俯視李賀 이하(李賀)도 내려다볼 만큼
優於海東 조선 최고라 하나
騰名謾譽 헛된 이름을 날린 것이니

於爾孰逢 누가 너를 만나려 할꼬?
爾形至眇 지극히 작은 육신
爾言大侗 오활한 너의 언사
宜爾置之 깊은 산속에 둠이
丘壑之中 마땅할밖에.

世故屬多變 세상의 일이 많이도 변해 가는데
惻惻傷我心 슬프게도 내 마음은 속상하구나.
朝畏豺虎關 아침에는 이리와 범의 집을 겁내고
暮避荊棘林 저녁에는 가시나무 덤불을 피한다.
冉冉白日飛 성큼성큼 하루해가 날아가고
鼎鼎光陰老 바야흐로 세월은 흘러만 가네.
丈夫在世間 대장부로 세상에 살아가면서
胡不展懷抱 어찌하여 품은 생각 펴지 못하나.

매월당 김시습(金時習, 1435~1493)은 세조의 찬탈을 비판하면서 방랑 생활을 한 인물이다. 그는 성리학을 불교와 도교적인 입장에서 새로 해석하였으며 이를 통해 현실을 초월한 작품이 『금오신화』이다. 줄거리는 전라도 지방(남원)에 노총각이 살고 있었는데 그는 부모님을 일찍 여의고 만복사의 부근에 살고 있었다. 당시 고을에서는 음력 삼월 이십사일에 이 절에서는 등을 밝히고 복을 축원하는 풍속이 있었는데 양생(梁生)은 부처님과의 한판 승부(저포놀이, 일종의 주사위 놀이)로 승리하자 그 대가로 자신에게 맞는 신부를 구해달라고 요구하였다. 조금 후 그의 요구대로 아름다운 처녀가 자기 신세를 한탄하면서 신부를 얻게 해달라는 축원문(祝願文)이었다. 그 처녀는 임진왜란 중에 정절을 지키다가 죽임을 당했으며 양생은 이를 비관하여 외진 곳에 살다가 신부를 구하던 참이었다. 양생과 처녀는 만복사에서 부부의 연을 맺고 아쉬워한 나머지 처녀의 집에 더 머무르게 되었다. 그녀는 양생과 사흘을 머무르며 "사흘이 삼 년과 같았다"라며 집으로 돌려보내려고 하였으며 또한, 처녀는 친척들을 초대하여 잔치하면서 증표로 은그릇을 하나 주면서 다음날 부모님과 같이 만나기를 제안했다. 은그릇은 처녀의 무덤에서 같이 묻은 그릇이었으며 다음날 처녀를 기다리다가 딸의 대상을 치르러 가는 양반집 행차를 만나게 되었다. 은그릇을 본 양반은 양생에게 딸과 함께 절에 오라는 말을 듣고 갔다.

양생은 처녀의 부모가 차린 음식을 함께 먹고 난 뒤 이별하였고 처녀의 부모는 많은 재물(밭과 노비 등) 등을 주면서 그녀를 잊지 말라고 부탁한다. 양생은 장례를 치르고 난 뒤 다시 그녀를 위해 부모가 준 재산을 처분하고 사흘 동안 그녀를 추모하였다. 이를 본 처녀는 자신은 이미 다른 나라에 태어나 잘살고 있으니 양생 또한 불심을 닦아 윤회 벗어 나기를 바랐으며 그 후 양생은 지리산으로 들어가 지내다가 죽었다는 이야기이다.

그는 도교, 불교, 도교를 융합하여 백성들의 꿈과 사랑과 삶을 설화 중심으로 새로 구성 하였다. 즉, 천상과 염라국, 용궁과 속세, 고조선과 고려, 조선을 오가면서 현실과 환상세 계를 그려 내었던 사람이다.

위의 시는 김시습이 자신의 자화상에 붙인 찬(贊)이다. 자신의 옛 명성과 현재 처한 처 지와의 괴리에서 오는 자기 연민의 의식이 나타나 있고 자기의 몸과 생각은 이 세상과 맞지 않으니, 육신도 은거함이 마땅하며 글도 숨겨두어야 할 것이라는 생각이 나타나 있 다. 이는 단순한 자기 비하만은 아니며 자신을 받아들여 주지 않는 세상이라면 그에 응하 지 않고 숨어 살겠다는 긍지와 적극적 의미로서의 저항이라 할 수 있다. 즉 자주적인 삶을 살겠다는 의지를 표현하고 있다.

또한, 작자 미상의 『전우치전』은 방외문학을 더욱 발전시켰다. 소설의 주인공 전우치 (田禹治, ?~?, 조선 전기의 기인, 환술가, 幻術家)는 남을 속이는 기술이나 계략을 통해 그 시기의 체제나 사회상을 비판한 인물이다. 내용을 요약하면 담양(潭陽)에 실존하였던 전우치를 주인공으로 하고 있으며, 도술을 배운 전우치가 탐관오리를 괴롭히고 빈민을 구제하다가 서경덕에게 혼난 후 그의 제자가 되어 태백산에 들어갔다는 내용이다.

이 외에도 방외문학으로는 김종직의 문인인 정희량(鄭希良, 1469~?)은 「혼돈주가(混沌酒歌)」 등 도가사상인 무위자연(無爲自然)의 사상이 깃든 시를 많이 썼다. 그의 행적은 무오사화 때 탄핵이 되어 곤장 100대를 맞고 의주로 유배되었고 1500년 김해로 유배되었다. 그는 어머니가 돌아가시자 산소를 지키다가 돌아오지 않은 인물이기에 그가 임꺽정의 스승이 라는 설도 있다.

어무적(魚無迹, ?~?)은 서얼 출신으로 「유민탄(流民嘆)」과 「작매부(斫梅賦)」라는 시를 통해 가난한 하층민들의 고통과 매화나무까지 세금으로 계산해 약탈해 가는 관료들을 비판하 였다. 「유민탄(流民嘆)」은 당시 유민을 바라보고 비통하며 지은 시로 다음과 같다.

蒼生難蒼生難(창생난창생난)

年貧爾無食(년빈이무식)

北關雖下憂民詔(북관수하우민조)

州縣傳看一虛紙(주현전간일허지)

特遣京官問民瘼(특견경관문민막)

馹騎日馳三百里(일기일치삼백이)

五民無力出門限(오민무력출문한)

何暇面陳心內事(하가면진심내사)

小民有語君父知(소민유어군부지)

今歲蒼生皆失所(금세창생개실소)

我有濟爾心(아유제이심)

而無濟爾力(이무제이력)

너희 가난한 백성들은 먹을 것이 없이 고통스러운데, 나는 구제하고 싶지만 그럴 만한 힘이 없고, 저들 벼슬아치들은 너희를 구제할 힘은 있는데 마음이 없다. 못된 지방수령이나 왕명을 받들고 서울에서 나오는 무책임한 관인(官人)인 소인(小人)들의 마음을 잠시나마 군자다운 자세를 지니게 하여 백성들의 어려운 상황에 대해 경청했으면 하는 바람을 가져 본다. 조정에서 임금의 교지가 내려와 보아야 이것을 실천할 목민관이 없으니, 임금의 조서는 빈 종이나 다름없다. 특별히 암행어사를 보내 보아야 백성은 집 밖으로 나올 기력이 없으니, 어느 틈에 속사정을 이야기할 수 있겠는가? 그러니 전설적인 목민관인을 다시 살려 내어 아직 죽지 않은 백성들이나마 구하는 것이 오히려 더 낫겠다(원주용, 2010).

임제(林悌, 1549~1587)는 벼슬을 버리고 세상에 방랑하면서 시와 소설 등을 남겼다. 그의 소설은 『원생몽유록(元生夢遊錄)』과 『수성지(愁城誌)』, 『서옥설(鼠獄說)』 등이 있다. 『원생몽유록』은 조선 선조 때 생육신의 한 사람인 원호(元昊, ?~?)를 주인공으로 한 한문 소설이다. 내용은 단종 때의 생육신의 한 사람인 남효온(南孝溫, 1454~1492)이 지은 『육신전(六臣傳)』을 모델로 한 것이다.

이 소설은 선조 때 지어진 몽유록(夢遊錄)계 작품이다. 원자허(元子虛)라는 인물이 꿈속에서 단종과 사육신을 만나 비분한 마음으로 흥망의 도를 토론하였다는 내용으로 세조의 왕위 찬탈을 소재로 정치권력의 모순을 폭로한 작품이다. 꿈속의 임금은 단종을, 사육신은 끝까지 단종을 지지한 여섯 명의 충신을 상징한다. 뒤늦게 뛰어 들어와 썩은 선비들과 대사를 도모할 수 없다며 일갈하고 칼춤을 추는 이는 말할 것도 없이 유응부이다. 소설 속에 삽입된 시를 통해 단종의 억울한 사연을 이야기한다. 당시에는 금기시된 내용이었기에 단종과 사육신이 신원(伸寃)이 되었던 숙종 치세에 이르러 널리 알려지고 읽혔다.

『서옥설(鼠獄說)』은 한문 우화 소설이다. 늙고 간사한 한 마리의 쥐가 그의 무리를 이끌고 쌀 창고에 들어가 10년 동안 배불리 먹고 지내다가 창신(倉神)에게 발각되어 재판에 처하자, 그러나 간사한 쥐는 자기의 잘못을 뉘우치는 것이 아니라, 여러 새와 짐승들의 짓이라고 무죄를 주장하여 결국 목을 베이고 죽는다는 내용으로, 인간 사회의 소송 사건과 자신의 죄를 남에게 전가하려는 교활하고도 비굴한 인간들의 행동을 신랄하게 풍자한 작품이다(『백과사전』). 여기에서 재미있는 것은, 죄를 남에게 씌우고 빠져나가려고 86종의 동식물까지 끌어들여 자신의 무죄임을 항변하는데 심지어는 모기, 파리, 하루살이 등도 고발하는 대목이다. 심지어는 다른 이들이 무고임이 밝혀지자, 상제(上帝)의 지시로 창고를 털었다고 항변하고 있다.

그는 자손에게 자신이 죽으면 '곡(哭)'을 하지 말라'는 유언을 남겼다. 그 이유는

> "사해제국이 모두 황제를 칭하지 않는 나라들이 없는데, 우리나라만이 못했다. 이런 나라에서 태어났다가 죽는 것이 무엇이 슬프냐"

라고 하면서 사대주의(事大主義)에 심취하고 있는 관료와 양반들을 비판하였다(한영우, 3권, 2020).

고죽(孤竹) 최경창(崔慶昌, 1539~1583), 손곡(蓀谷) 이달(李達, 1539~1612), 옥봉(玉峯) 백광훈(白光勳, 1537~1582)을 삼당시인(三唐詩人)이라고 말하는데 이들은 송나라 시에 대한 반발로 당시의 악부체(樂府體) 형식을 빌려 자유분방한 인간의 감정을 표현하려고 하였다. 특히 다음의 시는 백광훈이 과거시험을 치르고 난 후 여러 선비와의 헤어짐을 노래한 시로 선비의 고달픈 심경과 고뇌를 담았다.

> 그림 같은 난간에 기대어 서쪽 호수 바라보니, 푸른 개구리밥 물결일세.
> 끝없는 석별의 정한으로 하루 해도 뉘엿뉘엿 향기롭고 꽃다운 풀이여,
> 어느 때나 우리 여행 멈추려나 청산은 어디라도 흰 구름 많다 하네.
> (畫欄西畔綠蘋波 無限離情日欲斜 芳草幾時行路盡 靑山何處白雲多)
>
> 외로운 이 배는 밤마다 큰 바다로 나아간다오.
> 삼월 안개 낄 때면 궁궐에도 꽃 피겠지.
> 술 단지는 금세 텅 비고 사람들도 금세 흩어진다오.
> 들새 울음 소리는 원망하는 듯, 노래하는 듯하구려.
> (孤舟夢裏滄溟事 三月煙中上苑花 樽酒易傾人易散 野禽如怨又如歌)
> (백승종, 2020)

　이 16세기를 대표하는 시인인 백광훈은 당나라 시풍에 정통하였고 선조는 그의 능력을 높이 사서 벼슬 없는 선비(布衣, 白衣)로 제수하여 당나라 사신을 접대할 정도로 유명하였다. 그는 평생 벼슬을 마다하고 시학만을 연구하였다.

　손곡(蓀谷) 이달(李達, 1539~1612)의 『손곡시집(蓀谷詩集)』에 전하여진 농촌 생활에 대한 한시(漢詩)를 한 편 소개하자면 아래와 같다.

> 田間拾穗村童語(전간습수촌동어), 밭고랑에서 이삭 줍는 시골아이의 말이
> 盡日東西不滿筐(진일동서불만광), 하루종일 동서로 다녀도 바구니가 안 차네
> 今歲刈禾人亦巧(금세예화인역교), 올해에도 벼 베는 사람들도 교묘해져서
> 盡收遺穗上官倉(진수유수상관창), 이삭 하나 남기지 않고 관가 창고에 바쳤다네
> (『蓀谷詩集』)

　이 시는 임진왜란이 끝난 후 이삭 줍는 아이를 통해 관료들의 수탈이 갈수록 심해 농민들이 농촌을 떠나고 싶은 안타까운 현실을 노래하고 있다. 또한 「만랑무가(漫浪舞歌)」를 통해 그의 작품세계를 나타내고 있는데 외사씨(外史氏, 작자 자신의 목소리를 빌려 자기의 말을 하는 傳文學의 구성 방법)는 '그의 한시는 이태백에게 견주더라도 어찌 뒤떨어지겠는가?'라

고 평했다(허균, 『성소부부고(惺所覆瓿藁)』). 이 작품은 만랑옹(漫浪翁)이라는 검무가(劍舞家)의 신기한 춤을 통해 신세계를 그려 내는 상상력을 묘사한 작품이다.

서얼뿐만이 아니라 사대부 부녀자들도 아름다운 시를 만들었는데 대표적으로 이옥봉(李玉峰, ?~?), 이계랑(李桂娘, ?~?), 허난설헌(許蘭雪軒, 1563~1589), 신사임당(申師任堂, 1504~1551) 등이 있다. 허균의 누이인 허난설헌은 주로 남녀 간의 애정과 가정환경과 같은 서사적인 시를 소재로 시를 남겼는데 아래와 같다.

春雨暗西池 춘우암서지
輕寒襲羅幕 경한습라막
愁倚小屏風 수의소병풍
墻頭杏花落 장두행화락

보슬보슬 봄비는 못에 내리고
찬바람이 장막 속 스며들 제
뜬시름 못내 이겨 병풍 기대니
송이송이 살구꽃 담 위에 지네.

이 외에도 「아들 죽음에 곡하다」, 「갑산으로 귀양가는 하곡 오라버니께」, 「꿈을 시로 짓다」, 「가난한 여인의 노래」 등이 있다. 아래 시는 「채연곡」, 「곡자」, 「가난한 여인의 노래」 등을 수록하였다.

채연곡(采蓮曲)
秋淨長湖碧玉流(추정장호벽옥류) 맑은 가을호수 푸른 옥처럼 흐르고
蓮花深處繫蘭舟(연화심처계란주) 연꽃 무성한 곳에 목란 배를 매었네
逢郎隔水投蓮子(봉랑격수투련자) 물 건너 임 만나 연밥 따서 던지고는
或被人知半日羞(혹피인지반일수) 행여 남이 알까봐 반나절 부끄러웠네

곡자(哭子, 자식을 잃고 통곡함. 상명지통(喪明之通)
去年喪愛女(거년상애녀) 작년에 사랑하는 딸을 잃었고

今年喪愛子(금년상애자) 올해에 사랑하는 아들을 잃었네
哀哀廣陵土(애애광릉토) 슬프고 슬프도다, 광릉 땅에
雙墳相對起(쌍분상대기) 한 쌍의 무덤이 서로 마주하고 서 있네.
蕭蕭白楊風(소소백양풍) 백양나무에 쓸쓸히 바람 불고
鬼火明松楸(귀화명송추) 귀신불은 소나무와 오동나무를 밝히네
紙錢招汝魂(지전초여혼) 종이돈으로 너희들 혼을 부르고
玄酒奠汝丘(현주전여구) 맹물을 너희들 무덤에 따르네

應知弟兄魂(응지제형혼) 알고 말고, 너희 남매의 혼이
夜夜相追遊(야야상추유) 밤마다 서로 따라 노니는 것을
縱有腹中孩(종유복중해) 비록 배 속에 아이가 있은들
安可冀長成(안가기장성) 어찌 장성하기를 바랄 수 있으랴
浪吟黃臺詞(낭음황대사) 헛되이 「황대사」를 읊조리니
血泣悲呑聲(혈읍비탄성) 피눈물이 나와 슬픔으로 목메네

빈녀음(貧女吟) 1
豈是乏容色(기시핍용색) 얼굴 맵시야 어찌 남에게 떨어지랴
工鍼復工織(공침부공직) 바느질에 길쌈 솜씨도 모두 좋건만
少小長寒門(소소장한문) 가난한 집안에서 자라난 탓에
良媒不相識(양매불상식) 중매할미 모두 나를 몰라준다오
(허균, 『난설헌집, 蘭雪軒集』)

특히 허난설헌의 시 「빈녀음(貧女吟)」은 남이 시집갈 때 입을 옷감이나 짜는 가난한 노처녀의 슬픔을 읊었다.

허난설헌과 신사임당은 강릉에서 태어났으나 너무나 다른 삶을 살았다. 신사임당은 율곡의 어머니로 '현모양처', '예술가'로서 이름을 떨쳤으나 허난설헌은 문장가의 집안으로 딸에게는 글을 가르치지 않았다. 그는 거의 독학으로 시를 배웠으며 8살 때 「광한전백옥루상량문(廣寒殿白玉樓上樑文)」을 지을 정도로 천부적인 재능을 가지고 있었다. 그는 어머니에 대한 간절한 그리움, 불행한 결혼생활, 몰락한 집안, 가난한 이들의 삶, 자아 성찰 등 다양한 주제를 다룬 천재적인 여류작가이다. 허난설헌의 결혼에 대한 비극이 야사에 남았다.

허난설헌은 1577년 15세 무렵 집안의 주선으로 안동 김씨(安東金氏) 김성립(金誠立)과 혼인하였는데, 원만한 부부가 되지 못하였다. 그녀의 시 재주와 글재주가 뛰어나자 남편 김성립은 그녀를 피하였고 시어머니의 구박에 시달렸다. 그뒤 남편은 급제한 뒤 관직에 나갔으나, 종9품 홍문관 저작에 머물렀고 가정의 즐거움보다 노류장화(路柳墻花)의 풍류를 즐겼다.

남편 김성립과 친구들이 서당에서 공부하고 있을 때 친구 중 누군가가 난설헌에게 김성립이 기생집에서 술을 먹고 있다고 전했다. 이에 난설헌은 시(詩)를 한 구절 써서 안주와 술과 함께 보냈다. '낭군자시무심자, 동접하인종반간(郎君自是無心者, 同接何人縱半間)' 이는 '낭군께선 이렇듯 다른 마음 없으신데, 같이 공부하는 이는 어찌 된 사람이길래 이간질을 시키는가'라고 했던 것이다. 편지를 본 김성립의 친구들은 그녀의 글재주에 탄복했다 한다.

한번은 남편 김성립이 서당 학생들이나 과거에 응시하는 유생들이 모여 이룬 동아리인 접(接) 모임에 간다고 하고 기생집에 갔다. 허난설헌은 남편에게 다음과 같은 편지를 보냈다.

古之接有才(고지접유재) 옛날의 접(接)은 재주(才)가 있었는데
今之接無才(금지접무재) 오늘의 접(接)은 재주(才)가 없다.
(박찬희, 2009)

이 편지에서 오늘의 접(接)에는 재(才)가 없다, 즉 재가 빠진 결과 첩(妾, 여자)만이 남아 있다는 뜻으로 남편에게 직언했다는 내용이다.

어문학 이외에도 15~16세기경에는 그림, 글씨, 건축물에도 많은 작품이 남아 있다. 특히 안견(安堅, ?~?)의 화풍을 이은 이흥효(李興孝, 1537~1593)는 산수도를 그리고 낙파(駱坡) 이경윤(李慶胤, 1545~1611)은 그림과 글씨로 유명하다. 그의 서자인 허주(虛舟) 이징(李澄, 1581~1674) 역시 출중한 화가이다. 낙파와 허주는 부자 사이였음에도 화풍은 전혀 달랐다. 두 사람이 활동한 조선 중기에는 절파(浙派) 화풍이 유행했다. 절파(浙派)란 중국 명나라 말기에 유행한, 필묵이 웅건하고 거친 산수화 유파를 말한다. 구체적으로 비대칭적인 구도에 평면적인 화면, 흑백 대조를 이용한 묵법(墨法), 빠르고 거친 붓질 사용 등이 절파(浙派)의 표현 특징이다.

낙파(駱坡) 이경윤(李慶胤, 1545~1611)의 「산수 인물도」와 「탁족도(濯足圖)」는 도가적인 분위기를 가진 그림으로 유명하다. 「탁족도」는 한 선비가 나무 그늘에 앉아 계곡물에 발을 담그고 있다. 무릎까지 바지를 걷어 올리고 두 다리를 꼰 채 발뒤꿈치를 문지르는 중이다.

풀어헤친 도포 자락 사이로 붉룩한 가슴과 배가 드러난다. 격식 없는 모습이 한없이 자유롭다. 옆에는 동자가 술병을 대령하고 있다. 세상을 등지고 자연에 파묻혀 사는 선비들에게는 술을 즐기는 취락(醉樂)의 기질이 있다. 이때 등장하는 술은 인위적인 사회 규범으로부터 잠시 벗어나 삶을 관조하게 만드는 인격 수양의 한 방편이었다. 그래서 술은 마음을 상승의 경지로 이끄는 묘약으로 통했다. 지금 선비는 속세를 벗어나 탁족에 술을 곁들이며 여유를 누리는 중이다. 이런 물과 탁족의 만남은 곧 자연과의 합일을 의미한다. 선비들이 도(道)의 구현체인 자연에서 심신을 수련했듯 직접 '탁족도'를 그리거나 감상하는 행위는 세속의 번잡함에서 벗어나 자연과 동화하고자 하는 마음의 표현이기도 했다.

문인 화가로는 이계호, 이정, 어몽룡은 삼절(三絶)이라고 칭하였는데 황집중(黃執中, 1533~?)은 포도 그림을, 이정(李挺, ?~?)은 대나무를 어몽룡(魚夢龍, 1566~?)은 매화에 능했다고 한다. 그리고 신사임당은 꽃과 나비, 채소를 잘 그렸다.

그리고 서예가로서 한호(韓濩, 1543~1605)는 석봉체(石蜂體)를 창안하였는데, 차천로(車天輅, 1556~1615), 최립(崔岦, 1539~1612)과 함께 송도삼절(松都三絶)로 알려졌다(한영우 2, 2020).

16세기의 건축물은 서원을 중심으로 살펴보면 그 특색이 잘 나타나 있다. 대체로 강당을 중앙에 두고 기숙사인 재(齋)를 남쪽 좌우에 그리고 선배 유학자들의 위폐를 둔 사당을 북쪽에 두었고 그 주위를 담으로 두른 것이 특징이다. 이러한 사원 건물의 배치는 사찰 건물의 배치인 가람배치(伽藍排置)와 비슷하다고 볼 수 있는데 화려하지는 않다. 대표적인 서원으로는 안강읍에 있는 옥산서원(玉山書院), 퇴계 이황 선생이 지은 안동의 도산서원(陶山書院) 등이 유명하다. 특히 옥산서원은 경상북도 경주시 안강읍 옥산리에 있는 서원으로서 조선 중기의 성리학자 회재(晦齋) 이언적(李彦迪, 1491~1553)을 제향하는 곳으로, 선조 5년(1572)에 부윤(府尹) 이재민(李齋民)이 세워 이듬해에 사액(賜額, 임금이 사원, 서원에 이름을 지어 편액)되었다. 정식 명칭은 '경주옥산서원'으로 현재 사적 제154호로 지정되어 있다.

그리고 정원의 아름다움도 한층 돋보인다. 대표적인 담양의 소쇄원(瀟灑園), 정철이 세운 식영정(息影亭), 윤선도의 세연정(洗然亭)이 유명하다. 이러한 정원은 선비들이 주거지에 만든 것이 특징이다. 특히 전남 완도군 보길도 세연지와 회수담 사이에 자리 잡은 세연정이 연못 위에 아름답게 놓여있다. 세연정은 한자로 풀이하면 자연을 깨끗하게 씻어낸다는 의미로 '주변 경관이 매우 단정(端正)하여 기분이 상쾌해지는 곳'이라는 뜻을 담고 있다.

이 정원은 고산 윤선도 보길도로 유배를 와서 인공적으로 물을 끌어들여 그의 자연관에 맞게 조성한 인공 연못으로, 손님을 맞고 연회를 벌여 풍류를 즐기는 한편 학문을 수양하던 곳이다.

세연정은 담양의 소쇄원, 영양의 서석지와 함께 조선 시대 3대 정원으로 꼽힌다. 정자 주위를 푸른 소나무가 둘러싸고 있고 구들 모양의 판석으로 개울을 막은 연못 수면에 연꽃이 앙증맞게 피어 있다(국민일보, 2021).

특히 영양의 서석지(瑞石池) '경정(敬亭)'은 퇴계 이황의 문인이자 정경세(鄭經世, 1563~1633)의 제자 정영방(鄭榮邦, 1577~1650)이 조성한 연못과 정자를 말한다. 그는 퇴계 이황 - 서애 류성룡 - 우복 정경세 - 석문 정영방으로 이어지는 높은 학덕을 지녔지만, 광해군의 폭정으로 벼슬에는 거리를 두었다. 인조반정 후 그는 이조판서로 있던 자기의 스승 정경세가 벼슬길을 열어두었으나 끝내 거부하고 자연에 심취한 삶을 선택하였다. 높지 않은 담으로 둘러싸인 서석지(瑞石池) 정원에는 소나무, 대나무, 매화, 국화를 심은 '사우단(四友壇)'과, 사우단을 'ㄴ'자로 둘러싼 연못인 '서석지(瑞石池)', 중심 건물인 '경정(敬亭)'과 부속 건물 '주일재(主一齋)'가 있다. '경정(敬亭)'과 '주일재(主一齋)'는 '거경궁리 주일무적(居敬窮理 主一無適)'에서 따온 말이다. 즉 경건한 마음으로 정신을 한 곳에 집중하여 다른 생각이 들어오지 못하게 하는 것을 의미한다.

자랑스러운 우리의 역사

제2장

조선에 치욕을 안겨준
임진왜란과 병자호란

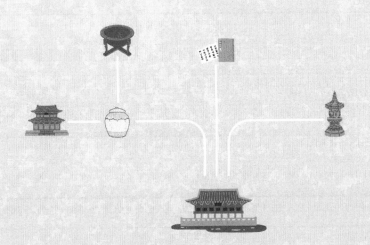

자랑스러운 우리의 역사

조선에 치욕을 안겨준 임진왜란과 병자호란

제**2**장

1. 임진년(선조 25년, 1592) 4월의 그날

1) 일본의 수상한 움직임과 조선의 안일한 대처

15세기 조선의 주변은 비교적 평화적이고 우호적인 분위기였다. 즉 조선의 사대교린 정책에 따라 비교적 자유로운 무역과 사신을 통해 선린 우호 관계를 맺고 있었다. 그러나 그중 왜는 조선과의 무역 확대를 끊임없이 요구하였다. 이유는 선진문물과 식량 그리고 옷감 부족을 내세웠다. 따라서 조선 정부는 1426년 지금의 동래(東萊)의 부산포(釜山浦), 울산(蔚山) 염포(塩浦), 웅천(熊川) 제포(薺浦) 즉 삼포(三浦)를 개항하였고 세종 25년(1443)에는 대마도와 계해약조(癸亥約條)를 맺어 무역량을 매년 50척으로 제한을 하며 무역을 꾸준히 이어 나갔다. 이를 일본에서는 가길조약(嘉吉條約)이라 한다.

이 조약에 의해 대마도주는 연(年) 50척의 세견선(歲遣船, 조선에서 내왕을 허락한 무역선)을 파견할 수 있을 뿐이며, 그것도 조선에서 도주(島主)에 내린 도서(圖書)가 찍힌 증명서가 있어야만 입항할 수 있도록 하였다. 이때 조선에서 내주는 세사미두(歲賜米豆)는 200석으로 제한하였다. 조선은 교린정책 및 해방 정책(海防政策)의 일환으로서 부산포, 제포, 염포의 세 곳을 개항하여 통상을 허가하였다.

그러나 16세기에 들어와서는 상황이 변하기 시작하였다. 계해약조(癸亥約條)로 인해, 삼포(三浦)의 개항 이후 삼포에는 수많은 왜인이 거주하게 되고, 그들을 통한 미, 면포(綿布) 등의 수출이 거액에 달하여 끼치는 해가 컸다. 그런데 1510년 조선의 삼포에 거주한 왜인들이 난동을 부리는 바람에 교역이 반으로 줄어들었다. 이렇게 되자 왜인들은 몇 차례 조선을 침범하는 일이 있어 결국은 초강경 정책으로 변화하기 시작하였다. 이에 불만을 가진 삼포(三浦)의 왜인들이 대마도의 해적과 연합하여 중종 5년에 군사 4,000명을 동원해 난을 일으켰다. 이를 삼포왜란(三浦倭亂)이라고 한다.

이들은 부산에 상륙하여 부산포와 제포(薺浦, 경남 창원시 진해구 웅천동에 있었던 포구)를 함락하고 웅천(경상남도 진해 지역의 옛 지명)과 동래성까지 점령하자 조정에서는 강경 진압을 하여 삼포왜란을 잠재웠다. 이후 대마도주는 직접 사람을 보내거나 왜왕도 사신을 보내 화친(和親)을 청하여 조정에서는 현실론을 내세워 화친이 이루어졌다.

이전의 조일 관계를 보면 1544년(중종 39) 왜인들의 약탈로 야기된 사량진왜변(蛇梁津倭變)으로 일본인들의 왕래를 금지하였으나, 대마도주의 간곡한 부탁과 사죄로 인하여 1547년 정미약조(丁未約條)를 맺고 무역을 허용하였다.

이러한 화친과 강경정책에도 불구하고 왜구들의 침입은 계속되었는데 대표적인 사건이 을묘왜변(乙卯倭變)이다. 1555년(명종 10) 10월 왜구의 배 70여 척이 전라남도 해안가를 습격, 전라남도 영암의 달량성(達梁城, 현 해남군 북평면 남창리), 어란포(於蘭浦, 전남 해남군 송지면 어란리), 진도(珍島)의 금갑(金甲), 남도(南桃) 등을 점령, 약탈하고 10진을 함락시켰다. 일부 왜구는 육지로 상륙했다가 나주에서는 이흠례(李欽禮, 1523~1585), 달량(전라남도 해남군 북평면 남창리에 설치되었던 조선의 수군진, 水軍陣)에서 이광식 등에 의해 저지가 되었다. 그러나 왜구들은 말머리를 돌려 영암군, 진도 일대를 약탈했고, 조정에서는 급히 이준경, 이윤경, 남치훈, 변협(邊協, 1528~1590) 등에 군사를 내려보내 지원하게 했다. 을묘왜변을 계기로 비상설 기관이었던 비변사가 상설기관으로 격상되어 흥선대원군 집권 전까지 상시 운용되었다.

당시 일본의 상황은 급변하고 있었다. 1592년 일본 전국을 통일했던 도요토미 히데요시가 국내의 불만 등을 억누르고 대륙을 차지하고자 하는 야심을 품고 조선과의 갈등을 침략으로 해결하려고 하였다. 이에 따라 일본이 명을 친다는 명목으로 조선을 침략한 전쟁이 임진왜란(壬辰倭亂)이다. 즉 "명을 치겠으니 길을 빌려달라(征明假道)"는 일본의 요구에 조선이 응하지 않자 1592년(임진년)에 부산을 침략하였다.

임진왜란은 실제로는 생각보다 오래전부터 계획된 것이었다. 도요토미는 1585년 7월 칸파쿠(關白, 일본의 관직) 취임 직후부터 대륙 진출을 언급하였는데, 그는 9월 히토츠야나기 스에야스에게 보낸 서신에서 명을 정복하겠다는 언급을 한 바 있다. 그 이후로도 도요토미는 전쟁 때마다 주변인들에게 '우리는 이제 곧 한양에서 매년 여름을 보내고, 베이징에서 매년 겨울을 보낼 것이다'라고 호언장담했다고 한다. '대륙 진출'이라는 이름의 침략 야욕은 도요토미 히데요시 이전 통일의 기틀을 마련한 오다 노부나가가 이미 여러 번 언급했다. 이런 언동은 초기엔 그저 말뿐이었을 가능성이 있지만 노부나가의 유력 가신인 히데요시가 충분히 영향을 받을 만했다.

이에 따라 왜적들은 조선과의 교섭을 시작하였고 조선 국왕을 불러와 자기에게 복종을 통해 알현(謁見)하도록 대마도 도주 소 씨(宗氏)에게 명령하였다. 그 기한은 1588년까지로 하되 불응할 시에는 조선을 정벌하겠다고 말하였다. 이에 대해 쓰시마 도주는 조선으로부터 거부당할 것이 뻔한 선조의 입조(入朝) 대신 인질과 공물을 요구하자고 제안했지만, 도요토미는 선조의 입조(入朝)를 고집했다. 결국, 쓰시마 도주는 가신인 타치바나 야스히로(橘康廣)를 일본국왕사(日本國王使)로 파견, 일본 국내 사정의 변화를 설명하고 통신사의 파견을 요청하였다. 1587년에 일본 사신은 교섭이 여의치가 않으면 병화(兵禍)가 일어날지 모른다고 암시하였다. 하지만 조선 신료들은 '교화가 미치지 않는 야만국의 사신을 제대로 접대할 수는 없으며 바닷길이 험해 통신사도 보낼 수 없다'라는 답변하며 통신사 파견을 거부하였다.

도요토미의 첫 번째 외교가 실패하자 재차 조선 국왕에게 이듬해까지 대마도 도주(島主, 대마도 영주)에 명령하여 대마도주는 조선에 사신을 파견하여 전쟁 시에는 양측의 피해에 대하여 설명하고 자신이 직접 일본으로 안내하겠다는 제시를 하였다.

그러나 이에 대한 답변으로 조선에서는 왜구(倭寇)로 항복(降服)한 사화동(沙乙火同)을 보내면 통신사 파견을 고려하겠다는 서신을 주었다. 사화동(沙乙火同)이라는 사람은 순왜(順倭)이자 조선의 매국노(賣國奴)이다. 즉 조선의 진도 오도에 표류했다가 왜(倭)에 귀순하여 해적들에게 조선의 길잡이를 한 인물이다. 정해왜변을 일으킨 장본인으로서 후에 선조의 문초 후 처형당했다. 조선의 요구에 도요토미 히데요시는 사화동과 함께 포로 80명을 보내주었다(1590, 3월).

조선은 왜의 화답으로 류성룡(柳成龍, 1542~1607)과 이덕형(李德馨, 1561~1613)을 1589년에 대표로 통신사를 파견하도록 결정하였다. 그들의 파견 목적은 명목상 일본의 통일을 축하한다는 것이지만 일본의 정치적 상황과 군비 태세 등을 염탐하는 목적이 있었다. 통신사로는 정사 황윤길(黃允吉, 1536~?, 황희 정승의 조카), 부사 김성일(金誠一, 1538~1593), 서장관 허성(許筬, 1548~1612, 허균의 형) 등으로 구성되어 1590년 3월에 서울에서 출발했다.

이들은 당시 도요토미 히데요시를 만나고 난 뒤 그의 모습에 대하여 다음과 같이 서술했다.

> 풍신수길(豐臣秀吉)의 용모는 왜소하고 못생겼으며 얼굴은 검고 주름져 원숭이 형상이었다. 눈은 쑥 들어갔으나 동자가 빛나 사람을 쏘아보는데, 사모(紗帽)와 흑포(黑袍) 차림으로 방석을 포개어 앉고 신하 몇 명이 배열해 모시었다. 사신이 좌석으로 나아가니, 연회의 도구는 배설하지 않고 앞에다 탁자 하나를 놓고 그 위에 떡 한 접시를 놓았으며 옹기사발로 술을 치는데 술도 탁주였다. 세 순배를 돌리고 끝내었는 데 수작(酬酢)하고 읍배(揖拜)를 하는 예는 없었다. 얼마 후 풍신수길(豐臣秀吉)이 안으로 들어갔는데 자리에 있는 자들은 움직이지 않았다. 잠시 후 편복(便服) 차림으로 어린 아기를 안고 나와서 당상(堂上)에서 서성거리더니 밖으로 나가 우리나라의 악공을 불러서 여러 음악을 성대하게 연주하도록 하여 듣는데, 어린아이가 옷에다 오줌을 누었다. 풍신수길(豐臣秀吉)이 웃으면서 시자(侍者)를 부르니 왜녀(倭女) 한 명이 대답하며 나와 그 아이를 받았고 풍신수길(豐臣秀吉)은 다른 옷으로 갈아입는데, 모두 태연자약하여 방약무인한 행동이었으며, 사신 일행이 사례하고 나온 뒤에는 다시 만나지 못하였다.
> (『조선왕조실록』 선조 수정 실록 25권, 선조 24년, 1591)
> (류성룡, 『懲毖錄』)

위의 내용에 나와 있듯이 왜는 사신을 대하는 예법도 무지하였고 도요토미는 자신을 '태양의 아들'이라 여겼으며 조선을 신하 다루듯 전하(殿下)라는 호칭을 생략하고 '합하(閣下, 벼슬아치를 칭함)'라는 호칭을 사용하자 조선통신사가 항의하였으나 소용이 없었다.

또한, 일본에는 명나라를 침범한다는 말이 퍼져있었고 전쟁 준비를 위한 배를 건조하는 상황이었다. 이를 간파한 조선통신사는 조정에 보고하였으나 당시 붕당정치로 인하여 동인과 서인으로 나뉘어 극렬하게 대립하였으나 결국은 당시 권력을 독점하고 있던 동인의 의견으로 결론이 났다.

당시 조선통신사(朝鮮通信使)로서 왜(倭)로 파견된 동인과 서인의 보고 내용을 살펴볼 필요가 있다.

"필시 병화(兵禍)가 있을 것이며 풍신수길(豊臣秀吉)의 눈빛이 반짝반짝하여 담과 지략이 있는 사람인 듯하였습니다."
황윤길(黃允吉. 정사 正使, 서인)
(『조선왕조실록』 선조 수정 실록 25권)

"그러한 정상은 발견하지 못하였는데 윤길이 장황하게 아뢰어 인심이 동요되게 하니 사의에 매우 어긋납니다. 풍신수길(豊臣秀吉)의 눈은 쥐와 같으니 족히 두려워할 위인이 못 됩니다."
김성일(金誠一. 부사 副使, 동인)
(『조선왕조실록』 선조 수정 실록 25권)

김성일은 매우 위험한 생각을 조선 조정에 전달함으로써 두고두고 간신으로 욕을 먹었다. 김성일과 류성룡은 이황의 제자였다. 그러나 김성일은 임진왜란이 발발하자 자기의 잘못을 책임지기 위하여 의병 활동을 지원하였고 백성들의 구휼(救恤)에도 적극적으로 행하였다. 그는 류성룡과의 대화에서, "그대가 황의 의견과는 고의로 다르게 말하는데, 만일 병화가 있게 되면 어떻게 하려고 그러시오?"라고 하니, 김성일이 말하기를, "나도 어찌 왜적이 나오지 않을 것이라고 단정하겠습니까. 다만 온 나라가 놀라고 의혹이 될까 두려워 그것을 풀어주려 그런 것입니다."라고 하였다고 『선조실록』에 기록되어 있다.

2) 도요토미 히데요시의 야욕: 7년간의 전쟁의 시작

도요토미는 일본 열도를 통일한 후, 다이묘(大名, 지방 영주)들의 불만을 잠재워 안정을 취하는 동시에 외부로는 대규모 침략전쟁을 꿈꾸고 있었다. 즉 대륙으로 진출하기 위한 교두보가 일차로 조선이었고 결국에는 명나라까지 삼키는 것이 목적이었다. 이를 준비하기 위하여 전쟁 물자를 치밀하게 준비하였고 조선에 간자(間者)를 보내 한반도를 정벌하기 위한 지형과 정치 상황을 정탐하도록 하였다. 따라서 조선을 침략하기 위하여 조선 조정에 정명가도(征明假道)를 이유로 요구하였으나 조선 조정의 거부로 결국은 1592년(선조 25)에 부산포를 기점으로 상륙하였다. 『선조실록』에는 "왜구가 침범해 왔다."라는 신호탄으로 7년 동안 기나긴 전쟁이 지속되었다.

임진왜란(壬辰倭亂)은 1592년(선조 25) 일본의 도요토미 정권이 조선을 침략하면서 발발하여 1598년(선조 31)까지 이어진 전쟁이다. 1597년의 제2차 침략을 정유재란이라고 따로 부르기도 한다. 임진왜란은 조선과 일본뿐만 아니라, 명과 여진족 등 동아시아 전체에 큰 영향을 미쳤다. 이 전쟁의 결과, 조선은 경복궁과 창덕궁 등 2개의 궁궐이 소실되었고, 인구는 최소 100만 명 이상 감소했으며, 경작지의 2/3 이상이 황폐화가 되는 큰 피해가 있었다.

일반적으로 임진년에 일어난 '왜의 난리'란 뜻으로 지칭되며 그 밖에 조선과 일본 사이에 일어난 전쟁이란 뜻에서 '조일전쟁(朝日戰爭)', 임진년에 일어난 전쟁이란 뜻에서 '임진전쟁(壬辰戰爭)', '도자기(陶磁器) 공(工)들이 일본으로 납치된 후 일본에 도자기 문화가 전파가 되었다.'라고 하여 '도자기 전쟁(陶瓷器戰爭)'이라고도 한다. 일본에서는 당시 연호를 따서 '문록', '경장의역(일본어: 文禄·慶長の役 (ぶんろく·けいちょうのえき, 분로쿠게이쬬우노에키)' 이라 하고, 중국에서는 당시 명나라 황제였던 만력제의 호를 따 '만력 조선전쟁(萬曆朝鮮戰爭, 중국어: 萬曆朝鮮之役)', 혹은 조선을 도와 왜와 싸웠다고 하여 '항왜원조(抗倭援朝)'라고도 하며, 북한에서는 '임진조국전쟁(壬辰祖國戰爭)'이라고 한다. 그 밖에도 7년간의 전쟁이라 하여 '7년 전쟁(七年 戰爭)'으로도 부른다(『백과사전』).

부산포(釜山浦)에 상륙한 왜군(倭軍)들은 군민들의 저항이 있었으나 전쟁 준비를 철저히 하고 왔기에 뜻밖의 적들을 만난 조선군(朝鮮軍)은 힘 한번 쓰지 못하고 패퇴하였다. 이 당시 정발(鄭撥, 1553~1592) 장군은 장렬하게 전사하였다. 이어 왜군은 동래성으로 밀려가 동래부사 송상현(宋象賢, 1551~1592)의 분전에도 불구하고 왜군에게 길을 열어주었다.

　부산포가 함락되자 왜군은 1592년 4월 19일 부산에 상륙하여 세 갈래로 나뉘어 한성(지금의 서울)으로 진격하기 시작하였다. 수군은 남해안을 거쳐 서해안을 목표로 삼아 한성으로 진격하였다. 제1노선은 부산을 거쳐 고령 → 추풍령 → 한성으로, 제2노선은 부산을 거쳐 상주 → 조령 → 한성으로, 제3노선은 부산 → 경주를 거쳐 동해안을 거쳐 한성으로 진군하였다.

　전쟁을 예상하지 못해 당황한 조선의 육군은 싸워 보지도 못하고 도망을 쳤고 봉수대와 같은 전달체계 또한 제대로 작동되지 않았다. 예를 들면 왜군이 침략한 날은 1592년 4월 13일인데 4월 17일, 닷새가 지나서야 조정에 보고가 될 정도였다.

　당시 조정은 류성룡을 총책임자로 하여, 신립(申砬) 장군과 이일(李鎰, 1538~1601)으로 하여금 출병하여 전쟁을 치르게 하였으나 역부족으로 패퇴하였다.

　신립(申砬, 1546~1592)은 충주 탄금대에서 배수진을 치고 적과 대항하였으나 역시 중과부족(衆寡不足)이었다. 특히 탄금대 전투는 험준한 조령 대신 탄금대에서 8천여 명의 군사와 싸웠다. 그는 조선이 가장 신뢰했던 장수로서 여진족을 토벌했던 맹장이었다. 그러나 조선군이 육상에서 패전을 거듭한 끝에 희망을 걸었던 신립은 어이없이 패전하고 말았는데 이에 대하여 역사학자들은 그의 패배는 작전의 실패 때문이라고 주장한다. 이에 대하여 다음과 같이 기술했다.

> 신립 휘하의 장수들은 모두 새재(鳥嶺, 문경새재)의 험준함을 이용하여 적을 막을 것을 건의하였으나 신립은 자신의 용맹을 과신한 나머지 들판에서 싸우려고 했다. 4월 27일 신립은 군사를 거느리고 탄금대 앞의 두 강물 사이에 진을 쳤다. 문자 그대로 '배수의 진'을 친 것이다. 그곳은 왼쪽과 오른쪽에 논이 있고 물풀이 뒤섞여서 말을 달리기가 불편한 곳이었다. 왜군들은 한 패는 산을 따라 동쪽으로 오고, 다른 한 패는 강을 따라 내려오면서 조선을 공격했다. 왜군 조총부대의 삼교대 밀집 지역으로 신립의 조선군은 싸워 보지도 못하고 대패했다. 신립과 군사들은 거의 모두가 강으로 뛰어들어 빠져 죽었고 그 시체가 강을 덮어 떠내려갔다. 훗날 명의 장수 이여송(李如松, 1549~1598)은 왜군을 추격하여 새재(鳥嶺)를 지나면서 "이와 같이 험준한 요새가 있는데도 지킬 줄을 알지 못했으니, 신립은 실로 책략이 없는 사람이었다."라고 장탄식을 했다고 한다.
>
> (백유선 외, 2004)

물론 이는 상황이 여의치가 않다는 것을 알고는 있지만 '배수(背水)의 진(陣)'을 치면서까지 국가를 위한 충정은 폄하(貶下)해서는 안 된다. 이는 결전의 의지를 표명하고자 군사들과 함께 결사항전(決死抗戰)을 보여준 것이다.

조선의 조정은 패퇴하였다는 소식을 듣자마자 광해군(당시 世子), 영의정 이산해(李山海, 1539~1609)를 비롯한 신하들과 평양으로 피신하였고 나머지 두 왕자, 임해군(臨海君, 1574~1609), 순화군(順和君, 1580~1607)을 함경도와 강원도로 보내어 결사항전의 의지를 보였으나 5월 2일, 왜군 상륙 3일 만에 한양이 함락되어 의주로 피난하였다. 결국은 일부 호남을 제외한 모든 국토가 왜군의 손에 들어갔으며 선조는 백성을 버리고 명나라로 피신해야 할 정도로 위기의 순간이었다.

적의 침공이 있은 지 40여 일 만인 6월에 결국은 함경도와 강원도로 몸을 피했던 임해군과 순화군이 포로로 잡혔다. 이에 격분한 백성들은 선조의 어가를 막으면서 항의하였고 일부 노비들은 궁궐의 장례원(掌隷院), 즉 노비 문서를 관장하던 관청을 불태우기도 하였다.

이같이 조선의 육군이 패전을 거듭한 이유는 두 가지로 생각해 볼 수 있다. 첫째는 육군의 전술 부족이었다. 백유선 외(2004)는 다음과 같이 적었다.

> 우리는 적의 침공하여 오면 식량과 무기를 성안으로 옮겨(급하면 태우거나 강물에 매몰시킨다) 적의 보급로를 차단하는 청야작전(淸野作戰)과 성에 들어가서는 주로 화살을 쏘아 적을 격퇴하는 수성전(守城戰)을 장기로 하고 있다. 이에 반하여 왜군은 칼과 창을 가지고 돌격을 감행하는 근접 전술이 뛰어났다.

둘째는 정신력의 부재와 조선 조정의 허술한 방비 태세였다. 일본이 조선을 침략하기 위하여 모든 준비하는 동안, 조선은 '설마 왜가 침공하겠는가?'라는 안이함이 문제였다. 이 시기의 조정은 붕당정치로 인하여 국가 기강이 무너지기 일보 직전으로 관료들의 부패가 성행하였다. 당시의 상황을 백유선 외(2004)는 다음과 같이 적었다.

당시에는 농민들로부터 군포를 거두어 군사비로 사용하게 되었는데 국가 정치 기강이 해이해져 군포수입이 엉뚱한 데 사용되기 일쑤였다. 이는 곧 전반적인 군사력의 약화를 가져왔다.

당시의 이러한 상황에서 조선이 가장 믿었던 신립 장군의 탄금대 전투에서의 패전은 조선에서는 사기 저하, 왜군에게는 기를 살려주는 데 결정적인 역할을 하였다.

다행히도 조선 수군과 의병의 활약으로 왜군은 북진하지 못하고 머뭇거렸다. 왜군은 명나라군이 도착하기 전 6개월은 그들의 뜻대로 진군하지 못하는 상태였다. 초기에 왜군은 세 갈래로 북상하였으나 수군만은 뜻대로 진군하지 못했다. 수군은 원래 서해와 남해의 연안 지역을 약탈하면서 육군의 보급품을 담당하기로 하였는데 이들의 계획이 조선 수군 때문에 좌절당하였기 때문이다.

당시에 조선 수군의 책임자는 이순신(李舜臣, 1545~1598)이라는 걸출한 장수였다. 전쟁 초기에 경상 우수사를 이끌고 있던 원균의 패배로 힘을 잃게 되자 전라 좌수영의 경비를 맡고 있던 이순신은 상황이 긴박하게 돌아감에 따라 군비 강화(식량, 무장, 거북선 등을 건조)를 지시하여 일본 수군의 위협으로부터 대비를 착실히 하였다.

사실 그는 전쟁이 일어나기 1년 전에 류성룡의 천거로 전라 좌수사로 부임하였는데 왜의 침략을 예견하여 전쟁 준비를 견실히 하고 있었다. 그 결과 이순신은 옥포에서 일본 수군과 해전을 벌여 30여 척을 격파할 수 있었다. 특히 거북선과 돌격선 그리고 판옥선을 이용하여 적을 대패시켰다. 왜의 조총에 버금가는 대포의 위력을 이용한 화공술이 전쟁을 조선 수군에게 유리하게 이끌어갈 수 있었다.

옥포 해전을 비롯하여 당항포, 한산도 등의 해전을 승리로 이끌었다. 이러한 승리는 전라도 지역의 곡창을 보호하면서 적의 보급로를 차단하고 동시에 육군의 사기 진작에 많은 영향을 미쳤다. 해상에서 조선이 주도권을 장악한 데 힘입어 육지에서는 의병의 활약이 두드러졌다. 의병은 전국 각지에서 일어났는데 그 수는 상상이 되지 않을 정도였으며 관군 이상의 성과를 내었다.

대표적인 의병으로는 평안도의 조호익(曺好益, 1545~1609)과 승려 출신인 휴정(休靜, 1520~1604), 경기도의 김천일(金千鎰, 1537~1593), 전라도의 고경명(高敬命, 1533~1592), 강원도의 유정(惟政,

?~?, 松雲大師), 함경도의 정문부(鄭文孚, 1565~1624), 경상도의 곽재우(郭再祐, 1552~1617), 충청도의 조헌(趙憲, 1544~1592) 등이 있다. 이들은 그 지역의 지리에 능숙함을 이용하여 적을 기습하는 방법으로 전국적인 규모로 일어나 혁혁한 전과를 세웠다.

특히 곽재우는 경남 의령지역에서 활약하였는데 '천강홍의장군(天降紅衣將軍, 하늘에서 내려온 붉은 옷의 장군)' 혹은 이를 줄인 '홍의장군(紅衣將軍)'이라는 이름으로 유명하다. 신출귀몰한 전술과 붉은 옷을 입은 장수에 산신령의 이미지인 도인(道人)스러운 신비한 인상에 여러 활약상이 돋보여서 임진왜란 의병장 중에서도 대중적인 인지도가 가장 높은 편이다. 그의 대표적인 전투는 정암진(의령군 정암리 지역) 전투였다.

이 전투에 대해서는 이로(李魯, 1544~1598)가 쓴 『용사일기(龍蛇日記)』, 『선조실록』, 오희문(吳希文, 1539~1613)이 쓴 『쇄미록(瑣尾錄)』 등에 짧은 기록이 남겨져 있다. 내용을 살펴보면, '정암진에 이른 왜군이 의령 쪽으로 나아가지 못했다. 곽재우가 정암진에 진을 치니 왜군이 김해 쪽으로 물러갔다. 그리고 강 가운데 장애물을 설치하여 왜선을 움직이지 못하게 한 후 기습하는 전술을 구사했다.'와 같이 간략한 기록만이 남아 있다.

그는 전라도 지방으로 상륙하여 곡창을 침탈하려는 왜의 작전을 무산시키고 이순신의 작전에도 많은 도움을 주었다.

이를 계기로 왜군은 바다를 버리고 육지에서 전투를 시도하였으나 번번이 패하자 더 이상의 북진을 하지 못하고 이에 조선군은 수세에서 공세로 전환하게 되었다. 결국은 1593년 1월에 명나라가 참전하면서 임진왜란은 국제적인 전쟁으로 번졌다. 명의 참전은 어쩔 수 없었다. 명나라는 조선이 왜국(倭國)에 함락이 되면 명나라도 위협을 받기 때문이었다. 그들의 참전으로 전쟁은 소강상태로 흐르게 되었다. 명나라의 참전을 하는 데 결정적인 역할을 한 사람이 한응인(韓應寅, 1554~1614)이었다. 문신 한응인은 글씨를 잘 썼으며, "명나라를 오가며 조선과의 화합을 이끌었으며 전쟁 초기에 명나라는 일본과 더불어 조선은 명나라를 공격하기로 했다"라는 오인을 그가 처음부터 정명가도(征明假道)를 내세웠다는 외교술로 명나라를 전선으로 이끈 인물이다. 그는 예조판서, 우찬성, 우의정에 오르고, 네 차례나 공신에 책봉된 바 있으나 광해군 5년(1613)에 일어난 계축옥사에 연루되어 관직을 삭탈 당했다(경기일보).

1593년 조명 연합군은 전세를 뒤집어 평양성을 탈환하고 남으로 일본군을 추격하다가 벽제관(碧蹄館, 고양시에 있는 역관) 전투에서 뜻하지 않는 패배를 하였다. 결과는, 이여송(李如松)이 이끄는 명나라군과 이시다 미쓰나리(石田三成)를 중심으로 우키타 히데이에(宇喜多秀家), 고바야카와 다카카게(小早川隆景), 다치바나 무네토라(立花宗虎), 다카하시 나오쓰구(高橋直次) 등이 이끄는 일본군과 격돌하였으나, 치열한 교전 끝에 일본군이 명군을 패퇴시켰다. 명군의 이여송은 포위되어 목숨이 위태하였으나 그의 부장 이유승이 간신히 구해낼 정도였다. 그러나 명과 일본 양쪽 모두 승전을 주장하는 바람에『조선왕조실록』에는 명군의 승리로 기록되었다.

　류성룡의『징비록(懲毖錄)』에는 이 전투에 대하여 다음과 같이 기록되어 있다.

> 이여송이 파주에 진군하여 적군과 벽제관 남쪽에서 싸웠으나 이기지 못하였고, 개성으로 돌아와서 진을 쳤다. 처음에 평양이 수복되니 대동강 이남의 연도(沿道)에 있던 적들은 모두 도망쳐 가버렸다. 제독은 적군을 추격하고자 하여 나에게 말하기를 "대군이 지금 앞으로 진격하려 하는데, 듣건대 앞길에 군량과 마초가 없다고 하니 의정(류성룡)은 대신으로서 마땅히 나라의 일을 생각해야 될 것이므로 수고를 꺼리지 마라, 급히 가서 군량을 준비하여 소홀해서 잘못되는 일이 없도록 하시오"라고 하였다.

　명나라가 벽제관 전투에서 패하여 평양으로 후퇴하자 권율은 얼마 되지 않는 군사로 왜군 수만 명을 행주산성에서 물리쳤다. 이 전투가 임진왜란의 3대 전투인 행주 대첩이다. 3대 전투는 이순신의 한산도 대첩, 김시민의 진주 대첩, 권율의 행주 대첩이다.

　권율(權慄, 1537~1599)의 행주산성 전투와 관련해서 다음과 같이 기록되어 있다(『백과사전』).

> 명나라의 원군과 합세하여 한양을 탈환하기 위해 조방장 조경을 보내 마땅한 곳을 탐색하다가 행주산성을 택하였고 조경(趙儆, 1541~1609)에게 명하여 목책을 세운 후 병사를 행주산성으로 옮기는 작업을 실행했다. 그러면서 독산성에 소수의 병사를 남긴 채 대군이 남은 것처럼 위장하고 불시에 행주산성으로 이동했다. 행군 도중 4천 명을 뽑아 전라 병사 선거이(宣居怡, 1550~1598)에게 맡겨 시흥으로 보내 적군을 견제하게 했다.
> 행주산성으로 병력을 옮기고 기다리고 있는데, 오는 줄 알았던 명나라군은 벽제관에서 참패하고 그대로 평양으로 날라버렸다. 이에 행주산성이 신경이 쓰였던 일본군은 승기를 몰아 3만

병력으로 행주산성을 공격했는데, 권율의 뛰어난 통솔력과 3천 명에 불과한 병사들의 선전 끝에 이를 물리쳤다. 이것이 그 유명한 행주 대첩이다.

화차랑 신기전 등 강력한 화약 무기를 미리 잘 준비해놨다가 일본군이 몰려오자 무자비한 화력으로 신나게 쓸어버렸다. 여기에 적장인 우키타 히데이에와 이시다 미츠나리의 통솔력이 막장 수준이라 일본군은 변변찮은 전략 한번 못 써보고 병력만 무한정 들이부었는데, 권율이 적절히 대처하고 보급이 기가 막힌 타이밍에 도착하면서 엄청난 대승을 거두었다.

이 대목에서 주목할 것은 조선의 반격이 가능한 것도 정신력뿐만 아니라 군과 민이 합심한 쾌거였으며 "우리에게 화차가 없었으면 승리는 불가능했다."라고 말하는 것으로 보아 권율은 뛰어난 무기 제조 기술도 보유하고 있었다. 즉 권율의 군대는 이전의 조선 군과 달랐다. 당시로는 화차, 신기전, 비격진천뢰 같은 첨단 무기들을 모두 보유하고 있었다.

그리고 지휘 체계가 조선 정규군, 의병, 승병으로 이루어져서 단합하기가 쉽지 않았으나, 행주 대첩 때는 잘 협조하여 공조가 잘 되었다. 아무래도 권율의 지도력이 빛을 발했다고 할 수 있다. 종합하여 보면 왜군은 조선군을 얕잡아보다가 신무기에 의해 피해를 보았으며 성이 무너지자, 아녀자들이 행주치마에다가 쇠붙이나 돌을 날라 화살이 모자라는 것을 보충하였다고 하는 것으로 보아 군, 관, 민 그리고 신무기의 절묘한 조합의 승리라고 볼 수 있다.

이로써 왜군은 완전히 사기가 꺾이게 되었고 두 달 후인 4월 중순에 한양에서 철수하여, 본토로부터 보급을 쉽게 받을 수 있는 경상도로 모두 후퇴하였다. 이에 4월 18일 명군과 조선군은 1년 만에 한양을 다시 수복하였다. 권율은 이후 도원수로 임명되어서 임진왜란이 끝날 때까지, 조선 육군과 수군의 전체 사령관으로서 전쟁을 지휘하였다(『백과사전』 행주산성 전투, 1593년 2월 12일).

이후 왜군은 전세가 뜻대로 이루어지지 않자, 시간 벌기 위해 휴전을 제의하고 경상도 지역으로 물러나면서도 조명 연합군의 기세를 꺾기 위하여 7만여 명의 군사를 보내 진주성을 공격하였으나 김천일(金千鎰, 1537~1593)이 이끄는 의병과 관군 고작 3,400여 명에 의해 전멸하게 된다.

이 전투는 1, 2차로 나누어 설명할 수 있다. 1차 전쟁은 1592년 임진왜란의 3대 대첩의 하나인 곽재우, 최강, 이달 등의 의병부대와 김시민이 지휘한 전쟁이고 2차 전쟁은 1593년 6월에 벌어진 왜군과의 혈전을 말한다. 1593년 4월 서울에서 철수한 왜군은 부산을 중심으로 한 동남해안에 집결했다. 왜군은 강화회담을 추진하는 한편, 1차 진주성 전투의 패전을 설욕하고 전라도로 진출할 수 있는 교두보를 확보하기 위해 진주성에 대한 총공격을 감행했다. 이 전투에서는 가토, 고니시, 구로다 등 왜장과 귀갑차(龜甲車) 등 왜군의 신무기가 총동원되었으며 왜군의 선봉만도 5만여 명에 달했다. 이에 맞서 싸운 조선군은 황진, 최경회 휘하의 관군과 김천일이 지휘하는 의병을 합해 3천여 명에 불과했다.

6월 19일부터 시작된 전투는 10일간 치열하게 계속되었으나 중과부적으로 결국 29일 진주성은 왜군(倭軍)에 의해 함락되었다. 이 전투 중 황진(黃璡, 1542~1606)은 적군의 총탄에 맞아 죽었으며, 김천일은 성이 함락되자 스스로 목숨을 끊었다. 성에 남아 있던 6만여 군민들도 대부분 왜병에게 학살되었다. 그러나 왜군도 이 싸움에서 커다란 타격을 입고 동남해안으로 철수하고 말았다. 승전을 기념하여 연회를 벌이던 왜장을 의기 논개(論介, ?~1593)가 촉석루에서 끌어안고 남강에 몸을 던졌다.

"논개는 진주의 관기였다." 조선의 재담꾼 유몽인(柳夢寅, 1559~1623)이 『어우야담』에 논개를 소개한 첫 구절이다. 이 때문인지 논개는 왜장을 유혹하여 끌어안고는 물속으로 몸을 던져 함께 죽은 '의로운 기생'으로 인식되었다. 하지만, 논개는 장수 주촌마을의 선비인 신안 주씨 주달문(朱達文)과 밀양 박씨 사이에서 태어난 양반가의 자손이며 의병장이자 장수 현감을 지낸 최경회(崔慶會, 1532~1593)의 부인이다. 논개에 대하여 다음과 같이 전해진다.

부친이 일찍 세상을 뜨자 숙부의 집에 어머니와 함께 몸을 의탁하고 지냈는데 어린 나이지만 용모가 출중하고 재주와 지혜가 뛰어났으며 시문에도 능했다고 전해집니다.
평소, 이를 눈여겨보아 왔던 장수 고을 어느 부호가 논개를 어엿비 여겨 민며느리로 삼고자 그에 대한 대가로 그녀의 숙부에게 쌀 50석을 지불했습니다. 그러나 논개 모녀는 이를 거부하고 모친의 고향인 경상도 땅으로 도주해 어느 지인의 가택에 숨어 지냈다고 합니다. 하지만 수소문해 추적해 온 고을 부호에게 발각되어 장수 현감에게 넘겨져 재판을 받게 됐던 것입니다 당시 고을 현감으로 충의공 최경회라는 사람이 있었습니다. 넉넉하고도 고매한 인품의 소유자였던 그는 논개 모녀의 억울하고도 딱한 처지를 소문으로 듣고 있던 터였기에 명판결 끝에 무죄 석방했으며 오갈 데 없는 그들의 처지를 딱하게 여겨 자신의 관저에서 기거할 수 있도록 배려까지 해주었다고 합니다.

(이동호, "논개(論介)에 대한 역사 평설", 월드코리아 신문, 2020)

성은 주씨(朱氏)이고, 본관은 신안(新安, 중국)이며, 전북 장수(長水)에서 태어났다. 경상북도 병마절도사 최경회(崔慶會)의 사랑을 받았다고 하며, 그 밖의 자세한 성장 과정은 알 수 없다. 1592년 임진왜란이 일어나 5월 4일에 이미 서울을 빼앗기고 진주성만이 남았을 때 왜병 6만을 맞아 싸우던 수많은 군관민이 전사 또는 자결하고 마침내 성이 함락되자 왜장들은 촉석루(矗石樓)에서 주연을 벌였다.

논개라는 이름은 개해인 갑술(甲戌) 년(年), 갑술(甲戌) 월(月), 갑술(甲戌) 일(日), 갑술(甲戌) 시(時)인 '4 갑술(甲戌) 생(生)'으로 태어난 사주에 따라 개해에 낳은 개 '놓은 개'란 뜻으로 부친이 지어준 이름이다. 아들을 잃고 얻은 외동딸의 특이한 사주에 고민하다가 귀한 자식일수록 이름을 함부로 짓게 되면 귀신이 샘을 내지 않아 오래 산다는 속설에 따라 지은 이름으로 전해진다(전북일보).

이 자리에 있던 그녀는 울분을 참지 못한 나머지 전사한 장군들의 원한이라도 풀어주고자 열 손가락 마디마디에 반지를 끼고 술에 취한 왜장 게야무라 로구스케(毛谷村六助)를 꾀어 벽류(碧流) 속에 있는 바위에 올라 껴안고 남강(南江)에 떨어져 함께 죽었다.

훗날, 이 바위를 의암(義岩)이라 불렀으며, 사당(祠堂)을 세워 나라에서 제사를 지냈다. 1846년(헌종 12) 당시의 현감 정주석(鄭胄錫)이 장수군 장수면(長水面) 장수리에 논개가 자라난 고장임을 기념하기 위하여 '논개생향비(論介生鄕碑)'를 건립하였다. 그가 비문을 짓고 그의 아들이 글씨를 썼다. 1956년 '논개사당(論介祠堂)'을 건립할 때 땅속에 파묻혀 있던 것을 현 위치에 옮겨놓았다. 비문에는 "矗石義妓論介生長鄕竪名碑(촉석의기론개생장향수명비)"라고 씌어 있다(진주 논개제). 비문에는 다음과 같은 시(詩)가 새겨 있다.

"그 바위 홀로 서있고 그 여인 우뚝 서있네
이 바위 아닌들 그 여인 어찌 죽을 곳을 찾았겠으며
이 여인 아닌들 그 바위 어찌 의롭다는 소리 들었으리요
남강의 높은 바위 꽃다운 그 이름 반고에 전하리"
(의암사적비)

1593년, 조선과 왜는 전쟁할 상황이 아니었다. 조선은 심한 흉년이 닥쳤고 왜는 계속되는 패배로 인하여 전쟁을 지속할 능력이 없었기 때문이다. 휴전회담은 3년간 지속되었는데 명나라는 심유경을 사신으로 보내 회담하였으나 왜군은 조선 국토의 절반을 내어달라는 조건과 조선의 세자와 대신들을 인질로 삼을 것과 명나라의 황후를 일본의 후비(后妃)로 삼는다는 조건을 내세워 결렬되고 말았다. 심유경은 일본의 요구를 본국에 알리지 않은 채 도요토미를 일본의 국왕에 봉한다는 봉공안(封貢案, 일본을 명의 속국으로 간주하고 일본 국왕을 제후로 봉한다는 내용)을 도요토미에게 보내 회담을 성사하고자 하였으나 도요토미는 노하여 재침을 명령하였다.

왜군은 휴전회담을 하는 도중에도 전라도와 경상도 지역에 24개의 왜성을 쌓으면서 재침의 기회를 노리고 있었다(한영우, 다시 찾는 우리 역사 2, 2020). 1597년 왜군은 선조 30년 1월에 14만여 명의 군사를 이끌고 재차 침입하였다. 이 전쟁이 정유재란(丁酉再亂)이다.

휴전회담이 진행되는 사이 조선은 조총을 만드는 기술을 터득하였으며 훈련도감을 설치하여 군대의 편제와 훈련 방법을 정비하였고 속오법(束伍法)이라는 제도를 시행하였다. 속오법이란 평상시 생업에 종사하면서 향촌 사회를 지키다가 농한기에 훈련받고 적이 침입하면 전투에 참여하는 제도이다. 또 한편으로는 명나라 장군 척계광의 『기효신서』의 영향을 받아 삼수병 즉, 포수(砲手, 총과 포), 사수(射手, 사격수, 활), 살수(殺手, 창과 칼)를 양성하였고 비격진천뢰(飛擊震天雷), 대완구(大碗口, 둥근 탄알을 쏘던 화포), 현자총(玄字銃), 황자총(黃字銃) 등을 개발하여 왜군의 조총과 맞섰다.

이순신 장군은 정유재란 때에도 빛을 발하였다. 당시에 그는 왜장 고시니의 계략으로 관직을 박탈당하여 의주로 압송되었다. 원균이 삼도 수군통제사로 임명되었으나 칠전량(漆川梁) 전투에서 대패하여 조선 수군의 제해권(制海權)을 상실하게 되었다. 이 결과로 왜

군은 처음으로 전라도 지역을 상륙하여 8월에 남원성, 9월에는 충청도까지 북상하게 되었다.

육상에서는 조선군과 명나라군의 활약으로 더 이상의 북상은 막을 수 있었으나 결정적인 사건은 이순신이 누명을 벗고 삼군 통제사로 복귀하여 명량 전투(해남군 울돌목)에서 적선을 격파하여 서해안의 항로를 제압한 것이다. 조선 조정은 급박해진 전황을 타개하고자 다시 이순신을 삼도 수군통제사로 임명하지만, 판옥선 등의 전선은 고작 12척만 남았고, 초반에 전투 경험을 쌓은 소중한 선임 군사들도 대부분 사라져 절망적인 위기감에 몰린 상태였다. 선조는 수군 제도마저 폐지하려고 했다. 이때 이순신 장군은 "지금 신에게는 아직도 전선 12척이 남아 있나이다"라는 역사적 어록을 남기고 투지를 불태우는 장계를 올렸다. 그리고 통제사 이순신은 남해안 일대에 흩어진 군사들을 불러 모아 다시 수군 재건에 안간힘을 썼다. 이에 관한 내용은 다음과 같다.

> 지금 신에게는 아직도 전선 12척이 남아 있나이다. 죽을 힘을 다하여 막아 싸운다면 능히 대적할 수 있사옵니다. 비록 전선의 수는 적지만 신이 죽지 않은 한 적은 감히 우리를 업신여기지 못할 것입니다("장상현의 재미있는 고사성어, 제75강, 명량대첩(鳴梁大捷)".
> (중도일보. 2021년 6월 15일).

이 전투에서 이순신은 배가 부족하여 물살이 센 명량을 전투지로 삼았다. 오늘날 진도대교가 있는 곳으로 물살이 매우 빨라 예로부터 빠른 물살이 흘러가는 소리가 울음소리 같다고 하여 '우는 바다'라는 뜻의 '명량' 혹은 '울돌목'이라고 불렀다. 이순신은 이곳에서 철쇄(철사를 엮은 철 줄)를 전투에 사용하였다.

> 수중 철쇄(철사를 엮은 철 줄)는 지금 진도대교가 있는 폭이 가장 좁은 자리에 걸었다. 양쪽에 막개를 박아놓고 쇠줄은 물속에 잠기게 숨겨놓은 뒤 일본 수군을 기다리는 것이다. 1597년 10월 25일(음력 9월 16일) 오전 11시경, 어란진에서 출발한 333척의 일본 수군은 우수영으로 흐르는 밀물을 타고 빠른 속도로 울돌목에 들어선다. 그들이 울돌목에 들어서자 수중 철쇄에 걸려 차곡차곡 쌓이며 서로 부딪혀 여지없이 부서진다. 오후 1시경 밀물이 끝나고 물길이 멈춘다.

일본 수군은 좁은 수로에 갇혀 오도 가지 못한 채 혼란에 빠져 있을 때 이순신 장군의 전선들이 전진하며 각종 화포를 빗발처럼 퍼붓는다. 다시 썰물이 되는 순간, 정지했던 물길이 거꾸로 바뀌어 왜 수군 쪽으로 흐른다. 유리하던 조류마저 불리하게 변하자 조선 수군이 떠내려가는 일본 수군을 완전히 섬멸했다(『난중일기』).

장병들에게 "병법에 이르기를 '반드시 죽고자 하면 살고 반드시 살고자 하면 죽는다(必死卽生 必生卽死)'라고 하였고, 또 '한 사람이 길목을 지키면 천 명도 두렵게 할 수 있다(一夫當逕 足懼千夫)'라고 했는데, 이는 오늘의 우리를 두고 이른 말이다. 너희 여러 장수가 조금이라도 명령을 어기는 일이 있다면 즉시 군율을 적용하여 조금도 용서치 않을 것이다."라고 거듭 말하며, 장병들과 죽기를 각오하고 싸울 것을 결의하였다(『난중일기』).

이 전투로 인하여 왜군은 크게 위축되었고 마침내 겨울이 다가오자, 남해안에 왜성을 구축하고 장기전에 들어갔다. 이때 왜성의 특징은 성 주위에 해자(垓字, 성 둘레에 판 못을 일컬음)와 성을 겹겹이 쌓아서 방비하였다. 이러한 방비 때문에 성을 함락시키는 데 조선군은 많은 희생이 있었으며 왜군 역시 주위에 조, 명군이 포위되어 있어서 추위와 식량문제로 곤란을 겪었다.

마침내 일본 본토에서 도요토미는 회군 소식을 남기고 병사하고 말았다. 이를 왜장 고니시는 명나라 장군 진린(陳璘, 1543~1607년)에 막대한 뇌물을 주고 퇴로를 요청하였다. 이를 알아차린 이순신은 "조선 백성을 약탈한 왜군은 한 놈도 살려서 보낼 수는 없소"라고 그들의 요구를 반대하면서 한 사람의 왜놈이라도 살려 보내서는 안 된다는 의지로 왜선을 추격하여 적선 200여 척을 격파하였다. 이 해전이 이순신의 마지막 해전인 노량해전이었다. 이 전투에서 이순신은 향년 54세(1598년 11월 19일) 나이로 적의 유탄을 맞고 전사하게 된다. 이로써 조선과 왜의 전쟁은 7년간의 긴 세월 동안의 막을 내리게 된다. 노량해전은 세계 해전사의 가장 위대한 승리의 하나로 기억되는 전투라고 할 수 있다.

아래는 충무공 이순신(1545~1598) 장군의 무덤을 설명한 것이다.

> 아산군 금성산에 무덤을 만들었다가 16년 후인 광해 6년(1614)에 지금의 자리로 옮겼다. 무덤 주위에는 제사 지낼 때 음식을 차려놓는 상석과 혼이 놀다 간다는 혼유석, 향로석이 있으며, 동자상 1쌍, 망주석 1쌍, 석상 1쌍, 문인석 1쌍, 광명등, 묘비석이 있다. 무덤 앞에는 정조 18년(1794)에 세워진 어제비(御製碑)와 비각이 있다.
> (문화재청 홈페이지)
> ※ (이충무공묘에서 아산 이충무공묘로 명칭변경 2011.07.28. 고시)

3) 임진왜란의 후유증

7년간의 왜군과의 전투는 조선, 명나라, 왜(倭)에 심각한 영향을 주었다. 비록 조선의 승리로 이끌었지만, 전투지역은 왜군의 지역이 아니라 조선의 국토였기 때문에 국토는 매우 황폐해졌다. 전쟁으로 인하여 실질적으로 명, 왜, 조선의 삼국은 인적, 물적 손해를 보았지만, 그 가운데 조선의 국토는 전쟁으로 피해가 막심하였다. 조선의 국토는 전국 8도 전역에 걸쳐서 일어났기 때문에 수많은 인명이 죽음으로 내몰렸고 흉년으로 인한 기근과 질병으로 백성의 삶은 매우 피폐하였다. 그뿐만 아니라 전쟁으로 인한 토지대장과 호적 등이 사라졌고 각종 희귀 문화재를 약탈당했거나 소실되어 국가 기능이 마비될 정도였다.

전쟁으로 백성들이 살상당함으로써 조선의 인구는 격감하였다. 이러한 상황을 다음과 같이 적었다.

> 한양이 수복된 후 도성 안에는 인마의 시체가 썩는 냄새가 가득했다. 왜군에게 잡혀간 부녀자, 어린아이들은 노비가 되었다. 경제적인 피해도 막대했다. 많은 인명이 손실되고 농토가 황폐해져 국가재정을 극도로 악화시켰고 양안(量案, 조선 시대 조세부과를 목적으로 한 토지대장)과 호적이 거의 없어져 행정이 마비상태에 빠졌다(백유선, 2004).

토지의 예를 들자면 왜란이 지나고 난 후 광해군 때 인구는 150만 명, 토지는 50만 결에 불과했다. 이전의 경제토지가 170만 결이었던 것을 감안(勘案)하면 국토는 거의 황폐화가 된 것을 알 수가 있다. 또한, 불국사, 경복궁, 서적 등 기타 주요 문화재가 소실되거나 약탈을 당했다. 그리고 수만 명이 포로로 잡혀 나가 나가사키의 포르투갈 상인에 의해 유럽 등지에 노예로 팔려나가기도 하였다.

그러나 일본은 반대로 우리 문화를 약탈하거나 유명한 선비와 기술자들을 포로로 데려가 그들의 문화를 발전시키는 데 일익을 담당하게 하였다. 예를 들면 이삼평(李參平, ?~1656), 심당길 등의 우수한 도공들을 데려가 일본에 도자기 기술을 전수하였다. 일본은 그들을 '도조(陶祖)'로 불렀다. 특히 오늘날 심당길(沈當吉, 심수관 조상), 14대 후손 심수관(沈壽官)은 2019년 작고하기 전까지 도자기 문화를 계승하였다. 그는 '조선의 불씨'를 가고 시마현 미야마(美山)에 가져왔다. 즉 1998년 남원에서 채취한 불씨를 가져와 일본의 흙과 기술로 도기를 빚었다. 그때 가져온 불씨는 지금도 미야마(美山)에서 이어지고 있다.

또한, 왜란 때 왜로 끌려간 학자들은 성리학에 밝았으며 주로 전라도 출신의 이황의 문인들이 많았다. 강항(姜沆, 1567~1618, 영광 출신), 정희득(鄭希得, 진주 출신), 조완벽(趙完璧, ?~?) 등이 있다. 특히 조완벽은 일본 왜상(倭商)에 끌려가 베트남, 유구국, 필리핀 등을 견학하며 문화 발전에 많은 영향을 주었다. 왜는 백제 이후 조선의 문화를 수입하여 일본의 중세 문화를 꽃피우는 결과를 가져왔다.

또한, 명나라는 일대 변화가 일어났다. 대규모의 파병으로 인하여 국가의 존립이 위태로울 지경에 이르렀다. 결국은 명나라는 만주에 있던 여진족의 침입을 받아 멸망하는 수모를 겪게 되었다. 즉 청나라에 의해 멸망되었다. 조선과 명나라가 왜의 침입에 신경을 쓴 나머지 북방의 여진족을 가볍게 보게 됨으로써 그들은 자연히 세력을 넓혀 명나라를 몰아내고 중원을 차지할 수 있었다.

조선은 피해를 본 것은 사실이지만 전쟁의 장기화로 국민의 잠재된 능력을 알 수 있었으며 유교에 의해서 국방이 약화가 된 것은 사실이지만 한편으로는 인, 의, 충 등의 유교 정신은 나라를 지키는 원동력으로써 발휘할 수 있었다.

2. 병자호란: 오랑캐에게 무참히 짓밟히다

1) 광해군의 실정(失政)으로 인한 인조반정

17세기 전반에 일어난 병자호란(丙子胡亂, 인조 14년, 1636)은 우리 역사상 가장 치욕적인 사건이라 할 수 있다. 한반도에서 수없는 전쟁이 있었지만, 병자호란은 오랑캐에게 무릎 꿇는 안타까운 전쟁이었다. 이 내용은 후에 자세하게 적도록 하겠다.

17세기 초에 선조(宣祖, 1552~1608, 14대)는 세상을 떠났다. 후임으로 임진왜란을 지휘하였던 광해군(光海君, 1575~1641)이 1608년에 조선의 15대 임금으로 왕위에 올랐는데 그의 나이는 34세였다. 조선의 제15대 국왕이자 1623년 인조반정으로 강제로 폐위된 군주이며 조선 최초로 후궁 태생의 서자로서 왕세자에 책봉된 인물이다. 세자 시절에는 아버지 선조가 버리고 간 국토에 남아 목숨을 걸고 전쟁 영웅으로서의 행보를 보여주었으나 왕이 되자 무리한 옥사와 궁궐 건축에 대한 집착 증세가 당파와 문무를 초월한 중신들의 반감을 사게 되면서 쫓겨났다.

그는 임금이 되자마자 소북파인 영창대군(永昌大君, 1606~1614, 역모 사건으로 서인으로 강등되었다가 위리안치되어 증살 - 蒸殺, 말 그대로 방에 가두어 둔 상태에서 불을 때워 그대로 쪄서 죽인 것 - 되었다)을 옹호하려는 유영경(柳永慶, 1550~1608) 등을 몰아내고 정인홍(鄭仁弘, 1535~1623), 이이첨(李爾瞻, 1560~1623) 등으로 구성된 대북파를 중심으로 새로운 정치와 정책을 수립하여 펴기 시작하였다.

광해군(光海君, 1575~1641, 15대)은 이전에 조선을 지탱하여 온 성리학적인 왕도정치의 한계를 느끼고 부국강병을 꿈꾸며 조선에서 전쟁은 다시는 되풀이하지 않겠다는 신념으로 광해군의 친형으로 임해군과 영창대군을 유배하였다가 살해하였고 인목대비를 유폐시키는 등 대북파인 이이첨을 앞세워 그의 정적들을 제거해 나갔다. 이러한 과정에서 성균관 유생들의 반발을 사게 되었다.

이러한 상황에서도 부국강병과 왕조 질서를 확립하기 위하여 토지조사 사업과 호적조사 사업 그리고 대동법 경기도에서 처음으로 실시하였으며 성지(城地)와 무기를 수리하여 군사 훈련을 강화하였다.

또한, 선조 이래로 준비하였던 『동의보감』을 완성하게 하여 가난과 질병으로부터 백성을 보호하였으며 『동국여지승람』, 『국조보감』, 『악학궤범』, 『용비어천가』 등의 문헌을 재간하고 전라도(全羅道) 무주의 적상산에 사고(史庫)를 새로 설치하는 등 문화 중흥에도 힘을 썼다(한영우, 2020).

조선의 대외정책에도 일대 변화가 일어났다. 명나라가 국운을 다하는 시기에 여진족의 추장인 누르하치(청 태조)가 주위 여진족을 복속시키고 1616년 '대금(大金, 후금)'이라는 나라를 세웠고 결국은 명나라와 전쟁을 일으켰다. 이에 당황한 명나라는 조선에 원군을 요청하고 조선은 원병을 보냈으나 후금과 휴전을 맺고 중립적인 정책을 활용하였다. 즉 실리 정책으로 후금과의 친선을 도모하면서 겉으로는 명에 식량을 지원하는 등 이중적인 태도로 후금과의 전쟁에서 비껴가려는 정책을 사용하였다. 다시 말하면 중립 정책으로, 이에 앞장을 선 장수가 강홍립(姜弘立, 1560~1627)이었다.

강홍립은 광해군의 명을 받아 명나라에 지원병을 이끌고 참전했으나 후금(청나라)의 교전을 피하다가 거짓으로 투항하였고 광해군의 중립 외교를 성사시켰다(박은봉, 『한국사 100장면』, 1998). 이에 대하여 다음과 같이 적고 있다.

> 5월 15일 조선 조정에서는 그의 관직(부윤)을 삭제했고, 가족을 구금하라고 광해군에게 청했으나 그것은 들어주지 않았다. 출정 전 광해군은 강홍립에게 비밀지령을 내려, 후금과 몰래 교류를 하고, 심하(深河)의 싸움에서 오랑캐의 진중에서 먼저 통사를 부르자 강홍립이 때를 맞추어 투항한 것이다. 또한, 정응정을 풀어서 조선에 소식을 알렸다. 그리고 애초부터 강홍립은 청군과의 교전에서 궁사들로 하여 화살촉을 뺀 빈 막대기를 활에 넣어 쏘도록 하여 명을 도와줄 수밖에 없는 처지를 청나라에 알리도록 조치했다(『광해군일기』).

강홍립(姜弘立, 1560~1627)은 "형세를 보고 향배를 구하라"라는 광해군의 명을 받고 후금에 투항하여 정묘호란(丁卯胡亂) 때에는 후금군과 함께 내려와 의주를 공략하면서 같이 내려왔다. 이후 조선이 항복하자 풀려나 8년 만에 귀국하였다(이때 한윤(韓潤, ?~?, 반역자)과 한택도 후금군으로 같이 내려왔다). 그동안 조정에서는 강홍립이 후금의 앞잡이로 정묘호란 때 선도했다고 의심하였지만, 비국(備局, 관아)에서 그를 접한 후 10년간 절개를 지켰다고 인조에게 알렸다. 그러나 서인 중심의 조정에서는 그가 항복한 것을 들어 그를 참수할 것을 주장하였다. 그러나 인조는 강홍립과 박난영(朴蘭英, 1575~1636)이 변발하지 않고 뜻을 꺾지 않았음을 들어 관직을 회복시켰다(『인조실록』). 그의 국제 감각은 『광해군 일기』, 1621년 6월 6일 자에서 다음과 같이 잘 드러난다.

"이 적들이 요동성에 들어가 버티고 있으므로 중국의 장관들이 차례로 적에게 항복하고 있다. 심지어 요동 지방의 인재들 2백여 명이 원 경략(袁經略)을 결박하여 넘겨 주었다고 한다. 비록 30만 명이나 되는 군사가 나온다 하더라도 이는 모두 일찍이 오랑캐를 경험하지 못한 군사들이다. 영솔하는 대장들이 과연 이목(李牧)이나 이정(李靖)과 같은지는 자세히 알 수 없으나 그들의 갑옷과 무기가 파손되어 형편이 없다고 한다. 멀리서 온 군사들이 어떻게 정예롭고 건장하겠는가. 중국의 일의 형세가 참으로 급급하기만 하다. 이런 때에 안으로 스스로를 강화하면서 밖으로 견제하는 계책을 써서 한결같이 고려(高麗)에서 했던 것과 같이 한다면 거의 나라를 보전할 수 있을 것이다. 그런데 요즘 우리나라의 인심을 살펴보면 안으로 일을 힘쓰지 않고 밖으로 큰소리치는 것만 일삼고 있다. 조정의 신하들이 의견을 모은 것을 가지고 보건대, 무장들이 올린 의견은 모두 강에 나가서 결전을 벌리자는 의견이었으니 매우 가상하다 하겠다. 그렇다면 지금 무사들은 어찌하여 서쪽 변경은 죽을 곳이라도 되는 듯이 두려워하는 것인가. 고려에서 했던 것에는 너무도 미치지 못하고 있으니, 부질없는 헛소리일 뿐이다. 강홍립 등의 편지를 받아 보는 것이 무엇이 구애가 되겠는가. 〈이것이 과연 적과 화친하자는 뜻이겠는가.〉 우리나라 사람들이 끝내는 반드시 큰소리 때문에 나랏일을 망칠 것이다. 그리고 이제 차관을 만포(滿浦)로 옮겨가게 한다고 하는데 그들이 과연 머리를 숙이고 명령을 받아들이겠는가. 대체로 이 문제는 관계되는 바가 매우 중요하니 다시 더 의논해서 잘 처리하도록 (비변사에 말하라)."

광해군의 정책은 당시 유교 사회에서의 파란을 일으켰다. 조선 건국의 근본인 성리학을 중심으로 하는 왕도정치와 명에 대한 사대주의를 숭상하던 조선으로서는 크나큰 충격이었기 때문이다. 무엇보다도 유교의 근본인 인, 의, 예, 지, 충, 효 사상을 근본으로 한 조선은 광해군이 인목대비를 서인으로 강등시키고 유폐한 것이나 그의 이복동생으로, 영창대군을 유배시킨 뒤 죽인 행위는 도저히 받아들일 수 없었다. 이 같은 행위는 결국 광해군을 폐위시키는 계기가 되었다.

요약하면, 광해군은 첫째, 형제(이복동생)를 죽이고 어머니(인목대비)를 서궁에 가두었다. 둘째, 이의를 제기하는 죄 없는 선비들을 죽이고 내쫓았다. 셋째, 매년 무모한 대형 공사를 벌여 나라 재산을 축냈다. 넷째, 간신배와 후궁들의 매관매직이 심했다. 다섯째, 부당한 세금으로 백성들의 삶이 수화(受禍)에 빠졌다는 것이다.

『인조실록』에서 보면 능양군(인조)이 광해군에게 품은 심정을 다음과 같이 서술하고 있다.

> 역괴(반역의 괴수, 광해)가 (영창대군에게 왕위를 물려주고 싶어한) 선왕(선조)에게 유감을 품고 나를 원수로 여겨(以我爲讎) 나의 부모를 도륙하고(屠戮我父母) 나의 친족을 어육으로 만들고(魚肉我宗族) 나의 어린 자식을 살해하고(剝殺我孺子) 나를 별궁에 가두었소(幽囚我別宮). 내가 오랫동안 깊은 별궁에 갇혀(寡身久處深宮) 세상 소식을 잘 듣지 못했는데 뜻밖에도 오늘 이런 일을 보게 되었소.
> (광해는) 한 하늘 아래 같이 살 수 없는 원수요. 참아온 지 이미 오랜 터라 내가 직접 광해 부자의 목을 잘라(願親斫渠父子之頭) 억울하게 죽은 이들(자신의 아버지, 아들 영창대군, 친족 등)에게 제사를 지내고 싶소(以祭亡靈). 10여 년을 갇혀 지내면서(幽囚十餘年) 지금껏 죽지 않은 것은 오직 오늘을 기다렸기 때문이니 쾌히 원수를 갚고 싶소(『인조실록』).

이러한 교서(敎書)는 당시에 능양군이 반정을 일으킨 후에 세자가 없을 시 왕을 지목할 수 있는 권한을 가진 인목대비를 찾아가서 한 말이다. 이러한 것으로 본다면 인조반정이 일어난 결론은 첫째 이유가 가장 크다고 본다.

인목대비 폐위사건(살제폐모, 殺弟廢母, 영창대군을 죽이고 인목대비를 폐위시킨 사건)은 인조반정이 일어나는 빌미를 주어 결국은 광해군이 왕위에서 폐출된다.

인조반정(仁祖反正, 1623, 광해군 15)은 김류(金瑬, 1571~1648), 이귀(李貴, 1557~1633), 이괄(李适, 1587~1624) 등 서인들이 광해군을 몰아내고 선조의 후궁 인빈 김씨 소생 원종의 아들 능양군을 왕으로 추대하고 광해군을 추종했던 대북파를 제거한 사건이다. 이로써 광해군은 자신의 정책을 동조하는 인물들이 세력을 키우지 못하였고 궁궐 건설과 국왕 주변의 인물들이 부정부패로 백성들에게 호응을 얻지 못한 것이 인조반정으로 연결되어 결국 자신의 정책을 펴지 못하고 쫓겨나 1641년 67세로 유배지에서 병사하였다.

광해군이 왕위에서 쫓겨난 뒤 그의 가족들은 매우 비참한 최후를 맞이했다. 특히 폐세자(廢世子) 이지(李祬), 부인 박씨(朴氏)는 교동에 안치되었는데 부부는 식음을 전폐하고 15일 동안 아무것도 먹지 않고 죽으려 하였다. 심지어 목을 매서 자살까지 하려 하였으나 쉽게 죽지 않았다. 이는 하늘의 뜻이 살아서 새로운 일을 하라는 것으로 알고 땅을 파서 탈출을 결심하였다. 남편은 가위를 이용하여 땅을 파고 아내는 이것들을 방 안으로 옮기는 역할을 하였다. 땅을 판 지 26일이 지나 70척의 땅굴을 팠는데 이 굴을 통해 탈출에 성공하였으나 섬에서 벗어나지는 못했다. 이 사실이 알려지자, 부인 박씨(朴氏)가 목을 매고 자살하고 조정에서는 이를 처형하라는 상소가 올라오자 이지를 자진케 하였다. 이에 따라 폐세자 이지는 어버이가 있는 쪽을 향해 절을 올린 후 담담하게 부인의 뒤를 따랐고 아들 소식을 들은 폐비 유 씨도 곧이어 아들의 뒤를 이었다. 그러나 광해군은 오래 살면서 역모 사건에 거론되고 후에 청나라의 침공 명분이 되기도 했다. 그는 유배지를 여러 번 옮겨 다녔으나 마지막 유배지는 제주도였고 위리안치(圍籬安置)되는 수모에도 복귀의 꿈을 가지고 살다가 결국은 67세의 나이로 죽음을 맞는다. 그가 강화도에서 제주도로 유배를 떠나면서 시를 한 수 남겼는데 다음과 같다(『인조실록』 42권 광해군 사망).

風吹飛雨 過城頭 (풍취비우 과성두)　바람 불고 비 날림에 성머리를 지나네
瘴氣薰陰 百尺樓 (장기훈음 백척루)　독한 기운 응달에 오르니 백 척 누각이라
滄海怒濤 來薄暮 (창해노도 래박모)　푸른 바다에 파도 사나운데 땅거미가 내리고
碧山愁色 帶淸秋 (벽동수색 대청추)　푸른 산의 슬픈 기색은 싸늘한 가을 띠었네
歸心厭見 王孫草 (귀심염견 왕손초)　가고픈 마음에 질리도록 왕손초를 보았지만
客夢頻驚 帝子洲 (객몽빈경 제자주)　나그네 꿈은 어지러이 제자주에 깨이누나
故國存亡 消息斷 (고국존망 소식단)　고국의 존망은 소식마저 끊기고
烟波江上 臥孤舟 (인파강상 와고주)　안개 낀 강 위의 외딴 배에 누웠노라

광해군은 교동에서 제주도로 유배지를 옮기는 것을 모르는 상태에서 시를 지었다고 한다. 왜냐하면, 이동 중에 배에 장막을 칠 정도로 비밀에 부쳤기 때문이다. 그가 도착한 후에 이원로가 유배지가 제주도인 것을 알려주자 매우 당혹하였다고 전해진다. 왜냐하면, 제주도는 유배지로 말하자면 최고의 오지였기 때문이다.

조선판 탄핵이라는 연산군과 광해군에는 이상하게도 여자들이 관여되어 있다. 연산군 뒤에는 장옥정이라는 여인이 있듯이 광해군 뒤에는 김개시라는 여인이 있다. 이들이 국정을 농단했다는 것이다.

김개시(金介屎)라는 여인은 광해군 때에 상궁(尙宮)으로 지내던 여인으로 미모는 훌륭하지 않았지만 매우 영리하였다고 한다. 광해군의 총애로 인하여 인조반정 때 참형을 당한 권신(權臣) 이이첨(李爾瞻, 1560~1623)과 쌍벽을 이룰 정도로 막강한 권력의 소유자였다. 김개시는 이이첨과 함께 광해군의 즉위에 도움이 되지 않는 영창대군을 죽이고 인목대비(仁穆大妃)를 유폐하는 데 결정적 역할을 했고 이를 인정받아 광해군의 총애를 받으면서 온갖 악행을 저질렀다. 심지어는 매관매직도 일삼았다.

김개시(金介屎, ?~1623)라는 이름은 다양한 해석이 있다. 시(屎)라는 한자는 '똥'을 의미하기 때문에 실제 이름은 '김개똥'이라고 생각하는 이들도 있다. 그러나 시(屎)의 음훈은 대개 '똥 시'라고 알려져 있으나, '끙끙거릴 히(끙끙거리며 앓다)'라는 음훈도 존재한다. 이미 '히'는 6세기에 편찬된 『옥편』에서부터 확인되는 발음으로(喜夷切), 현대에 들어 타 사료와의 대조 없이 무턱대고 '개시'라고 읽은 것이고, 차라리 '개히'라고 읽는 것이 정답에 더 가까우리라고 생각하는 게 나을 것이다(『백과사전』).

그리고 『계축일기』에서는 '가히'라는 이름이 등장하고 『연려실기술』과 『공사견문록』 등에는 그녀의 이름이 각각 '개희(介姬)', '가히(可屎)'라고도 표기되어 있다. 이러한 점으로 미루어, 그녀의 이름 '개시(介屎)'는 기존에 흔히 알고 있는 개똥이가 아니라 '가히'의 음차인 것으로 보인다.

『계축일기(癸丑日記)』는 선조시대 때 지어진 작사 미상의 궁중 수필로서 선조의 계비(繼妃, 임금의 후취인 비)인 인목대비(仁穆大妃)의 나인 중에서 썼다는 설이 있다. 주요 내용인 인목왕후의 유폐 과정과 영창대군의 살해되는 과정을 보았을 때 인목왕후나 정명공주가 지었다는 견해와는 다르다. 즉 광해군을 싫어했거나 당시 권력에 멀어진 세력들에 의해서 작성이 된 것이라 추정(推定)하고 있다.

이 일기의 역사적 가치는 궁중문학으로 소설 문학의 발달에 도움을 주었고 궁중 비사(宮中秘史)를 적어 『한중록(閑中錄)』, 『인현왕후전(仁顯王后傳)』과 함께 3대 궁중문학의 하나로 『서궁록(西宮錄)』이라고도 하였다. 즉 광해군과 영창대군과의 왕위 계승 문제를 담았고 특히 영창대군의 처형을 중심으로 인목왕후와의 심정과 당시의 궁중 생활을 적어 일반 백성과 후세인들에게 알게끔 적어놓은 역사적 가치가 있다. 순 한글로 썼으며 궁중어를 사용하였다.

김개시는 선조 시절에 광해군의 궁녀로 들어갔고 후에 선조의 궁녀로 들어가 두 사람의 관계를 원만하게 해결할 수 있었다. 그녀는 선조가 영창대군을 옹립하려는 분위기를 파악하고 광해군을 도와 그가 즉위하는 데 결정적인 역할을 했다. 김개시는 상궁에 불과하였지만 거의 후궁에 버금가는 권력을 행사하였다. 예를 들면 관리들의 인사에도 나섰다. 위로 감사, 병사(兵使), 수사(水使)로부터 아래로 권관(權管), 찰방(察訪, 역참)에 이르기까지 천 냥, 백 냥 하는 식으로 관리를 낙점하는 어처구니가 없는 상황도 벌어졌다.

또 한편으로는 본인을 탄핵하려고 했던 윤선도와 이회(李洄)를 도리어 유배를 보내고 모반의 징조도 광해군에게 거짓으로 보고하여 안심시켰다. 즉 김개시가 이를 통해 인조반정은 쉽게 이루어질 수 있었다. 즉 김개시가 김자점 등에 포섭되어 반역 모의를 묵살(默殺)하는 등 광해군의 판단을 흐리게 한 것이다. 그녀는 인조반정 직후 민가에 숨어 있다가 잡혀 처형당했다.

반정으로 축출된 광해군은 역사상 연산군에 이어 왕으로 인정받지 못하고 "군(君)"이라는 호칭으로 남아 있게 되었다. 그에 대한 평가는 긍정적인 면에서는 대동법 시행과 실리외교 등의 면이 있었으나 영창대군을 죽이는 등 갈수록 폭압적인 정권을 펼쳤다는 데에서는 부정적인 면도 있다. 지금도 제주도에는 다음과 같은 이야기가 전해진다. 바로 '광해우(光海雨)'이다.

> 광해우란 "칠월이라 초하루 날은~, 임금 대왕 관하신 날, 가물당도 비오람서라. 이여~ 이여~"라는 노래로서 광해군이 승하하는 날 비가 내렸다는 것이다. 예로부터 음력 7월 1일(양력으로는 8월)에는 삼복더위를 식혀주는 비가 내리는데 이 비의 이름이 광해우라는 것이다. 즉 광해우는 광해군이 1641년(인조 19) 제주에서 유배 중 숨을 거둔 음력 7월 1일, 맑던 하늘이 갑자기 어두워지면서 비가 내렸고 이후 음력 7월 1일이 되면 제주에서 비가 내렸다는 데서 유래됐다 (『인조실록』).

광해군이 폐위된 직접적 원인을 정리하여 보면 첫째는 창덕궁, 창경궁, 경희궁 등의 토목공사이다. 광해군 시기에서는 임진왜란을 겪은 후라 모든 궁궐이 모두 소실되어 왕실의 권위를 회복하고자 한양에 있는 궁궐들을 재건하는 데 너무 집착하였다는 것이다. 이에 대하여 다음과 같이 기록되어 있다.

> 강홍립 군대가 패전하여 수만 명의 백성이 쓰러져 죽어갔으나, 군사를 징발하고 군량을 운송하여 강변으로 들여보내는 것이 당장의 급선무였는데도 밤낮으로 일삼는 것이라고는 오직 궁궐을 짓는 한 가지 일밖에 없었다. 벌목하기 위해 오가는 관원이 도로에 이어졌고, 깊은 산속의 나무가 다 베어졌으며, 포를 거두라는 명령이 성화와 같아 백성들의 힘이 고갈되었다. 구름에 닿을 정도로 거대한 궁궐을 짓느라고 '어여차' 하는 소리가 끊이지 않았다(『광해군일기』 3월 19일).
>
> 궁궐공사에 3개월 동안 쓴 것을 살펴보니 들어간 쌀이 6,830여 석, 포목이 610여 동, 당주홍 600근, 정철 10만 근이었다(『광해군일기』 6월).

위의 내용에서 보듯이 명나라에 강홍립이 이끄는 지원군을 보냈는데 이 원병은 재조지은(再造之恩, 거의 망하게 된 것을 도와준 은혜)의 뜻이었다. 이때 파병한 강홍립의 군대는 샤르흐 전투(1618~1619)에 1만 3천~2만 명이 참여하여 약 1 만여 명의 군사가 전사했고 나머지 인원은 포로로 잡혔는데 이런 상황에서도 궁궐을 짓는 데만 집착하고 있었다는 것이다(『광해군일기』).

이러한 과도한 궁궐 공사는 자재 부족을 가져왔으며 백성들은 자기 집 계단에 쓰인 돌과 주춧돌을 기부하기도 하였고 나라에서는 재정 확보를 위하여 일부 사람들에게 관직을 팔기도 하였다. 즉, 중세 유럽의 면죄부 사건과 전개가 비슷하게 흘러갔다. 이를 광해군 시기에는 공명첩(空名帖, 백지 임명장)을 주었다고 한다. 또 한편으로는 죄수들에게도 이 같은 일이 반복되었는데 이를 속죄은(贖罪恩)을 내게 했다는 것이다. 즉 돈이 있으면 무엇이든지 사(謝)할 수 있다는 유전무죄, 무전유죄(有錢無罪, 無錢有罪)이다.

둘째는 재조지은(再造之恩)을 망각한 것으로 명나라를 돕지 않고 중립 외교를 한 것이 결국은 신하들 간에 반목을 가져오게 하였다는 것이다.

셋째는 폐모살제(廢母殺弟)이다. 즉 광해군의 새어머니인 인목대비를 폐하고 이복동생으로 영창대군을 죽인 것이다. 광해군은 왕위에 등극하자 왕의 자리가 불안하여 자기의 형, 임해군을 귀양보내고 당시 9세이던 영창대군을 죽이고 인목대비를 유폐하여 문을 잠그고 겹겹이 자물쇠를 채워놓고 숙직하여 지키게 하였다.

인조반정이 성공하자 공신을 책정하는 데 잡음이 일어났다. 반정의 공신에 참여했던 이괄(李适, 1587~1624)은 2등으로 책봉되자 반란을 일으켜 서울을 점령하였고 인조는 피난을 가는 등 잡음이 일어나게 되었다. 즉 서인 간에도 갈등이 양산되었다.

이괄(李适, 1587~1624)의 난은 1624년(인조 2)에 이괄이 조선 왕가 종실 흥안군(興安君, ?~1624) 이제를 천립(薦立)을 하면서 일으킨 반란이다. 인조반정의 논공행상에 불만을 품은 이괄은 반란을 일으키려 한다는 무고를 당하자, 난을 일으켜 한양까지 함락하였다. 조선대의 내부 반란으로서는 처음으로 왕을 도성으로부터 피난시킨 전무후무한 난이기도 하다. 이후 길마재 전투에서 패배하여 진압되었다. 이 당시 반란에 참여하였던 일부는 후금에 투항하기도 하는데 이것이 정묘호란의 계기가 된다.

2) 정묘호란(丁卯胡亂)

이괄(李适, 1587~1624)의 난이 평정되자 인조는 '사림을 숭용(崇用) 한다.'라는 미명 아래에 친명배금(親明排金) 정책을 펼쳤다. 즉 명에게는 친선을 표하고 금(金)은 오랑캐라는 명목 아래 관계를 끊겠다는 것이다. 이것이 후금(後金)을 자극하여 조선을 침략하게 된다. 물론 명분은 후금을 도운 광해군을 돕는 것이었다.

후금(後金)은 3만여 명의 군사를 이끌고 평안도와 황해도 일대를 장악하고 조선과의 강화를 시도하였다. 이에 놀란 인조는 강화도로 피난하였고 후금과의 강화를 맺는 조건으로 군대를 철수하게 되는데 이를 정묘호란(1627)이라고 한다. 이 강화를 통해 후금과 조선은 '형제의 나라'의 관계를 맺는다.

이 당시 조선으로서는 매우 치욕적인 사건이었다. 오랑캐와의 '형제 관계', 즉 형제지맹(兄弟之盟)에서 조선이 형님이 아닌 아우로서 취급당했기 때문이다. 이는 당시 조선의 정치 상황이 불안정하였기에 전쟁보다는 화친이 최선이었다. 즉 최명길(崔鳴吉, 1586~1647) 등 주화파(主和派)의 의견이 우세하였기에 전쟁을 피할 수 있었다. 이때 명나라는 재조지은으로서 군사를 조선에 파병하였으나 이미 화친을 한 뒤였고 후금의 철군을 약속한 뒤였다.

당시, 정묘호란의 발발 상황을 이렇게 기술을 하였다.

> 너희 나라는 또 대명을 도와 나의 백성을 유인하여 불러 대명에게 (백성으로) 삼게 하고, 너희
> 땅에 살게 하고, 곡식을 주고 살려서 나를 죽이려 힘쓴 까닭에 내가 분노하여 정묘년에 너희를
> 정벌한 이유가 그것이다.
> (『만문노당』 숭덕 원년 11월 29일)

이로써 후금은 압록강이 얼어붙자 기다렸다는 듯 후금군(後金軍) 기병들이 조선으로 진격했다. 정묘호란의 시작이었다. 파죽지세로 도성을 향해 내려오는 후금군을 피해 인조는 강화도로 몽진(蒙塵)하였다.

정묘호란은 조선의 '친명배금' 정책 때문에 발발했다고 알려져 있다. 그러나 전문가들은 평안도의 작은 섬 가도에 있던 명나라 장수 모문룡(毛文龍)이 핵심 원인이라고 지목한다. 명나라와 조선을 잇는 길목을 차지한 모문룡(毛文龍)은 '후금(後金)에 빼앗긴 요동을 되찾겠다'라고 하며 수시로 후금을 자극했다. 그뿐만 아니라, 요동 수복을 위해 필요한 물자를 조선으로부터 지원받는 과정에서 수시로 평안도에 상륙해 물자를 약탈하고 백성들을 죽이기까지 했다.

> 너희 나라에 네 가지 죄가 있다. 천가한(天可汗)께서 빈천(賓天)하셨는데 즉시 사신을 보내 조문하지 않았고, 선천(宣川) 싸움에 하나도 주륙(誅戮, 죄를 물어 죽임)하지 않았는데 즉시 사신을 보내어 사례하지 않았고, 모문룡은 우리의 큰 원수인데 내지에 수용하여 군량을 주고 보살피고, 요민(遼民)은 우리 적자(赤子)인데 도망자로 부르고 배반자를 들이며 하나도 송환하지 않았으니, 나는 몹시 한스럽게 여긴다. 운운.
> (『속잡록』 정묘년 1월 14일)

여기에서 잠시 모문룡(毛文龍)에 대하여 살펴보아야 한다. 그는 1576년 항저우에서 태어났으며, 젊었을 때는 한때 점쟁이 노릇을 하기도 했다. 그 후 그는 북쪽의 산해관으로 가서 군인이 되었다.

1621년 3월 심양과 요양이 누르하치에 의해 함락되자 패잔병을 이끌고, 압록강 변의 진강을 점령했다. 1621년 후금(後金), 아민(阿敏)이 모문룡(毛文龍)을 치기 위해 5천 명의 군

사를 이끌고 압록강을 건너 의주, 가산, 용천 등을 습격했다. 모문룡(毛文龍)은 요동 전체를 수복하겠다고 장담했으나, 용천 관아에 있다가 조선인 복장을 하고서 도망쳤다. 이 기습으로 유민 578명이 죽었다.

후금의 대병력이 내려오자 1621년 7월 평안도 철산 앞바다의 가도(椵島)에 상륙한 모문룡은 철산, 용천, 의주 등을 돌아다니면서 명(明)의 패잔병과 난민을 수습하면서 민가(民家)에 대한 약탈을 일삼았다. 평안감사는 광해군에게 장계를 올려 대책 마련을 요구했다. 1622년(광해군 14) 광해군은 모문룡이 철산의 가도에 주둔하는 것을 허락하면서 명군과 난민 1만여 명이 이곳에 머물렀다. 이들은 식량이 부족해지자 조선에 군량을 강요해 징수했으며, 명나라로부터도 지원을 받았다. 이때 징수한 서량(西糧)은 모문룡(毛文龍)이 철수한 뒤에도 계속 징수되다가 1648년(인조 22)에야 폐지되었다.

모문룡(毛文龍)은 명나라의 우방인 조선을 후금의 공략기지로 삼는다면서 한족(漢族)들을 동원해 후금을 자극하고 조선의 국경을 어지럽혔는데, 1622년 10월 이러한 공으로 명나라로부터 총병(摠兵)을 제수받았다. 그러나, 모문룡(毛文龍)은 실제로는 가도(椵島)를 거점으로 조선과 명나라 사이의 교역에 열을 올렸다(이윤섭, 2009). 모문룡(毛文龍)은 1627년(인조 5) 조선이 후금의 침입(정묘호란)을 받게 된 주요한 원인이었는데, 후금군이 조선을 침략하자 모문룡은 도망쳤다가 정묘호란이 끝난 후 되돌아와 일부 조선인들이 후금과 함께 가도(椵島)를 공격했다는 이유로 평안도의 양민들을 학살하였다(『광해군일기(중초본)』 167권, 광해군 13년 7월 26일 기사).

모문룡(毛文龍)은 1629년에는 좌도독(都督)이 되었으나, 전략적인 이점에도 불구하고 여러 주요 도시들을 방비하지 못했기 때문에 베이징 지역 주민들의 분노를 불러일으켰다. 특히 모문룡은 위충현 등 많은 환관에게 뇌물을 바치며 부정부패를 일삼았다. 결국, 1629년 6월 30일 명나라의 충신 원숭환(1584~1630)에 의해 직무 태만과 부정부패를 이유로 참수당했다(『승정원일기』).

결론적으로 말하면 인조 4년 왕자 시절부터 조선에 대한 강경책을 주장했던 누르하치의 아들 홍타이지(태종)가 등극하자 후금의 조선에 대한 정책이 바뀌기 시작하였으며 그는 호전적인 성격으로 조선의 친명정책과 모문용의 가도(椵島) 주둔에 대한 문제를 제기하며 일으킨 전쟁이 정묘호란이다.

3) 병자호란(丙子胡亂)

후금은 정묘호란이 끝난 뒤에 요서 지방과 내몽고까지 복속하였고 마침내 인조 14년 1636년에 국호를 청(淸)으로 나라를 선포하고 수도를 심양(瀋陽)으로 삼으면서 홍타이지가 스스로 황제로 등극하였다. 그는 조선과의 관계를 형제지맹(兄弟之盟)에서 군신관계(君臣關係)로 재정립하고 식량과 명을 정벌할 병선을 요구하기 시작하였다.

조선은 여전히 친명정책을 펼치고 있던 터라 조선의 조정은 두 갈래로 양분되었다. 즉 '오랑캐를 섬길 수는 없다.'라는 척화론(斥和論)과 '전쟁을 피하자'라는 주화론(主和論)이다. 척화론을 주장한 인물은 조경(趙絅, 1586~1669), 정온(鄭蘊, 1569~1641), 김상헌(金尙憲, 1570~1652) 등이었고 주화론을 주장하는 사람은 인조반정을 주도한 최명길(崔鳴吉, 1586~1647), 이귀(李貴, 1557~1633) 등이었다.

당시 척화론자들은 주로 소장파 관원들로 '힘의 강약을 돌보지 말고 옳은 길로 가야 한다.'라는 명분을 내세워 강력하게 대응할 것을 주장하였다(한영우, 『다시 찾는 우리 역사 2』, 2020). 이에 선전(宣戰, 다른 나라와 전쟁을 선포) 교서가 내려지자, 홍타이지는 인조 14년(1636) 병력 10만여 명을 이끌고 조선을 2차 침입한다. 이를 병자호란이라고 한다.

당시 척화론의 대표주자인 홍익한(洪翼漢, 1586~1637)은 다음과 같이 상소하였다.

> "신은 이 세상에 태어난 후로 오직 대명천자(大明天子)가 있다는 말만 들었습니다. 그런데 이제 오랑캐를 섬긴다는 말은 어찌 된 일입니까?"
> (한영우, 『다시 찾는 우리 역사 2』, 2020)

위와 같이 당시의 상황은 후금의 어이없는 요구에 척화론이 우세하여 후금과의 관계가 악화가 되어 가고 있었다.

병자호란(丙子胡亂)은 1636년 12월 28일부터 1637년 2월 24일까지 조선과 청나라 사이에 벌어진 전쟁이다. 청 제국의 숭덕제(崇德帝)가 명나라를 공격하기 이전에 배후의 안전을 확보할 목적으로 10만 대군을 이끌고 조선을 침공하였고, 인조와 조정이 남한산성에서 항전하였으나 청의 포위로 인한 굶주림과 추위, 왕실이 피난한 강화도의 함락, 남한산성의 포위를 풀기 위한 근왕병의 작전 실패 등으로 말미암아 항복하였다. 동아시아 역사에서는 명청 교체기를 상징하는 중요한 사건이며, 조선으로서는 짧은 전쟁 기간에도 불구하고 전쟁 포로로 수십만의 백성이 청 제국으로 끌려가 그 사회적 피해가 유례없이 막심하였다. 이 당시 전쟁의 상황은 다음과 같다.

> 조선 정부는 청의 침입에 대한 대비책으로 강화도 피난계획을 세우고 식량과 군비를 강화도에 집중시켰다. 그러나 갑작스러운 상황의 변화로 인해 남한산성에 들어가게 되었으나 당시 성내의 식량으로는 두 달을 버티기가 어려운 상황이었다. 식수난은 더욱 심각했다. 청군이 산성을 포위하고 있는 가운데 시간이 흐를수록 상황은 조선에 불리해져 갔다. 김류가 포위망을 뚫어 보려 했으나 청군의 매복 공격으로 대파당하고 사기마저 크게 꺾이게 되었다. 전국에 근왕병을 모집했으나 이것마저 별다른 호응이 없었다.
> (한영우, 『다시 찾는 우리 역사 2』, 2020)

여기서 갑작스러운 상황이란 인조는 종묘와 비빈들을 먼저 강화도로 피신시키고 자신은 세자와 대신들을 이끌고 강화도로 가려 했으나 조정 대신들이 피난처를 강화도와 남한산성을 놓고 대립하는 사이 청의 군대가 강화도로 가는 길을 막자, 남한산성으로 발길을 돌렸다는 것이다. 당시 남한산성에는 1만여 명의 군인과 두 달도 안 되는 식량이 비축되어 있어서 인조는 1637년 1월 30일 삼전도(三田渡, 지금의 송파 석촌호수 부근)에서 청 태종에게 항복했다.

삼전도에서의 굴욕은 우리 역사상 가장 치욕스러운 순간이었다. 인조는 세자와 함께 청 태종에게 세 번 절하고 아홉 번 머리를 조아리는 '삼궤구고두례(三跪九 叩頭禮, 다른 용어로 三拜九 叩頭禮)' 등의 항복 의식을 치렀고 소현세자와 봉림대군을 인질로 하고 척화파를 청나라로 보내는 것을 마지막으로 병자호란의 막이 내렸다. 이를 두고 『인조실록』에는 아래와 같이 적었다.

> 被擄子女望見, 號哭皆曰: "吾君、吾君, 捨我而去乎?" 挾路啼號者, 以萬數。
> 사로잡힌 자녀들이 바라보고 울부짖으며 모두 말하기를, "우리 임금이시여, 우리 임금이시여.

우리를 버리고 가십니까." 하였는데, 길을 끼고 울며 부르짖는 자(청으로 인질, 노예 등으로 끌려가는 사람을 이름)가 만 명을 헤아렸다.
(『인조실록』 34권, 인조 15년 1월 30일)

'삼궤구고두례(三跪九叩頭禮)' 혹은 '삼배구고두례(三拜九叩頭禮)'의 방식은 다음과 같다.

훨아라 하판(hvlara hafan)이 넣는 구령에 따라 시행한다. 원래는 만주어로 구령을 넣는 것이 예법이었으나, 점차 한화되면서 관화 중국어로도 구령을 넣게 되었다.
'파이다(faida, 정렬하라, 排列)'라는 명령에 자리를 잡고 선다. '냐쿼라(niyakvra, 꿇어앉아라, 跪)'라는 명령을 듣고 무릎을 꿇는다. '헝킬러(henkile, 조아려라, 叩頭)'라는 명령에 양손을 바닥에 두고, 머리를 세 번 조아린다. '일리(ili, 일어나라, 起)'라는 명령에 무릎을 펴고 일어난다. 여기까지가 한 세트. 이것을 세 번 반복한다. 즉 세 번 무릎 꿇고 아홉 번 머리를 조아리는 것이다. 현대 한국에서는 웃어른께 1배, 죽은 어른께 2배, 부처께 3배가 그나마 일상에서 접해본 인사법인지라 아홉 번 절한다는 것에 '이것은 인사법이 아니라 항복의식이다!'라는 인식이 있으나 이것은 어디까지나 오해이며, 조선 인조가 청 태종에게 항복할 때 조선인들이 느낀 반감에서 비롯된 것이다. 삼궤구고두례가 끝난 후 인조의 머리에 선혈이 가득했다, 혹은 인조가 머리를 바닥에 찧는 소리가 단 위의 청 태종에게 들릴 때까지 행했다 등의 이야기가 잘 알려져 있으나, 실제로는 그러하지 않았다. 이는 한자 叩에 '두드리다'라는 뜻이 있어서 발생한 오해로 보인다. 叩頭의 叩에는 소리가 크게 날 정도로 두드린다는 의미는 없으며, 이마가 땅에 닿을 정도면 된다(『백과사전』).

따라서 인조는 위의 같은 방식으로 '삼궤구고두례(三跪九叩頭禮)' 혹은 '삼배구고두례(三拜九叩頭禮)'에 따라 항복의 예를 갖추게 된다. 이에 대하여 다음과 같이 적혀있다.

용골대 등이 상(上, 인조)을 인도하여 진의 동문을 통해 나왔다가 다시 동쪽에 앉게 하였다. 대군(大君) 이하가 강도(江都: 강화도)에서 잡혀 왔는데, 단 아래 조금 서쪽에 늘어섰다. 용골대가 한의 말로 상에게 단에 오르도록 청하였다.
한(숭덕제)은 남쪽을 향해 앉고 상은 동북 모퉁이에 서쪽을 향해 앉았으며, 청 왕자 3인이 차례로 나란히 앉고 왕세자가 또 그 아래에 앉았는데 모두 서쪽을 향하였다.

또 청나라 왕자 4인이 서북 모퉁이에서 동쪽을 향해 앉고 두 대군이 그 아래에 잇따라 앉았다. 우리나라 시신(侍臣)에게는 단 아래 동쪽 모퉁이에 자리를 내주고, 강도에서 잡혀 온 제신(諸臣)은 단 아래 서쪽 모퉁이에 들어가 앉게 하였다.

차 한 잔을 올렸다. 한이 용골대를 시켜 우리나라의 여러 시신(侍臣)에 고하기를, "이제는 두 나라가 한 집안이 되었다. 활 쏘는 솜씨를 보고 싶으니 각기 재주를 다하도록 하라." 하니, 종관(從官)들이 대답하기를, "이곳에 온 자들은 모두 문관이기 때문에 잘 쏘지 못합니다." 하였다. 용골대가 억지로 쏘게 하자 드디어 위솔(衛率) 정이중(鄭以重)으로 하여금 나가서 쏘도록 하였는데, 활과 화살이 본국의 제도와 같지 않았으므로, 다섯 번 쏘았으나 모두 맞지 않았다. 청 왕자 및 제장(諸將)이 떠들썩하게 어울려 쏘면서 놀았다. 조금 있다가 진찬(進饌)하고 행주(行酒)하게 하였다. 술잔을 세 차례 돌린 뒤 술잔과 그릇을 치우도록 명하였는데, 치울 무렵에 종호(從胡) 두 사람이 각기 개를 끌고 한의 앞에 이르자 한이 직접 고기를 베어 던져주었다. 상이 하직하고 나오니, 빈궁(嬪宮) 이하 사대부 가속으로 잡힌 자들이 모두 한 곳에 모여 있었다. 용골대가 한의 말로 빈궁과 대군 부인에게 나와 절하도록 청하였으므로 보는 자들이 눈물을 흘렸는데, 사실은 나인(內人)이 대신하였다고 한다.

용골대 등이 한이 준 백마에 영롱한 안장을 갖추어 끌고 오자 상이 친히 고삐를 잡고 종신(從臣)이 받았다. 용골대 등이 또 초구를 가지고 와서 한의 말을 전하기를, "이 물건은 당초 주려는 생각으로 가져왔는데, 이제 본국의 의복 제도를 보니 같지 않다. 따라서 감히 억지로 착용케 하려는 것이 아니라 단지 정의(情意)를 표할 뿐이다." 하니, 상이 받아서 입고 뜰에 들어가 사례하였다.

(『인조실록』 34권, 인조 15년 1월 30일)

『조선왕조실록』에 따르면 조선 임금이 '삼궤구고두례(三跪九叩頭禮)'를 마친 후 단에 올라 청 황제가 주는 차를 마셨으며, 잔치를 마친 후 용골대한테서 만주 의복인 초구를 받아서 갈아입고 뜰에 들어가 사례를 했다고 한다. 실제 기록을 보면 아래와 같다. 참고로 '상(上)'은 인조를 의미한다.

"한이 준(…)"이라는 맨 마지막 문단을 보면 청 황제에게 절할 때까지만 해도 원래 복장이었으나, 절이 끝나고 돌아갈 때쯤에서야 잉굴다이(龍骨大, Tatara inggūldai)에게서 청나라 갑옷을 받아 갈아입고 들어갔음을 알 수 있다.

즉, 사대주의를 표방했던 조선이 명나라의 관복을 벗고 청의 황제가 준 의복으로 갈아입었다는 것은 청나라를 상전의 나라로 섬긴다는 것을 인정하는 것이다. 즉 명나라와의 결별을 뜻한다. 옷, 머리 등은 그 나라의 관습이어서 자존심이라 할 수 있는데 관복을 갈아입었다는 것은 완전한 복속을 의미한다. 일제강점기 단발령에 대하여 우리 민족이 반발한 것은 이 때문일 것이다.

이 사건은 1910년 경술국치(庚戌國恥) 이전까지는 조선왕조 최대의 굴욕으로 취급되었다. 한낱 번국(蕃國, 오랑캐의 나라) 오랑캐라며 무시한 여진족의 나라, 청나라에 만인지상 임금이 머리를 땅에 부딪치면서 항복했으니(…), 얼마나 치욕적이며 다시는 이러한 역사를 다시 반복되어서는 안 된다는 것이다.

결국은 인조와 대신들은 청의 요구대로 다음과 같은 요구 사항을 들어주면서 종전을 선언했다.

> 1. 조선은 청에 대하여 신하의 예(禮)를 행할 것
> 2. 조선은 명의 연호를 폐지하고 명과 교통을 끊고 명에서 받은 고명과 책인을 헌납할 것
> 3. 조선은 왕의 장자(長者)와 제2자 그리고 대신의 자녀를 인질로 보낼 것
> 4. 청이 명을 정벌할 때는 기일을 어기지 않고 원군을 파견할 것
> 5. 내외 여러 신하와 혼인하고 사호(私好)를 굳게 할 것
> 6. 성곽의 증축과 수리는 사전에 허락을 얻을 것
> 7. 황금 100냥, 백은 1,000냥을 비롯한 물품 20여 종을 세폐(歲幣)로 바칠 것
> 8. 성절, 정삭, 동지, 경조 등 사신은 명 구례(舊例)를 따를 것
> 9. 가도(假島)를 공격할 때는 병선(兵船) 50척(隻)을 보낼 것
> 10. 포도(逋逃)를 숨기지 말 것
> 11. 일본과 하는 무역을 허락할 것
> (『백과사전』)

삼전도(三田渡)의 굴욕으로 1637년 2월 2일 청 태조는 먼저 청을 향해 출발하였고 2월 8일 소현세자와 봉림대군이 예친왕 도르곤을 따라 심양(瀋陽)으로 떠났다. 조선 백성은 후금(후에 청으로)군에게 포로가 된 백성을 제외하고도 심양(瀋陽)에 있는 노예시장에서 60만 이상이 거래되었다.

이리하여 소현세자와 봉림대군 두 왕자 부부가 인질로 가고 척화파 강경론자인 이른바 삼학사인 홍익한(洪翼漢, 1586~1637), 윤집(尹集, 1606~1637), 오달제(吳達濟, 1609~1637)는 잡혀가 참형이 되고 김상헌도 뒤에 잡혀가서 오랫동안 옥중 생활을 하였다. 이 사람들을 비롯

하여 수없는 여인과 여러 관리와 대신의 많은 자녀가 청의 사신 잉굴다이(龍骨大, Tatara inggūldai)에게 붙잡혀 갔는데 그 수는 197명이다.

병자호란으로 무려 8년간이나 청나라의 볼모로 있었던 소현세자의 삶도 매우 기구한 운명이었다. 결론적으로 그는 천주교를 접하면서 귀국 후 반청(反淸) 사상을 고수하던 인조와 갈등으로 의문의 죽음(독살로 추정)을 맞았다. 그가 독살로 추정되는 근거로는 1645년 음력 월에 귀국하여 4월 26일에 숨을 거두었는데 그의 몸에는 검은 반점이 퍼져있었고 시신의 부패가 너무 빨리 진행되었다는 것이다. 『인조실록』에는 소현세자의 죽음에 대해 이렇게 적고 있다.

> 세자는 본국에 돌아온 지 얼마 안 되어 병을 얻었고 병이 난 지 수일 만에 죽었는데, 온 몸이 전부 검은 빛이었고 이목구비의 일곱 구멍에서는 모두 선혈이 흘러나오므로, 검은 멱목으로 그 얼굴 반쪽만 덮어 놓았으나, 곁에 있는 사람도 그 얼굴 빛을 분변할 수 없어서 마치 약물에 중독되어 죽은 사람과 같았다(『인조실록』 46권).

인조와 대신들은 소현세자의 청나라 생활에 불만을 품었는데 그는 특히 주전파(主戰派)들에 의해서 배척을 받았다. 그 이유는 청나라에 있을 때 서양 문물과 천주교를 들여와 실용주의 노선으로 조선을 이끌고자 하였기 때문이다. 그가 귀국한 당시 상황이 『인조실록』에 적혀있다.

> 전일 세자가 심양에 있을 때 집을 지어 단확(丹艧)을 발라서 단장하고, 또 포로로 잡혀간 조선 사람들을 모집하여 둔전(屯田)을 경작해서 곡식을 쌓아 두고는 그것으로 진기한 물품과 무역을 하느라 관소(館所)의 문이 마치 시장 같았으므로, 상(인조)이 그 사실을 듣고 불평스럽게 여겼다(『인조실록』 46권).

소현세자가 독살된 뒤 아내 강빈(姜嬪)은 별채에 갇혔고 인조의 전복구이에 독약을 탔다고 역적으로 몰려 폐위된 뒤 사사되었다. 그의 아들은 제주도로 귀양을 가서 풍토병으로 두 명이 죽고 막내 경안군(慶安君, 1644~1665)만 살아서 효종 때 복권되었다.

소현세자와 중국의 자금성은 연관되어 있다. 자금성은 600여 년 역사를 간직하고 있으며 건물만 900채가 넘는 세계 최대의 궁궐이다. 이 역시 중국의 대륙적인 면모를 엿볼 수 있는 크기이며 세계문화유산으로 등재되어 있다. 여기에 비운의 세자가 살았는데 그가 바로 인조의 장남으로 인생을 살다가 왕위에 오르지 못한 소현세자(昭顯世子)이다.

그가 왜 머나먼 중국 땅에 조선의 세자로서 살았을까 하는 의문이 들 것이다. 병자호란에서 패한 조선은 지금의 삼전(三田) 나루(津)인 삼전도(三田渡)에서 왕이 항복을 비석에 새기고 세자를 인질로 보내라는 요구에 소현세자는 청나라에 가게 되었다. 이때 같이 간 사람은 500여 명이 되었으며 봉림대군도 포함되었다.

끌려간 소현세자 일행은 심양관에서 살았다. 심양관은 소현세자 일행을 수용하기 위한 관소(館所)이다. 그는 여기에서 살다가 9년여 만에 조국인 조선으로 귀국하게 되었다. 그는 청나라에 포로로 끌려간 우리 백성이 매매되는 것을 크게 가슴 아파하였다. 따라서 돈을 모아 이들을 속환하려 하였으나 여의치가 않았다.

병자호란으로 치욕을 당한 조선의 상황은 매우 어려웠다. 종로와 광통교 일대에 있던 집이 모두 파괴되었고 많은 마을이 약탈과 방화로 아수라장이 되어 임진왜란 후 복구하려는 노력 또한 수포가 되었다. 그 후 이 원한을 씻고자 사사로이 북벌을 계획하는 자도 있었다. 임경업이 명과 연락하여 청을 치려 하였지만 결국 실패하였다.

병자호란의 패인은 임진왜란으로 인한 국력 상실과 붕당정치로 인한 국내 정치의 혼란, 수성 위주의 전술 실패, 강화도의 도하 실패 등으로 분석한다. 우선 전략 실패로 산성 중심의 전략을 세웠다는 것은 당시 조선군의 특성을 모르는 작전이었다.

조선군은 보병 중심이다. 기병 위주의 청을 막아내기는 보병의 특성상 그 수 너무나 적었다. 따라서 조선은 산성을 중심으로 방어 전략을 세웠는데 청의 군대는 대로를 따라 한성으로 직행했다는 것이다. 조선은 산성인 의주의 백마산성, 황주의 정발 산성, 평산의 장수 산성 등을 보수하여 병력을 전진 배치하였으나 홍타이지(청 태종)는 "조선이 산성에서 항거하면 우리는 대로를 따라 한성으로 직행할 것이다. 조선의 산성이 우리의 진로를 막을 수 있다고 생각하는가?"라고 말하면서 조선을 순식간에 정복하여 항복을 받아 냈다.

또 한 가지는, 유능한 장수가 없었다는 것이다. 임진왜란만 하더라도 이순신이라는 걸출한 장군과 류성룡과 같은 재상이 존재하여 전쟁을 진두지휘하였으나 인조 시대에는 이러한 모습이 보이지 않았다. 따라서 전쟁의 기본인 '청야작전(清野作戰)'을 간과하였다. 이 작전은 적이 이용하지 못하도록 농작물이나 건물 등 지상에 있는 것들을 말끔히 없앰으로써 적의 보급로를 차단하는 것을 말한다. 조선 조정은 산성에 들어가기가 급급한 나머지 이 사실을 간과하였다. 청의 홍타이지는 이것을 간파하고 보급품을 현지에서 조달하였고 심지어는 남아서 본국으로 송환할 정도였다(백유선, 2004).

4) 병자호란의 결과

삼전도의 굴욕으로 병자호란이 막을 내리자, 조선에는 많은 변화가 있었다. 특히 명나라와 단절하고 청과의 군신 관계를 맺게 되었고 전쟁으로 인해 국토가 황폐되었다.

또한 이 전쟁으로 인하여 북벌론이 대두되기 시작하였다. 전쟁에 패배하여 청나라에 대한 적개심이 일어났으며 오랑캐의 나라보다도 문화적으로 우수하다는 우월감이 겹쳐서 청나라를 명과 함께 정벌하고자 하는 의견이 나타나기 시작하였다.

특히 안타까운 것은 우리 백성들이 약 60만 명이 포로로 청나라에 끌려갔다. 1637년 1월 30일 조선이 항복, 청나라군은 수많은 포로를 붙잡아 갔는데 철수 행렬이 30일이나 이어졌으며 다산 정약용은 『비어고(備禦考, 조선 후기의 무신이었던 이중협(李重協), 또는 다산 정약용이 저술한 조선판 국방백서. 총 10책으로 이루어져 있으며, 현재 서울대학교 규장각에 소장)』에 끌려간 여인들이 60만이라 기록되어 있다. 이 숫자는 몽골 군대에 포함되지 않은 숫자로 조선 인구의 약 5%에 해당하였다. 이들은 청나라 심양에 도착하는 즉시 인신매매 시장에 팔려나갔다. 한 예로 심양 일대에서는 모자가 상봉하고 형제가 서로 만나 부여잡고 울부짖으니, 곡소리가 천지를 진동했다(『인조실록』).

여자들은 포로로 잡혀서 청나라 고관들의 첩으로 많이 팔려나갔으며 그렇지 못한 경우는 정절을 지키다 목숨을 잃은 여인들도 많았다. 또한, 문제는 다시 조선으로 돌아온 여자들도 있었는데 그들을 환향녀(還鄕女)라고 부르며 박대하였다. '호로(胡奴) 자식'이란 상대방을 비하하는 단어인데 바로 병자호란에서 비롯되었다. 즉 환향녀가 낳은 자식을 오랑캐의 자식, 오랑캐의 호(胡) + 종 노(奴)를 사용하여 '호로(胡奴) 자식'이라고 불렀다.

전쟁에서 포로로 잡혀간 여성들은 물건 취급을 받았으므로 몸값을 내면 양도의 개념으로 자유를 얻은 여성들은 고향으로 돌아올 수 있었는데 이를 환향녀(還鄉女)라고 불렀다. 그러나 여기에서도 남녀의 차별이 있었다. 남자가 돌아올 시에는 환영받았으나 여자의 경우는 그렇지 못했다. 당시 유교 사회에서는 청나라로 끌려간 여성들은 정절을 지키지 못하였다고 하여 그들을 받아들이지 않았다는 것이다. 너무나 가혹하였다. 목숨 걸고 도망쳐 온 그들을 기다리는 것은 오직 모욕뿐이었다.

환향녀의 존재만으로 조선 사회는 술렁거리기 시작했다. 그들을 보듬어줄 생각은 하지 않고 더러운 여자로 취급하였기 때문이다. 그러나 조선 사회는 생각만큼은 야박하지는 않았다. 포로로 끌려간 여성을 구출하기 위해서 조선 조정은 국가의 재정으로 포로의 몸값을 지불(支拂)하고 데려오기도 하였으며 도망쳐 온 포로들을 숨겨주기도 하였다. 이러함에도 불구하고 조선의 일부 집안에서는 돌아온 여자를 따뜻하게 살피지 않고 내치는 경우가 허다하였다. 이를 방지하기 위해서 인조는 청나라에 끌려갔다는 이유만으로 이혼하거나 여성을 내치는 행위는 금했다. 당시에 조선의 상황을 말해주는 대목이 『인조실록』에 기록되어 있다.

> 신풍부원군 장유(張維, 1587~1638)가 예조에 단자를 올리기를 "외아들 장선징이 있는데 강도의 변에 그의 처가 잡혀갔다가 속환되어 와 지금은 친정부모집에 가 있다. 그대로 배필로 삼아 함께 선조의 제사를 받들 수 없으니, 이혼하고 새로 장가들도록 허락해달라"고 하였다. 전 승지 한이겸은 자기 딸이 사로잡혀 갔다가 속환이 되었는데 사위가 다시 장가를 들려고 한다는 이유로 그의 노복(奴僕, 사내 종)으로 하여금 격쟁(擊錚, 징이나 꽹과리를 침)하여 원통함을 호소하게 하였다. 형조에서 예관으로 하여금 처치하게 하기를 청하였다.
> (『인조실록』 16년 3월 11일)

위의 글에서 보듯이 영의정조차도 며느리가 청나라로 잡혀가 정절을 잃었다는 이유로 혹은 사위가 자기의 딸을 내치는 것을 억울하다고 하소연하는 등의 일로 격쟁(擊錚)할 정도로 사회적 문제가 되었다.

당시 조선의 평민들이 이혼하는 일은 흔히 있었다. 그러나 사대부들의 집안은 그 집안의 귀신이 되어야 한다는 관습 아래 이혼이 거의 허락되지 않았다. 따라서 주화파의 최명길은 조선 시대 속환(贖還)되어 온 여자들에 관하여 다음과 같이 언급하였다.

좌의정 최명길이 헌의(獻議)하기를, "(…) 신이 전에 심양에 갔을 때 출신 사족으로서 속환하기 위해 따라간 사람들이 매우 많았는데, 남편과 아내가 서로 만나자 부둥켜 안고 통곡하기를 마치 저승에 있는 사람을 만난듯이 하여, 길 가다 보는 사람들이 눈물을 흘리지 않는 사람이 없었습니다. 부모나 남편으로 돈이 부족해 속환하지 못하는 사람들은 장차 차례로 가서 속환할 것입니다.

만약 이혼해도 된다는 명이 있게 되면 반드시 속환을 원하는 사람이 없게 될 것입니다. 이것은 허다한 부녀자들을 영원히 이역의 귀신이 되게 하는 것입니다. 한 사람은 소원을 이루고 백 집에서 원망을 품는다면 어찌 화기를 상하게 하기에 충분치 않겠습니까. 신이 반복해서 생각해 보고 물정으로 참작해 보아도 끝내 이혼하는 것이 옳은 줄을 모르겠습니다.

그리고 한이겸의 딸에 관한 일은 별도로 의논할 필요가 없습니다. 신이 심양으로 갈 때에 들은 이야기인데 청나라 병사들이 돌아갈 때 자색이 자못 아름다운 한 처녀가 있어 청나라 사람들이 온갖 방법으로 달래고 협박하였지만 끝내 들어주지 않다가 사하보에 이르러 굶어 죽었는데 청나라 사람들도 감탄하여 묻어 주고 떠났다고 하였습니다.

또 신이 심양에 관사에 있을때, 한 처녀를 값을 정하고 속하려고 하였는데 청나라 사람이 뒤에 약속을 위배하고 값을 더 요구하자, 그 처녀가 돌아갈 수 없음을 알고 칼로 자신의 목을 찔러 죽고 말았습니다. 이에 끝내는 그녀의 시체를 사 가지고 돌아왔습니다. 가령 이 두 처녀가 다행히 기한 전에 속환되었더라면 반드시 자결하지는 않았을 겁니다. 비록 정결한 지조가 있더라도 누가 다시 알아주겠습니까. 이로써 미루어 본다면 전쟁의 급박한 상황 속에서 몸을 더럽혔다는 누명을 뒤집어 쓰고서도 밝히지 못하는 사람이 얼마나 많겠습니까. 사로잡혀 간 부녀들을 모두 몸을 더럽혔다고 논할 수 없는 것이 이와 같습니다.

한이겸이 상언하여 진달(進達)한 것도 또한 어찌 특별히 원통한 정상이 있어서 그런 것이 아니겠습니까" 하니, 아뢴 대로 하라고 답하였다. 그러나 이 뒤로는 사대부집 자제는 모두 다시 장가를 들고, 다시는 합하는 자가 없었다(『인조실록』 36권, 인조 16년 3월 11일, 신풍 부원군 장유가 포로로 잡혀갔다 돌아온 부녀자들의 이혼 문제에 대해 계하다 中).

이에 대하여 인조 역시 최명길의 의견에 동조하면서 부녀자들을 내치지 말라고 할 정도였다.

"충신은 두 임금을 섬기지 않고 열녀는 두 남편을 섬기지 않는다. 사로잡혀 간 부녀들은 비록 본심이 아니었다고 해도 변을 만나 죽지 않았으니 절개를 잃지 않았다고 할 수 있겠는가. 다시 합하게 해서 사대부의 가풍을 더럽힐 수는 없다(『인조실록』)."

그러나 인조의 명에도 불구하고 당시의 사대부들은 1638년 3월 11일 실록의 사관은 병자호란으로 청나라에 끌려갔다가 돌아온 부녀자들에 대해 인정머리 없는 평을 남긴다. 이른바 '환향녀(還鄕女)'를 이혼시키느냐 마느냐, 논란이 있을 때였다. 시집에서는 절개를 잃었다며 내치려 했고 친정 부모는 원통하다면서 억울함을 호소했다. 조선은 이 여인들에게 설 자리를 허락지 않았다. 포로로 붙들려 간 여성들은 가족이 청군에게 속환(贖還: 몸값)을 내면 풀려나 돌아왔으나 이미 오랑캐 노리개로 몸이 더럽혀졌다고 믿었던 남편들의 거부로 사회적인 문제가 되었다. 당시 사관들의 지배의식은 이렇게 평했다.

최명길은 비뚤어진 견해를 가지고 망령되게 선조(先朝) 때의 일을 인용하여 헌의(獻議, 윗사람에게 의견을 아룀)하는 말에 끊어버리기 어렵다는 의견을 갖추어 전달하였으니, 잘못됨이 심하다(……). 절의(節義)를 잃은 부인을 다시 취해 부모를 섬기고 종사(宗祀)를 받들며 자손을 낳고 가세(家世)를 잇는다면, 어찌 이런 이치가 있겠는가. 아, 백 년 동안 내려온 나라의 풍속을 무너뜨리고, 삼한(三韓)을 들어 오랑캐로 만든 자는 명길이다. 통분함을 금할 수 있겠는가.

(『인조실록』 36권, 인조 16년 3월 11일 갑술, 신풍 부원군 장유가 포로로 잡혀갔다 돌아온 부녀자들의 이혼 문제에 대해 계(啓)하다 中).

임진왜란 당시의 선조 때에서는 이 같은 일들이 벌어지지는 않았다. 그러나 인조 때에는 더욱 정절을 요구한 이유는 무엇일까? 이상적인 국가 건설을 천명한 조선의 법제서(法制書)인 『경국대전(經國大典)』에 "정절을 잃은 부녀자 가문은 자손 대대로 문과에 응시하거나 요직에 등용될 수 없다."라고 규정되어 있었기 때문이다.

국법이 이러했으니 환향녀 문제의 매듭이 쉽지 않아 국가와 백성을 지키지 못한 인조(仁祖)는 누구도 환향녀란 이유로 이혼할 수 없다는 특별법을 선포하며 문제를 덮으려 했다. 그러나 당시 양반들의 머릿속에 박힌 여성의 정절 개념 때문에, 효종(孝宗)과 숙종(肅宗) 때까지 이어지고 끝내 숙종은 인조가 선포한 환향녀 이혼 불가라는 특별법을 폐지하게 된다.

다만 한 가지 잊지 말아야 하는 것은, 저렇게 이혼하든, 소박을 놓든 저 여인들은 모두 당시에는 상당한 거액의 돈을 주고 데려온 여인들이라는 사실이다. 실제로 당시 기록에는 저렇게 가족을 속환 해오기 위한 재물 마련을 위해 고심했던 모습들이 많이 보였다. 상당한 거액은 대부분 주로 담배를 마련해 많이 속환해 왔는데 당시 만주에서는 담배가 자라지 않은 데 비해 흡연 인구가 폭증해서 담배가 조선보다 수십 배나 비싸게 거래되었기 때문에 초기에는 담배를 한 짐 마련해 짊어지고 가면 몇 명은 속환해 올 수 있었다고 한다. 다만 조금 늦게 간 사람들은 담배 가격이 폭락해 이전에는 서너 명을 속환할 수 있던 분량으로 한 명밖에 속환할 수 없었다고 한다. 다만 그렇게 폭락해도 조선보다 열 배 이상 비쌌다고 한다.

조선의 조정에서 환향녀 문제는 대단한 골칫거리였고 이런 일이 빈번하게 일어나 마침내 인조는 결단을 내렸다. '홍제천(홍제동의 냇가)에서 목욕하고 도성으로 들어오면 그 죄를 묻지 않겠다.'라는 것이었다. 덧붙여 '차후에 그녀들의 정조 문제를 거론하는 자는 지위 고하를 막론하고 엄단을 하겠다.'라고 하였다. 그러나, 보이지 않는 이들에 대한 멸시는 여전하였고, 결국 환향녀들은 가족과 동네 사람들의 멸시를 견디지 못하고 집을 나갔으며 자신의 비밀을 알지 못하는 곳으로 가서 술과 몸을 팔며 생계를 이어 나갔다. 이 환향녀라는 말이 변해서 오늘날 몸을 팔아 생계를 유지하는 여자를 화냥년이라고 부르게 된 것이다(『백과사전』).

조선이 1392년 태조 때부터 숙종까지의 치세를 기록한 책이 『조야첨재(朝野僉載)』이다. 이 책은 조선 태조 1년(1392)부터 숙종 36년(1710)까지의 연대기를 사적(史的) 연대순으로 기록하였는데, 『용비어천가』, 『국조보감』 등을 참고로 하여 기록하였다. 29권의 사본(寫本)으로 엮어져 있으며 이 문헌에 환향녀를 "음탕한 행동으로 절개를 잃은 것과 견줄 수 있겠는가? 아내를 버려서는 안 된다."라고 결론을 맺었다.

인조는 이러한 구절에 따라 환향녀와는 이혼할 수 없다는 이혼 특별법을 선포하였으나 사대부들은 환향녀를 받아들이지 못하고 다른 여자와 새 장가가기 시작하여 모두 조강지처(糟糠之妻)를 버리는 실정이었다.

그러나 환향녀가 발생한 것은 탁상공론을 일삼다가 백성들을 지켜주지 못한 사대부들의 책임이 더 크다는 사실을 간과한 것이다. 즉 여인의 잘못이 아니라 힘없는 나라와 군주 그리고 사대부들의 잘못이다. 전쟁에 패한 후 자신의 의지와 상관없이 포로로 잡혀간 것도 억울한데 조선의 남성들은 자신들을 벌레보다도 못한 화냥년으로 취급하였으니 얼마나 통곡할 노릇이었겠는가?

제**3**장

17~18세기
전후(戰後)의
사회적 동향

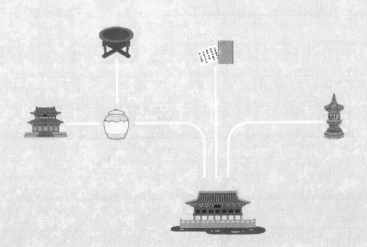

자랑스러운 우리의 역사

제**3**장 17~18세기 전후(戰後)의 사회적 동향

1. 첨예한 붕당정치의 가속화와 북벌 운동

인조는 서인의 세력을 등에 입고 왕위에 등극하였다. 그는 자신의 왕권을 위협받지 않기 위하여 공신 세력과 남인을 함께 등용하여 붕당 간에 견제하도록 하여 사실상 정치를 이어가면서 정치를 안정시키고 왕권을 강화하였다. 서인들은 주로 재상 중심이고 남인은 주로 농촌경제에 주안점을 두었다. 이들은 정치사상과 학문의 뿌리는 달랐지만, 서인은 권력 구조를 개선하고 재무구조의 개선과 국방력 강화 노비속량(奴婢贖良, 돈을 주고 노비의 신분을 풀어주어 양민이 되는 일)과 함께 서얼 허통(庶孽許通)에 관대하였다. 서얼 허통(庶孽許通)에 관하여 다음과 같이 적혀있다.

> "인재의 우열은 타고난 기질의 순수함과 그렇지 않음에 좌우되는 것이지 출생의 귀천과는 관계가 없습니다. 만일 재질이 뛰어난 사람이 첩의 몸에서 났는데, 서얼이라 하여 등용하지 않는다면 어찌 왕자가 인재를 취함에 귀천을 가리지 않는 도라고 하겠습니까(『명종실록』)."

양반의 첩에게서 태어난 사람과 그 후손(後孫)들을 서얼(庶孽)이라고 부르는데, 서(庶)는 양 첩 소산, 얼(孽)은 천첩 소산을 가리킨다. 이들은 문과의 소과(小科, 생원, 진사 시험)에 응시하지 못하며 잡직 이외의 관직은 맡을 수 없었고 승진에도 제한이 있었다. 서얼(庶孽)의 허통(許通) 문제를 처음으로 제기한 것은 조광조(趙光祖, 1482~1519)였다.

이후 이이 등에 의해 허통 문제가 계속 제기되었다. 인조, 현종, 숙종 연간에도 계속 허통 문제가 논의되었으며, 서얼들의 집단 상소 운동도 숙종 대 이후에는 자주 나타난다. 그리하여 영조 때는 호부호형(呼父呼兄)을 인정하고 문과를 개방하기도 하였다. 서얼 허통(庶孽許通) 문제가 큰 진전을 보인 것은 정조 때이다. 정조는 즉위 직후 서얼에 대한 승진 제한을 대폭 풀었으며, 규장각에 검서관 제도를 두어 유득공(柳得恭, 1749~?), 이덕무(李德懋, 1741~1793), 박제가(朴齊家, 1750~1805), 서이수(徐理修, 1749~1802)와 같은 서얼을 검서관으로 등용하였다.

노비나 천인에게도 관대하다는 것은 이들을 차별하다 보니 적재적소에 기술을 사용하지 못하고 손실만 입었기 때문이다. 예를 들면, 수공업에 종사하는 사람으로서 대접받지 못하거나 팔천(八賤)인 사노비, 관노비, 승려, 백정, 무당, 광대, 상여꾼, 기생과 상인, 보부상(보負商), 봉수 꾼 등의 계급을 차별하니 나라 발전의 동력을 이끌 수 없었다.

노비의 예는 조선의 경우 병자호란, 임진왜란을 통하여 많은 백성이 포로로 잡혀가 적국의 노예가 되었다. 이렇듯 정복 전쟁을 통하여 노예를 충당하였는데 우리의 경우는 침략의 역사가 거의 없어서 이방인(異邦人)의 노예는 찾아볼 수 없다.

조선 사회는 이상하게도 노비가 인구의 60~70%가 차지할 정도로 많았다. 이는 양반층들이 이들을 이용하여 자기 이익을 차리는 데만 관심을 두어 그들을 활용할 수 있는 방안을 찾기에는 게을렀다. 그들 중에서 서인들은 이들을 구제하여 국가의 원동력을 삼고자 하였다. 따라서 서얼 허통(庶孽許通)이나 천민면천(賤民免賤)을 통하여 이를 해결하고자 하였다.

이에 반하여 남인들은 농촌경제를 통하여 정치를 안정하고자 하였으며 수취제도의 완화와 중소 지주 및 자영농의 안정을 중요시하였고 서얼 허통이나 천민면천(賤民免賤)과 같은 노비속량(奴婢贖良)에는 소극적이었다. 따라서 왕권을 강화하고 삼사(三司, 사헌부, 홍문관, 사간원)의 정책비판에 중점을 두었다(한영우 2, 2020). 남인들은 주로 동인(東人)에서 분파하였으며, 학문적으로는 이황(李滉)의 학통을 잇고, 지역적으로는 안동을 중심으로 하는 경상북도 지역과 서울, 경기권을 주요 근거지로 삼아 활동하였다.

여기서 조선 시대의 삼사(三司)에 관하여 짚고 넘어갈 필요가 있다. 조선 시대의 정부 기관 중에는 사헌부, 사간원, 홍문관이 있는데 이를 삼사(三司)라고 한다. 삼사를 두는 이유는 왕권 강화를 중요시하지만, 한편으로는 왕권의 전횡을 막고자 설치하였다. 따라서 이들의 역할은 정책비판이나 왕권을 견제하기 위한 기관이라 할 수 있다.

첫째 사헌부 역할은 관료들의 관리 감찰 및 기강 단속을 중점적으로 하였다. 둘째는 사간원의 역할인데, 주로 간쟁(諫爭), 즉 간쟁이란 옳지 못한 일이거나 잘못된 일을 고치도록 간절히 말하는 것이다. 그리고 봉박(封駁)의 역할도 하는데 이는 임금에게 글을 올려 일의 옳지 아니함을 논박하거나 반박 의견을 임금에게 올리는 것이다. 또한, 서경(署經)의 역할은 새 관원을 임명할 때 성명, 문벌, 이력 따위를 써서 사헌부와 사간원의 대간(臺諫)에게 그 가부를 묻는 일이다.

마지막으로 홍문관은 경연, 문서 관리 및 자문을 함으로써 왕 또는 유력 대신의 정책에 대해 이견(異見)을 가져 이를 철회시키기 위해 단체로 시위하기도 하였다. 이를 '합사복합(閤司伏閤)', 즉 나라의 중요한 일이 있을 때 조신(朝臣)이나 유생이 대궐 앞에서 엎드려 상소하는 일을 하거나, 또는 '삼사가 합계한다.'라고 하였다.

홍문관 관료들의 이와 같은 행위는 당연한 업무이다. 따라서 임금이나 유력 대신이 이를 거부하거나 무시하고 강제로 해산시킨다면 그 임금은 폭군, 관료들은 권신(權臣)으로 취급되어 비난의 대상이 되었고 조정의 일은 마비될 수 있다. 임금이나 권신(權臣)들의 측면에서는 골치가 아플지는 모르지만 이를 견제하기 위한 임무이기 때문에 함부로 권력남용(權力濫用)을 하지 못했다. 그러나 조선의 일부 붕당정치에서는 반대를 위한 반대를 하는 불필요한 면도 존재했다.

대표적인 사례가 성종 때 삼사의 지나친 간쟁으로, 이것을 연산군 때, 사화의 한 배경으로 보는 시각도 있다. 사림 세력의 대두 이후 붕당 간의 대립이 표면화되자, 삼사는 공론을 반영하기보다는, 상대 세력에 대한 비판을 통해 자기 붕당 세력의 유지와 상대 붕당의 견제에 앞장서면서 부작용이 나타나기도 하였다. 그러나 조선 초기에도 대간의 수장 자리들과 상층부에 해당하는 자리들은 거의 훈구파 세력이 차지했고, 훈구파 또한, 자신 편에 해당하는 대간(臺諫)들을 두고 있었다.

이들 삼사의 관직 중에서 막강한 자리는 이조와 병조의 전랑(銓郎)이었다. 이는 정랑과 좌랑 자리를 합친 것이 당상관 코스라고 부르는 청요직(淸要職)이다. 이 청요직(淸要職)이란 것은 내외 관원을 천거하고 전형(銓衡)하는 데에 가장 많은 권한을 가지고 있어서 이렇게 이른다. 또한, 문제가 있는지는 해당 문서를 참조한다. 이처럼 삼사와 전랑의 권한은 많은 부작용을 낳아, 영조와 정조가 왕권을 강화하기 위하여 탕평책을 추진하는 과정에서 점차 권한이 축소되었다.

개별 관청의 분위기는 사뭇 달랐다. 간단히 알아보면 다음과 같다(『백과사전』).

사헌부는 관리의 감찰을 단속하는 기관인 만큼, 부서 내 기강이 다른 관청과는 비교되지 않을 정도로 엄격했다. 매일 조회를 하고 차를 마시면서 논의하는 자리를 가졌는데 이를 다시(茶時)라 했으며, 밤에 특별히 여는 다시는 야다시(夜茶時)라 했는데 이는 누군가 곧 잡혀 들어갈 것이라는 암시라고 한다. 장은 대사헌(大司憲)으로 종2품에 해당했다.

사간원은 근무 분위기가 자유분방하기로 유명해서 임금의 금주령을 무시하고 업무 시간에 음주할 수 있는 유일한 관청이었다. 술기운이라도 없으면 전제 군주제하에서 깡 좋게 상소를 올릴 수도 없으니, 그에 대한 배려인 셈이다. 말은 이렇지만 사실상 삼사 언관이 워낙 보호가 잘되어서 왕들은 어지간히 작심하지 않으면 유배조차 보내지 못하였다.

조회가 끝난 후 가장 나중에 나가는 이들이 사간원 관헌들이었으며, 품계가 높은 자에게 인사를 하지 않아도 되는 유일한 관청이었다. 장은 대사간(大司諫)이며, 정3품으로 삼사의 장 중 가장 품계가 낮았다.

홍문관은 명목상 성균관과 같은 학교였다. 즉 문치적(文治的) 분위기이지만 성균관은 대과를 치를 인재를 양성하는 교육 기관인 반면에, 홍문관은 국왕을 교육하는 경연의 주체였기에 국왕의 정치를 연구하는 상위 연구 기관이라는 것이 차이점이다.

홍문관은 집현전과 관련이 있는데 세조 때 성삼문 등 단종 복위 운동을 주도한 집현전 대제학 때문에 집현전이 폐지되었다. 이후 성종이 집현전을 부활시키려고 해도 조부인 세조가 폐지한 것을 명분상, 바로 부활시키기 어려워 그 기능과 관직을 옮긴 것이 홍문관과 예문관이라 할 수 있다.

임진왜란 후 조선이 전후 복구 사업을 하는 가운데서 의병 활동을 하였던 북인의 세력이 강하였는데 적통인 영창대군 대신에 광해군을 지지한 세력이었다. 광해군은 국토를 복구하기 위한 정책사업으로 국가재정을 늘리고 피폐해진 산업을 일으켰으며 국외적으로는 중립 외교를 표방하는 등 활발하게 활동하였으나 강경파인 북인들은 '명을 배신하고 오랑캐를 섬겼으며 계모인 인목대비를 폐하고 영창대군을 죽였다.'라는 이유로 서인들을 중심으로 정권을 이양하게 되었다. 이로써 북인들이 몰락(沒落)하고 상대적으로 온건파인 남인과 서인 간에 당쟁이 심해졌다.

원래 남인과 북인은 동서분당에서 비롯되었는데 선조 대의 심의겸을 중심으로 하는 기성 사림과 김효원을 중심으로 하는 신진사대부 간의 정쟁이었다. 이러한 시기에 동서붕당이 일어나는데 동인이 다시 남인과 북인으로 갈라섰다. 이러한 이유는 인사권을 가진 이조정랑의 임명 문제와 선조 때 모반사건인 정여립 사건이 발단이었다. 이 사건을 맡은 정철이 관련되어 있다는 것이다. 정철은 이 사건과 관련된 동인에게 너무나 가혹한 처벌을 하였고 후에 동인이 정철을 몰아내면서 그의 처리를 두고 온건파인 남인과 강경파인 북인으로 붕당 절차를 밟게 되었다.

본래 붕당정치는 15세기 들어와 사림세력들이 등장하면서 권력을 잡은 뒤 자신들의 학문적 경향과 정치적 성향에 따라 나누어지게 되었고 과거시험의 시행으로 관직의 수에 비하여 합격자 수 많았기 때문에 내부적인 권력 다툼으로 인해 시작되었다고 할 수 있다.

이러한 시기에 청나라로 볼모로 잡혀갔던 소현세자가 돌아오자, 국내 정치 상황은 달라지기 시작했다. 그와 함께 끌려간 척화론자들도 많이 있었는데 평양 서윤 홍익한(洪翼漢, 1586~1637), 교리 윤집(尹集, 1606~1637), 교리 오달제(吳達濟, 1609~1637)는 청나라로 가서도 끝까지 항쟁하다가 결국은 사형을 받았다. 또한 김상헌(金尙憲, 1570~1652)도 6년 동안 청나라에 볼모로 잡혀가 돌아오기도 하였다. 이 중에서 홍익한, 윤집, 오달제는 후에 삼학사(三學士)라고 부르고 있다.

삼학사(三學士)는 1637년 병자호란 때 조선이 중국 청나라에 항복하는 것을 반대하고 척화론(斥和論)을 주장했다가 청나라에 잡혀가 참혹한 죽임을 당했던 척화파의 강경론자 세 사람, 척화삼학사(斥和三學士)라고도 한다. 평양 서윤(庶尹) 홍익한(洪翼漢), 교리 윤집(尹集), 오달제(吳達濟)가 바로 이들이다(『민족문화대백과사전』).

그들의 사상은 전통적인 주자학의 입장에서 서 있는 것으로 충군애국(忠君愛國)의 사상, 명나라에 대한 모화사상(慕華思想)이 밑받침되어 있었다.

나중에 청 태종으로 즉위한 홍타이지는 조선의 세 학사의 높은 절개를 기리기 위해 선양에 사당과 비석을 건립할 것을 명령했으며 "삼한산두(三韓山斗)"라는 휘호를 내렸다고 한다. 1932년 "삼한산두(三韓山斗)"라고 새겨진 비액(碑額)이 발견되면서 선양의 춘일공원 (春日公園)에 삼학사의 유적비가 복원됐다.

남한산성에는 삼학사(三學士)를 모신 사당인 현절사(顯節祠)가 설치되어 있다. 매년 음력 9월 10일에는 삼학사를 기리는 제례를 연다. 송시열은 1671년에 지은 저서『삼학사전(三學士傳)』을 통해 삼학사의 업적을 찬양했다(『백과사전』).

청나라는 소현세자를 앞세워 인조를 무시하고 조선과의 우호 관계를 유지하고자 하였다. 소현세자는 아담 샬(Johann Adam Schall von Bell, 湯若望, 탕약망, 1591~1666)과 교류하였는데 그는 독일 출신의 예수회 선교사이자, 로마 가톨릭교회 사제(司祭)이다. 그는 소현세자에게 천문 지식과 기독교 교리를 전달해 주기도 하였다. 물론 소현세자의 관심사는 신앙이 아닌, 예수회 선교사들을 통해서 배울 수 있는 서양 학문이었다. 조선 귀국 시 중국에서 로마 가톨릭교회 사제를 데리고 가려고 했던 것을 보면 로마 가톨릭에 대해 아주 무관심하지 않았던 것으로 보이지만, 그 시도는 결국 중국교회의 성직자 부족 문제로 인해 무산되었다(『백과사전』).

하지만 삼전도에서 치욕을 당한 인조와 조정 대신들(주전파)은 세자의 태도를 친청(親淸) 행위라고 크게 비난하였다. 그가 고국으로 돌아왔으나, 아버지 인조는 가톨릭과 서양 과학을 들여와 조선을 발전시키고자 한 세자를 감시하고 박대했다. 이에 대하여『인조실록』에는 다음과 같이 기록되어 있다.

> 전일 세자가 심양에 있을 때 집을 지어 단확(丹艧)을 발라서 단장하고, 또 포로로 잡혀간 조선 사람들을 모집하여 둔전(屯田)을 경작해서 곡식을 쌓아 두고는 그것으로 진기한 물품과 무역을 하느라 관소(館所)의 문이 마치 시장 같았으므로, 상(인조)이 그 사실을 듣고 불평스럽게 여겼다(『인조실록』 46권, 인조 23년, 청 순치, 順治 2).

소현세자의 갑작스러운 죽음으로 인하여 그의 아우인 봉림대군이 조선의 17대 임금인 효종으로 등극하였다. 효종은 그의 형, 소현세자와는 달리 아버지 인조의 치욕을 갚기 위하여 북벌론을 주장하였다. 당시의 조선은 명나라에 대하여 사대주의를 취하고 오랑캐를 차별하였으나 오히려 병자호란을 통해 굴욕을 당했던 것을 한으로 청나라를 정벌하겠다는 의욕이 있었다.

효종이 뜻하지 않게 왕으로 계승되자 정통성 문제로 시끄러웠다. 그는 재위 기간에 정통성 문제를 해결하기 위하여 음주 가무를 즐기지 않았고 사치를 부리지 않았으며 경연에 열심히 참석하는 모습을 보였다고 한다. 이에 대하여 『연려실기술』에는 다음과 같이 적혀 있다.

> "이날 임금의 말씀이 신하들이 술을 끊지 못하는 폐단에 미치자 이르기를, '내가 잠저에 있을 때, 술을 즐겨 취하지 않은 날이 없었는데, 세자 위에 오른 뒤에는 끊고 마시지 않았다. 금년 봄에 대비께서 염소 고기와 술 한 잔을 주시기에 내가 마시지 않을 수 없었으나, 그 맛이 몹시 나빠 쓴 약과 다름이 없더라' 하였다(『연려실기술』 제 30권, 효종초 고사본말)."

효종은 즉위 초부터 북벌 정책에 힘을 쏟았다. 그는 군비를 확충하고 강권한 군사력을 통제하기 위하여 왕권을 강화하기 시작하였고 북벌계획을 문관 출신인 원두표(元斗杓, 1593~1664)와 무관 출신인 이완(李浣, 1602~1674)에 지시를 내려 문무의 화합을 이끌려고 하였다. 그러나 청나라의 감시로 인하여 계획에 차질이 있기도 하였지만 효종의 갑작스러운 죽음으로 북벌론은 10년 만에 막을 내리게 되었다. 혹자들은 그의 북벌론은 왕위의 정통성에 대한 콤플렉스를 극복하기 위한 쇼라고 칭하기도 한다(『백과사전』).

효종이 죽음으로 현종(顯宗, 1641~1674)이 조선의 18대 왕으로 오르면서 붕당정치는 재현되었다. 즉 서인과 남인 사이에 예송논쟁(禮訟論爭)이 벌어졌다. 예송논쟁은 현종 즉위 시기 자의대비의 상례 절차인 상복을 두고 서인과 남인 간에 벌어진 두 차례의 정치적 분쟁을 말한다. 본래 예송(禮訟)이라는 단어 자체가 '예절에 대한 논쟁'을 뜻한다. 즉 예송논쟁을 풀이하면 '예절 논쟁에 논쟁'이므로 사실상 '역전(驛前)의 앞(前)'과 같은 중복어(重複語)이다. 원래 조선 시대 때는 그냥 '예송'이라 불렀다. 예송논쟁은 백성의 삶과 무관하지만, 당시 서인, 남인에게는 왕의 정통성과 관련된 문제였기 때문에 굉장히 예민하고 중요한 문제였다. 가령 정통성이 약한 임금에게는 예법에 대한 문제가 있기 때문이다. 말하자면 정통성이 약한 왕이 왕좌에 오르기는 해도 직책상으로 인정하여 주지만 예법상은 어렵다는 남인 측과 왕과 사대부는 같은 예법이 적용되어야 한다는 서인 간의 논쟁이다. 즉 신권강화(臣權强化)와 왕권강화(王權强化)의 측면에서 매우 중요한 일이었다.

예송논쟁의 발단은 '효종의 계비인 자의대비(인조의 계비, 새 중전, 인조와 29살 차)가 얼마 동안에 상복을 입느냐?'하는 문제였다. 이 역시 인조의 정통성에 문제가 있었기 때문이었다. 효종은 소현세자의 아우로 원래 왕의 서열이 아니었기 때문에 정통성에 문제가 있었다. 그러나 효종은 국왕이기 때문에 자의대비는 얼마 동안 상복을 입어야 하는가? 를 두고 현종은 송준길(宋浚吉, 1606~1672)과 송시열(宋時烈, 1607~1689, 서인)에게 문제를 처리하도록 하였다.

상복을 얼마나 입어야 하는지가 무엇이 중요한 것인가를 의아하게 생각할지는 몰라도 예법에 따라 의붓어머니인 자의대비가 효종을 위해 1년짜리 상복인 기년복(朞年服)을 입어야 하는가, 3년짜리 참쇠복(斬衰服)을 입어야 하는가가 문제가 된 것이다. 이 문제가 1차 예송논쟁이다.

결국은 1차 예송논쟁은 서인의 승리로 일단락이 된다. 인조반정과 소현세자의 죽음으로까지 되짚다 보면 효종과 현종의 정통성을 건드리기 때문에 목숨을 건 격렬한 싸움이 이어졌다. 서인이 결과적으로는 이기지만 후에 2차 논쟁이 발생하는 것을 모르지만 현종에게 미운털이 박히게 되고 말았다.

2차 논쟁은 15년 뒤에 발생하게 된다. 2차 논쟁은 현종 말년에 효종의 어머니가 사망하자 자의대비가 이때에도 살아 있었기에 '시어머니(祖大妃)로서 상복을 얼마 동안 입어야 하는가?'라는 문제가 발생하였다. 1차 논쟁은 아래와 같은 방법으로 서인의 승리로 돌아갔지만 2차 때는 상황이 달라졌다.

1차 때 송시열이 짐짓 '사종지설(四種之說)'을 꺼내서 이야기한다.
'사종지설(四種之說)'은 바로 그 『의례』에 적혀있는 3년 상복을 입을 수 없는 경우로 아래와 같이 네 가지로 나누어 설명했는데,
- 맏아들인데(正體) 자손을 얻지 못함(不得傳重)

- 적통인데 아들이 아닌 자손이 계승(正而不體). 이를테면 적장자의 적장자가 후사를 이은 경우
- 아들이긴 하지만 적장자는 아님(體而不正). 맏아들이 아닌 다른 아들이 후사를 이은 경우
- 적통도 아니고 아들도 아님(不正不體)

(『백과사전』).

위에서 보듯이 효종은 체이부정(體而不正, 체(體)이면서 정(正)이 아니다'라고 한 말. 여기서 체는 친부자(親父子) 관계를 말하나, 정(正)·부정에는 이견이 있어 장자와 차자라는 송시열(宋時烈) 등의 견해와 적자(嫡子)와 서자(庶子)라는 허목(許穆)의 견해가 대립되었음. 송시열은 현종(顯宗) 때 인조(仁祖)와 효종(孝宗)과의 관계를 이 체이부정에 비유함으로써 현종의 노여움을 사고 허목 등 반대 파에게 구실을 주었음)이기 때문에 일년상(喪)에 해당이 되는 상복을 입어야 했다. 송시열은 사종지설(四種之說)을 내세워 그의 뜻을 관철되어 1년 상복을 입어야 한다는 주장이 승리하였다. 그러나 2차 때에는 결론적으로 말하면 "나는 새도 떨어뜨린다던 서인의 영수 송시열까지 귀향 보내는 대사건"으로 번졌으며 결과적으로 남인이 승리했다(1674, 갑인환국).

그 내용을 본다면 효종 때는 『경국대전』이 장남과 차남을 같게 취급해 기년복을 입어도 그렇게 큰 문제가 되지 않았으나, 며느리의 경우 사정이 달라 맏며느리는 기년복인데 다른 며느리는 9개월짜리인 대공복(大功服)을 입도록 규정해 문제가 되었다.

문제는 여기서 발단이 된다. 송시열은 이번에도 일관된 논리로 효종이 장자가 아니니 인선왕후도 맏며느리가 아니라는 명분으로 9개월만 입어도 된다고 주장했고, 서인들은 『주례』, 『의례』에 맏며느리는 9개월 동안 상복을 입게 되어 있음을 들어 대공복을 주장하였다. 그런데 현종은 '전에는 지금의 법(아들에 대해서 기년복이라는 『국조오례의』)을 썼는데 이제는 옛날 법(맏며느리에 대해서 대공복이라는 주례, 의례)을 쓰라니 일관성이 없지 않냐?'는 논리로 서인의 주장에 반대했다. 논리상 현종이 밀리는 건 아니었지만, 졸지에 이렇게 되니 대비는 '아들에게도 1년 상복을, 며느리에게도 1년 상복을 입는' 또 다른 의미의 예법 붕괴가 일어나고 말았다.

1차 예송논쟁 때의 나이 어린 현종이 아니었다. 그는 송시열의 존재를 의식하고 있었다. 당시 서인의 수장이던 송시열이 국정전반(國政全般)에 권력을 장악한 데 대한 반발이었

으며 자신의 권력 기반을 다지기 위한 하나의 전략이었다.

또 하나는 자신의 아버지에 관한 문제가 얽혀져 있다. 즉 자신의 아버지(효종) 정통성에 관한 문제여서 밀리지 않겠다는 것이었다. 따라서 서인을 견제하면서 국정운영을 위한 초석을 마련하고자 한 것이다.

2. 숙종의 업적

현종에 이은 숙종(肅宗, 1661~1720)은 당시에 생각하지도 못한 긴 재위(在位) 기간인 45년 동안 통치를 하였다. 그는 이 긴 세월을 통치하는 기술이 남들보다도 탁월하였다. 숙종은 왕권을 안정시키기 위하여 붕당정치를 이용하였다. 즉 붕당을 자주 교체하였다는 것이다 (송찬섭, 2016). 이를 환국(換局)이라고 하는데, 시국(時局)이 바뀌는 것을 의미한다. 대표적인 환국은 첫째로는 경신환국으로서 숙종 6년에는 남인이 역모의 혐의로 실각하여 서인 정권이 권력의 정면에 섰다.

이 사건의 발단은 『백과사전』에 다음과 같이 기록되어 있다.

1674년(현종 15)의 복상 문제에서 승리하여 정권을 잡은 남인은 전횡이 심하였고, 숙종에게 그다지 신임을 받지 못하고 있었다. 또한, 당시의 영의정 허적(許積, 1610~1680)의 유악(油幄, 비가 새지 않도록 기름을 칠한 천막) 사건은 왕으로 하여 더욱 남인을 꺼리게 하였다. 유악 사건이란, 허적의 조부 허잠(許潛, ?~?)의 시호를 맞이하는 잔치를 연 날에 숙종의 허락도 없이 왕실의 천막인 유악을 빌려 가자, 숙종이 분노하여 군권을 남인에서 서인으로 대거 교체한 것이다(허견(許堅, ?~1680)의 옥사).

둘째로는 기사환국(己巳換局)은 조선 숙종 15년(1689) 때 소의(昭儀) 장 씨(혹은 장희빈이라 알려져 있음) 소생의 아들 윤(昀)을 원자로 삼으려는 숙종에게 반대한 송시열 등 서인이 이를 지지한 남인에게 패배하고, 정권이 서인에서 남인으로 바뀐 일이다. 일명 '기사사화(己巳士禍)'라고도 한다(김영호, 2013). 구체적인 내용을 살펴보면 숙종은 오랫동안 아들이 없었는데 장소의가 왕자 윤(昀)을 낳았다. 왕은 크게 기뻐하여 원자로 삼고 장소의를 희빈으로 책봉하려 하였으나 서인들이 반대하므로 남인들의 도움을 얻어 왕자를 원자로 세우려 하니 서인들은 노론과 소론을 막론하고 왕비 민씨(인현왕후)가 아직 젊으니 후일까지 기다리자고 주장했다.

숙종은 1689년(숙종 15)에 서인의 요청을 묵살하고 원자의 명호(名號)를 정하고 장소의를 희빈으로 책봉하였다. 송시열은 상소하여 송나라 신종이 28세에 철종을 낳았으나 후궁의 아들이라 하여 번왕(藩王)에 책봉하였다가 적자가 없이 죽음에 태자로 책봉되어 신종의 뒤를 계승하였던 예를 들어 원자 책봉의 시기가 아님을 주장하였다.

기사환국이 단행된 지 4개월 만에 숙종은 서인계 왕비인 인현왕후 민씨를 폐출하고 부모의 봉작을 빼앗았다. 이에 대해 서인 노론 측은 오두인 등 86인의 이름으로 상소를 올렸지만, 오두인, 박태보, 이세화 등은 국문당하여 위리안치(圍籬安置)가 되거나 귀양을 갔으며, 오두인(吳斗寅, 1624~1689)과 박태보(朴泰輔, 1654~1689)는 국문 끝에 사망했다. 1690년 10월 22일 원자가 세자가 되면서, 장씨를 희빈에서 왕비로 승격시켰다. 같은 해 6월 송시열은 유배됐다가 사사되고 말았다(『백과사전』, "한국사 콘텐츠". 2018).

위에서 말하는 위리안치(圍籬安置)는 다른 사람과 접촉하지 못하도록 가시로 만든 울타리로 죄인을 가두는 것으로 중죄인에게 가하는 유배형이다. 구체적으로는 죄인을 배소(配所, 귀양살이하던 곳)에서 달아나지 못하게 귀양 간 곳의 집 둘레에 가시가 많은 탱자나무를 돌리고 그 안에 사람을 가둔다. 탱자나무는 전라남도에 많았기 때문에, 대개 죄인들은 전라도 지역의 섬에 유배되었다.

위리안치는 '가택 연금형'으로 1464년(세조 10) 11월 18일 안치 죄인인 종친 화의군(和義君, 1425~?) 이영, 한남군(漢南君, ?~1457) 이어 등에 대한 '금방조건(禁防條件)'을 의금부에서 마련하였는데 이를 통해 그 내용을 알아볼 수 있다(『세조실록』 제10권).

첫째는, 담장 밖에 녹각성(鹿角城)을 설치한다.
** 녹각성(鹿角城)은 적의 침입을 막기 위하여 짧은 나무 토막을 비스듬히 박거나, 십자 모양으로 울타리처럼 만들어 놓은 방어물로 일종의 바리케이드 같은 역할을 하는 것이다.
둘째는, 바깥문은 항상 자물쇠로 잠그고 조석거리는 10일에 한 차례씩 주며, 또 담 안에 우물을 파서 자급하게 하고 외인으로 하여 서로 통하지 못하게 한다.
셋째는, 외인이 왕래하여 교통하거나 혹 물품을 주는 자가 있으면, 불충으로 간주하여 처벌

> 한다.
> 넷째는, 수령이 불시에 점검하여, 문을 지키는 자가 혹 비리를 저지르면, 법률에 따라서 죄를 묻는다.

위리안치의 사례를 보면 1506년 연산군이 폐위되어 강화도 교동에, 영창대군이 1613년 강화도 교동에, 광해군 또한 강화도에, 김귀주는 정조 시절에 흑산도에 위리안치가 되었다고 기록되어 있다.

여기서 희빈 장씨에 대하여 살펴보고 지나가자. 희빈 장씨 혹은 장희빈이라고 부르는 인물은 자주 회자(膾炙)한 인물로 조선 숙종의 빈이며 경종의 어머니이다. 숙원(淑媛)으로 있다가 자신이 낳은 왕자가 원자(元子)로 책봉되자 희빈으로 올랐다. 기사환국(己巳換局)이 일어나자, 정비(正妃)가 되었으나, 갑술옥사(甲戌獄事) 후 무고(巫蠱)의 옥(獄)에 연루되어 죽었다. 즉 무술을 이용하여 남을 저주하였다는 죄목으로 사약을 받고 죽은 인물이다. 본명은 장옥정(張玉貞), 본관은 인동(仁同)이다. 아버지는 역관 출신인 장형이며, 어머니는 장형의 계실 즉 후실인 윤 씨이다. 역관(驛官) 장현의 종질녀(從姪女)이다. 조선왕조 궁녀 출신으로 왕비까지 오른 입지전적인 여인이다.

그녀의 위세는 실로 대단하였다. 당시의 덮개가 달린 옥교(玉轎)는 당상관의 어머니와 아내에게 허락되었는데 일반 잡관(雜官) 출신인 역관(장희빈의 아버지)의 아내 윤씨(尹氏)가 옥교를 타고 다녔기 때문이다. 이 사건은 숙종과 서인 간, 갈등을 초래하였다. 당시의 기록은 이렇게 나와 있다.

> 장 소의의 어미는 곧 당하관(堂下官)인 역관(譯官)의 처(妻)이니, 교자(轎子)를 타는 것도 이미 참람(僭濫, 어긋나다)하다고 할 것인데, 교자에 뚜껑이 있는 것은 더욱 참람한 것이니, 법을 지키는 관원이 이를 알면 마땅히 금지할 것입니다(『숙종실록』 14년, 청 강희(康熙) 27년).

위의 내용으로 보면 당시 서인들은 희빈 장씨에게 반감이 많이 있었다. 왜냐하면, 당시 처첩, 관직이 없는 양반의 부녀자나 중인, 양인에 불과한 아속(衙屬)의 처는 물론 궁녀,

기녀, 심지어는 무당이었던 막례(莫禮)도 옥교를 타고 궁을 출입했다. 이를 문제 삼은 것은 희빈 장씨에 대한 반감을 드러낸 것이라 볼 수 있다.

이러한 반감은 결국 서인들이 숙종의 눈 밖에 나게 된 결과를 가져왔다. 희빈 장씨가 해산하는 과정에서 그의 생모는 교자를 타고 입궁할 수 있다는 규칙에 따라 입궁하였으며 어명을 상징하는 선소동패(宣召銅牌)를 보여줌에도 불구하고 내쫓긴 것은 왕실을 모욕한 것이라고 그들을 처벌하였다.

이후 희빈 장씨가 아들을 생산하자 중전 민씨(閔氏)를 폐서인(廢庶人)하고 강제로 출궁시키는 일이 발생한다. 숙종은 중전 민씨를 폄하절하(貶下切下)하였는데 그녀의 인성이 중국 3대 악녀인 여태후(유방의 아내)와 같다고 하였다. 여태후는 남편 한 고조가 사망하자 그녀의 정적이었던 척부인의 혀와 팔다리를 자르고 '인간 돼지'라고 명명하여 변소에 장식하였으며 척부인의 소생을 살해한 악녀 중의 악녀이다. 숙종은 여태후와 민씨를 비교하여 궁에서 강제로 퇴출을 시켰다. 민씨의 죄목은 투기로 내전의 일을 조정으로 확대하여 국정을 어지럽힌 죄, 그리고 왕의 육체를 조롱한 죄, 죽은 시부모의 계시를 빙자하여 왕에게 거짓을 고한 죄, 내전에서 궁인의 당파를 나누어 붕당을 일으킨 죄였다.

이를 자세히 살펴보면 죽은 시부모의 계시를 빙자하여 왕에게 거짓을 고한 죄는 "(장씨의) 팔자(八字)에 본디 아들이 없으니"를 말한다. 그리고 왕의 육체를 조롱한 죄는 "(장씨의) 팔자(八字)에 본디 아들이 없으니, 주상이 노고(勞苦)를 해도 공이 없을 것"을 말한다. 또한, 투기로 내전(內殿)의 일을 조정으로 확대하여 국정을 어지럽힌 죄는 "서인이 장씨를 출궁시키도록 종용한 것과 옥교 사건, 장씨 소생의 왕자를 원자로 삼은 것에 대한 서인의 반대"를 의미한다.

이를 계기로 희빈 장씨는 숙종의 중전으로 간택되었다. 이는 역사적으로 매우 중요한 의미가 있다. 후궁 소생의 원자가 왕비의 소생이라는 정통성을 가지게 되며 궁녀 출신이 국모에 오르는 조선 역사상 최초의 사건이었다. 이를 증명이라도 하듯이 숙종은 장씨의 부모인 장형과 장형의 첫 아내 고씨(高氏)를 옥산부원군(玉山府院君), 영주부부인(瀛洲府夫人)으로 추숭(追崇, 추존이라고도 함)하였고, 장씨의 생모인 윤씨는 파산부부인(坡山府夫人)으로 책봉하였으며 장형 묘소에 옥산부원군 신도비를 세우도록 하여 장씨가 새로운 왕비가 되었음이 사실화되었다.

1694년(숙종 20)에 서인의 김춘택(金春澤, 1670~1717), 한중혁(韓重爀, ?~1697) 등이 폐비의 복위 운동을 꾀하다가 고발되었다. 이때 남인의 영수이자 당시 우상(右相)으로 있던 민암(閔黯, 1636~1694) 등이 이 기회에 반대 당(黨)인 서인을 완전히 제거하려고 김춘택 등 수십 명을 하옥하고 범위를 넓히어 일대 옥사를 일으켰다.

이때 숙종은 갑자기 마음을 바꾸어 옥을 다스리던 민 암(閔黯, 1636~1694)을 파직하고 사사하였으며, 권대운(權大運, 1612~1699), 목내선(睦來善, 1617~1704), 김덕원(金德遠, 1634~1704) 등을 유배하고 소론(少論) 출신인 남구만(南九萬, 1629~1711)과 박세채(朴世采, 1631~1695) 그리고 윤지완(尹趾完, 1635~1718) 등을 등용하고 장씨를 희빈으로 강등시켰는데, 이를 갑술환국이라 한다. 민진원(閔鎭遠, 1664~1736)은 그의 저서인『단암만록, (丹巖漫錄, 숙종 때 궁중에서 일어났던 사건을 연대순으로 기록)』에 "숙빈 최씨가 봉보부인(奉保夫人, 조선 시대에 왕의 유모에게 내린 외명부 종1품의 爵號, 작호, 관직의 칭호)을 통해 김춘택과 전략을 나누어 거사를 이룩하는 데 큰 공헌을 했다."라고 기록했다. 그 결과 숙종 20년에 폐비 민씨가 복위되고 서인 정권이 들어섰다. 또한, 숙종은 다음과 같은 조처를 했다.

> '노당은 폐비를 복위시키려 하고, 소당은 폐비를 별궁(別宮)에 옮기려 한다'
> (『조선왕조실록』숙종 26권).

1694년 갑술환국이 발발 후 12일째가 된 4월 11일 숙종은 장희빈의 오빠인 장희재를 구속하고 폐비 민씨를 복위할 것을 명령한다. 1701년 오랜 지병을 앓던 인현왕후가 사망하자 조정 한편에서는 희빈 장씨를 다시 왕비로 복위시키려는 움직임이 보였고 무고(巫蠱)의 옥(獄)이 발생하였다. 무고의 옥이란 무술(巫術)이나 방술(方術) 따위로 남을 저주하는 일을 뜻한다.

> 1701년 9월, 인현왕후와 함께 노론에 있던 숙종의 후궁 숙빈 최씨는 숙종에게 희빈 장씨가 취선당 서쪽에 신당(神堂)을 설치하고 인현왕후를 저주했다고 왕에게 발고(發告)하였고, 인현왕후는 병이 아닌 희빈 장씨의 저주(咀呪)로 인해 시해당한 것이라고 주장하였다. 또한, 인현

왕후의 동복 오라비인 민진후(閔鎭厚)는 인현왕후가 생전 "지금 나의 병 증세가 지극히 이상한데, 사람들이 모두 '반드시 빌미가 있다'라고 한다."라고 그들에게 말한 바가 있었음을 숙종에게 발고(發告)했다. '빌미'란 장씨의 저주로 병에 걸렸다는 뜻이었다.

실제로 희빈 장씨는 그녀의 처소인 취선당 한편에 신당을 지었고 굿을 하였다. 하지만 희빈 장씨의 측근은 1699년 세자 윤(昀, 후에 경종으로 등극)이 두창(痘瘡)에 걸리자 쾌유를 기원하기 위함이었다고 주장했다. "이미 세자의 두창(痘瘡)은 완쾌가 되었지만, 세자가 후유증으로 안질을 앓았고, 병이 나았다고 하여 신증(神甑, 떡을 바치는 것)을 그만두면 귀신의 분노를 사게 된다."라는 무당의 말에 철거하지 못하였다는 것이다.

이들의 주장은 고문 중에도 번복되지 않았으며 다만 인현왕후의 죽음을 기원하였다는 추가 증언이 더해졌을 뿐이다(『백과사전』).

그러나 이 사건은 사건 조사 당시의 편파성, 증거의 부족, 고문으로 인한 증언의 신빙성 문제 등으로 희빈 장씨가 신당을 차려 굿을 한 것이 정말 인현왕후를 저주하기 위한 것이었는지 아니면 단순히 세자의 쾌유를 위한 것이었는지에 대한 의혹은 오늘날까지 끊임없이 제기되고 있다. 하지만 『숙종실록』에는 희빈 장씨가 인현왕후 민씨를 저주한 내용은 없다.

따라서 이 일을 계획한 장희재에게는 처형을 내리고 희빈 장씨에게는 자진(自盡, 자살)을 명하는 비망기(備忘記, 임금의 명령을 적어서 승지에게 전함)를 내리고 굿을 했던 무녀, 궁인, 장희재의 첩으로 숙정에게는 압슬형을 가해 자백을 받아 내며 처형을 한다. 이 사건을 무고의 옥이라고 한다.

숙종은 다시는 이러한 일이 반복되지 않기 위하여 1701년 10월 7일, 빈어(嬪御: 임금의 첩)에서 후비(后妃: 임금의 정실)로 승격되는 일을 금지하는 법을 만들었고, 다음 날 10월 8일에 승정원을 통해 공식적으로 장씨에게 자진하라고 명을 하달했다. 10월 10일, 숙종은 희빈 장씨가 이미 자진하였음을 공표하였다. 향년 43세였다(『승정원일기』).

여기서 오늘날에도 문제가 되는 대목이 있다. 희빈 장씨가 자진하였는지 혹은 사사되었는지가 정확하지 않다. 노론의 관점에서 집필된 『수문록(隨聞錄)』과 『인현왕후전』에는 장씨가 숙종에 의해 강제로 사사된 것으로 묘사가 되어 있는 것에 반하여, 정사 기록인 『숙종실록』과 『승정원일기』에는 자진한 것으로 기록이 되어 있다. 아래는 『인현왕후전』

에 묘사된 장씨의 최후이다.

"옛 한 무제도 무죄한 구익 부인을 죽였거니와 이제 장녀는 오형지참(五刑之斬)을 할 것이요. 죄를 속이지 못할 바로되 세자의 정리를 생각해서 감소 감형하여 신체를 온전히 하여 한 그릇의 독약을 각별히 신칙하노라."

궁녀를 명하여 보내시며 전교하사,

"네 대역부도의 죄를 짓고 어찌 사약을 기다리리요. 빨리 죽임이 옳거늘 요약한 인물이 행여 살까 하고 안연히 천일(天日)을 보고 있으니 더욱 죽을 죄라. 동궁의 낯을 보아 형체를 온전히 하여 죽임이 네게 영화라, 빨리 죽어 요괴로운 자취로 일시도 머무르지 말라."

(……)

"네 중궁을 모살(謀殺)하고 대역부도함이 천지에 당연하니 반드시 네 머리와 수족을 베어 천하에 효시(梟示)할 것으로되 자식의 낯을 보아, 특은으로 경벌을 쓰거늘 갈수록 태만하여 죄위에 죄를 짓느냐?"

장씨 눈을 독하게 떠 천안(天顔=용안)을 우러러 뵈옵고 높은 소리로 말하기를,

"민씨 내게 원망을 끼치어 형벌로 죽었거늘, 내게 무슨 죄가 있으며 전하께서 정치를 아니 밝히시니 인군의 도리가 아닙니다."

살기가 자못 등등하니 상감께서 진노하사 두 눈을 치켜뜨시고 소매를 걷으시며 여성하교하여 이르시기를,

"천고에 저리 요악한 년이 또 어디 있으리요. 빨리 약을 먹이라."

장씨, 손으로 궁녀를 치고 몸을 뒤틀며 발악하여 말하기를,

"세자와 함께 죽이라. 내 무슨 죄가 있느냐?"

상감께서 더욱 노하시어 좌우에게,

"붙들고 먹이라."

하시니, 여러 궁녀 황황히 달려들어 팔을 잡고 허리를 안고 먹이려 하나 입을 다물고 뿌리치니 상감께서 내려보시고 더욱 대노하사 분연히 일어나시며,

"막대로 입을 벌리고 부으라."

하시니, 여러 궁녀 숟가락 청으로 입을 벌리는지라 (……) 상감께서는 조금도 측은한 마음이 아니 계시고,

"빨리 먹이라."

하여, 연이어 세 그릇을 부으니 경각에 크게 한 번 소리를 지르고 섬돌 아래 고꾸라져 유혈이 샘솟듯 하니, (……) 상감께서 그 죽음을 보시고 외전으로 나오시며,

"시체를 궁 밖으로 내라."

하시고,

자진(自盡)이든 사사(賜死)이든 장씨의 주검 수습에 대한 기록이 『인현왕후전』에 기록하고 있다.

> 장씨의 주검을 누가 정성으로 수습하겠는가.
> 피 묻은 옷에 휘말아 소금장을 덮어 궁 밖에 내어 방안에 누이고 임금의 명을 기다려 염을 하려고 하는데
> 염장하라 하시므로 들어가 입관하려 하니 하룻밤 사이에 신체가 다 녹고 검은 피가 가득하여 시체가 뜨게 되었으니 정형(正刑, 예전에 사형을 처하던 형벌)을 받은 것만 못하였다.

희빈 장씨는 궁인으로서 숙종의 왕후까지 올랐으나 결국은 비참하게 생을 마감한 인물이다. 그의 생애를 계속해서 각색하여 방송에서 보여주는 것으로 보아 한 시대를 풍미한 인물이라고 볼 수 있으며 한편으로는 붕당정치의 희생물이라는 씁쓸한 감정까지도 드는 것은 사실이다.

그러나 그의 죽음에 대한 기록을 보면 『인현왕후전』, 『수문록』에 천벌로 인하여, 죽자마자 온몸이 썩어 냄새가 진동해 즉시 궁 밖으로 시체를 버렸다고 한 것이나, 죽기 직전에 세자 윤(昀)의 고환을 뜯어 고자로 만들었다고 기록한 것이 야사(野史)일 뿐 『실록』에는 그녀의 죽음을 왕후의 예로 대하였던 것이 나타나 있다.

> 1701년 10월 10일, 숙종은 이미 장씨가 자진하였음을 통보하며 아들인 세자 윤 부부에게 상주로서 거애식(擧哀式)에 참여하여 망곡례(望哭禮)를 행할 것을 명한다. 다음 날인 10월 11일에는 세자 부부의 상복에 대한 논의가 있었고 '서자(庶子)로서 아버지의 후사가 된 자는 그 어머니를 위해서 시마복(緦麻服, 3개월 복)을 입는다.'라는 예조의 말에 따라 그대로 시행하라 명을 했지만 이후 숙종은 이를 번복하여 장씨를 위해 3년 복을 입도록 한다(『숙종실록』).

여기에서 3년 복을 입도록 한 것은 정확히는 3년 복이 아닌, 3년이 되기 며칠 전에 상복을 벗으라고 명한다. 이는 왕후와 차별을 두기 위함임을 알 수 있는데 왕비 아래 후궁 이상이었던 장씨의 신분을 다시 확인할 수 있는 부분이다. 영조는 생모 숙빈 최씨를 위해

시마복(總麻服)을 입었으며 장례를 마친 지 닷새 후에 이마저 벗으라는 어명을 받아야 했다. 덧붙여 영빈 이 씨(사도세자 사친(私親)과 수빈 박 씨(순조 私親)의 상복은 시마복(總麻服)이었다.

후에 희빈 장씨의 아들이 경종에 등극하자 또다시 붕당정치가 격화되기 시작했다. 붕당 초기에는 상대 당에 대한 비판은 허용되고 인정되었으나 숙종 대에 이르러 환국이 되면서 철저하게 상대방을 뭉개기 시작하였으며 권력의 암투가 노골적으로 나타나 사생결단식으로 흘러갔다. 갑술환국 이후 서인이 집권한 뒤 남인은 정치권력에서 완전히 밀려나고 서인 내에서도 노론과 소론으로 분열이 일어났다. 주로 노론이 권력을 독점한 벌열정치(閥閱政治) 즉, 공로가 많은 집안, 벼슬의 경력이 많은 집안에 의해 정치가 이루어지고 있었다.

숙종 때 많은 환국을 통해 정치권력을 장악하여 왕권을 강화하였다. 이는 숙종의 치세 능력을 증명한다. 다시 말하면 숙종은 중요한 정치적 사건에 관여하면서 한 당파를 고르고 내치는 힘과 영향력을 발휘할 수 있는 능력이 있었다.

실제로 숙종은 정권을 장악할 수 있었기 때문에 민생을 향상할 수 있었고 산업진흥을 위해 양인의 군포를 감해주고(1703), 상평통보를 주조하고 장려하여 상업을 진흥하였다. 그러나 이 시기에는 농촌사회의 움직임이 심상치 않았다. 거듭되는 자연재해로 농촌사회가 어지러운 틈을 타 미륵신앙을 가진 하층민들이 반란을 모의하였고 도시에서는 노비들이 주축이 된 검계(劍契), 살주계(殺主契) 등 비밀결사의 저항운동이 일어나기 시작했다.

검계(劍契)는 글자 그대로 '칼을 차고 다니는 모임'이라는 뜻으로 조선 후기의 폭력 조직이다. 원래는 장례 비용을 충당할 목적으로 결성한 향도계(香徒契)에서 비롯한 비밀 조직이었다고 한다. 살략계(殺掠契) 또는 홍동계(鬨動契) 등으로도 불렸다. 노비가 주인을 죽이려고 맺은 조직인 살주계(殺主契)와 비슷한 시기에 나타난 반(反)사회 조직이기 때문에 함께 거론하는 때가 많으나, 서로 다른 조직으로 보고 있다.

검계(劍契)가 언제부터 있었는지는 정확히 알 수 없다. 다만 숙종 때 처음으로 조정에서 그 존재를 알게 되었다. 1684년 2월 25일 민정중(閔鼎重, 1628~1692)이 보고한 바에 따르면, 향도계에서 무리를 모을 때 사람이 착하고 악함을 보지 않았는데, 어느 때에 형세에 의지하여 상여를 멜 때 소란을 피우고 폭력을 행사하다 보니 자연히 도가(都家, 계를 맡는 집)에서는 그들을 숨겨주는 역할을 하게 되었고, 그렇게 도가를 중심으로 이루어진 무리가 바로 검계라고 하였다.

검계(劍契)의 당원들이 모여 한밤중에 남산에 올라가 태평소를 불어, 마치 군사를 모으는 것같이 하고, 어떤 때는 중흥동에 모여 진법을 익히는 것 같이도 하였다. 그에 따라 그해 2월 12일 서울 시내의 무뢰배가 결성한 검계가 습진(진법을 익히는 군사 훈련)을 하여 서울 시민에게 공포감을 조성하고 있으니 처벌해야 한다고 좌의정 민정중(閔鼎重)이 주장한 것이다(강병관, 2004. 『백과사전』).

좌의정 민정중이 말하기를, "도하(都下)의 무뢰배(無賴輩)가 검계(劍契)를 만들어 사사로이 서로 습진(習陣)합니다. 여리(閭里)가 때문에 더욱 소요하여 장래 대처하기 어려운 걱정이 외구(外寇)보다 심할 듯하니, 포청(捕廳)을 시켜 정탐하여 잡아서 원배(遠配)하거나 효시(梟示)하는 것이 어떠하겠습니까?" 하니, 임금이 신여철(申汝哲)에게 명하여 각별히 살펴 잡게 하였다.
『숙종실록』 15권 2월 12일(무신)

검계는 살인, 폭행, 겁탈, 약탈 등을 일삼았다. 대개 폭력을 행동 강령으로 삼으며, 몸에 칼자국이 있거나 칼로 자해를 해야 한다는 점에서 폭력 숭상의 징표로 보기도 한다. 양반에게까지 무자비하게 폭력을 가했던 것은 검계의 반사회·반체제적인 면모를 보여준다. 일부에서는 반봉건적으로 보기도 하나 대개는 단순히 반체제적이었다고 본다.

이규상이 쓴 『장대장전(조선 말기에 서울 소리꾼들이 장대장 이야기를 소리와 재담(才談)으로 엮어 부르던 극전 노래의 하나)』에 따르면, 낮에 자고 밤에 돌아다니며, 안에는 비단옷을 입고 겉에는 낡은 옷을 입으며, 맑은 날에는 나막신을, 궂은날에는 가죽신을 신는 등 일상생활을 철저히 뒤집었다. 또한, 삿갓 위에 구멍을 뚫고 삿갓을 내려쓴 뒤 그 구멍으로 사람을 내다봤다고 한다. 이규상에게 검계의 정보를 주었던 검계의 구성원이며 '집 주름(지금의 복덕방을 말함, 강명관, 2004)'인 표철주(表鐵柱)는 소싯적에 "용감하고 날래며 인물을 잘 쳤으며, 날마다 기생을 끼고 몇 말의 술을 마시는" 사람이었다. 조선 시대의 민중 저항운동 세력이라고 보는 학자도 있으나(정석종, 1983), 대개는 단순한 반(反) 양반 세력이라고 본다.

『숙종실록』에 따르면

1684년 2월 18일에 검계 가운데 십여 명이 포도청에 잡혀 들어왔는데, 그 가운데 '가장 패악한 자'는 칼로 제 살을 깎고 제 가슴을 베기까지 하는 등 그지없이 흉악한 짓을 한다고 민정중이 보고한다. 이에 민정중은 그들을 가볍게 다스리면 그 무리가 늘어나게 됨을 염려하여 중법(重法)으로 다스려야 한다고 건의한다. 또한, 그해 3월 22일 향도들로 군정을 채우고 조례를 세워 폐습을 고쳐 달라고 청하자 그대로 따른다.

이러한 검계 출현으로 인하여 사회불안이 심화하자 숙종은 소탕했으나, 영조 때에 이르러 다시 검계가 출현하자 포도대장이었던 장붕익(張鵬翼)이 검계를 일망타진하였다고 하였다. 이 시기가 1725~1735년이었다(『조야회통, 朝野會通』과 이원순(李源順)의 『화해휘편, 華海彙編』). 특히 『조야회통, 朝野會通』의 기록을 보면, 검계가 세를 불린 과정이 나와 있다. 검계는 원래 장례를 치르기 위한 향도계에서 출발하였고 향도계란 향촌 공동체를 중심으로 조직된 자생적 생활조직이었다.

그러나 이들은 세를 확대하여 장례 관련 행사 진행에 웃돈을 요구하며 행패를 부리기 시작하였고 급기야 후에는 범죄자를 숨겨주기도 하였으며 이 과정에서 약탈, 협박 심지어는 강간까지도 서슴지 않았다. 그들의 활동 근거지는 기방(妓房), 술집, 유흥가 등이며, 출신성분은 재산이 많고 세력이 있는 '호가(豪家) 출신'이었다는 것에서 소탕하기 쉽지 않다. 이를 보면 검계가 생활조직에서 점차 범죄조직으로 확대되었다고 볼 수 있다(어현정, 2009). 이들은 평소에는 군사 조련이나 신체 단련을 위해 모여들었으나 포도청의 소탕에도 불구하고 숙종 시대~조선 말기인 순조까지도 그 명맥을 유지하였다고 기록되어 있다(『조야회통(朝野會通)』).

『조야회통(朝野會通)』은 편년체(編年體)로 기술되었는데 편년체란 역사를 시대별로 정리한 것이다. 즉 연월에 따라 기술하는 역사편찬의 한 체재라고 볼 수 있다. 참고로 기년체(紀年體)란 역대 왕과 장수를 위주로 쓰는 역사편찬의 한 체재이다. 역사책은 이 두 가지 중의 하나로 기술되어 있는 것이 보편적(普遍的)이라 할 수 있다.

숙종의 시기인 1694년에서 1720년(숙종 24~46)에 이르는 기간에 자연재해인 홍수, 질병 그리고 흉년이 일어나 자연 인구가 142만 명이나 줄어들었다. 이로써 농촌사회는 불안감이 가속화되어 농민반란이 일어났으며 당시 사회에 억압과 차별을 받았던 서얼 출신과 중인들이 가세하여 새로운 세계를 만들려고 하다가 발각되는 일도 발생하였다. 그들은 사회적으로 평등한 세계를 꿈꾸었다. 대표적인 인물이 장길산(張吉山, ?~?)이다.

장길산은 조선 숙종 때의 도적이다. 『숙종실록』에 장길산에 관한 기사가 짧게 언급되어 있으나 생몰 연도나 다른 행적에 대해서는 기록되어 있지 않다. 장길산과 관련된 황석영 작가의 소설 『장길산』과 이를 원작으로 하는 만화와 드라마가 제작되어 사람들에게 널리 알려졌다(오태호, 2007).

> 극적 장길산은 날래고 사납기가 견줄 데가 없다. 여러 도로 왕래하여 그 무리들이 번성한데, 벌써 10년이 지났으나, 아직 잡지 못하고 있다. 지난번 양덕에서 군사를 징발하여 체포하려고 포위하였지만 끝내 잡지 못하였으니, 역시 그 음흉함을 알 만하다. 지금 이영창의 초사를 관찰하니, 더욱 통탄스럽다. 여러 도에 은밀히 신칙하여 있는 곳을 상세하게 정탐하게 하고, 별도로 군사를 징발해서 체포하여 뒷날의 근심을 없애는 것도 의논하여 아뢰도록 하라(『조선왕조실록』 숙종 31권).

위에서 보듯이 장길산을 체포하는 데 무척 애를 먹었다는 기록이 있다. 이 외에도 1692년 평안도 양덕현에서 장길산을 잡으려 하였으나 실패하여 그 고을 현감을 좌천시켰다는 기록, 1697년 이익화, 장영우 등의 반역 모의와 관련되어 이들이 장길산과 연루되어 있다는 주장이 기록되어 있다.

고을 현감을 좌천시킨 기록은 "도적 괴수 장길산을 놓친 현감에게 죄를 물었다."(『조선왕조실록』, 숙종 24권, 18년, 1692년 임신, 청 강희(康熙) 31)이고 장길산과 연루되어 있다는 기록은 "반역 모의에 관련된 이절, 유선기 등은 복주(伏誅, 형벌을 순순히 자백하여 죽음)되고 이익화, 장영우 등은 귀양을 보내다(『조선왕조실록』 숙종 31권)"라고 하였다. 『실록』은 장길산이 도적 무리의 우두머리였고 일부 반역에도 연루가 되어 있는 것으로 기록하였다. 또한, 홍길동, 임꺽정과 달리 장길산의 체포 기사가 『실록』에 없는 것으로 보아 장길산은 체포하지 못한 것으로 추측(推測)할 수 있다(오태호, 2007).

또한, 숙종 시기에 대동법을 전국적으로 시행한 것이 하나의 의의이다. 대동법은 예전부터 실시하였으나 전국적으로 확대되는 데에는 백여 년 걸렸다.

　　대동법(大同法)은 지방의 특산물로 바치던 공물을 쌀로 그 수량에 맞게끔 환산하여 바치는 세금 제도이다. 이는 토지 결수(結數)에 따라 바치는 양이 결정되었으며 이때 거두어들이는 쌀을 대동미(大同米)라고 불렀다. 쌀이 나지 않는 산간 지역은 무명이나 삼베 등을 거두었다. 따라서 농지가 많은 양반 지주는 부담되어 초기에는 반대를 해 왔었으나, 숙종 시기에 와서야 제주도, 평안도, 함경도를 제외하고 전국적으로 시행하였다.

　　대동법을 시행하게 된 배경에는 특산물을 바치는 제도에서 많은 폐단이 일어났기 때문이다. 즉 현지에서 생산되지 않는 물품을 공납하는 불산과세(不産課稅)를 배정하여 백성을 착취하는 관리가 많았다. 이를 악용한 관리나 상인이 백성을 대신하여 공물(특산물)을 나라에 바치고 그 대가(代價)를 몇 배씩 가중하여 백성에게 받아 내는 방납(防納 代納, 대납이라는 제도가 성행하였다. 이런 관리들의 '모리(謀利, 牟利, 부정한 방법)' 행위로 농민의 부담은 가중되었지만, 오히려 국가의 수입은 감소하였다. 여기에서 '모리(謀利, 牟利)'라는 의미는 도덕과 의리는 생각하지 않고 오직 부정한 이익만을 꾀함을 말한다. 이에 16세기에 조광조, 이이, 류성룡 등의 관리는 공납을 쌀로 대신 내게 하는 대동 수미법, 즉 수미법(收米法) 등을 주장했다. 특히 이이는 1569년(선조 3) 임금에게 『동호문답(東湖問答)』을 바쳐 건의하기도 했다.

　　『동호문답』은 율곡 이이가 홍문관 교리로 재임 중 사가독서(賜暇讀書) 후에 월과(月課, 연구 결과 보고서)로 제출한 것인데, 왕도정치의 이상과 자신의 철인정치 사상에 대하여 주인과 객이 서로 문답하는 형식으로 선조에게 올린 글이다. 사가독서(賜暇讀書)란 홍문관의 젊은 문신들을 선발하여 휴가를 주어 일정 기간에 정무를 떠나 독서당에서 글을 읽고 연구하여 학문에만 전념하도록 하는 제도이다(이이, 2005).

　　숙종은 호포제(戶布制)를 활발하게 논의하였다. 고려, 조선 시대에 호(戶)마다 봄과 가을에 무명이나 모시 따위로 내던 세금을 말한다. 고려 충렬왕 때부터 저포(苧布) 즉 모시를 거두었으며, 조선 후기에 흥선대원군은 군포(軍布)를 호포로 고쳐서 양반과 평민이 똑같이 부담하게 하였다.

　　숙종 때에 청나라와의 국토 분쟁을 해결하기 위하여 북방 한계선을 확정하였는데 이것이 정계비(定界碑)이다. 다른 말로는 "백두산정계비(白頭山定界碑)"라고도 일컫는다. 즉 북쪽으로는 백두산 서쪽으로는 압록강, 동쪽으로는 토문강(土門江)을 경계로 정했다. 문제는 토문강이다. 토문강은 원래 양자강(揚子江)의 별칭인데 숙종은 영토를 조선에 유리하게 만들어 놓았다. 정계비(定界碑)에 대한 논란에 관하여 한영우는 다음과 같이 적고 있다.

정계비는 백두산 정상에서 동남방 4km 지점에 세웠는데, 청은 1880년(고종 17) 토문강(土門江)이 두만강이라고 주장하여 논란이 일어났다. 그 뒤 1909년 일본은 만주철도부설권을 청으로부터 얻기 위해 청과 간도협약을 체결하면서 두만강을 조선과 청나라의 국경선으로 인정해주어 두만강 이북의 간도 지역(지금의 연변)을 청나라에 넘겨주어 오늘에 이르고 있다 (한영우, 『다시 찾는 우리 역사 2』, 2020에서 재인용).

또 한편으로는 오늘날에도 한일 간에 첨예하게 대립하고 있는 울릉도와 독도에 관한 영토 문제이다. 숙종은 우리의 땅이라고 일본과 담판을 지어 승인받았다. 이러한 문제해결에 도움을 준 이는 관료나 조선 정부가 아니라 어부 출신의 안용복(安龍福, ?~?)이다. 그는 조선 시대 17세기의 어부이자 능로군(能櫓軍) 즉 노를 젓는 병사출신으로 한성부에 살던 오충수의 사노비(私奴婢)였다고 알려져 있다.

당시 울릉도는 사람이 살고 있지 않았는데 이는 조선 태종 때인 1417년 공도 정책(空島政策)을 통하여 섬에 있는 백성들을 내륙으로 이주시킨 탓이다. 1614년 광해군 때에 일본인이 함부로 드나들지 못하게 하였다. 그러나 이를 무시한 일본 어민들이 울릉도 근해까지 다가와 조업하였다.

안용복은 동래 어민과 함께 고기잡이를 나갔다가 일본인에게 납치되어 끌려갔다. 이에 관한 내용은 다음과 같다.

1693년 숙종 계유년 (1963)에 안용복 등 동래 어민 40여 명이 울릉도에 들어가 고기를 잡고 있었는데, 일본 오다니, 무라가와 일행들이 조선의 영토에 침범한 것에 안용복, 박어둔 이 호통을 하고 꾸짖으니, 일본 무뢰배들이 두 사람을 일본으로 납치하는데….
안용복 : 네 이놈들~ 이곳은 엄연히 조선의 땅이거늘 어찌 침범하여 도적질을 한단 말이냐, 우리 땅에 그림자도 못 들이게 하겠다. 이놈들아!
일본 어민 : 우린 80년 동안 여기서 고기를 잡았다. 도둑질은 너희들이 하는 것이다.

- 1693년 일본 호키주(현재 시마네현과 돗도리현)
  신하 : 다이묘님 조선의 어부인 박어둔과 안용복이랍니다.
  다이묘 : 조선의 어부라, 그들이 왜?
  신하 : 예, 납치되어 왔답니다.
  (안용복 장군 기념 사업회)

　당시 호키국의 번주(藩主)와 담판을 벌여 조선의 영토임을 확인받고 조선으로 돌아왔다. 당시『숙종실록』에 따르면 안용복은 그가 호키국 번주(藩主)와 담판을 벌여서 막부(幕府)는 안용복 등을 나가사키로 이송해 돌려보내라고 지시하면서 "울릉도는 일본의 영토가 아니다(鬱陵島非日本界)"라는 내용의 서계(書契)를 써주게 했다. 막부(幕府)로부터 울릉도, 자산도가 조선령이라는 서계(書契)를 받아 냈는데, 나가사키에서 쓰시마 후추 번주(藩主)에 빼앗겼다. 그리고 영의정 남구만(南九萬, 1629~1711)은 화답문을 고쳐서 울릉도와 죽도(다케시마)가 서로 같은 섬이라는 점을 분명히 하고 "일본인들이 조선 영토에 들어와 안용복 일행을 데려간 것은 실책"이라고 주장하였다.

　안용복이 막부(幕府)에서 받았다고 하는 서계(書契)는 17세기 무렵 일본이 울릉도(울릉도와 그 부속 도서인 독도)가 자신의 영토가 아니라고 판단했다는 매우 중요한 증거다. 처음부터 의도한 것은 아니었지만, 결과적으로 이런 중대한 결정을 일개 어부인 안용복이 했다. 한편, 일본 정부는 안용복에 대해 "조선을 대표하지 않는다", "진술에는 많은 모순"이라고 지적하고 있다(竹島問題に関するQ&A´ 일본국 외무성,『백과사전』에서 재인용). 그러나 애석하게도 조선 정부는 그에게 공로를 인정하지는 않고, 민간인이 관료 신분으로 일본에 갔다는 이유로 그를 유배하였다. 그러나 이익은『성호사설』제3권에서 다음과 같이 상찬하였다.

안용복은 영웅호걸이라고 생각한다. 미천한 군졸로서 죽음을 무릅쓰고 나라를 위해 강적과 겨뤄 간사한 마음을 꺾어버리고 여러 대를 끌어온 분쟁을 그치게 했으며 한 고을의 토지를 회복했으니, 영특한 사람이 아니면 할 수 없는 일이다. 그런데 조정에서는 포상하지 않았을 뿐만 아니라 앞서는 형벌을 내리고 나중에는 귀양을 보냈으니 참으로 애통한 일이다.

이 사건을 계기로 조선 정부는 일본 막부(幕府)와 협상하여 울릉도가 조선의 영토임을 결정지었고 울릉도를 비롯한 지도 제작에 열을 올렸다. 안용복이라는 사람이 일본에 가서 독도가 우리 땅이라고 주장했고 그것을 인정받았다는 정도만의 사실만 국사책을 통하여 알고 있다. 그러나 그의 용기가 있는 국토 사랑에 대하여 얼마나 힘들고 대단한 일을 했는지에 대해 잘 알고 있어야 할 것이다.

또한, 이 시기에는 『경국대전』을 보완한 『대전속록(大典續錄)』과 『열조수교(列朝受敎)』 등을 비롯한 편찬 사업이 활발하였다. 이러한 편찬 사업은 국가 통치 질서를 강화하고 왕권을 수립하기 위한 일련의 사업이다.

개발 면에서는 세종 때에 설치했다가 사라진 '폐사군(廢四郡)'을 복설(復設)했을 뿐만 아니라, 강화도의 농지를 개간하고 강화도의 내성, 북한산성, 안주성, 평양성 등을 축조하여 국방력 강화에도 힘을 쏟았다. 그리고 남쪽 지방에서는 양전 사업이 완료되어 총 100만 결을 확보하여 그중에서 약 6할 이상을 수세지(收稅地)로 확보할 수 있었다. 정확히 말하자면 삼남지방(三南地方) 즉 오늘날 충청도, 전라도, 경상도에서 양전 사업이 활발하여 66만 7,800결의 수세지를 확보했다(한영우, 『다시 찾는 우리 역사 2』, 2020). 숙종의 치적을 세분화하여 나누어 보자면 아래와 같다(이상식, 2020).

첫째, 태조와 태종의 시호를 가상한 데 이어 인조와 효종을 종묘의 세실로 모셔 중흥의 대업을 높이 평가하고 춘추의 대외를 밝혔다. 또한, 단종을 복위하고, 소현세자빈 강씨와 강석기를 신원하는 등 왕실의 역사적 재평가를 통해 그 권위를 회복했다.

둘째, 국가적 편찬 및 간행 사업을 활발하게 추진하여 『선원계보』, 『대명집해』, 『열조수교』, 『대전속록』 등 왕실의 계보와 법전을 편찬했고, 『북관지』, 『신증동국여지승람』 등을 통해 조선 후기 시대적 변화를 담아내고 새로운 비전을 제시하였다.

셋째, 양란(洋亂) 이후, 국가 재정확보를 하기 위하여 상평통보(常平通寶)를 유일한 법화로 유통하고, 1603년 처음으로 실시된 대동법을 전국 단위로 확대하여 조세 체계의 단순화를 통한 조선 후기 수세 및 재정의 근간을 마련하였다.

넷째, 국가 재건 과정의 핵심으로 국방력의 강화를 추진하였다. 이를 위해 변경 지역에 산성을 쌓고, 강화도의 돈대(墩臺)를 비롯하여 북한산성과 남한산성을 축조하여 수도 방위 체계를 정비 및 군제 개편을 하였다.

마지막으로 대외적으로 17세기 후반 남명 정권의 출현에 동요하지 않고, 내수에 주력하여 청과의 관계를 안정적으로 유지하였다. 한편 일본에 세 차례에 걸쳐 통신사를 파견하여 평화적 교린 관계를 지속하면서 1678년 왜관의 이전과 울릉도 해역의 귀속을 둘러싼 협상을 통해 대일 외교의 주도권과 자신감을 회복했다(이상식 외, 2020).

** 강화도에는 약 53개의 돈대가 있다. 돈대는 약간 높은 평지에 쌓은 것으로 굴암돈대, 광성돈대, 용두돈대, 손돌목돈대, 화도돈대, 용진진과 좌강돈대 등이 있다. 특히 굴암돈대는 숙종 때 강화 유수 윤이제(尹以濟, 1628~1701)가 만들었으며 그 외형은 반원형의 형태로 돌을 쌓아 만들었다. 이 돈대는 후에 신미양요의 격전지로도 유명하다.

숙종 시대가 가지는 중요한 의미는 전란의 피해복구와 국가 재정비 사업을 통해 조선 후기의 중흥을 마련하는 영조와 정조 시대를 열어가는 데 초석을 마련하였다고 볼 수 있다.

제4장

조선 후기
영조, 정조 시대의
정치적 결단

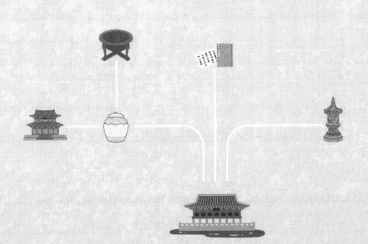

자랑스러운 우리의 역사

조선 후기 영조, 정조 시대의 정치적 결단

1. 영조 시대의 정치적 결단

숙종(肅宗, 1661~1720, 19대)에 이어 장희빈의 소생인 경종(景宗, 昀, 1688~1724, 20대)이 등극하였다. 그의 치적에 관해서는 4년이라는 짧은 재위 기간으로 인해 알려진 것은 별로 없다. 경종 시기에는 소론이 권력을 장악하였는데 대부분 그를 따르던 인물이었다. 경종은 장희빈의 소생으로서 숙빈 최씨의 아들 연잉군(延礽君, 후에 영조)과의 권력 다툼 아닌 권력 다툼으로 어려운 시기를 보냈던 비운의 왕이었다.

경종은 세자 시절부터 서인 출신들이 권력을 잡은 뒤 그들 또한 노론과 소론으로 당파를 이루어 정치가 혼란을 거듭하고 숙종에 의해 어머니인 희빈 장씨가 사사되는 것을 목격하였다. 따라서 그가 왕이 되자 장희빈을 죽음으로 몰고 간 노론들은 잔뜩 긴장하였다. 당시 숙종에 의해 등용되었던 노론은 당시 세자였던 경종이 건강이 나빠 후사를 잇지 못한다는 이유로 노론의 영수인 이이명(李頤命, 1658~1722)은 연잉군(延礽君)을 후사로 정할 것, 연잉군(延礽君)으로 하여 대리청정(代理聽政)을 명(命)하였다. 세자 책봉을 서둘러 왕권을 안정시켜야 한다는 주장에 소론들은 격하게 반대하였다.

대리청정이 결정되자 소론 측이 '노론이 영조를 왕으로 세우려고 경종을 독살하였다.',

'흠을 잡아 세자를 바꾸려 한다.' 등의 트집을 잡아 반발하고 나섰다. 이때부터 세자 윤(昀, 경종)을 지지하는 소론과 연잉군을 지지하는 노론과의 당쟁이 격화되기 시작했다. 이렇듯 혼란스러운 가운데 경종이 20대 군왕으로 등극하였다. 그는 노론과 소론의 당쟁으로 세자 책봉(연잉군)을 여러 차례 반복하여 명했다가 거두어들인다(박영규, 2014). 경종이 재위 4년만에 죽고 31세의 연잉군(延礽君)이 왕위에 오르니 그가 조선왕조에서 최장수로 53년간을 통치한 영조이다.

이후에 경종의 지지를 받은 김일경(金一鏡, 1662~1724)은 후에 영조가 즉위하자 참형을 당한 인물을 앞세워 노론 네 대신인 영의정 김창집, 좌의정 이건명, 영중추 부사인 이이명, 판중추부사 조태채 등을 '왕권교체를 기도한 역모자'라고 공격해 노론의 권력 기반을 제거하고 소론 정권으로 환국이 되었다. 이들 네 대신은 김창집은 거제부에, 이이명은 남해현에, 조태채는 진도군에, 이건명은 나로도에 각각 위리안치되었고 나머지 노론들도 삭탈관직이 되거나 유배를 갔다.

또한, 네 대신의 아들, 추종자, 조카들도 마찬가지로 고변(告變) 즉 반역으로 고발당하여 또다시 네 대신은 한양으로 압송되어 국청(鞫廳)을 통해 사사되는 일이 벌어졌다. 고변의 내용은 '삼급수설' 즉 노론 측이 경종을 시해하려고 모의했다는 고변이었다. '삼급수설'은 다음과 같다.

> 경종 2년(1722) 3월 27일에 남인의 서얼 출신인 목호룡이 노론 측에서 경종을 시해하고자 모의했다는 이른바 삼급수설(대급수, 大急手: 칼로 살해, 소급수, 小急手: 약으로 살해, 평지수, 平地手: 모해하여 폐출함)을 주장하며 역모를 고변했는데, 이 고변 중에 정빈 이씨의 죽음이 거론되었습니다(박영규, 『조선 왕실 로맨스』, 옥당 북스, 2019).

영조 4년(1728)에 소론과 남인이 힘을 모아 '노론이 영조를 왕으로 세우려고 경종을 독살하였다'라고 주장하였다. 특히 충청도 청주지역을 중심으로 무장 반란이 일어났는데 그들은 중소상인, 노비 등으로 구성되었다. 이것이 '이인좌(李麟佐, ?~1728)의 난'이다. 난이 일어난 영조 4년이 간지로는 무신년이었기에 '무신란(戊申亂)'이라고도 하고, 난의 주요 지역이었던 경상도(영남)의 이름을 따서 '영남란(嶺南亂)'이라고도 한다.

이들은 청주를 습격해 병사(兵使) 이봉상을 죽이고 병졸을 모아 스스로 대원수(大元帥)라 칭하며 사방으로 격문을 돌렸다. 격문의 요지는 '경종의 사인은 병사나 자연사가 아니라 독살이며 그 중심에 흉악한 무리(즉 영조와 노론 세력)가 있다는 것이다. 따라서 천한 노비의 소생 연잉군(영조)을 왕좌에서 끌어내려 왕대비의 밀조(密調, 임금이 비밀리에 내리는 조서)를 받아 경종의 원수를 갚고 소현세자의 적파손(嫡派孫)인 밀풍군 탄(坦)을 왕으로 세워 왕통을 바르게 세워야 한다는 내용이었다.

따라서 군사들을 흰옷을 입고 경종을 애도하였으나, 소론인 최규서(崔奎瑞, 1650~1735)가 반란의 정보를 조정에 고변해 반군의 계획은 무너지고, 영조가 정미환국(丁未換局)을 하여 반군의 양반들을 회유하는 한편, 새로 도순무사(都巡撫使)에 임명된 병조판서 오명항(吳命恒)의 관군에 의하여 반란은 고작 3개월 만에 진압되었다. 반란군은 2,300명이나 되었지만 실질적인 무장들이 사라져 반란군을 손쉽게 제압했다.

비록 최규서의 고변으로 인해 반란이 쉽게 해결했으나 초기에는 양반들의 저항으로 이를 제압하지 못하여 청주를 중심으로 그 주변 지역인 진천(鎭川), 죽산(竹山), 안성(安城) 등에서 매우 위태로웠다.

반란의 패착은 반란군들이 영남과 호남 등에서 합류에 실패하였고 안성에서의 전투에서 대패하였기 때문이다. 이인좌(李麟佐, ?~1728)는 후퇴하여 산사에 숨어 있다가 마을 사람에게 잡혀 서울로 압송되어 대역죄로 죽임을 당하였다.

또한, 반란군 취조 과정에서 "밀풍군을 추대하고자 하였다"라는 말이 나왔으나 영조는 죄인(밀풍군)을 붙잡아 서울로 압송하는 것을 명하지 않았다. 임금이 슬퍼 눈물을 흘리며 "밀풍군 이탄은 사람됨이 결코 이인좌 등과 반역할 자가 아니다"라고 보호하였으나 대신들의 압력에 할 수 없이 따랐으며(『조선왕조실록』) 밀풍군은 서울로 압송되어 자결을 명받고 자결하였다.

이인좌의 난은 6일 천하로 끝났으나 영남지역을 조선 후기 정치에서 소외시키는 결과를 낳았다. 비록 거병지(擧兵地)는 청주였지만 남인들의 고장 영남에서 모의자와 동조자가 가장 많이 나왔기 때문이다. 즉 안동 등 일부 지역의 사대부들을 제외하고는 대다수가 거사에 심적으로 동조했다는 것이다.

　난(亂)이 평정된 후 영조는 대구부(大邱府)의 남문 밖에 평영남비(平嶺南碑)를 세워 영남을 반역향(叛逆鄕)으로 못을 박았다. 비록 소론이 이 난을 진압하는 데 큰 공을 세우긴 했으나 이 난(亂)의 주동자 대부분도 소론 강경파였기에, 이 난으로 소론의 세력은 크게 타격을 받았으며, 이후 정권은 대개 노론이 차지하게 되었다. 이후 50여 년에 걸쳐서 안동을 제외한 경상도 사람들에게는 과거에 응시할 수도 없게 했으며, 조식의 문하인들은 벼슬길에 나아갈 생각도 하지 못했다. 과거 응시가 허용된 뒤에도 필기시험 합격자에게 임금이 낙점하지 않았기 때문에 과거 금지는 사실상 130여 년 후 대원군의 과거 혁파 때까지 계속되었다.

　어사 박문수(朴文秀, 1691~1756)는 이인좌의 난을 제압하는 데 큰 공을 세웠다. 여기서 암행어사에 관하여 알아보자.

　암행어사 제도는 외국에서도 그 유례를 찾아볼 수 없는 우리나라만의 고유한 통치제도로서 고려 명종 이후 600여 명의 어사가 존재하였는데 그중에서 가장 돋보이게 활약한 인물이 박문수이다.

　그는 경북 고령 출신으로 정인로를 스승으로 삼아 수학하였는데 그는 벼슬을 하지 않고 후학을 가르치는 처사(處士)였다. 스승과 만남을 통해 후에 박문수의 인생에 있어서 크나큰 영향을 미쳤는데 즉 그로부터 사리 분명한 처세술과 정의감이 그가 어사 생활을 하는 데 큰 도움이 되었다. 암행어사의 역할은 수령의 비리 고발과 백성의 고충을 해결하는 벼슬로서 임금의 신임이 두터운 자만이 암행어사가 될 수 있었다.

　박문수는 어렸을 적에 돌림병으로 부모를 여의고 독신인 숙부 밑에서 지냈는데, 이러한 가정의 환경 때문에 소싯적에는 꽤 불량스럽고 불우한 어린 시절을 보냈고 과거시험(25세, 28세)에 두 번 낙방한 뒤 32세 때 태평과에 합격하였다. 그 당시 장원을 받은 시가 전해오고 있다.

** 낙조 **

落照吐紅掛碧山(낙조토홍괘벽산)
寒鴉尺盡白雲間(한아척진백운간)
問津行客鞭應急(문진행객편응급)

尋寺歸僧杖不閑(심사귀승장불한)
放牧園中牛帶影(방목원중우대영)
望夫臺上妾低鬢(망부대상첩저환)
蒼煙古木溪南路(창연고목계남리)
短髮樵童弄笛還(단발초동농적환)
지는 해는 푸른 산에 걸려 붉은 해를 토하고
찬 하늘에 가마귀가 흰 구름 사이로 사라진다.
나루를 묻는 길손의 채찍질 급하고
절 찾아 가는 스님의 지팡이도 바쁘다.
뒷동산 풀어 놓은 소 그림자 길기만 하고,
망부대 위로 아낙네 쪽(머리) 그림자 나지막하다.
오래되어 예스런 고목들이 줄지어 선 남쪽 냇길에
짧은 머리 초동이 피리 불며 돌아온다(김선, 『암행어사 박문수』, 이화문화출판사, 1996).

이 시에 대한 야사(野史, 민간에서 사사로이 기록한 역사)가 전해져 온다. 야사에 따르면 '귀신에게서 신시(神詩)를 받고' 장원에 급제했다는 일화가 전해지는데 과거를 보러 가다 어떤 초립 동자에게 '과거가 이미 치러졌다'라는 이야기를 듣고 실망하던 차에, 그 동자는 당시 과거시험 시제나 장원급제자의 시문이 이러이러했다며 가르쳐주고 갔다.

그래도 올라온 김에 한양에 사는 집안 어른에게 인사나 드리고 돌아가자는 생각으로 그냥 서울로 올라가 찾아뵈었더니 그 어른 왈, "뭔 소리야? 아직 시험까지 3일 남았는데?"라는 말을 듣고는 무사히 시험에 응시할 수 있었는데 과거 시제에 동자가 가르쳐준 시문의 앞부분이 나와 그 덕에 급제했다는 야사가 전해오고 있다. 이 전설에서 동자가 알려준 시제가 '낙조(落潮)'라는 시인데, 이 시는 실제로 박문수가 과거시험에서 장원에 오른 시로 오늘날까지 남아 있다.

영조는 박문수를 4년 후에 전라도, 경상도, 충청도 암행어사로 파견하는데 암행어사가 임금을 대신하여 지방 민생을 돌보고 탐관오리를 처리한다는 점에서 박문수는 영조의 신임을 받았음을 알 수 있다. 먼저 암행어사를 보낼 시에는 행선지와 맡은 일이 적힌 봉서(封書, 임금이 신하에게 내리는 사적 편지)를 주었는데, 이는 반드시 도성 밖에서 열어보아야 했다. 그리고 누구에게도 알리지 않고 어사의 신분을 숨긴 채 임무를 위해 떠났는데 종종 미행

당하거나 죽임을 당하는 일도 있다.

그의 선행을 한 가지를 소개하면 아래와 같다.

> 어느 지역에서 홍수와 가뭄으로 백성의 고통이 끝이 없자 개인 재산을 털어 백성을 구제하게
> 된다. 이는 길쌈으로 어렵게 박문수를 키우면서도 어려운 사람을 도와주던 홀어머니에게서
> 백성을 사랑하는 마음을 배우게 된 것이다. 그리고 박문수는 관리들에게 녹봉을 깎아 백성을
> 구제하자고 주장하자 그 당시 정권을 잡고 있던 노론에게 심한 비난과 탄압을 당하게 되지만,
> 결국 영조는 박문수의 의견을 받아들여 관리들의 월급을 삭감하게 된다(김선, 『암행어사 박문
> 수』, 이화문화출판사, 1996).

그는 이인좌의 난을 진압하고 난 후 경상도 관찰사로 임명되자마자 군역의 폐단을 보고하였고 양반들의 원성을 사게 된다. 그 이유는 양반들도 세금을 내자고 하여 노론들의 표적이 된 것이다. 그 당시 양반은 세금도 내지 않았으며 심지어 관리들의 가렴주구로 인해 죽은 백성에게도 군포를 거두어 가는 일이 팽배하였다. 박문수는 이를 타파하고자 하였다. 그는 어사 생활을 1년 남짓하였는데 그에 관한 일대기가 100여 편에 달한다. 그 당시에 어사로서의 활약이 대단하였다. 여기에서 하루에 둘을 결혼시킨 일을 소개하고자 한다.

> 옛날 그 유명한 박문수가 산중을 가다가 시장하기 짝이 없는 데다 날도 저물어서 부득이 어떤
> 집에 들어가 하룻밤을 걸식하게 되었다.
> "비록 누추하더라도 자고 가시는 것은 있는 집이니까 상관없습니다만, 해 드릴 밥이 없어서
> 걱정입니다그려." 이런 딱한 소리를 하는 여주인에게 박 어사는,
> "밥은 걱정을 마십시오. 낮에 먹어둔 것이 있으니까 잘 자리만 부탁합니다."라고 하면서 들어
> 가 자게 되었는데, 말이야 그렇게 하였지만 사실 점심도 굶었던 터라 기진맥진하였다. 그런데
> 곁에 있던 딸이 어머니에게 사정 이야기를 하는 것이었다
> "어머니, 손님이 무척 시장해 보입니다. 아버지 제사에 지을 쌀을 가지고 밥을 해 드리는 것이
> 어떻겠습니까?"
> "아버지 제사가 곧 다가오는데 (…) 그래라. 아버지 제사에 지낼 쌀로 밥을 지어드리자. 그리고
> 그사이에 어떻게든 마련하여보자꾸나."

이러한 연유로 해서 밥을 먹게 되니까 박 어사는 여간 고마운 것이 아니었다.

'저 과년한 처녀는 어찌 저리 마음씨가 고울까? 인물도 예쁜 데다 마음씨까지 곱고, 정말 훌륭한 규수감이로구나! 비록 산중에 묻혀 살망정 진흙 속의 구슬이로구나. 내가 어쩌면 보답을 할 수 있을까?'

이러는데 이 집 아들이 밖에 나갔다가 이것저것 떡이며 전을 가지고 들어왔다. 어디 잔칫집에 갔다 온 모양이었다. "어머니, 손님이 오셨습니까?"

"어떤 나그네가 왔는데, 저 윗방에서 주무신다. 금방 제사에 쓸 읍쌀로 밥을 좀 지어드렸다만 뭐 요기가 되셨는지 모르겠구나."

"어머니, 제가 좀 많이 싸 왔으니까 윗방 손님에게 좀 갖다 드리겠습니다."

박 어사도 출출하던 참이라 이 아들이 가져온 잔치 음식을 잘 받아먹으면서, 어느 잔치에 갔더냐고 하니까 이 아들이 비감한 표정을 지으며 울먹였다. 눈물이 한 방울 두 방울 뚝뚝 떨어진다. 한숨을 쏟아 낸다. "아, 그 잔치에 가지 말았어야 했는데 (…) 목구멍이 포도청이라고 주린 배를 채우려고 창피를 무릅쓰고 가서 잔치 일을 돌봐주고 이 음식을 얻어 온 것입니다. 아! 가지 말았어야 했는데, 가지 말았어야 했는데, 휴우, 손님 죄송합니다. 제 신세타령만 하여서 (…)", "아니 무슨 신세타령을 했다는 말이오? 정작 한숨밖에 무엇을 내게 말하였소? 이야기 좀 하구려."

"사실은 저희 아버지와 저 잔칫집 진사 댁 진사 어른과는 친한 친구였습니다. 일찍이 저희가, 그러니까 저하고 내일 시집갈 저 신부가 아직 태어나기도 전에 두 분이 아들과 딸을 낳는다면 혼인을 시키고, 같이 아들이나 딸끼리면 의형제를 맺기로 하자고 굳게 약속을 하였는데, 저는 아들이요 저 진사 댁은 딸을 보았는지라, 일찍이 우리는 정혼(定婚)한 사이였습니다. 그런데 아버지께서 돌아가시고 우리 집은 이렇게 몰락해 버리고 가산을 탕패(蕩敗, 탕진)해 버렸으니 어찌 저 잘사는 진사 댁과 어깨를 나란히 하리까? 자연히 저희의 약혼은 파혼이 되고 말았습니다. 이제 상대가 되지 아니합니다그려. 그러는 중에 저 진사댁에 잘살고 출세한 집에서 중매 말이 들어오자 그중 제일 나은 집에 이제 혼인을 시키기로 하였답니다. 바로 내일이지요. 아! 제가 가지 말았어야 했는데 (…) 일해주고 먹을 것 좀 챙길까 하고 갔던 것입니다. 괴롭습니다, 손님, 괜히 제 신세타령만 한 것 같습니다. 죄송합니다."

"아니요, 들어둘 만한 이야기요. 그런데 물어봅시다. 일해주고 먹을 것 싸 오려고 간 것이라기보다는 (…)"

"예, 솔직히 말씀드리겠습니다. 마지막으로 그녀를 한 번이라도 더 보려고 간 것입니다. 그 처녀인들 얼마나 괴롭겠습니까? 저도 괴롭습니다. 남들은 저보고 쓸개도 없느냐고 하면서 멸시와 천대를 하였습니다. 그리 배가 고파서 이 집일을 해주느냐고 별의별 소리를 다 했지만 저는 괘념치 않았습니다. 저는 다만 한 번만이라도 이전에 제 사람으로 만들어 앉히려던 그 신부를 보고 싶었던 것입니다. 차라리 먼발치에서라도 안 보는 것이 나았을 것인데 (…) 신부도 분명 괴로워하는 눈치였습니다."

"나랑 다시 그 집에 가세나. 가서 일을 해야지." 이렇게 신바람 나게 박 어사는 말하면서 그

총각을 데리고 산칫집에 갔다. 그 집에서는 쓸개 빠진 놈이 무슨 좋은 일이 있다고 또 왔느냐 하면서 이제는 늙은 거지까지 하나 더 데리고 왔다면서 (…), 그런다고 내일 시집갈 신부가 너를 보러 나오기라도 하겠느냐는 둥 별의별 말이 터져 나왔다. 그러거나 말거나 총각과 박 어사는 그 집의 일도 거들어주면서 날이 새기를 기다렸다.

한편, 이 고을 원님은 이상한 편지 한 통을 받았다.

"내일 원님은 낮 사시(10시경)에 관원을 데리고 아무개 진사 댁에 행차하시오. 와서 후행을 왔다고 하면서 나와 신랑을 찾으시오. 특별히 신분을 밝히는 암행어사 박문수가 올립니다."

이제 느닷없이 원님까지 이 혼사에 끼어든 것이다.

이튿날 사시가 되니까 원님이 육방관속을 거느리고 진사 댁에 나타났다. 신랑이 입을 옷까지 다 마련하여서 나타난 것이다. 이러니 신부 집에서는 난리가 났다. "정작 혼인식은 오시(낮 12시)인데 어찌 한 시각이나 빨리 신랑 후행이 온다는 말인가? 원님이 어찌 이 혼사와 관련이 있어서 나타났을까?"

그 궁금증뿐인가? 일이 더 크게 벌어졌다. 원님이 큰 소리로 진사에게 물었다.

"박문수 어사께서 어디 계시는가?", "아니, 박 어사라니요? 그런 분이 여기에 올 턱이 있나요?"

다들 이러는 때에 늙은 거지로 대접받으면서 일만 하던 그 이상한 손님이 썩 나서면서,

"하하하, 어떤 어사가 '나 어사요.' 하고 나타나겠는가? 날 세. 내가 박 어사구면."

이러니까 거기 있던 사람들의 눈이 휘둥그래졌다. "아니 박 어사에게 우리가 얼마나 잘못하였던가?"

원님이 물었다. "박 어사님, 신랑은 어디 있습니까?"

"음, 이 애가 내 조카일세. 원래 우리 형님이 살아계실 때 이 집 진사 딸과 정혼한 사이가 아니던가? 그런데 형님 집이 탕패했다고 해서 우리 조카가 이런 비감한 꼴을 당하고 있으니 삼촌 된 내가 어찌 마음이 편하겠소?, 나라의 일도 중요하지만 우리 문중 조카 일이 먼저 중하지 않소이까? 하하하. 자 조카야, 이 집 새신랑아, 어서 원님이 마련하여 온 신랑 옷을 입고 대례 청에 나서라. 진사도 이 혼사를 거부하지 못하리라."

진사는 사색이 되어서 말하였다. "저, 그렇다면 오시에 올 신랑은 어찌 됩니까?"

"사시는 사시고 오시는 오시오. 일의 선후가 있으니까 이 혼사 먼저 치르시오."

"아무리 어사라지만 이것은 너무 하십니다그려. 순서가 엄연히 있는데…"

"흥! 우리 형님과의 약속은 어찌 되요? 그래 어사를 깔아뭉개겠다는 말이오? 어서 식을 올리시오. 진사 딸 신부도 소원하는 바가 아니오? 아버지가 딸 소원을 들어주어야 옳거늘, 도리어 나에게 감사해야 옳지 않소? 웬 시비가 이리 많소이까?"

"허허허, 이 일을 어찌할거나?"

이 광경을 흥미진진해 하는 사람도 있고 걱정에 벌벌 떠는 사람도 있고 희색이 만면한 사람도 있었다.

조금 있다가 정작 오시에 식을 올릴 진짜 신랑이 들이닥쳤다. 난데없는 신랑이 나타나서 한 시각 전에 이미 식을 올렸다고 하니까 뒤에 나타난 신랑 쪽에서는 기가 꽉 막혔다. 말이 나오

지 아니한 이 신랑 댁에다 박 어사가 전후 사정을 다 얘기하고 나서 말했다.

"오늘 혼행을 와서 이 지경을 당하니 얼마나 놀랐겠는가. 나도 아네. 그러니까 준비하여 둔 게 있지. 신랑 자네는 양반집 예쁜 딸에게 장가만 들면 되지 아니한가?

있네. 있고말고. 우리 조카딸이 있어. 먼저 장가든 신랑의 여동생 말일세. 자, 우리 조카딸 신부도 나오너라. 원님, 마련한 신부 옷을 어서 내 주시구려."

이러니까 원님이 큰소리로 박장대소를 한다.

"하하하, 신랑 옷에다 신부 옷까지 마련하라고 하여서 여간 궁금한 것이 아니었는데 (…) 하하하. 이 고을 젊은이 둘을 혼사를 시키는 일을 하는 데 나도 한몫을 하니 기쁩니다."

"다 기쁘지 누가 안 기쁠까? 이 음식으로 둘 혼사를 치르니까 절약도 되고 동네 축하객도 한꺼번에 두 혼사를 구경하고, 하하하. 일일이혼(一日異婚)이 아닌가? 덩실덩실 춤을 춥시다. 이러니 이 잔치마당이 얼마나 흥겨운가?"

뒷 신랑은 어사 조카딸, 그 심덕이 곱고 예쁜 처자를 맞이하였으니 무슨 불만이 있겠는가? 과연 어사 박문수의 지혜에 모두 탄복 아니 할 수 없었다. 그냥 지나가는 나그네인 줄로만 알았지만, 마음씨 고운 처녀와 총각들이 극진히 손님을 대접한 덕분에 뜻하지 않은 소원을 성취하였으니 이 얼마나 놀라운 경사인가!(암행어사 박문수 이야기 -하루에 혼인 둘 성사시킨 어사 박문수 옛날 그 유명한 박문수 이야기, 서비스코리아에서 재인용)

우리에게 잘 알려진 암행어사(暗行御史)는 한국인의 창작품이라고 볼 수 있다(고석규 외, 1999). 물론 어사(御史)라는 말 자체는 중국에서 태어났다. 중국의 황제는 자신의 측근을 대리인으로 지명하여 각 지방을 순행하면서 지방관의 정치를 감찰하게 했다. 이 황제의 대리인을 지칭하는 명칭은 여러 가지이나 가장 보편적인 명칭이 어사(御使)였다. 그러나 조선 시대처럼 비밀리에, 전국적으로 여러 명의 어사를 파견하여 그 보고 사항을 토대로 국정운영에 크게 반영했던 제도는 다른 나라에서 유례를 찾아볼 수 없는 우리나라 고유의 제도로서 근 4백 년 동안 운용하며 발전시켰으며, 이를 암행어사라고 불렀다.

조선 시대의 암행어사는 우리나라 고유의 지방통치 방식 중 하나였다. 조선 시대의 관리 감독체계는 중앙에 사헌부를 두어 관리들을 감독, 규찰하게 하였고, 지방에는 감사(관찰사)를 임명하여 상주시키는 한편 수시로 암행어사를 파견하여 규찰케 하는 방법으로 운영하였다. 조선 시대에는 왕의 대행자인 수령이 행정과 사법의 모든 분야에서 지방사회를 통치하였으므로 수령의 지방통치는 백성들의 삶과 직결되는 중대한 문제였다. 각 도(道) 차원에서 감사가 항시적으로 수령을 감시하고 통제하도록 하였으나, 감사에 의한 지방통치의 한계를 보완하기 위하여 시행된 것이 암행어사 제도였다.

즉, 암행어사는 감사뿐만 아니라 수령을 비공개적으로 수시, 무시로 통제하는 최종 감시자이다. 암행어사는 각 지방 수령 등의 비리와 폐해 등을 적발하여 처리하고 백성의 억울함이 있으면 이를 풀어주며 소외계층을 보호, 위로하고 미풍양속을 조장하였다. 또한, 왕의 성덕과 통치 방침을 백성들에게 전파하고 통치에 필요한 정보도 수집하였으며, 적은 비용으로 다양한 기능을 효과적으로 수행하였다. 암행어사는 업무 지원조직을 만들지 않고 왕이 직접 파견하는 방법으로 운영되어 파견 결정의 불합리, 조사 방법의 미숙한 문제가 노출되기도 하였고, 암행어사 활동 과정에서 파견 사실과 암행 활동을 비밀로 하기가 어려웠으며 지원 기구가 없어서 체계적인 교육이나 경험 공유 기회가 없었으며, 정보수집 체계도 갖추지 못하는 등의 어려움도 있었다. 또한, 문제점 해결을 위한 사후 관리체제도 없어서 근본적 개선보다는 관리들의 처벌에 급급한 경향이 있었고 사회질서가 문란한 시절에는 여러 가지 한계도 있었다. 그러나 조선 후기에 이르기까지 국왕이나 관료들은 암행어사 제도를 효율적인 지방통치 방식의 하나로 인식하였고, 왕도정치의 실행과 탐관오리에게는 가장 무서운 존재가 되어 암행어사는 1892년까지 계속해서 파견되었다.

박문수의 활약은 암행어사로 파견되었을 때의 이미지가 강한 인물로, 영조 또한 그의 재능을 혹사할 정도로 활용하였다. 심지어는 박문수에게서 지원을 요청하는 장계가 올라오자 "당신들 일이나 잘하시오"라고 떠 넘겨버린 일도 있다.

대표적으로 박문수가 황해도 수사로 있을 때 조선 영해에서 불법 어로를 하는 청나라 선박을 경비하기 위해 함선을 만들 계획을 세웠는데, 배를 만들 예산이 부족했다. 이를 두고 조정에 지원을 요청한 적이 있었는데 영조 가라사대, "이순신은 맨주먹으로 전선을 뽑았는데 너는 그 정도도 못 하나?"라고 핀잔을 준 적도 있다는 것이다.

사실 그가 암행어사로 활동한 시기는 1년(1727~1728)에 불과하며, 그나마도 영남 첩보 목적으로 파견되었을 수도 있음에도 불구하고, 참으로 적지 않은 치적과 공훈을 세웠는데, 소싯적의 방탕한 생활 때문에 오히려 민초(民草)들과 관련된 세간 시정에 밝았던 것이 한몫하였다.

이러한 사실들을 바탕으로 민초(民草, 백성의 질긴 생명력을 가진 잡초)들 사이에선 그의 어사 시절에 관하여 갖가지 민담이 전해 내려왔다. 이런 이미지 때문인지 그가 빈민 구제

활동을 활발히 펼친 영남지역에서는 신격화되기까지 했으며 특히 경상북도 영양에서는 아예 마을의 수호신으로 모신 서낭당을 만들어 지금도 제사를 지내는 곳도 있다. 박문수가 실제로 암행어사와 관찰사로 활약한 지역은 영남지역뿐이지만 영남지방을 제외한 지방에도 박문수가 왔다 갔다는 설화가 있을 정도로 일반 백성들한테 명성을 떨쳤다.

박문수는 타지 백성들을 대거 구한 일도 있다. 경상 관찰사 시절 수해를 보고는 즉각 영남 관찰사로 구호곡(救護穀)들을 미리 거둬 배로 보내 함경도의 백성들을 구한 것이다. 더구나 구호가 더욱 급해지니 대신들의 재물을 거두어 나라에서 돕자고 상소를 올리기도 했다. 물론 이러한 일로 노론의 엄청난 공격을 받았으나 영조가 용서하였고 박문수에게는 송덕비(頌德碑, 공덕을 기리기 위해 세운 비, 북민감읍비)가 세워졌다. 후에 함경도 진휼사(賑恤使)로 백성을 구한 적도 있는데(1741), 아마 이 경력으로 다시 한번 백성을 구한 것으로 추정된다. 또 송덕비가 세워졌다.

어사 박문수는 벼슬길에는 운이 없었다. 그 이유는 강직한 성품과 백성을 생각하는 마음이 양반, 특히 소론의 반대에 막혀있었기 때문이다. 그의 능력은 군정(軍政)과 세정(稅政)에 밝아 영조의 신임이 두터웠으며, 저서로는 『탁지정례(度支定例)』, 『국혼정례(國婚定例)』가 있고, 글씨는 『오명항토적송공비(吳命恒討賊頌功碑)』가 있다.

1755년 소론이 주도한 '나주괘서사건'에 휘말려 그와 관련한 옥사에 연루되었는데 영조는 직접 박문수를 불러 안심시키고 여전한 신임을 보여주었으나, 이후 스스로 죄인을 자처하며 세수도 빗질도 하지 않고 집에 틀어박혀 살다가 이듬해인 1756년에 사망했다. '나주괘서사건'이란 영조 31년(1755)에 일어난 괘서사건으로 이 해가 을해년이기 때문에 '을해옥사'라고도 하고, 사건을 주도한 윤지(尹志)의 이름을 붙여 '윤지의 난'이라고 부르기도 한다. 그 내용은 반란을 일으키기 전에 백성들의 민심을 동요시킬 목적으로 무당들의 푸닥거리를 통하여 유언비어를 퍼뜨리는 한편, 영조 31년(1755) 1월에는 나주 객사에 국왕을 비방하는 괘서(掛書, 이름을 감추고 게시하는 글)를 붙이지만, 거사(擧事)를 채 일으키기도 전에 적발되었다. 괘서에 관련된 보고를 받은 조정에서는 '무신년 일당들의 소행일 것이다.'라는 결론을 내렸고 윤지를 비롯한 관련자들이 그대로 체포되어 한성으로 압송되었다. 윤지를 비롯한 사건의 주동자들은 영조의 친국 이후 모조리 사형당하였으며, 사건 직후인 같은 해 5월에는 심정연을 비롯한 준소와 남인의 자제들이 과거 시험장에서 나라를 비방하는 답안지를 써서 다시 한번 피바다가 몰아쳤다(『백과사전』).

　영조는 박문수가 정승이 되지 못한 채 세상을 떠나자 안타까움에 그날 바로 영의정을 추증했으며 그의 죽음에 대해 이런 말을 남겼다.

> 영성(靈城: 박문수)이 춘방(春坊: 세자궁)에 있을 때부터 나를 섬긴 것이 이제 이미 33년이다. 자고로 군신(君臣) 중에 비록 제우(際遇)한 경우가 있기는 하지만, 어찌 나의 영성과 같음이 있으랴? 나의 마음을 아는 사람은 영성이며, 영성의 마음을 아는 사람은 나였다. 그리고 그가 언제나 나라를 위하는 충성이 깊었음을 나는 알고 있다(『영조실록』 영조 32년 1756년 4월 24일).

　'나주괘서사건'으로 영조는 당쟁이 심해지자, 왕권을 보호하고자 탕평책을 실시했다. 영조는 즉위 초부터 당쟁의 여러 가지 폐단을 없애기 위해 탕평책을 실시하였다. 그러나 이인좌의 난 이후 정권은 대개 노론 계에서 차지하였다. 반면, 실세한 소론들은 거의 신원이 되지 않았으며, 그들의 원망이 누적되어 당화(黨禍)는 잠재된 채 윤지의 난으로 폭발하였다. 이는 영조의 탕평책이 여의치 못했음을 반영한 사건이었다(나주괘서사건(羅州掛書事件), 『한국민족문화대백과』, 한국학중앙연구원에서 재인용).

　을해옥사로 남인과 소론 인사들은 5백 명 넘게 사형당하거나 유배당했고, 연루된 집안의 가족들은 노비가 되었다. 이 가운데는 왕족들도 있었는데 소론에 의한 추대 가능성이 있다는 이유만으로 종친인 이중, 이관, 이학, 이당 등은 처형당했다. 상당수는 직접적인 물증에 의해서라기보다는 영조가 친히 고문하는 가운데 고통을 참다못해 나온 자백만으로 극형이 가해졌다.

　박문수 등 일부 소론은 반성문을 제출함으로써 이런 파국을 면했다. 특히 박문수는 영조가 직접 그를 안심시키고 여전히 신뢰하였다. 국문 도중 박문수, 이종성 등의 이름이 나오자, 영조는 이를 불문에 부치게 한 뒤 "여러 해 동안 벼슬한 신하를 만약 한 사람의 말 때문에 갑자기 역적으로 의심한다면 그 누가 기꺼이 믿고 나를 섬기겠는가?"라며 변호했다(『영조실록』 영조 31년 5월 20일 자 기사).

　이러한 영조의 탕평책은 또다시 이를 지지하는 탕평파와 반 탕평파로 나누어졌고 탕평

파 가운데 일부는 혼인을 통해 왕과의 인척 관계를 맺었다. 이러한 가문이 벌열(閥閱, 나라
의 공이 많고 벼슬을 많이 한 집안이나 가문)이 되어 권력을 잡게 되는 형태로 번져갔다.

2. 정조 시대의 정치적 상황

　조선을 거쳐 간 역대 임금 중에서 가장 현군(賢君)을 정한다면 세종과 정조이다. 세종은
조선 전기에 정조는 조선 후기에서 역대 27명의 임금 중에서 조선의 현군으로서 알려
져 있다. 이 두 임금의 공통점은 효를 기본으로 정치한 임금이다. 즉 효치(孝治)를 강조
하였다.

　예를 들면 세종은 『삼강행실도』에서 그의 정치사상을 엿볼 수 있다. 1428년 김화(金禾)
라는 사람이 아버지를 살해했다는 소식을 듣고는 『삼강행실도』를 만들어 백성들이 지켜
야 할 도리를 가르쳐 애민 정치를 발휘하였다.

　정조 또한 임오화변(壬午禍變)을 겪고 난 뒤 아버지의 뜻을 기리면서 정치를 돌보았다.
두 사람은 공통적인 면을 가지고 있으면서 서로 다른 점이 있다. 즉 왕위를 승계하는 과정
이다. 세종은 태종의 도움으로 어려움이 없이 승계한 데 비하여, 정조는 "삼불필지설(三不
必知說, 죄인의 아들은 군왕이 될 수가 없다)"이라는 "8자 흉언(凶言)으로, 罪人之子不爲君王" 등을
퍼트려 왕위에 오르는 데 노론 측의 방해가 심했다. 여기서 삼불필지설(三不必知說)은 "(…)
동궁(東宮)은 노론(老論)이나 소론(少論)을 알 필요도 없고, 이조판서나 병조판서를 알 필요
도 없으며, 조정의 일을 알 필요도 없다 (…)"는 뜻이다. 이는 동궁의 권능을 무시(無視)하는
동시에 세손(世孫)의 왕위 등극을 저지하려는 의도라 할 수 있다.

　정조(正祖, 1752~1800)는 등극하기 전까지 수많은 역경이 도사리고 있었다. 그는 죽을
때까지 암살의 위협에 시달렸던 인물이다. 조선의 제22대 임금이자 조선왕조 최후의 명군
이며 성군, 그리고 대한제국의 추존 황제이다. 묘호는 정조(正祖), 시호는 선황제(宣皇帝),
휘는 산(祘), 자는 형운(亨運), 호는 홍재(弘齋), 선왕인 영조(英祖) 28년에 사도세자(思悼莊獻世子,
1735~1762)와 혜경궁 홍씨(惠慶宮 洪氏) 사이에서 차남으로 태어났으나 출생 전에 형 의소
(懿昭) 세 손이 요절하여 실질적 장남이었다.

1752년(영조 28)에 태어나자마자 곧바로 왕세손(王世孫)으로 책봉되었고 1762년에 사도세자가 비극적인 죽임을 당하자, 요절한 영조의 맏아들 효장세자(孝章世子)의 후사가 되어 왕통(사위)을 이었다. 1775년부터는 대리청정을 하여 국가의 정사를 직접 관장하였으며 1776년 영조가 죽자, 만 23세의 나이로 왕위에 올라 24년간 재위하다 1800년에 49세의 나이로 사망하였다.

할아버지 영조와 함께 조선 최후의 부흥기를 이끈 임금으로 평가된다. 파란만장했던 정조의 생애는 후대에도 다양한 이야깃거리를 남겨 많은 작품을 탄생시키기도 하였다. 다만 이 부흥기는 철저히 정조와 유능한 측근들에 의해 여태까지의 조선의 시스템을 갈아 엎어 자신에게 끼워서 맞추는 결과였기 때문에 정조가 흥하면서 그 빈자리를 메꾼 인물들이 정조보다 못한 인물들이 나오자, 세도정치를 위시(爲始)로 각종 폐단이 수면 위로 드러나면서 조선은 본격적으로 내리막길을 걷기 시작하였다. 그의 생애에 대하여 "묘지명"에는 다음과 같이 적혀있다.

> 왕은 성인(聖人)이었다. 사도(斯道)의 정체를 밝혀내고 사도가 지향할 바를 주장하였다. 왕이 한 일은 복희·신농·문왕·무왕이 했던 일이며, 왕이 한 말은 공자·맹자·정자·주자가 한 말이었다. 앞으로 천세 후에 옛것을 논하는 자가 있다면 아마 이를 《시경》의 청묘(淸廟) 악장에다 실어 연주하여 역시 한 사람이 창을 하면 세 사람이 감탄을 하리라. 여기에는 특히 남들의 귀와 눈에 배어 있는 천덕(天德), 왕도(王道)만을 추려 뽑아 굉장한 유자(儒子)이고 현철한 임금이었던 그의 법도를 이 정도로 소개했을 뿐이다.

정조가 세손 시절에 궁료(宮僚)로서 주위에 둔 측근으로는 홍국영, 김종수, 정민시, 홍대용, 서명선 등이 있다. 그의 즉위 시부터 많은 난관이 봉착하여 있었다. 즉위하면서 한 말이 "아! 과인은 사도세자의 아들이다."였다고 할 정도로 아버지 사도세자에 대한 그리움과 원한으로 사무쳐 있었다. 그 후 자신의 대리청정을 반대하던 척신(홍인한, 정후겸)들을 척결하였다. 홍술해(1722~1777) 아들 홍상범과 그의 어머니 효임 등이 강용휘와 전흥문을 포섭하여 정조가 글을 읽던 존현각(尊賢閣)까지 침투시켰다가 발각된 일이 있었는데 홍계능, 홍상길, 홍신해, 홍이해 등 풍산 홍씨들이 집단으로 연루된 모반이 드러나면서 일대

피바람이 불기도 했다. 홍계희 계열은 이미 홍인한이 사사되는 과정에서 타격을 입은 상태였고 이에 반발하여 사건을 일으켰다.

이 존현각(尊賢閣) 자객 침투 사건은 강용휘 등의 자객들이 존현각(尊賢閣)의 지붕을 뜯는 소리를 잠을 자지 않고 책을 읽던 정조가 듣고 승지 등을 불렀는데 이매망량(魑魅魍魎, 도깨비), 쥐 따위로 취급하고 사건을 덮으려 할 때 홍국영이 전격적인 수색을 주장했고 그로 인해 이 사건이 밝혀졌다. 강용휘와 전흥문은 무사히 탈출한 뒤 재차 암살 시도를 꾀하여 들어왔다가 삼엄해진 경비에 암살을 포기하고 궐의 뜰에 숨었으나 곧 발각되어 사건이 마무리된다. 이 사건으로 풍산 홍씨의 홍계희 계열이 말끔하게 숙청되었다. 정조는 자기의 동생인 은전군 이찬을 사사해야 한다는 신하들의 요구에 직면했고 며칠간 신하들과 대립한 끝에 눈물을 흘리면서 사사했다고 하였다.

여기서 그의 아버지인 사도세자에 대하여 알아보도록 하자.

장조(莊祖, 1735~1762)는 조선의 왕세자이자 대한제국의 추존 황제이다. 영조의 둘째 아들로, 어머니는 영빈 이씨(李氏)이다. 정조의 아버지이며 사도세자(思悼世子) 또는 장헌세자(莊獻世子)로 더 잘 알려져 있다.

영조의 둘째 아들로 생후 1년 만에 왕세자로 책봉되었으며 1749년(영조 25) 어명으로 대리청정을 시작하였으나 노론, 부왕과의 마찰과 정치적 갈등을 빚다가 1762년(영조 38) 어명으로 뒤주에 갇혀 아사하였다.

사후 지위만 복권되었고, 양주 배봉산에 안장되었다가 다시 아들 정조에 의해 수원 화성 근처 현륭원(융릉)에 안장되었다. 정조 즉위 후 장헌(莊獻)의 존호를 받았다. 정조는 재위 중 그를 왕으로 추존(推尊)하려고 시도하였으나 노론 계열의 반발로 무산되고 말았다. 한편 부인 헌경왕후는 후일 저서 『한중록』에서 그가 의대증과 정신질환을 앓았다고 진술했고, 실록에도 그의 병이 기록이 있는 것으로 보아 적어도 우울증이나 화병 같은 병을 앓고 있었던 것은 확실해 보인다(『영조실록』). 대한제국 때 황제로 격상되어 장조의황제(莊祖懿皇帝)로 추존되었다. 비교적 근래의 무속 신으로, 무속 신앙에서 모시는 신의 한 사람으로 숭배되었는데, 이때의 호칭은 '뒤주 대감'이었다. 그에 대하여 『영조실록』에 이렇게 적었다.

> "~천자(天資)가 탁월하여 임금이 매우 사랑하였는데, 10여 세 이후에는 점차 학문에 태만하게
> 되었고, 대리(代理)한 후부터 질병이 생겨 천성을 잃었다. 처음에는 대단치 않았기 때문에 신
> 민(臣民)들이 낫기를 바랐었다. 정축년, 무인년 이후부터 병의 증세가 더욱 심해져서 병이 발
> 작할 때에는 궁비(宮婢)와 환시(宦侍)를 많이 죽이고, 죽인 후에는 문득 후회하곤 하였다."

영조는 사도세자가 출생하였을 시에 이렇게 적어놓았다.

> 영빈 이씨가 원자(元子)를 집복헌(集福軒)에서 낳았다. 그때 나라에서 오랫동안 저사(儲嗣)가
> 없으니 사람들이 모두 근심하고 두려워하였는데, 이 때에 이르러 온 나라에서 기뻐하고 즐거
> 워하였다.
>
> (중략)
>
> 여러 신하들이 번갈아 하례하는 말을 올리니, 임금은 말하기를,
> "삼종(三宗, 효종·현종·숙종)의 혈맥이 장차 끊어지려 하다가 비로소 이어지게 되었으니, 지
> 금 다행히 돌아가서 열성조(列聖祖)를 뵐 면목이 서게 되었다. 즐겁고 기뻐하는 마음이 지극
> 하니, 그 감회 또한 깊다."라고 하였다(『영조실록』 40권).

사도세자가 죽자, 그의 자식이자 영조의 손자인 정조가 등극하여 영조와는 다른 탕평
책(蕩平策)을 실시하였다. 탕평책(蕩平策)은 조선 영조가 당파 싸움을 막기 위해 당파 간의
세력 균형을 위해 추진한 정책이다. 이러한 정책은 숙종 때 박세채(朴世采, 1631~1695)가
처음으로 주장하였다(『숙종보궐정오』 32권).

이후, 경종 때 빛을 보지 못하였다가 영조부터 본격적인 탕평(蕩平)이 들어섰다. 영조는
노론과 소론 인물들의 화해를 주선하는 등 노력하였으나 별로 효과를 보지 못하고 정조
때에 이르러 성과를 거둔다. 정조는 자신의 침실에 "탕탕평평실"(蕩蕩平平室)이라는 이름을
붙이고 편액(扁額, 액자)을 걸기도 했다.

탕평이란 『서경(書經)』홍범조(洪範條)에 임금의 정치가 한쪽으로 치우침이 없으며, 당
을 이루지도 않는 상태를 이르는 '무편무당왕도탕탕 무당무편왕도평평(無偏無黨王道蕩蕩 無
黨無偏王道平平)'이라는 말에서 유래하였다. 이는 임금이 사사로운 정에 치우치거나 사사로

운 관계에 있는 사람을 두둔하지 말아야 임금의 길, 왕도는 평탄할 것이라는 의미로, 즉 본래 임금의 치우치지 않는 공정한 정치를 함축적으로 표현한 말이다.

이에 따라 왕도정치에서 왕권과 신권이 균형을 이루고, 붕당(朋黨) 상호 간 조화를 이루어야 함이 요청되었는데 이러한 내용을 정책으로 삼은 것이 바로 탕평책이다. 붕당에 의한 정치가 깊게 뿌리 박혀 있던 조선 시대 사회에서 탕평책은 떼려야 뗄 수 없는 존재이다. 여기서 유래된 영조의 탕평책은 280여 년이 지난 지금도 시사하는 바가 크다. '왕은 자기와 가깝다고 쓰고 멀다고 쓰지 않으면 안 된다.'라는 인재 등용 원칙으로 조선 영조는 당쟁의 폐단을 없애기 위하여 각 당파에서 고르게 인재를 등용하던 정책이자 통치 철학이라 할 수 있다.

여기서 '탕평채(蕩平菜)'가 유래되었다. 청포에 쇠고기와 채소를 섞어 무친 음식으로 탕평책의 경륜을 펴는 자리에서 나왔으며 이름은 영조가 지었다고 한다. 이 음식은 채소와 고기 등 여러 재료가 어우러져 하나의 조화로운 맛을 내는 것처럼 다양한 정치 세력들이 모여 정치의 안정을 도모하고자 하는 뜻이 담겨있다.

영조는 '완론탕평(緩論蕩平)'의 정책을 사용하였다. 그의 탕평에 대하여 『영조실록』에 다음과 같이 기록했다.

전교하기를, "붕당(朋黨)의 폐단이 요즈음보다 심한 적이 없었다. 처음에는 유학 내에서 시비가 일어나더니 지금은 다른 편의 사람을 모조리 역당(逆黨)으로 몰고 있다. 세 사람이 길을 가도 역시 어진 사람과 못나고 어리석은 사람이 있게 마련인데, 어찌 한편 사람이라고 모두 같은 무리일 이치가 있겠는가? 다툼이 각박하고 또 심각해져 유배(流配)되었다가 다시 찬축(竄逐)되었으니, 그 가운데 어찌 억울한 사람이 없겠는가? 한 부인이 억울함을 품으면 5월에 서리가 내리는데, 더구나 한편의 여러 신하를 모조리 여러 지방에 내쫓음에 있어서는 어떠하겠는가? 이러한데도 다투고 삐걱거리는 말이 어찌 없다고 하겠는가?
우리나라는 본래 한쪽에 치우치고 작아서 사람을 쓰는 방법 역시 넓지 못한데, 더구나 요즈음에는 그 사람을 임용하는 것이 모두 당목(黨目) 가운데 사람이었으니, 이와 같이 하고도 천리(天理)의 공(公)에 합하고 온 세상의 마음을 복종시킬 수 있겠는가? 지난해까지 함께 벼슬하였던 조정이 지금은 왜 전과 같지 않은가? 이를 그만두지 않으면 띠를 매고 조정에 있을 자가 몇 사람이나 되겠는가? 널리 베풀고 대중을 구제하는 것은 요순(堯舜)도 오히려 부족하게 여겼는데, 더구나 한 나라의 절반이 침체(沈滯)되어서야 되겠는가? 아! 당당한 천승(千乘)의 나라가 사람을 씀이 어찌 이처럼 좁은 것인가? 피차가 서로를 공격하여 공평한 말이 막히고 역당 (逆黨)으로 지목하면 옥석(玉石)이 구분되지 않을 것이니, 저가 나를 공격하는 데에서 장차 가려서 하겠는가, 가리지 않고 하겠는가? 충직(忠直)한 사람을 뒤섞어 거론하여 헤아릴 수 없 는 죄과(罪科)로 몰아넣는 것은 그들이 처음으로 한 것이 아니라 이는 나의 말이다. 이는 바로 속담에서 말하는 '입에서 나간 것이 귀로 돌아온다'는 것이니, 이렇게 되면 조정이 언제나 안정 되며 공의(公議)가 언제 들리겠는가? 당(唐)나라 때 유안(劉晏)이 황제에게 말하기를, '천하의 글자는 모두 바르지만 유독 붕(朋) 자만은 바르지 못하다'고 하였는데, 바로 오늘을 두고 말한 것이다.

(중략)

저 귀양을 간 사람들은 금오(金吾)로 하여금 그 경중을 참작해 대신(大臣)과 더불어 어전에서 나를 만날 때 억울함이 없게 하고, 전조(銓曹)에서는 탕평(蕩平)하게 거두어 쓰라.

아! 지금 나의 이 말은 위로는 종사(宗社)를 위하고 아래로는 조정의 기상(氣象)을 진정시키기 위해서이다. 만일 혹시라도 의심을 일으키거나 혹은 기회 삼아 상소해 다투면 종신(終身)토록 금고(禁錮, 죄와 신분에 문제 있어 벼슬을 하지 못하게 하는 일)시켜 나라와 함께하지 못할 뜻을 보이겠다. 너희 여러 신하를 내가 스스로 수양함이 없다고 여겨 소홀히 하지 말고 성인 (聖人)께서 잘못한 자를 바로잡는 뜻을 따라 당습(黨習)을 버리고 공평(公平)하기에 힘쓰라. 그렇게 하면 어찌 비단 나라를 위하는 것뿐이겠는가? 또한, 너희들 조상의 풍도(風度)를 떨어 뜨리지 않을 것이니, 어찌 아름답지 않으랴? 정승의 자리에 있는 사람은 소하(蕭何)가 조참(曹 參)을 천거한 뜻)을 본받고 인물을 뽑을 때에는 이윤(伊尹)이 저자에서 매를 맞는 것처럼 여긴 뜻)을 배워야 한다. 내 말을 공손히 듣고 우리 국가를 보존하라" 하였다.

(『영조실록』 권3, 1년 1월 3일 임인)

이처럼 '완론탕평(緩論蕩平)'은 노론과 소론 사이의 탕평에서 벗어나 당파의 시비를 가리 지 않고, 어느 당파이든 온건하고, 타협적인 인물을 등용하고자 한 영조의 탕평책이다. 그 결과 오광운(吳光運), 채제공(蔡濟恭) 등의 남인과 남태제(南泰齊) 등의 북인까지 끌어들 였다. 영조는 이를 위해 호대(互對)와 같은 인사 정책을 추진하였고, 시비 문제에 대해서는 양시양비론(兩是兩非論)을 적용하였다. 호대란 예를 들어 영의정에 노론 측 인사를 등용하 면 좌의정에는 소론 측 인사를 등용하거나, 이조판서에 소론을 임명하면 이조참판에는 노론을, 이조참의에는 소론을, 이조 전랑에는 노론을 등용하는 방식이다.

그리고 양시양비론이란 당시 정치 현안에 대해서는 노론과 소론 모두 옳은 점과 잘못 한 점이 있다는 논리이다. 영조와 같이 붕당 타파를 주장한 정치 집단은 모든 당파에 있었는데, 온건한 주장을 펴는 정파라는 뜻에서 완론(緩論)이라 불렀다.

그러나 정조는 영조의 탕평책과는 달리 당파의 옳고 그름을 명백히 가리는 적극적인 '준론탕평(峻論蕩平)'으로 정책을 바꾸었다. 아버지 사도세자를 죽음으로 몰아넣은 노론 벽파를 견제하지 않고서는 자신의 왕권 강화가 어렵다는 것을 간파하였기 때문이다.

그는 즉위하자마자 규장각(奎章閣)을 설치하고 인재를 발탁하여 학술과 정책연구 기능을 강화하였다. 규장각(奎章閣)은 조선 후기의 왕실 학문 연구 기관이자 왕실 도서관으로, 지금의 국립중앙도서관 격이다. 역대 임금의 시문과 저작, 고명(顧命), 유교(遺敎), 선보(璿譜) 등을 보관하고 수집하였다. '규장(奎章)'은 임금의 시문이나 글을 가리키는 말이다.

이때 규장각은 그 이름대로 역대 왕의 글과 책을 수집 보관하기 위한 왕실 도서관의 역할을 하였다. 정조는 여기에 비서실의 기능과 문한(文翰) 기능을 통합적으로 부여하고 과거시험의 주관과 문신 교육의 임무까지 부여하였다. 규장각은 조선 후기의 문운을 불러일으킨 중심기관으로 많은 책을 편찬했으며, 여기에는 실학자와 서얼 출신의 학자들도 채용되었다. 주요 인물은 박제가, 유득공, 이덕무 그리고 서이수 같은 사람들이 있었다.

정조는 규장각 제도를 정비하여 자신을 지지하는 정예 문신들로 친위 세력을 형성시켜 '우문지치(右文之治)'와 '작인지화(作人之化)'를 규장각의 2대 명분으로 내세우고 문화 정치를 표방하였다(오주석, 1998). '우문지치'는 문치주의와 문화국가를 추구하는 정책으로, 정조는 많은 책을 출판하도록 하였다. '작인지화'는 인재를 양성하겠다는 의지 표명으로, 규장각에서 정조가 유생들을 모아 그중에서 젊은 문신(文臣)을 뽑고, 뽑힌 신하들을 자신이 직접 가르치고 시험을 보게 해서 평가하였다. 정조가 불시에 문제를 내고 맞히지 못하는 자는 부용지(창덕궁에 있는 연못) 안의 작은 섬에 유배를 보내기도 하였다(오주석, 1998).

그러나 정조가 규장각을 설치한 목적은 당시 왕권을 위협하던 척리(戚里, 임금의 내척과 외척), 환관(宦官, 내시)의 음모와 횡포를 누르고, 학문이 깊은 신하들을 모아 경사를 토론케 하여 정치의 득실과 백성의 질고(疾苦) 등을 살피게 하는 데 있었다. 또한, 문교(文敎)를 진흥시키고 타락한 당시의 풍습을 순화하려는 목적도 있었다.

이곳에는 수만 권의 한국 책과 중국 책을 모으고, 젊은 학자들은 학사(學士)로 임용하여 그들에게 문한(文翰)과 비서실의 기능, 그리고 과거시험 주관 등 여러 특권을 부여하였다. 특히 당하관 관료의 재교육을 위해 초계문신제를 시행하여 시험 성적에 따라 승진시킴으로써 정조의 학문과 정치 노선을 강하게 주입했다. 규장각은 바로 정조 시대 문예 부흥과 개혁 정치의 산실이 되었다.

군사 조직으로는 장용영(壯勇營)을 설치하여 병권을 일원화하였고 각 군영의 독립적인 특성을 약화하였다. 정조는 1785년 오군영 중심 체제를 줄이고 국왕의 친위대인 장용영을 설치하여 권력을 집중시켰으며 국왕의 명을 받아 병조판서가 군을 지휘할 수 있도록 하여 왕권을 강화하였다. 이러한 장용영은 친위부대의 성격이 있으며 정조가 세손시절부터 신변의 위협을 느껴서 설치한 것으로 보인다.

규장각이라는 친위(親衛) 엘리트 집단과 장용영(壯勇營)이라는 친위부대를 장악한 정조는 '만천명월주인옹(萬川明月主人翁, 정조 자신을 말함)'을 자처하면서 초월적 군주로 강력한 왕권을 행사할 수 있었다. 이를 통해 억울하게 숨진 사도세자의 명예를 회복하고자 힘을 썼다. 왜냐하면, 정통성에 관한 문제가 평생 그를 따라다녔기 때문이다.

'만천명월주인옹(萬川明月主人翁)'은 만개의 개울을 비추는 둥근 달이라는 뜻으로 정조 자신을 말하고 있다. 세상의 중심은 정조 자신이라는 의미이며 모든 백성을 골고루 사랑하고 보살피는 자애로운 군주이자 강력한 힘을 가진 왕으로서 의지와 자부심을 말한다. 창덕궁 후원(비원) 존덕정(尊德亭) 정조 교시에 다음과 같이 적혀있다.

> "세상의 모든 시내는 달을 품고 있지만, 하늘에 떠 있는 달은 유일하니, 그 달은 곧 임금인 나이고 시내는 곧 너희 신하들이다. 따라서 시내가 달을 따르는 것이 우주의 이치라는 강력한 내용이다.

존덕정 안 북쪽 벽에 현판이 있는 내용으로서 정조가 만천명월주인옹자서(萬川明月主人翁自序)라는 제목으로 1798년 직접 지은 글이다.

정조 20년 양주에 있던 사도세자의 묘를 수원으로 옮기고 '현륭원(顯隆園)'이라고 명명하여 화성(지금의 수원)이라는 신도시를 건설하였다. 화성은 우리나라 최초의 계획도시로서 서양의 건축 기술과 방법을 동원하여 지었으며 정약용 등의 실학자들을 투입하여 거중기, 녹로(轆轤, 도르래의 일종) 등을 이용하였다.

또한, 자급 도시로서 역할 수행하기 위하여 화성(華城)에는 행궁(行宮)과 장용영(壯勇營)의 외영(外營)을 두었으며, 대유둔전(大有屯田)이라는 국영 농장을 설치하여 화성 경비에 충당하고, 만석거(萬石渠)와 만년제(萬年堤) 등 수리 시설을 개선하였다. 한편, 상공인(商工人)들을 유치하여 상업 도시, 농업 도시, 군사 도시로 키웠다. 화성은 정조의 혁신 정치를 상징하는 시범적인 자급 도시였다.

정조는 남방의 화성을 건설한 후 북방의 송도(개성), 서방의 심도(沁都: 강화도), 동방의 광주(남한산성)를 함께 묶어 한양을 비호(庇護, 감싸는)하는 네 개의 위성도시 체제를 구축하였으며, 한양을 중국 고대의 수도인 장안(長安)과 동등한 도시로 위상을 높였다.

화성건설은 사도세자에 대한 효도적(孝道的) 차원에서 자주 화성으로 행차하였는데 그 위엄은 대단한 것이었다. 당시에 화성을 행차하는 모습은 대략 수행원이 2,000여 명, 말이 800필이었으며(『화성성역의궤』) 신작로와 80여 척의 배를 동원하여 배다리(주교)를 건설하여 행차의 편의를 도모하였다.

또한, 정조는 화성 행차를 통해 백성들의 민의를 듣고자 하였고 백성들은 이를 통해 국왕에게 소통을 시도하였다. 즉 이때를 이용하여 지방 유생과 일반 주민과의 접촉하여 그들의 의견을 들었다. 가장 주목할 만한 행차는 1795년(정조 19)에 사도세자와 혜경궁 홍씨가 동시에 회갑을 맞이하였을 때였다. 『원행을묘정리의궤(園幸乙卯整理儀軌)』 편찬이 주목할 만하다. 이 『의궤』에는 행사 일정, 비용, 참가자 명단, 행차 그림 등을 수록하여 참가자들에게 배포하였으며 모든 행사를 병풍으로 제작하였다.

이 밖에도 정조는 민생 안정과 문화 부흥을 위한 정책 추구는 왕권이 강력했기에 가능하였다. 우선 서얼과 노비에 대한 차별을 완화하였으며 이들 중 인재를 널리 등용하였다. 대표적인 서얼 출신으로는 이덕무(李德懋, 1741~1793)가 있다. 그는 정조가 주관한 각종 편찬 사업을 주도하였으며 자신의 학문적 역량을 종합한 『청장관전서(靑莊館全書)』를 남겼다.

조선에는 '서얼 차별법'이 존재하였다. 이 법은 첩의 자식은 벼슬에 나갈 수 없도록 하기 위한 법으로서 태종 때에 논의되어 세종 시기에 법제화하였다. 세종이 이 법을 만든 이유는 본래 의도와 다르다는 것이다. 원래의 목적은 일부일처(一夫一妻)제를 장려하기 위하였고 소수 가문이 서로 이중 삼중으로 얽혀있어 권력 독점을 예방하기 위한 것이었다.

정조는 유능한 서얼들이 있다는 소문을 듣고 이들을 등용하였다. 이들이 이덕무, 유득공, 서이수, 박제가와 같은 사람으로 후기에 조선의 학문을 이끌게 되기 시작하였다. 특히 박제가는 중국의 문물을 배우자는 『북학의(北學議)』를 저술하였다. 박제가는 정조의 총애를 무척 받은 인물이다. 정조는 그의 재능과 단점까지도 포용했다고 한다.

정조와 박제가의 일화가 전해지는데 이를 소개하고자 한다(노혜경, 덕성여대 교수에서 발췌). 박제가는 10년 넘게 검서관으로 일을 했는데 승진을 시켜주지 않는다고 노골적으로 재상에게 불만을 토로했다고 한다. 당시 절친이었던 유득공, 이덕무는 수령으로 벌써 승진하여 나갔는데 자신은 수령으로 발령을 내지 않았기 때문이다. 그러나 정조는 박제가의 고약한 성격을 알고 있었기에 수령으로 나가면 당장 파면을 당할 것임을 알고 미뤄온 것이었다. 박제가는 이러한 불만을 담아 아래와 같은 시를 지었다.

> 나는 전생에 늙고 둔한 말이었을 거야
> 날마다 채찍을 맞고 300근을 나르고 있으니
> 나는 너무 열심히 일해
> 오장을 다 태우고 시력까지 잃었는데
> 월급이 있다 해도 화려한 무덤 꾸밀 수나 있을까
> 구구하게 임금 향한 마음이 있었기에
> 벼슬지위 높낮음을 가리지 않았네
> 내 벼슬은 악공과 같아 어떻게 문단(검서관직)을 따르겠나
> 남들은 출세했다 말들 하지만
> 정작 내 아내는 치마 하나 없구나
> 그래도 성군 곁에는 길이 있을 것이니
> 강연회도 참여하고 설날 조회에도 참석하리리
> (『정조실록』)

당시 조선 사회는 수령으로 임명되어야만 유람도 다니고 왕처럼 살아보고 재산도 불릴 수 있었기에 이를 한탄하여 지은 시이다. 박제가는 이 시를 지어 동료들에게 배포하였다. 이 시를 들은 조정에서는 박제가를 수령으로 임명하였지만 결국은 정조의 예상대로 암행

어사에게 걸려 파면되었다.

정조는 강화된 왕권을 바탕으로 민생 안정과 문화 부흥을 위한 여러 시책을 폈다. 정조는 계지술사(繼志述事)를 내걸고 전통문화를 계승하면서 중국과 서양의 과학기술을 받아들여 국가 경영을 혁신하고자 하였다. 계지술사(繼志述事)는 조상의 뜻을 계승하면서 부분적으로 새로운 것을 추구한다는 의미이다.

경제적으로는 재정 수입을 늘리고 상공업을 진흥시키기 위해 1791년 통공정책(通共政策)을 써서 시전상인의 자유 상인 통제권(금난전권)을 폐지하여 자유 상업을 진작시키고, 전국 각지의 광산 개발을 장려하였다. 이로써 상공업이 크게 발전하고 한양은 인구가 집중되어 도성 밖에 새마을(신촌)이 곳곳에 형성되고, 한강에는 많은 상선(商船)이 출입하면서 포구가 늘어났다(한영우, 『다시 찾는 우리 역사 2』, 2020). 한편, 정조 때에는 재야 사림이 주관하던 군현 단위의 향약을 수령에게 맡겨 지방사족(地方士族)의 발호(跋扈, 권세나 세력을 마음대로 휘두르며 날뜀)를 억제하고, 백성에 대한 국가의 통치력을 강화하였다.

금난전권(禁亂廛權)은 육의전을 비롯한 한성 내의 37개 시전(市廛)이 도성 안팎 10리(약 4km) 이내에서 난전을 금지할 수 있는 권리를 말한다. 육주비전(六注比廛)은 조선 시대 서울 종로에 자리 잡고 있던 여섯 가지 종류의 어용상점(御用商店)으로, 명주, 종이, 어물, 모시, 비단, 무명을 팔며 흔히 육의전(六矣廛)이라 불렸다. 또한 '육부전(六部廛)', '육분전(六分廛)', '육장전(六長廛)', '육조비전(六調備廛)', '육주부전(六主夫廛)' 등의 별칭으로도 불렀다. 이들은 국역(國役)을 부담하는 대신에 정부로부터 강력한 특권을 부여받아 주로 왕실과 국가 의식(儀式)의 수요를 도맡아 보는 등 상품의 독점과 전매권(專賣權)을 행사, 상업 경제를 지배하면서 조선 말기까지 확고한 지위를 차지하였다.

따라서 정조 15년(1791)에 '신해통공(辛亥通共)'을 통해 다음과 같은 조처를 내렸다. 첫째, 육의전 이외의 모든 시전(市廛)에 금난전권, 즉 도매권을 허용하지 않는다. 둘째, 설립된 지 20, 30년 미만인 시전(市廛)은 폐지한다. 신해통공(辛亥通共)은 조선 후기인 1791년(정조 15) 육의전을 제외한 시전(市廛)의 금난전권(禁亂廛權)을 폐지한 조처로 통공정책(通共政策) 가운데 하나이다.

채제공(蔡濟恭, 1720~1799)은 이와 관련하여 다음과 같이 말하였다.

좌의정 채제공이 아뢰기를, "우리나라의 금난전권은 국역을 지는 육의전(六矣廛)으로 하여 이익을 독점하기 위하여 설치한 것입니다. 그러나 근래에는 무뢰배들이 삼삼오오(三三五五)로 시전(市廛)을 만들어 일용품을 매점(買占)하지 않는 것이 없고, (……) 값이 날로 오르기만 합니다. (……) 마땅히 평시서에 명하여 20, 30년 이내에 설립된 작은 시전(市廛)을 조사해 모조리 혁파하도록 하고 형조와 한성부에 명하여 육의전 이외에는 난전을 금할 수 없게 할 뿐만 아니라 이를 어기는 자는 벌을 주게 해야 합니다."라고 하였다. 임금이 신하에게 물으니 모두 옳다고 하여 따랐다(『일성록, 日省錄』).

『일성록(日省錄)』은 정조가 세손 때부터 쓴 일기로 매일매일 생활을 반성한다는 의미이다. 현재 1760년(영조 36)부터 1910년까지 기록이 남아 있다(한영우 2, 2020). 이는 국왕의 동정과 국정의 제반 사항을 기록한 일기체 연대기이다. 흔히 '왕의 일기'라고 표현하는 『일성록』의 모태가 된 것은 정조가 세손 시절부터 쓴 『존현각일기(尊賢閣日記)』이다. 총 2,329책이 모두 전해지며 21개월분이 빠져 있다. 원본은 서울대 규장각 한국학연구원이 보관 중이며 국유물(國有物)이다. 『일성록』은 기존의 세계기록유산에 이름을 올린 『조선왕조실록』과 『승정원일기』와 더불어 조선왕조 3대 연대기로 꼽힌다. 편년체인 『조선왕조실록』이나 『승정원일기』와는 달리 주제 순으로 사안들을 기록한 강목체 형식을 취하고 있다(김태식, "유네스코 세계기록유산", 연합뉴스, 2011).

　그 밖에 영, 정조 시대에는 영조의 『속대전(續大典)』과 정조의 『대전통편(大全通編)』을 통해 왕조의 통치 규범을 정리하였으며, 영조 때의 『동국문헌비고(東國文獻備考)』를 보완한 『증정동국문헌비고(增訂東國文獻備考)』가 있는데 정치, 경제, 문화 등 국가의 여러 문물을 포괄적으로 정리하였다. 특히 『여지도서』, 『해동지도』 등을 편찬하여 국토의 모습과 인문지리적인 요소들을 가미하였다. 『무예도보통지(武藝圖譜通志)』는 군사 훈련을 그림과 함께 자세히 설명하였다.

　특히 『동문휘고(同文彙考)』는 청과의 외교문서를 정리, 수집한 문서이다. 1784년 10월에 정조가 인조 대(代) 이후의 대청, 대일 외교문서들을 모두 정리하도록 명하여 1788년에 편찬하였으며 이때 처음 만들어진 것이 총 129권 60책이다. 이후 고종 대(代)까지 관련 내용이 꾸준히 증보되었으며, 훗날 원본에서 추가된 내용은 속편이라 불리며 총 36책으로 이루어져 있다. 원본 초판과 속편을 합쳐 총 96책이다. 이 시기를 왕조 중흥기, 또는 조선의 '문예부흥기'라고 일컫는다. 즉 근대화로 접어드는 과도기라 할 수 있다.

정조는 왕세손 때부터 닦은 학문적 자신감을 바탕으로 '스승'의 입장에서 신하들을 양성하고 재교육시키는 정책을 추진하였다. 자신의 정책을 따르는 신하를 직접 기르겠다는 생각에서였다. 정조는 『홍재전서(弘齋全書)』라는 100권의 방대한 저술을 남긴 학자 군주로서의 면모를 적극적으로 보여주었다.

자랑스러운 우리의 역사

제5장

조선 후기의
사회적 변화

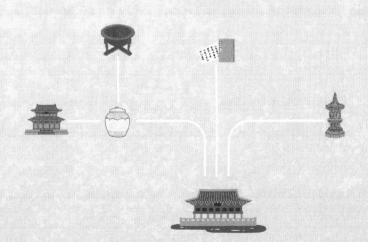

자랑스러운 우리의 역사

제**5**장 조선 후기의 사회적 변화

1. 조세법의 정비와 농업기술의 발달

　임진왜란 이후에 국가의 정책은 파괴된 국토를 회복시키고 민생 안정과 경제를 복구하는 것이 최선의 목표였다. 따라서 국가재정을 확보하기 위한 각종 부세(賦稅) 제도를 개선하여야 했다. 임진왜란 이후에는 전결(田結, 논, 밭에 매기던 조세) 수(數)가 1/3 수준으로 줄었으며 임진왜란으로 가장 피해가 컸던 경상도 지역은 전결 수가 1/6로 감소가 되었다. 그 주된 이유는 전쟁으로 인해 농토와 토지대장이 유실되었기 때문이다.

　따라서 조선 후기에는 농업을 비롯한 수공업, 광업 등 모든 분야에서 발전을 꾀할 수밖에 없는 실정이었다. 농업 분야에서는 전쟁 이후 줄어들었던 경지를 다시 일구었으며 개간 등으로 경지 면적을 늘렸다. 또한, 전후에 계속하여 묵힌 밭을 개간하고 양전(量田, 경지 구획) 사업을 통해 광해군 때 54만 결이었던 토지결수(土地結數)는 정조에 이르러 145만 결로 약 3배가 증가하였다.

　이는 전국에 수리 시설이 확충되어 논농사에서 이앙법(移秧法)이 전국으로 확산이 되었으며 특히, 논 면적이 많은 경기, 경상도, 충청도, 전라도 지역까지 보편화되었기 때문이다 (송찬섭, 2016). 이러한 이앙법은 노동력이 많이 없어도 되는 장점이 있지만, 가뭄 시에는 농사를 망치는 단점을 가지고 있는 농사법이다. 이앙법의 반대되는 농사법은 논밭에 직접 씨를 뿌리는 방법인 직파법(直播法)은 가뭄에는 강하지만 김매기 등의 노동력이 많이 필요하다는 단점이 있다. 따라서 이앙법으로 생산량이 그전보다도 늘어났으며 수확 후에는 벼를 심는 이모작도 가능하게 되었다.

이러한 양전 사업과 개간 그리고 새로운 농사법에도 불구하고 국가의 재정도(財政度)는 전결 수의 60%에 지나지 않았다. 그 밖에 궁방전(宮房田)이나 관둔전(官屯田)은 조세에서 벗어나 있었다. 궁방전(宮房田)은 조선 후기에, 왕족들의 궁방(宮房, 宮家)에서 소요(所要)되는 경비와 죽은 뒤의 제사 비용을 위하여 지급하던 토지이다. 조선 전기에는 사전(賜田, 임금이 내려준 밭), 직전(職田, 기름지고 네모난 땅)의 형식으로 지급하다가 임진왜란 이후 시행하였다. 관둔전(官屯田)은 고려, 조선 시대에 각 지방 관아에 둔 둔전(屯田, 주둔 병의 군량을 지급하기 위해 주는 밭)으로 본래 군자(軍資)에 보충하려고 두었으나, 실제로는 관아의 일반 경비나 수령의 사사로운 수입으로 쓰이는 따위의 폐해가 있었다. 이와 같은 관둔전, 궁방전, 역둔전(驛屯田)은 면세전(免稅田)이었다.

효종 때에는 영정법(永定法)을 실시하여 전세 부담을 낮추고 공평화(公平化)를 꾀하였다. 영정법(永定法)은 전세율을 풍년이나 흉년과 관계없이 1결마다 4~6두로 고정하고 종전의 수등이척(隨等異尺)과 연분 9등을 폐지하였다. 수등이척(隨等異尺)은 세종 때에 실시하였는데 1436년 공법상정소를 설치하고 각도의 토지를 3등급으로 나누어 세율을 정했다. 1443년 이를 보강하기 위해 전제상정소(田制詳定所)를 설치하고 풍작과 흉작에 따라 연분 9등법과 토지의 비옥도에 따라서 전분 6등 법 의해서 수등이척법(隨等異尺法)으로 조세의 공평화를 도모하였다.

수등이척(隨等異尺)과 연분 9등을 폐지하는 대신에 양전하는 자를 통일하되 이적동세(異蹟同稅)를 실시하였다. 이적동세는 토지의 등급에 따라 1결의 면적을 달리하는 세제를 말한다(한영우 2, 2020). 이로써 수세지와 전세율의 국가 수입은 줄어들어 국가재정은 악화의 길로 접어들었다.

당시 이러한 국가재정의 악화로 인해 부가세인 삼수미(三手米)와 대동미(大同米)가 추가되어 국가재정을 보충하였다. 삼수미(三手米)는 원래 임진왜란 때 훈련도감의 경비를 위해 신설된 특별 지세(地稅)이다. 임진왜란 때 군사력의 부족을 느낀 조선 조정은 훈련도감을 설치했는데 여기에 삼수병(三手兵)의 급료를 위해 만든 세금을 말한다. 삼수병이란 사수(射手), 포수(砲手), 살수(殺手)를 말한다. 처음에는 둔전을 두어 급료를 주었으나 부족하여 선조 35년(1602) 경상, 전라, 충청, 강원, 황해도, 경기의 6도에서 1결에 대하여 1 말의 특별세를 부과하고, 다시 세액을 1 말 2되로 증액했는데 이를 삼수미라고 하였다. 1634년(인조 12)부터 경상, 전라, 충청 3도에 1결마다 1 말씩 세액을 감했고, 병자호란 이후 경기도는 면세하였다. 이 제도는 전시(戰時) 특별세의 성격이 있었으나 차차 고정되어 고종 31년(1894), 갑오개혁까지 계속되었다.

대동미(大同米)는 조선 후기에, 대동법에 따라 거두던 쌀을 말한다. 광해군이 등극하자 방납(防納)제도로 인하여 농촌사회는 매우 어려웠다. 방납(防納)제도는 하급 관리나 상인들이 공물에 대하여 백성을 대신하여 나라에 바치고 백성에게서 높은 대가를 받아 내던 일을 말한다. 이러한 방납제도 폐해로 인해 선혜청(宣惠廳, 대동미를 관할하는 관청)을 두어 경기도에서 대동법이 시행하였다. 대동법이란 지방의 특산물로 바치던 공물을 쌀로 통일하여 바치게 한 세금 제도로, 토지결수에 따라 1결당 12두씩을, 또는 산간 지역 등 쌀이 잘 나지 않는 지역의 경우에는 삼베, 무명, 나중에는 동전까지 거두었던 것인데 이때 걷은 쌀을 대동미(大同米)라고 하였다.

이러한 과세에도 불구하고 국가재정이 늘어난 것은 농업발달로 인해 생산량이 증가했기 때문이다. 위에서 말했듯이 논에서는 이앙법의 발달이 생산력을 높여주었고 밭에서는 그루갈이와 견종법(畎種法)이 생산량을 증가하였다. 밭작물은 세 가지 농법으로 재배하는데 첫째는 농종법(壟種法)이며 둘째는 견종법(畎種法)이며 셋째는 만종법(漫種法)이라고 한다. 농종법은 밭농사에서는 밭의 높아진 이랑에 파종하는 형태이고 견종법(畎種法)은 낮아진 고랑에 심는 방법이며 만종법은 이랑과 고랑을 만들지 않고 평지에 파종하는 것을 말한다.

쉽게 말하면 견종법(畎種法)은 밭고랑과 밭이랑(두둑)을 만들고 밭고랑에 파종하는 방법으로 조선 시대 실학자인 박세당, 서유구가 『임원경제지』에 소개하여 전국적으로 확대되어 나갔다. 이 방법은 배수에 어려움이 있으나 이랑이 바람을 막고 수분보존이 쉬워 보온 효과가 높고 종자가 바람이나 빗물에 씻겨 내려가는 것을 막으며 작물이 추위와 가뭄에 강하여 수확량이 많고 제초 작업에 노동력을 절감할 수 있다. 따라서 북쪽 지방에서도 보리, 밀 등 겨울 작물에 적합하다. 이에 반해 농종법(壟種法)은 밭이랑을 만들어 이랑에 씨를 뿌리는 방법으로 물이 잘 빠지고 바람이 잘 통하여 햇빛이 잘 들어오는 장점으로 콩, 팥 등 여름작물에 적합하다.

농민들은 쌀 이외에도 잡곡류 즉 콩, 보리 그리고 의류 작물로서 목화와 모시, 특용작물인 인삼, 담배, 약재 등을 생산하여 시장에 내다 팔았다. 조선 후기에는 이러한 상업적 농업이 점차 활발해짐에 따라 지역 특산물이 전국적으로 생겨나기 시작하였는데 대표적으로 한산의 모시, 개성의 인삼, 안동의 왕골 돗자리 등이 유명해졌다.

특히 담배는 유럽을 거쳐 제국주의의 바람을 타고 포르투갈 상인들에 의해서 아시아에서는 처음으로 필리핀에 전해졌다. 우리나라의 경우는 정확하지는 않으나 문헌 자료를 통해 추측해볼 때 한반도에는 17세기 광해군 때에 유입된 것으로 보인다. 실제로 광해군 당시 신하들이 회의할 때마다 조정관리들이 피우는 담배 연기가 임금에게로 옮겨가니 화가 난 광해군이 담배를 피우지 못하게 했다고 한다(한국 역사연구회, 『조선 시대 사람들은 어떻게 살았을까?』, 청년사, 2005). 하멜 표류기에서도 우리나라의 담배에 대하여 적어놓았는데 "조선의 아이들은 4~5세만 되어도 담배를 피운다."라고 적었지만(분수대, "담배꽁초". 중앙일보. 2008), 일각에서는 이 기록이 몸속에 있는 회충을 없애기 위해 약으로 사용하는 것을 헨드릭 하멜이 잘못 보고 기록한 것이라는 의견도 있다("경제 거꾸로 읽기, 엥겔계수와 담뱃값 인상", 이코노미 21, 2006).

담배의 명칭은 남아메리카의 카리브 제도의 아라와크(Arawak)족이 부르던 이름을 신항로 개척 시기 콩키스타도르들이 그대로 가져왔다는 설이 유력하다. 이후 유럽 이베리아 일대 주민들도 담배 파이프를 가리켜 '타바코(tabaco)'라는 명칭을 썼으며(Ernst, A, 1889, 『백과사전』에서 재인용), 이 가운데 포르투갈과 교역하던 센고쿠 시대 일본이 이를 수입한 후 임진왜란을 전후하여 한반도에 상륙하면서 '담바고(談婆姑)'로 음역(音譯, 외국어의 음을 한자의 음으로 빌려 씀)이 되었다. 이후 선비들 사이에서는 '남초(南草)'나 '남령초(南靈草)'로, 민중들은 '담파고', '담박괴', '담바구', '담바' 등으로 불리다가 '담배'라는 명칭이 표준어로서 확립된 것이다.

영어로는 '토바코(tobacco)'는 역시 어원이 같으나, 영미권에서는 smoke나 cigarette이라는 단어가 더 보편적이다. 원래 cigarette은 궐련만을 이르던 단어다. 'cigar(시가)'에 명사전성어미 '-ette(작은 것, 간이용)'가 붙어 '간이 시가', '작은 시가'라고 하던 것에서 유래했다. 이 밖에 담배의 별칭으로는 '구름 과자' 등이 있고, 영어 속어로는 '다트(Dart)', '보기(Bogie)', '스토기(Stogie)' 등이 있다.

다양한 농사법과 작물의 영향으로 농업생산의 발전은 지주전호제(地主佃戶制)에 영향을 주었다. 조선 시대 두 번의 전쟁은 조선 시대 후기에 농사지을 땅이 황폐해지거나 소실되어 조정에서는 토지 개간을 장려하였다. 그 결과 양반들이 토지를 늘려서 이 땅을 백성에게 빌려주어 농사지은 수익을 일부 받았다. 이를 지주전호제(地主佃戶制)라고 한다. 이때 땅을 빌려 농사를 짓는 사람을 소작농이라고 한다.

지주전호제의 영향으로 양반들은 소작료로 생활하거나 소작료로 받은 미곡(米穀, 쌀을 포함한 곡식)을 시장에 판매하고 돈을 벌어 다시 땅을 사는 행위로 인해 부농이 되는 양반이 많아지기 시작했다. 따라서 토지가 상품으로 거래되면서 모든 사람이 땅을 사게 되자 농업뿐만 아니라 상업, 광업, 수공업으로 부를 쌓은 상민들도 지주가 되는 경우도 발생하였다. 그 원인은 이와 같은 변화에 대처하지 못해서 경제적으로 몰락한 양반들도 있었기 때문이다. 이는 후에 신분제도의 변화가 오게 된다. 또한, 양반들은 노비만을 중심으로 농사를 짓는 것에서 벗어나 작인(作人, 소작인의 준말)과 계약(契約)을 통해 병작(幷作)할 수가 있고 이러한 소작농들은 경제적인 측면에서 형성된 관계로 어디에 예속되지 않았다.

지주가 늘어남에 따라 토지를 잃거나 보유량이 줄어든 농민들과 농기구를 갖추지 못한 소작농들은 떠돌이 유민이 되거나 품팔이꾼이 되어 도시로 광산으로 수, 공업지역으로 일자리를 찾아 생계를 유지하는 월급 노동자로 전락하였다.

2. 대동법과 균역법의 정비

국가의 수입은 주로 공납(貢納)으로 대부분 채워졌다. 공납은 백성들이 그 지방의 토산물이나 특산물을 바치는 것이기 때문에 토공(土貢)이라고도 하며, 이는 관부(官府)의 여러 가지 용도에 충당키 위한 것이었다. 공물에는 수공업품으로서 각종의 기물(器物, 세간붙이), 직물(織物), 지류(紙類, 종이), 석자(席子, 돗자리) 등과 각종의 광물, 수산물, 모피, 과실, 목재 등이 있었다. 공납에는 정기적으로 해마다 바치는 상공(常貢)과 비정기적으로 부담하는 별공(別貢), 그 밖에 지방관이 부담하는 진상(進上)이 있었다.

그러나 이러한 공납제도는 공납 자체가 가진 구조적인 결함이 있었다. 공납은 토지가 아닌 인정(人丁)과 호(戶), 즉 사람 머릿수에 맞추어 거두어들이는 인두세적(人頭稅的, 납세의 능력을 고려하지 않고 개인에 따라 일률적으로 거두는 방식) 성격을 지니고 있다. 농업을 경제 기반으로 삼고 토지의 겸병이 문제시되던 시대에 토지가 아닌 사람에게 직접 측정하는 이러한 제도는 전근대 동아시아 사회가 견지한 성리학적 도덕 경제하에서 지나친 학정(虐政, 포악한 정치)에 가까웠다. 민생 부담을 낮추기 위해 조세를 조정하여 빈부격차를 완화하려 해도 인정에 따라 거두는 한, 이는 이루기 힘든 사항이었고, 빈부의 불균등은 국가 재정의 악화와 사회적 불균등의 심화를 가져왔다.

따라서 조선 초기에는 방납(防納) 형식으로 운영되었다. 방납이란 중앙의 서리나 상인이 공물을 대신 내주고, 해당 군현의 백성들에게서 그 대가로 이익을 붙여 받는 것을 말한다. 그런데 사실 이건 불법이다. 방(防) 납(納)의 한자만 봐도(납부를 방해한다는 뜻) 바로 알 수 있다. 그러나 방납자(防納者)들의 운영으로 국가 수입과 농민 부담을 오히려 가중을 시키는 결과를 가져왔다. 그 이유로는 공물은 세대(世帶)를 대상으로 부과하여 백성들이 공납하던 토산물(土産物)을 말하는데, 토산(土産)이 아닌 공물이나 농가에서는 만들기 어려운 가공품 등을 공납해야 하는 경우, 현물을 사서라도 바쳐야 했다. 따라서 이를 기회로 중간에서 이득을 취하는 상인(商人) 혹은 하급 관리들이 나오게 되었다.

또 이들은 자기들의 이익을 위하여 불법적인 수단으로 농민의 상납(上納)을 막기까지 하였으므로 방납이라는 명칭이 생기게 되었다. 또한, 지방에서 공납이 가능한 물품이라 할지라도 국가의 수요(需要)와 공납이 시기적으로 일치하지 않는 경우가 많았고 먼 지방으로부터의 수송에도 불편이 있었으며 각 궁방(宮房)·관청에서 수납(收納)하는 경우, 그 규격을 검사하여 불합격품은 이를 되돌려 다시 바치게 하는 등, 여러 가지 혼란이 일어났다.

이에 국가에서는 경주인(京主人) 등으로 하여 필요한 물품을 대신 바치게 하고 그 대가(代價)를 지방민에게 갑절로 받게 하였으므로 수요자와 방납자(防納者)는 서로 결탁하여 지방의 납공자(納貢者)들을 괴롭혔다. 1569년(선조 2) 이이(李珥)는 『동호문답(東湖問答)』에서 공물을 미곡(米穀)으로 대신 내게 함으로써 방납에 따르는 납공자들의 피해를 덜어야 한다고 주장하였다. 그러나 이 주장은 임진왜란 이전에는 시행되지 않았다가 임진왜란 이후 토지의 황폐, 백성의 이산(離散) 등으로 조세(租稅)가 감소하여 국가재정이 곤란해지자 비로소 그 보충을 목적으로 시행되었다. 이이는 수미법을 주장했는데 토지를 단위로 하는 것이기에 지주들의 반발이 심했다. 그러나 재정이 궁핍하여지자 수미법을 대동법(大同法)으로 명하여 이를 시행했다.

1608년에 경기도에 처음으로 시도하여 숙종 34년, 100년이 지나서야 평안도와 함경도를 제외한 전 지역에서 실시되었다. 이러한 대동법은 이원익(李元翼, 1547~1634), 한백겸(韓百謙, 1552~1615) 등의 주장이 받아들여졌다는 것을 의미한다. 선혜청(宣惠廳)은 1608년(광해군 원년) 공물세(貢物稅)로 현물 대신 대동미와 포, 전을 받기 위해 설립한 관청이다.

이 관청의 미곡(米穀) 창고로는 남창(南倉)이 있었다. 선혜청의 옛터는 지금의 서울 종로구 숭례문 앞, 현 롯데손해보험빌딩의 자리에 있으며 여기에 터의 표지판이 있다. 더욱 자세히 설명하면, 지금의 중구 남창동 남대문시장 자리다. 대동법 시행으로 전국에서 받은 쌀과 포목, 동전을 보관하고 관리했다. 물자가 모이니 인근에 가게가 서고 이후 시장으로 발전했다. 선혜청은 조선의 국운을 결정적으로 시들게 한 1882년 임오군란의 원인이 된 기관이다. 임오군란은 당시 정부가 병사들의 월급을 체납하고 부패를 일삼은 데 대해 일으킨 반란이다. 당시 선혜청에서 군인들 월급을 지급했다. 이후 중국과 일본 등이 내정에 개입하면서 조선은 제국주의 쟁탈 대상이 된다.

한영우에 따르면 "대동법 시행으로 인하여 토지가 많은 부호에게는 불리하고 토지가 없거나 적은 농민에게는 유리하여 농민 부담을 크게 줄여주었다는 것이다. 그 이유는 공납을 전세(田稅)로 전환하였기 때문이고 이로써 국가의 부족한 전세 수입을 보충하여 국가재정이 크게 호전되었다. 그러나 대동법 시행으로 매년 정기적으로 바치는 상공(常貢)은 없어졌지만, 왕실에서 소비하는 진상(進上, 지방의 토산물이나 진귀한 물건 따위를 임금에게 바치는 일을 말함)이나 별공(別貢, 특수한 토산물을 현물로 받는 세나 필요에 따라 임시로 부과하는 공물)은 그대로 남아 현물징수가 완전히 폐지되지는 않았다"(한영우, 『다시 찾는 우리 역사 2』, 2020).

군역제도에서의 변화도 일어났다. 임진왜란을 거치면서 훈련도감이 설치되어 삼수병을 훈련하고 호란을 거치면서 숙종 때에 5군영(五軍營) 체제로 바뀌었다. 이 제도는 조선 초에 설치한 5위(衛) 체제를 대행하게 되었다. 정확히 말하자면, 오군영(五軍營)은 임진왜란을 계기로 설치된 조선의 수도와 그 일대를 방어하기 위해 조직된 훈련도감(訓鍊都監), 어영청(御營廳), 금위영(禁衛營), 총융청(摠戎廳), 수어청(守禦廳)의 5개 군영(軍營)을 말한다. 1881년(고종 18) 신식 군대로 개편되면서 무위영(武衛營)과 장어영(壯禦營)으로 합쳐졌다. 훈련도감, 어영청, 금위영은 수도를 방어하는 군영이며, 총융청은 북한산성을, 수어청은 남한산성을 중심으로 한양의 외곽 지역을 방어했다.

지방군으로는 속오군(束伍軍)이 편성되었다. 1594년(선조 27) 임진왜란 때 역(役)을 지지 않은 양인과 천민 중에서 조련을 감당할 수 있는 사람으로 편성되었다. 이들은 평상시에는 군포(軍布)를 바치고 유사시에만 소집되었다. 이들 중에는 일부 노비들도 존재하였다. 속오군은 1594년(선조 27) 류성룡(柳成龍, 1542~1607)의 건의로 처음 창설되었고 진관 체제가 재정비되면서 전국적인 편성이 이루어져 정유재란 때 왜군을 저지하는 데 효과를 발휘하였다.

그러나 그들은 훈련 부족과 운영 미숙으로 전면전에는 별로 효용이 없었다. 병자호란 이후 조선군의 주력은 모병제 중심의 오군영(중앙군)으로 넘어갔다. 각 지방의 주민은 대부분 속오군에 편성되었는데 이들은 병농일치제에 따라 평시에는 농사와 훈련에 전념하다가 유사시 소집되어 국방에 동원되었다. 물질적 급여는 없었고 부분적으로 보인(保人)의 지급으로 대체하였다. 즉 군(軍)에 직접 복무하지 아니하던 병역 의무자가 정군(正軍) 한 명에 대하여 두 명에서 네 명씩 배당하여, 실제로 복무하는 대신에 베나 무명 따위를 나라에 바친 것이다. 즉 국가는 이들에게는 월급을 주지 않았다. 지방군은 세금의 일종인 군역을 지게 되었다.

월급을 주는 군은 모병에 해당하는 중앙군에게만 해당이 되었으며 이들은 양인에게서 받은 군포로 해결하였다. 이의 변화는 세조 때에는 보법(保法)은 조선 시대에, 종래의 봉족제(奉足制 또는 보인, 保人, 조선시대 평민이 부담하던 국역(國役)의 하나)를 고쳐 2정(丁)을 1보(保)로 하던 법이다. 호패법(號牌法)실시로 2정을 1보 단위로 묶어서 1정은 정군(正軍)으로 초출하고 나머지 1정은 보인(保人)으로 남은 가족의 생계를 돕게 하였다. 이를 대역제(代役制)라고 하고 있다.

모병제는 중종 때부터 실시하여 군역 대신 군포를 바치는 것으로 통일되었다. 군포의 형식은 양인 이상으로 장정(壯丁) 수에 따라 부과하지만, 국가가 군포의 총액을 정해놓고 마을 단위로 할당하여 부과하는 방법을 취했다. 국가의 예산을 계획적으로 운영하기 위하여서는 최선이다(한영우, 『다시 찾는 우리 역사 2』, 2020).

그러나 세금 제도는 언제나 폐단이 있다. 조선 시대에도 오늘날처럼 내는 자와 받는 자는 항상 불만이 있기 마련이다. 이러한 군포를 마을마다 할당하는 것은 연대 책임이 있어서 양반이 내지 않는 군포나 이웃 사람, 혹은 친척 심지어는 죽은 아이나 어린아이까지 군포를 부과하는 불합리한 면도 있었다. 이를 족징(族徵, 사망하거나 도망갔을 때 혹은 지방 관료가 사사로이 세금을 사용하였을 때 그 일가에게 대신 세금을 내게 하는 일), 인징(隣徵, 군정이 죽거나 도망하여 군포(軍布)를 받지 못할 경우, 이를 그 이웃에게 물리던 일), 백골징포(죽은 사람의 이름을 군적과 세금 대장에 올려놓고 군포(軍布)를 받던 일), 황구첨정(黃口簽丁, 군정이 문란해져서 어린아이를 군적(軍籍)에 올려 군포를 징수하던 일)이라 하는데 이에 따라 실제 세금은 훨씬 더 많았다.

이러한 폐단은 5군영의 설치와 북벌론의 대두로 인하여 양인에게는 큰 부담이 되었다. 따라서 농촌은 더욱 황폐화가 되고 결국은 이농하거나 편법인 모칭유학(冒稱幼學)으로 불리는 가짜 유학생으로 변환되는 웃지 못할 폐단까지도 생기게 되었다. 영조에 이르러서야 이러한 폐단을 해결하려는 노력으로 균역법(均役法)이 생기게 되었다. 균역법이란 조선 시대 군역의 부담을 경감(輕減)하기 위해 만든 세법이다.

영조는 베 2필을 1필로 내게 해 세금의 양을 절반으로 줄였다. 백성들은 유리하겠지만 국가 입장에서는 기존에 걷던 세금이 절반으로 줄어들어 이에 영조는 지주들에게 '결작(토지 1결마다 미곡 2두 또는 5전을 받아들임)'이라는 토지 부과세를, 부유한 양인들에게는 '선무군관(選武軍官)'이라는 칭호를 주고 돈을 받았고, 왕족에게 주어지던 어, 염세와 선세를 국고로 환수하여 부족한 재정을 충당했다. 이러한 세금은 균역청을 설치하여 관할(管轄)하게 했다. 따라서 세금의 보충으로 국가재정은 건전해지고 양반과 지주들도 세금에 대한 부담으로 평준화가 되었다.

영조는 출신성분이 어머니가 천민이어서 그런지 조선 시대의 어느 왕보다도 백성을 사랑했다. 그는 무엇보다 영조는 그동안 시행해 왔던 가혹한 고문과 형벌들을 없애기 시작했는데 압슬형(壓膝刑), 낙형(烙刑), 자자형(刺字刑), 부관참시(剖棺斬屍), 전도주뢰형(剪刀周牢刑)과 같은 잔혹한 형벌과 고문을 없앴으며, 균역법을 시행하여 조세 제도의 모순을 개혁했고 서원의 중복 설립 금지, 청계천 준설, 서얼 차별 완화 등 많은 치적을 남겼다.

압슬형(壓膝刑)은 조선 시대에, 죄인을 자백시키기 위하여 행하던 고문으로 죄인을 기둥에 묶어 사금파리를 깔아 놓은 자리에 무릎을 꿇게 하고 그 위에 압슬기나 무거운 돌을 얹어서 자백을 강요하는 형벌이다. 낙형(烙刑)은 불에 달군 쇠로 몸을 지지는 형이며, 자자형(刺字刑)은 얼굴이나 팔뚝의 살을 따고 홈을 내어 먹물로 죄명을 찍어 넣던 형벌이다. 부관참시(剖棺斬屍)는 죽은 뒤에 큰 죄가 드러난 사람을 극형에 처하던 형으로 무덤을 파고 관을 꺼내어 시체를 베거나 목을 잘라 거리에 내걸었다. 전도주뢰형(剪刀周牢刑)은 전도주뢰(剪刀周牢) 즉, 양 발목과 무릎을 동여매고 정강이 사이에 두 개의 긴 몽둥이를 괴어 가위를 벌리듯 좌우로 젖히는 고문 방법이며, 태배형(笞背刑)은 죄인의 오장육부가 있는 등을 치는 것이며 난장(亂杖)은 신체의 부위를 가리지 않고 마구 매질하는 것이며, 주장당문(朱杖撞問)은 주릿대로 쓰이는 붉은 몽둥이로 여러 사람이 마구 매질하는 형을 말한다.

숙종 때 강화된 오가작통법(五家作統法)을 엄히 지켜 백성의 유민화(流民化)를 막고 조세 수입의 안정화를 꾀했다. 오가작통법(五家作統法)은 조선에서 시행된 행정 구역 체계이다. 세조 때 실시하여 중앙 집권을 강화하였다. 1485년에 한명회가 『경국대전』에 등재하였다. 『경국대전』에 기재된 내용에 의하면 수도인 한성에서는 5개의 호(戶)를 1개의 통(統)으로 구성하고 리(里)는 5개의 통(統)으로 구성하며 면(面)은 3~4개의 리(里)로 구성하여 통에는 통주(統主) 또는 통수(統首)를 두어 조직을 강화하였다. 지방에서도 한성과 같게 5개의 호(戶)를 1개의 통(統)으로 구성하고 리(里)는 5개의 통(統)으로 구성하여 3~4개 리(里)로 면(面)을 형성하여 면에는 권농관(勸農官)이라는 관리관을 두었으나 초기에는 제대로 정착되지 못하고 조선 중기부터 본격적으로 활성화되었다. 이 법은 일종의 주민 통제 정책이라 보면 될 것이다.

오가작통법(五家作統法)은 주로 호구를 밝히는 동시에 범죄자의 색출과 조세 징수, 부역 동원 등을 목적으로 만들었으나 운영관리가 제대로 되지 않아 숙종 때인 1675년에는 '오가작통법 21조'를 작성하여 오가작통제를 강화하였다.

양역변통론(良役變通論)을 통해 균역법 시행에 앞장섰으며 청계천 준천 사업에도 적극적으로 나섰는데 이와 더불어 탕평책을 영조 스스로가 만년에 자신의 치적이라 내세운 세 가지 업적이 되겠다. 양역변통론(良役變通論)은 양역(良役)의 폐단을 개선하기 위하여 대두된 주장으로 공전제(公田制)에 토대를 둔 농병일치(農兵一致)로 환원하자는 주장과 양반에게 군포(軍布)를 부담시키자는 주장이 나왔으나, 시행되지 못하고 절충안으로 균역법이 채택되었다. 공전제(公田制)는 토지 사유를 폐지하고 이를 국가에 귀속시킨 후 이를 농민, 상인, 사대부들에게 차등 지급하는 것이다. 통치 기간에 임진왜란과 병자호란으로 인한 전화가 완전히 수습되고 안정을 되찾았으며 관리들의 부정부패에 죄를 엄히 물었다.

또 세금 제도에서의 또 하나의 특징은 공사노비(公私奴婢)의 신공(身貢)도 영조 31년에 경감되어 양인과 노비의 세금 부담도 비슷해졌다.

3. 수공업과 광공업의 도약

조선 초기만 하더라도 관청이 중심이 된 수공업이 주를 이루었으나 조선 후기에 이르러서는 관청이 필요한 물건은 공인(貢人)을 통해서 구입(購入)하였기에 관청 수공업은 사라지고 민영 수공업이 발달하기 시작했다. 그러나 무기, 종이, 비단, 놋그릇, 화폐 주조 등 수요가 많은 품목은 관청에서 민영 수공업으로 점차 이양되었다.

따라서 관청에서 일하던 장인들, 즉 조선 초기만 하더라도 2,800여 명이나 되는 장인들은 부역 노동에서 벗어나 도시민이나 농민에게 필요한 물품을 만들어 시장에 내다 팔기 시작했다. 이로써 점촌이 생겨나기 시작했는데 그들은 전문 수공업자들이 모여서 필수적이고 수요가 많은 물품을 만드는 마을이 생겨났다는 것이다. 이를 점촌(店村)이라 하고 대표적으로 철제품을 만드는 수철점(手鐵店)이나 옹기그릇을 만드는 옹점(甕店), 놋그릇을 만드는 유기점(鍮器店) 등이다.

국가 기관에 소속되어 일하던 전속 장인들은 줄어들었고 납포장(納布匠), 즉 국가에 장인세(匠人稅)를 바치면 되는 장인들이 급속도로 늘어나 18세기 중엽에 이르러 약 10만 명이나 되었다. 비록 이들은 납포장들은 국가에 세금을 바치기는 하여도 대동법 시행 이후 공인이나 일반 농민이나 백성들을 상대로 물건을 만들어 시장에 내다 파는 독립적인 장인이라고 해도 무방하다. 따라서 이들의 관계는 불가분의 관계가 형성될 수밖에 없었다.

따라서 이들은 사회변화에 따라 많은 부를 축적하는 새로운 계층으로 대두되기 시작했다. 이들은 돈을 이용하여 매점 매석(買點賣惜)을 하거나 생산자에게 자재를 대주고 물건을 인수하여 큰 이익을 남겼다. 즉 장인들은 대상인(大商人)과 손을 잡았는데 소비 규모가 크고 막대한 자본이 들어가는 물품은 이들이 필요하기 때문이다. 이들을 물주(物主)라고 불렀으며 17~18세기에 흔히 나타났다. 또한, 작업장을 차려놓고 인부(人夫)를 이용하여 직접 생산하거나 정주 납청(納淸)과 같이 50여 개의 놋그릇 작업장이 모여서 노동자를 고용하여 협업 생산을 하기도 했다(송찬섭, 2016).

한편으로는 조선 후기에서는 국가적인 사업의 경우 일당 노동자(장인)들을 고용하여 물품을 제조했다. 대표적으로는 정조가 화성을 건설했었던 경우인데 수천 명의 장인을 고용하여 임금을 주고 일을 시킨 것이다. 이후에는 이러한 방법으로 국가의 대형사업을 실행하였다.

이들이 생산된 물품을 직접 팔기도 하였으나 보부상을 통해 파는 형식이 이 시기부터 나타났다. 보부상(褓負商)은 행상인의 일종으로 부보상(負褓商)이라고도 한다. 정확히는 등짐장수인 부상(負商)과 봇짐장수인 보상(褓商)을 아울러 일컫는 말이었다. 그 외에도 '장돌뱅이', '장돌림', '장꾼' 등 여러 가지로 불렸다. 조선 시대 등 전통사회에서 장시를 중심으로 지게 등으로 물건들을 가지고 다니며 활동했던 전문적인 상인들이나, 이런 상인들이 속한 단체를 말한다.

보부상은 이성계가 조선을 건국할 때 많은 도움을 주었다고 한다. 바로 조선 보부상의 아버지로 불리는 백달원(白達元)과 이성계 이야기이다.

사내는 지루함과 고달픔을 잊기 위해 주머니에서 표지가 너덜너덜한 책자를 꺼내 들었다. 아내가 친정에서 나올 때 가지고 온 책자로 사마천의 『사기열전』이었다. 아내는 까막눈인 그에게 글을 가르쳐 읽을 수 있게 했는데, 그는 특히 『화식열전』을 좋아했다.

사내의 이름은 백달원(白達元, ?~?, 조선 보부상의 시조로 불리는 인물)으로 황해도 토산 출신의 천민으로 원래 귀족인 왕씨가의 노비였다. 아내는 바로 그 주인집 딸이었다. 노비와 주인 아가씨 신분이었지만, 백달원은 어릴 때부터 아가씨와 오누이처럼 자랐다.

하루는 백달원(白達元)이 아가씨를 모시고 절에 다녀오게 되었다. 불공을 드리고 내려오는데 소나기가 쏟아져 업고 계곡을 건너다 춘정이 동해서 아가씨를 껴안았는데 아가씨가 거절하지 않았다. 백달원(白達元)은 아가씨를 몰래 만나서 사랑을 속삭였다. 그러나 그들의 사랑은 오래가지 못했다.

주인 나리가 아가씨를 개경의 유력한 부자에게 시집보내려 했기 때문이다. "이제 둘이 도망칠 수밖에 없습니다." 백달원(白達元)은 아가씨와 함께 야반도주(夜半逃走)했다. 그들은 황해도와 평안도를 떠돌다 함경도의 삼수갑산까지 와서 정착했다. 귀하게 자란 아내는 산속에서 사는 것을 힘들어했다. 농사를 지을 줄도 모르고 사냥을 할 줄도 모르는 그들을 이웃 사람들이 친절하게 도와주었다.

"사람은 서로 돕고 살아야 한다." 백달원(白達元)은 그것이 공자가 말한 인(仁)이라는 것을 나중에야 알았다. 그는 그때부터 마을에 어려운 일이 닥치면 반드시 솔선하여 도왔다. 어느 날, 백달원(白達元)에게 사마천의 말 중 "가족을 부양하지 못하는 이는 열등한 인간"이라는 말이 떠올랐다. "그래, 열등한 인간이 될 수는 없어." 백달원(白達元)은 지난밤에 생각했던 계획을 아내에게 이야기했다. "장사요?"

아내가 어리둥절한 표정으로 그를 응시했다. "언제까지 산속에서 살 수 없지 않소? 사람들이 있는 곳에서 모여 살아야지.", "산속 생활에 지쳤어요?", "산속에 살다 보면 언젠가는 여진족의 약탈을 당할 수도 있소. 이제는 대처로 나갈 때가 되었소. 우리가 성공하면 부모님도 우리를 받아 주실 거요."

아내가 잠시 생각에 잠기더니 고개를 끄덕거렸다. "그렇다면 당신 뜻대로 하세요." 백달원(白達元)은 아내의 동의를 얻자, 화전을 일구고 사냥하는 대신 장사할 준비를 했다. 백달원(白達元)은 여기저기 흩어져 있는 산속 마을을 돌아다니면서 짐승 가죽을 모았고 아내는 짐승 가죽을 손질했다. 그렇게 손질한 가죽은 함주에 가지고 가서 팔았다. 가죽을 판 돈으로는 종이, 비단, 놋그릇 등을 구매하여 마을로 돌아와 팔았다.

백달원(白達元)은 하루도 거르지 않고 장사를 다녔다. 눈이 오나 비가 오나 함주를 오가면서 장사하는 일은 화전을 개간하는 것보다 더 힘들었다. "여기서 주저앉아서는 안 돼. 편하게 장사하여 돈을 벌 수 있다면 누구나 돈을 벌 거야. 남보다 더 열심히 해야 해."

6개월이 지나고 1년이 지나자 조금씩 돈이 모이기 시작했다. 백달원(白達元)은 어느 정도 돈이 모이자, 나귀를 한 마리 샀다. 나귀에 물건을 싣고 다니자 더 많은 이익을 낼 수 있었다. 하루는 백달원이 함주 저잣거리를 돌아다니며 물건을 구경하고 있는데 난전 한쪽에 웅크리고 앉은 걸인 부부가 아기를 안고 구걸하고 있었다. 날씨는 살을 엘 듯 추웠다.

"저 사람들은 건강해 보이는데 어째 일을 하지 않는다는 말인가?", "저 걸인 부부에게도 국밥을 한 그릇 말아주시오.", "인심도 좋구려." 주모는 내키지 않는다는 듯 퉁명스럽게 대답하고 걸인 부부에게 국밥을 주었다.

며칠 후 백달원(白達元)이 다시 함주의 저잣거리에 들렀을 때 걸인 부부는 여전히 구걸하고 있었다. 백달원은 그때 어떤 생각이 번개처럼 머리를 스치고 지나갔다.

"이렇게 구걸해서 어떻게 살겠소? 오늘은 굶주림을 면했다고 해도 다음 날도 면할 수 있겠소? 추운데 집도 없고 (…) 나를 따라오겠소?", "어디로요?", "나는 장사하는 사람이오. 나하고 장사를 같이하지 않겠소? 나하고 장사하면 적어도 가족이 굶주리지는 않을 것이오.", "먹고 살게만 해주신다면 무슨 일이든 하겠습니다.”

걸인 남자가 벌떡 일어나서 대답했다. 백달원(白達元)은 자기 집 옆에 움막 한 채를 짓고 '차득보' 일가를 살게 한 뒤 그를 데리고 장사를 다니기 시작했다. 차득보의 부인은 아내와 농사일을 하거나 허드렛 일을 하도록 했다. 그러자 아내가 불안해하거나 무서워하지 않아 백달원(白達元)은 마음 놓고 돌아다니며 장사를 할 수 있었다. 백달원(白達元)은 걸인들을 휘하로 끌어들였다. 흉년이 든 데다 관리들의 착취로 거리에는 굶어 죽는 사람들이 가을 낙엽처럼 뒹굴고 있었다. 손만 내밀면 사람들이 기꺼이 따라왔다. 백달원(白達元)은 그들을 끌어들여 상단(商團)을 조직했다.

“한 사람이 장사하면 이익이 두 배로 남고, 두 사람이 장사하면 네 배로 남고, 열 사람이 장사하면 백 배로 남는다.” 백달원(白達元)은 상단을 조직한 뒤 본격적으로 장사를 나섰다. 장사 규모도 커지고 거래 품목도 다양해졌다. 그들의 가족까지 합치자 100명 가까이 되어 마을을 이룰 수 있었다. 그러다 보니 장정들끼리 싸우거나 장사하러 다니면서 도둑질하거나 음란한 짓을 하는 사람들까지 나타났다. 그래서 백달원(白達元)은 장정들과 가족들을 모아놓고 삼강오륜을 가르치기 시작했다. 그리고 인간의 도리를 지키지 않으면 상단에서 추방하겠다고 선언했다.

첫째, 물망언(勿忘言): 말을 함부로 하지 마라.

둘째, 물패행(勿悖倫): 행동을 함부로 하지 마라.

셋째, 물음란(勿淫亂): 음란한 짓을 하지 마라.

넷째, 물도적(勿盜賊): 도적질하지 마라.

이는 500년 동안 이어온 조선 보부상의 전통이 되었다.

바람이 불 때마다 피비린내가 풍겨왔다. 백달원(白達元)은 여진족이 완전히 시체가 되어 나뒹굴 때까지 풀숲에 납작 엎드려 있었다. 장사하러 다니다가 뜻밖에 전투를 목격하게 된 것이다. 백달원(白達元)은 차마 물건을 버리고 달아날 수 없어서 풀숲에 엎드려 있었다.

“저 장수는 누군지 참으로 용맹하구나.” 동북면 군사 중에 유난히 활을 잘 쏘는 장수가 있었다. 그는 여진족과 마주쳤을 때 귀신 같은 활 솜씨로 여진족을 쓰러뜨렸다. 전투가 끝나자, 백달원(白達元)은 강가 풀숲을 살폈다.

“동북면 장수가 죽었나?”, 여진족 군사들이 여기저기 시체가 되어 널브러져 있었다. 그때 시체들 틈에서 동북면 장수가 신음하고 있는 모습이 보였다. 그의 허벅지는 창에 찔렸고 어깨에는 화살이 박혀 있었다.

“장군님, 견딜 만합니까? 제가 상처를 치료해도 되겠습니까?”, “그대는 의원이오?”, “아닙니다. 떠돌이 장사꾼이지만 임시 조치는 할 수 있습니다.”, “그럼 부탁하겠소.”

장수는 담담한 표정으로 말했다. 백달원(白達元)은 어깨의 화살을 뽑은 뒤 지혈하고 창에 찔린 허벅지 상처도 헝겊으로 동여매 피가 흐르는 것을 막았다. 상처 때문에 고통스러울 텐데도 입을 다물고 비명을 지르지 않았다.

“상처가 있어서 움직이지 못할 것 같습니다. 우리 집이 가까우니 치료를 받고 돌아가시는 것이

어떻겠습니까?", "그럼 부탁드리겠소."

백달원(白達元)은 나귀에 실은 물품이 걱정되었으나 사람을 먼저 살려야 한다고 생각했다. 비단을 내려놓고 동북면 장수를 나귀에 태워 집으로 돌아왔다.

"부탁이 있소. 내 부하들이 죽었는데 시신도 함께 수습해 주시오. 함주로 보내주시면 사례하겠소." 장수가 백달원(白達元)에게 청했다. "시신을 함주로 보내라." 백달원은 일꾼들에게 지시했다. 동북면 장수는 치료를 받는 동안 말이 없었다. 눈이 부리부리하고 목소리가 굵은 사내였다. 이따금 백달원이 읽던 책을 뒤적거리다가 눈을 감고 깊은 생각에 잠겨 있을 뿐이었다. "예사 인물이 아니로구나." 백달원(白達元)은 장수의 의연한 모습에 감탄했다. 장수는 자신이 누구인지 말하지 않고 백달원(白達元)에 대해서도 묻지 않았다. 여진족에게 죽은 군사들 시체를 수습하여 함주에 갔던 일꾼들이 동북면 군사 수백 명과 함께 왔다. 장수는 군사들을 이끌고 함주로 돌아갔다. 백달원(白達元)은 장수가 돌아가고 한참 지난 뒤에야 그가 이성계 장군이라는 것을 알았다.

이성계는 여러 달이 지난 뒤 백달원(白達元)을 함주 군영으로 초대했다. 그는 생명을 구해주어 고맙다는 인사를 하고, 이성계가 지휘하는 군영에 물자를 납품하게 해주었다. 고려는 왜적의 침입과 홍건적의 침입으로 어수선했다. 백달원(白達元)은 이성계의 군사들에게 전쟁 물자를 공급하기 시작했다. 그러나 이성계에게는 필요한 물자를 공급할 뿐 비용을 요구하지 않았다. 백달원(白達元)은 이성계가 큰일을 할 인물이라 생각했다. 그의 주위에 인재들이 모여들었고 이성계는 그들을 포용했다.

"물자를 준비하느라 고생이 많다고 들었소. 그대가 아니면 이성계는 존재하기 어려웠을 것이오." 이성계는 진심으로 백달원에게 말했다.

"장군께서 주실 때가 있을 것입니다. 군대 물자는 걱정하지 마시고 큰일을 도모하십시오." "허허, 내가 그대에게 배워야 할 것 같소. 내가 큰일을 할 작정인데 나에게 무엇이 필요한 것 같소?", "인(仁)입니다."

백달원(白達元)은 망설이지 않고 대답했다. "삼봉 정도전이 인재라고 생각했는데 그대 또한 인재가 분명하오. 정말 벼슬에 나설 생각은 없소?" "사람마다 업이 다릅니다. 상인은 장사하는 것이 업이고, 농부는 농사짓는 일이 업입니다. 자기 업을 버리고 권력을 취하는 것은 욕심이라고 생각합니다. 과한 욕심은 화를 부르고 인간은 화가 닥치면 헤어나지 못하게 되지요. 그래서 상인으로 만족하면서 살 생각입니다."

백달원(白達元)은 권력에 조금도 미련을 두지 않았다. 고려는 점점 혼탁하였다. 최영 장군은 고려인들이 존경하는 무인이었으나 딸을 우왕에게 시집보내 왕비가 되게 하면서, 우왕을 제대로 보필하지 못하고 이성계와 대립했다.

"왕을 간사한 자들이 보필하고 있다. 이 자들을 몰아내지 않으면 고려는 개혁할 수 없다." 이성계가 군사들에게 선언했다. "이성계가 반란을 일으켰다. 이성계의 반란군을 모조리 죽여라." 최영은 군사들을 모아 이성계에게 대항했다. 개경의 시가지에서 대대적인 전투가 벌어졌다. 그러나 한나절도 되지 않아 최영의 군은 이성계에게 대패했다.

이성계는 결국 고려를 무너뜨리고 조선을 건국하여 태조가 되었다. "하늘의 뜻이다. 이제 이씨 세상이 되었구나." 백달원(白達元)은 고려 왕조가 조선 왕조로 바뀌게 될 것으로 생각을 하였다. "살구꽃은 3월에 피고 국화꽃은 9월에 핀다." "꽃도 피고 질 때를 아는데, 하물며 사람이 나아가고 물러날 때를 몰라서야 되겠는가?"

백달원(白達元)은 이성계가 왕이 되었어도 찾아가지 않았다. 이성계는 몇 년 동안 백달원이 찾아오지 않자, 사람을 보내 그를 불렀다. "그대는 어찌 옛날의 벗을 찾아오지 않는가? 나에게 서운한 일이 있는가?"

이성계가 백달원(白達元)에게 술을 권하면서 물었다. "대왕께서 옛날에 아무리 궁벽했다고 해도 이제는 존귀한 분이 되었습니다. 오로지 우러러 받들 뿐입니다." "내가 조선을 건국할 수 있었던 데는 그대의 공이 크다. 나에게 원하는 것이 있으면 말하라." "상인들이 편안하게 장사할 수 있도록 보호해 주십시오."

백달원(白達元)은 자신을 도와준 상인들이 나라의 보호를 받으면서 장사할 수 있게 해달라고 청했다. "어떻게 하면 그들을 보호하는가?" "도성과 지방에 임방(任房, 보부상들이 모여 어울리는 곳)을 설치하여 서로 보호하고 돕도록 윤허해 주십시오."

이성계는 상인들을 보호하고 육성하기 위해서 개성의 발가산에 보부상들의 업무를 관장하는 임방을 설치하고 백달원(白達元)에게 그 책임을 맡겼다. 이성계는 아울러 어물, 소금, 목물, 토기, 무쇠 그릇 다섯 가지 물품에 대한 전매 특권을 백달원(白達元)에게 부여했다.

백달원(白達元)은 조선 최초로 상인들을 통괄하는 총책임자가 되었고, 중요한 물품의 독점권까지 획득해 이성계에게서 기대 이상의 보상을 받았다. 백달원은 임방에 의거하여 보부상들을 보호하고 그들에게 마음껏 장사할 수 있는 바탕을 만들어 주어 보부상들의 아버지가 되었다(이수광, 『조선 부자 16인 이야기 중에서』, 스타리치북스, 2015).

이 이야기는 조선 보부상의 아버지라고 칭하는 백달원과 이성계와의 인연에 관하여 쓴 글이다. 부유한 사람들이 나라가 곤경에 처해 있을 때, 백성들이 굶주릴 때, 본인의 재산과 곡식을 아까워하지 않고 나누고 베풀어 나라를 지키고, 백성을 살리고, 더 큰 부자가 된 부자들의 이야기가 많이 있다. 백달원은 그중에 한 명으로서 인(仁)을 실천하여 더 큰 부자가 되었다.

백달원은 자신의 보부상들을 이용하여 이성계를 도와 전쟁을 수행하였고 백달원 부하들은 왜구에 맞서 싸운 황산 대첩에서 또 한 번 허벅지에 화살을 맞아 곤경에 빠진 이성계를 구해내는 수훈을 세웠다. 백달원과 그 휘하 보부상들의 공적은 조선을 개국하는 과정에서 더욱 빛을 발했다. 전국 각지의 정보를 수집하고 민심의 동향을 파악해 이성계에 대항, 고려 왕조를 지키려는 정치적 반대파들을 제거하는 일은 물론 새로운 왕조 개창을 위해 필요한 민심과 여론을 모으는 데 도움을 아끼지 않았다. 조선을 개국한 이후에도 백달원은 이성계에 대한 협력과 조력을 늦추지 않았다. 특히 그는 이성계가 스승으로 모신 무학대사의 은혜에 보답하기 위해 함경남도 안변의 석왕사를 증축할 때 나한상을 옮겨오는 수고도 마다하지 않았다. 삼척에서 안변까지 5백 나한상을 운반하는 대역사에 드는 인력 동원과 막대한 비용을 아낌없이 지불(支拂)한 것이다. 이로써 이성계는 개국 초기 열악한 나라 재정 때문에 오랫동안 감히 엄두도 내지 못했던 일을 백달원의 도움으로 해결할 수 있었다.

그가 조선의 상인들에게 전한 한 가지 가르침은 다름이 아닌 '득인심역득재물(得人心亦得財物) 실인심필실재물(失人心必失財物)'이었다고 할 수 있다. 즉 '사람의 마음을 얻게 되면 재물 역시 얻지만, 사람의 마음을 잃게 되면 반드시 재물을 잃게 된다.'라는 것이다.

한편으로는 조선 후기에서는 국가적인 사업에서도 일당 노동자(장인)들을 고용하여 물품을 제조하였다. 대표적으로는 정조가 화성을 건설했었던 경우인데 수천 명의 장인을 고용하여 임금을 주고 일을 시킨 것이다. 이후에는 이러한 방법으로 국가의 대형사업을 진행하였다.

수공업의 발달에 따라 급격하게 원료가 필요하였다. 이러한 원료의 공급에 따라 광업이 동반하여 발달하기 시작하였다. 조선 초기만 하더라도 광산은 국가의 소유였다. 따라서 개인이 광산을 가지는 것은 불법으로 규정되었다. 그러나 조선 후기로 갈수록 개인들이 광산을 소유할 수 있었고 국가는 이에 따라 세금을 부과하여 국가재정을 확보할 수 있었다. 여기에서 받아들이는 세금을 설점수세(設店收稅)라고 한다. 즉 조선 시대에, 개인에게 금, 은, 동, 납 따위를 캐는 것을 허가하고 그들로부터 세금을 받던 광산의 경영 방법이다.

설점수세(設店收稅)는 사회, 경제의 발달에 따라 내용이 변화하기 시작하였는데 첫째는 1651년(효종 2)에 제정된 '채은관제(採銀官制)', 둘째는 1687년(숙종 13)부터 실시된 '별장제(別將制)' 그리고 셋째는 1775년(영조 51) 이후 '물주제(物主制)'하에서 설점수세 제도로 변화하였다.

첫째 채은관제는 청나라와의 외교 관계에서 필요했던 은을 수취(收取)할 목적으로 채은

관제(採銀官制) 하의 설점(設店) 수세법을 제정했다. 따라서 두 양란을 거치면서 국가재정의 악화와 농민들의 부역 노동으로는 관영 광업을 할 수 없어서 은광 개발을 유도하기 위하여 민영 광업을 허가하여야만 하였다.

둘째 별장제(別將制)는 호조가 군(軍), 영문(營門, 감영)의 연점(鉛店, 鉛鑛, 납)들을 흡수, 관리하고 새롭게 개발되는 은점(銀店, 은광)들을 관리하기 위해 마련한 제도였다. 이때의 별장은 호조가 선정해 한양의 부상대고(富商大賈)들로서 군, 영문(營門, 감영)으로부터 흡수한 연점, 곧 은점의 수세 임무를 가지고 있는 일종의 수세 청부업자들이었다. 즉 별장이라는 임시 관원으로 관리하는 제도로서 별장을 기록상 차인(差人), 사차(私差)로도 표현하고 서울에서 차송(借送)되었다고 하여 경차(京差)로도 표현하였다.

셋째로 물주제(物主制)는 18세기 이래 상품경제의 발달로 인하여 민간 자본이 늘어나면서 감사(監司, 관찰사) 또는 수령과 결탁하여 비합법적으로 은광 개발에 착수하였다. 곧 물주 자금이 은광업(銀鑛業)에 투입된 것이다. 민간 물주의 잠채광업(潛採鑛業, 광물을 몰래 캐는 행위)이 성장하면서 별장제가 힘을 잃게 되고 1775년(영조 51)에 호조가 자진 철폐를 선언하고 그 해에 은점(銀店, 은광)부터 합법적으로 적용하기 시작하였다. 곧이어서 정조 때에는 동점(銅店)을 순조 6년(1806)에는 금점(金店)까지 확대되었다.

이 방식은 물주(物主)가 호조로부터 설점 허가를 받고 사금광산(砂金鑛山)의 덕대(德大, 광산 임자와 계약을 맺고 광산 일부를 떼어 맡아 광부를 데리고 광물을 캐는 사람)나 은, 동광의 용주(鎔鑄, 쇠붙이를 녹여 기물(器物)을 만드는 일)에 광산경영에 필요한 자금을 투입하는 설점(設店) 과정과 해당 읍의 수령이 호조에 세금을 수납하는 수세 과정을 총칭하는 형태였다.

상인들이 이익 때문에 자본을 투자하기가 적합한 곳이 광산이었다. 수익성이 농업보다도 훨씬 좋았기 때문이었다. 또한, 농민들이 기술력을 가지지 못하여도 일을 하기 쉬운 곳이기 때문에 고용하기가 쉬웠고 임금도 또한 저렴하였다. 광산에서 초기의 산업 형태인 고용주와 임금노동자 간의 관계가 형성되기 시작했다.

18세기 중엽부터 몰락한 농민들이 너무나 몰려들어 농업에 많은 지장을 주게 되어서 공개적인 채굴을 금지하는 한편 높은 세금을 물게 되었다. 이러한 세금 제도가 설점수세에서의 물주제이다. 1811년에 일어난 홍경래 난도 대상인이 자금을 대고 광산노동자가 다수 참여하게 된 것도 광산 개발과 관련이 있다(한영우 2, 2020). 이러한 변화는 결국 민란으로 이어졌다.

홍경래(洪景來, 1771~1812) 난은 1811년(순조 11) 음력 12월 18일(양력 1812년 1월 31일)부터 1812년(순조 12) 5월 29일(음력 4월 19일)까지 홍경래, 우군칙(禹君則, 1776~1812) 등을 중심으로 평안도에서 일어난 넓은 의미에서 농민반란이다. 홍경래 난의 배경으로는 조선 후기 사회, 경제적인 역량이 성장함에 따라 여러 사회모순에 대한 저항의 분위기가 확산이 되어갔다. 교육 기회가 늘어남에 따라 지식인이 양산되고, 경제력을 바탕으로 무사로서 입신하려는 사람들도 많아짐에 따라 정부에서는 문무 과거의 급제자를 크게 늘렸지만, 종래의 관직 체제와 인재 등용 방식으로는 더 이상 그들을 포섭할 수 없어 불만 세력은 점점 늘어났다. 특히 평안도는 활발한 상업 활동을 바탕으로 빠른 경제 발전과 역동적인 사회상을 보여주고 있었으나, 중앙정치 권력으로부터 소외되었고 지역민에 대한 차별 대우가 있었다.

4. 상공업의 발달

조선 후기로 갈수록 상업의 발전으로 상품 생산이 더욱 활발하게 되었다. 따라서 많은 수요로 인하여 생산이 확대되고 분업화, 전문화가 되었다. 조선 초기에는 장시(場市)가 일부 지역에서 매달 두 차례로 열렸으나 후기에는 고을마다 오일장(場)이 열리게 되어 농민들의 생산품과 수공업 제품 등을 교환할 수 있었다(송찬섭, 2016).

장시(場市)는 조선 시대에 정기적으로 개설된 시장이다. 장시란 어용(御用)상인 시전(市廛)과 구별되는 것으로 조선 태조가 한성에 천도한 후부터 본격화되었다. 참고로 시전(市廛)은 고려 시대와 조선 시대에 수도였던 개경과 한양의 시가지에 있던 큰 상점이며, 그 상점이 있던 거리를 가리켜 시전(市廛) 거리라고 부르기도 하였다. 그리하여 서울에서는 시전(市廛) 외에 여러 곳의 특정 지역에서 일반 물화(物貨)와 미곡(米穀), 우마(牛馬) 등의 교역을 위한 장시가 열렸다. 어용상인(御用商人)은 자신의 이익을 위하여 권력자나 권력 기관에 영합하여 권력자의 비호를 받으며 궁중이나 관청 따위에 물건을 대는 상인을 말한다.

지방에서는 특히 삼남(三南) 지방에서 기근과 재난이 장시 형성의 계기가 되었고, 여기에는 과중한 부세와 군역을 피하여 이농(離農)하는 농민들이 모여들게 마련이었다. 그러나 이러한 성격의 장시는 국가의 존립을 위협하는 것으로 생각되었고, 게다가 농본억상적 (農本抑商的)인 사상도 작용하여 국가의 금압(禁壓)을 받았다. 이러한 여건에도 불구하고 지방의 여러 소도시에서는 정기적인 장시가 개설되어 이 관행(慣行)은 법제화되었고, 지역 마다 하나의 교역권을 형성하게 되었다. 그 수는 조선 후기에 이르러서는 약 1천 개가 될 정도였다. 따라서 원산이나 강경 등 상업 도시가 형성되기 시작했다.

조선 후기에는 도고(都賈)라고 부르는 독점적 도매상업이 성행하였다. 조선 후기에 '도거리'(어떤 물건을 한 사람이 몽땅 도맡아서 사려고 하는 흥정)를 하는 독점상업의 행위 또는 기관, 상인을 말한다. 도고 상인은 관상(官商)인 시전상인과 이른바 서울에서는 허가를 내지 않고 길에 임시로 만든 가게인 난전(亂廛)으로 부르는 사상(私商, 허가 없이 개인적으로 영업을 하는 장사꾼)이나 공인(貢人)들 가운데서 생겨나기 시작했고 지방에서도 나타나기 시작하였다.

시전상인(市廛商人)은 국가로부터 난전을 금압할 수 있는 '금난전권(禁亂廛權)'을 부여받아 특권과 특혜를 통하여 독점 판매를 유지할 수 있었다. '금난전권(禁亂廛權)'은 육의전을 비롯한 한성 내의 37개 시전(市廛)이 도성 안팎 10리(약 4km) 이내에서 난전을 금지(禁止)시킬 수 있는 권리이다. 특히 그들은 시전(市廛) 가운데서도 비단, 무명, 명주, 종이, 모시, 어물 등을 파는 육의전(六矣廛) 혹은 육주비전(六注比廛)은 서울의 상권을 장악했고 조선 후기에도 수공업자를 지배하면서 큰 자본을 가지고 사상(私商, 허가 없이 개인적으로 영업을 하는 장사꾼)들과 경쟁하여 도고 활동을 전개했다(한영우, 『다시 찾는 우리 역사 2』, 2020).

이러한 금난전권의 특권에도 불구하고 난전의 기세는 날로 번성하여 결국은 신해통공 (辛亥通共)으로 육의전을 제외한 시전상인의 금난전권을 폐지하게 되었다. 신해통공(辛亥通共)은 조선 후기인 1791년(정조 15) 육의전을 제외한 시전(市廛)의 금난전권(禁亂廛權)을 폐지한 조처로 통공 정책 중의 하나이다. 그 내용은 다음과 같다.

정조 15년(1791), 정조는 다음과 같은 조처를 내렸다.
첫째, 육의전 이외의 모든 시전(市廛)으로는 금난전권, 즉 도매권을 허용하지 않는다.

둘째, 설립된 지 20, 30년 미만인 시전(市廛)은 폐지한다. 는 것이었다.

〈사료〉 좌의정 채제공이 아뢰기를, "우리나라의 금난전권은 국역을 지는 육의전으로 하여금 이익을 독점하기 위하여 설치한 것입니다. 그러나 근래에는 무뢰배들이 삼삼오오로 시전을 만들어 일용품이 매점을 하지 않는 것이 없고, (……) 값이 날로 오르기만 합니다. (……) 마땅 히 평시서에 명하여 20, 30년 이내에 설립된 작은 시전(市廛)을 조사해 모조리 혁파하도록 하 고 형조와 한성부에 명하여 육의전 이외에는 난전을 금할 수 없게 할 뿐만 아니라 이를 어기는 자는 벌을 주게 해야 합니다."라고 하였다. 임금이 신하에게 물으니 모두 옳다고 하여 따랐다 (『신해통공, 辛亥通共』).

마침내 신해통공으로 인하여 새로운 시장이 형성되기 시작하였다. 따라서 장시가 발달 하면서 상인들이 머무르는 원(院, 국영 여관)이나 주막(酒幕)은 시골 길가에서 밥과 술 등을 팔고, 나그네에게 돈을 받고 잠자리도 제공하던 집으로 한국 여관의 시초이다. 주막은 초 기 한국과 조선, 고려에서 여관과 술집의 업무를 병행하였던 곳이다. 주막은 옛사람, 그중 선비나 평민이 회포를 풀던 공간이었다. 술과 음식, 그리고 숙박을 제공하는 상업 형태로 서의 주막은 조선 중기부터 나타났다. 물론 그 전 시대에도 술을 마시는 '술집'은 당연히 존재했으며 주점, 주가, 주헌, 주루 등 여러 이름으로 기록되었다.

조선 시대 당시 여행자가 편의를 제공(提供)받을 수 있는 곳은 '역(驛)'과 '원(院)'이 있었 다. '역'은 공무로 여행하는 관리들이 말을 바꿔 타는 공간이었고, '원'은 관리들에게 숙식 을 제공했던 곳이었다. 17세기 초까지도 공무가 아닌 일반 여행자가 잠을 잘 수 있는 주막 도 많지 않았던 것으로 추정된다.

주막이 본격적으로 늘어난 것은 임진왜란, 병자호란 이후이다. 전쟁의 상처가 가라앉 고, 대동법이 시행되고 상품경제가 발달하여 화폐 유통량이 증가하고 사람과 물자의 이동 이 전보다 활발해지면서 여행객에게 술과 음식, 그리고 숙박을 제공하는 주막들이 제법 번성하게 되었다. 주막에서 일하는 여주인을 '주모(酒母)'라고 불렀다. 기생 일을 은퇴한 퇴기(退妓) 출신이 많았고, 격이 낮은 궁녀나 나인들이 퇴궁(退宮)을 하였거나 궁에서 쫓겨 나 주막을 차리는 경우가 있었다. 조선 시대의 숙박문화에 대하여 재미있는 이야기들이 전해지고 있다.

조선 시대 양반들의 손님 접대 문화 때문에 숙박업이 발달하기 힘들었을 것이라는 추정도 있다. 조선 시대 양반의 가계부를 보면 전체 수입의 1/3 정도를 접빈(接賓)에 썼다고 한다. 옛이야기 등에서 나그네들이 그 고을의 좀 살 만한 집 문 앞에 가서 하룻밤만 신세를 지고 싶다고 하면 그 집주인이 성격이 고약하거나 집안에 특별한 일이 있지 않는 이상은 나그네를 재워주고 식사도 주고, 노잣돈까지 쥐어서 주는 얘기를 들을 수 있다. 그리고 최근 발견된 옛 기록들에 따르면 나그네의 객고를 풀기 위해 그 집안의 여종에게 잠자리 시중을 들게 하는 경우가 있었던 모양이다(박계숙,『부북일기, 赴北日記』).

『부북일기(赴北日記)』는 1605년(선조 38)에 울산에 살았던 박계숙(朴繼叔, 1569~1646)이 함경도에서 군 생활을 하며 매일의 일상을 일기로 적었고, 이를 인조 22년인 1644년에 박계숙의 아들 박취문(朴就文, 1617~1690)이 똑같이 함경도에서 1년간 군 생활을 하며 그 일상을 덧붙여 기록한 부자(父子)의 종군일기(從軍日記)라고 할 수 있다. 이 일기는 울산박물관에서 소장하고 있다.

조선 시대에 숙박문화가 발달하지 못한 이유 중의 하나는 접빈(接賓) 혹은 접대문화이기 때문이다. 밤늦게 찾아오는 나그네를 내치는 행위는 패륜 정도로 보았기 때문이다. 특히 양반들은 이를 매우 중요시하였다. 봉제사(奉祭祀) 접빈객(接賓客)이라는 말이 있다. 밤에 찾아오는 나그네를 재워주는 것은, 집안의 제사만큼 중요하다는 것이다. 실제로 유명한 종갓집에서는 음식문화가 발달한 이유로는 제사음식도 중요하지만, 접대용으로 술을 만드는 것이나 대접하기 위한 음식으로서 역할이 가미되었다는 것이다. 김삿갓 시조 중의 하나를 소개하고자 한다.

나그네를 쫓은 개성사람
開城人逐客詩 (개성인축객시)
邑號開城何閉門 山名松嶽豈無薪
黃昏逐客非人事 禮義東方子獨秦
(읍호개성하폐문 산명송악개무신
황혼축객비인사 예의동방자독진)
고을 이름이 개성인데 어찌 문을 닫는고.

산 이름이 송악인데 어찌 땔나무가 없을까.
황혼에 나그네를 쫓는 것은 사람의 도리가 아닐진데.
동방예의지국에서 자네 홀로 되놈일세

나그네
千里行裝付一祠 餘錢七葉尙云多
囊中戒爾深深在 野店斜陽見酒何
(천리행장부일사 여전칠엽상운다
낭중계이심심재 야점사양견주하)

천리 길을 지팡이 하나에 의지하여 떠돌아서 다니다 보니
주머니에 남은 돈이라곤 엽전 일곱 개가 전부이네
그래도 너만은 주머니 속 깊이 있기를 원했지만
석양 황혼에 술집이 눈에 보이니 어이 그냥 지나치리오!

문전박대
斜陽叩立兩柴扉 三被主人手却揮
杜字亦知風俗薄 隔林啼送佛如歸
(사양고립양시비 삼피주인수각휘
두자역지풍속박 격림제송불여귀)

해가질 무렵, 남의 집 문을 두드리니
주인 놈은 손을 휘저으며 나를 쫓는구나!
두견새도 야박한 인심을 알았음인지
돌아가라고 숲에서 울며 나를 달래네
(『월간 문학바탕』, ㈜미디어바탕, 2007년 5월 34호, 영월군청 김삿갓 유적지).

김삿갓이 개성 지역을 여행하면서 지은 풍자시이다. 늦은 저녁에 부잣집을 찾아가 신세를 지고자 부탁하였으나 집주인으로부터 거절을 당하자, 그 집주인을 꾸짖는 시(詩)이다.

"읍호개성 하폐문(邑號開城何閉門): 고을 이름은 성을 연다는 개성인데 어찌하여 문을 걸어 잠그면서 거절하는가?"라고 하였더니 집주인은 땔감이 없어서 냉방이라는 이유를 대면

서 거절하였다. 그러자 김삿갓은 이를 꾸짖으며 "산명송악 기무신(山名松岳豈無薪): 산 이름이 송악산인데 나무가 없다는 말이 무슨 말인가?"하고 꾸짖었다. 그러면서 김삿갓이 집주인을 보고 야단치기를 "황혼축객비인사(黃昏逐客非人事): 해가 질 무렵에 찾아온 나그네를 문전에서 내쫓는 것이 사람 대하는 도리가 아니다"라고 일러줬다. 김삿갓은 돌아서면서 집주인에게 "예의동방자독진(禮儀東邦自獨秦): 동방예의지국에서 홀로 진시황 같은 놈 같구나"하고 야단쳤다는 시이다.

이와 같은 주막은 상업 중심지인 물류가 모여드는 곳에 많이 생겨났다. 당시 조선 시대는 강이 발달하여 육상보다는 해상운송이 원활하였기에 강과 바다가 만나는 포구에 물류들이 많이 모이기 때문에 장시(場市)들과 매우 유기적인 관계를 맺었다. 장시는 주로 교통이 편리한 곳에 형성되어 있어서 유통의 중심지이며 이를 통해 전국을 다니며 장사하는 상인들이 생겨나기 시작했다. 대표적인 상인이 경강상인, 개성상인, 의주 상인 그리고 동래상인이 생겨나 막대한 부를 축적했다. 경강상인은 주로 쌀을 조달했고 개성 상인은 주로 인삼을 판매, 재배하였는데 이들은 상업 중심지에 송방(松房, 개성 상인들이 서울에 가게를 차려놓고 주단, 포목을 팔던 가게)을 차려놓았다. 그리고 의주 상인과 동래상인은 지역적으로 가까운 청나라와 일본과의 교역을 통해 부를 축적하였다.

상인들은 육의전을 제외한 상품들은 자유롭게 관상(管商)과 경쟁하여 판매할 수 있어서 시전 이외에 새로운 시장을 형성하여 특권적 상업체계인 공인이나 시전상인의 체계를 무너뜨리고 새로운 유통 체계를 갖추게 되었다. 예를 들면 서울에서는 남대문 밖의 칠패시장(七牌市場, 지금의 서울역 부근)과 동대문 부근의 이현시장 그리고 종로 시전(市廛)과 3대 상가를 형성하여 다양한 물품을 가지고 일반인을 상대로 거래되었으며 서울이 팽창되면서 한강 유역까지 편입되어 이 지역까지도 시전(市廛)이 설치되었다. 서울 외곽에서도 고양의 누원점, 광주의 송파 장시가 새로운 유통거점으로 발달하여 시민들을 상대로 호객행위를 하는 풍속이 생겨났다. 대표적인 것이 산대놀이다.

15세기 말부터 전라도 지방에서 시작한 장시도 조선 후기에는 전국적으로 확대되어 18세기 중엽에는 1,000여 개소를 헤아리게 되었고 보통 5일마다 열려서 인근 주민들과 농산물을 수공업 제품 등을 교환하였고 보부상이라는 행상단(行商團)이 먼 지방의 특산물을 가지고 와서 팔았다. 그러나 장시는 시장의 기능만을 행한 것이 아니라, 농민들이 정보를 교환하고 음식을 즐기며, 각종 놀이도 구경하는 축제의 장이 되었다.

따라서 이러한 장시는 점차 대형화되었고 항구를 낀 장시에서는 대규모의 교역으로 인하여 창고업, 숙박업, 은행업 등에 종사하는 객주(客主, 상인을 상대로 숙박을 치르고 가격을 흥정하는 곳)나 여각(旅閣), 거간(居間, 흥정을 붙임, 거간꾼)도 생겨났고 서울 주위의 3대 장시를 상대로 거래하는 중간도매상이 나타나기 시작했다. 이러한 중간도매상을 중도아(中都兒)라고 불렀다.

이러한 장시들이 생김에 따라 자연적으로 도로망도 좋아졌고 많이 개설되었다. 또한, 수상 운송의 여력이 생기게 되고 새로운 상업 도시들이 생겨나기 시작하였다. 대표적으로는 평창의 대화장, 함경도의 원산, 충청도의 강경, 전라도의 전주, 경상도의 대구 등이 유명하다.

대외무역은 청과의 무역이 국경 근처 의주의 중강(中江)과 봉황의 책문(柵門) 등에서 사무역(私貿易)과 관무역(官貿易)이 이루어졌다. 주로 청에서는 비단, 모자, 약재, 말, 문방구, 보석 등과 우리 쪽은, 가죽, 종이, 무명, 인삼, 명주 등이 거래가 이루어졌다. 또한, 북경으로 가는 사신과 수행원들도 무역에 관여하였다.

대일관계의 무역은 임진왜란과 정유재란 이후로 점차 관계가 정상화됨에 따라 인삼, 쌀, 무명 등을 수출하였고 수입품으로는 은, 구리, 후추, 유황 등을 들여와 다시 청으로 중개무역을 하기도 하였다. 일본과의 무역은 부산의 초량에 있는 왜관(倭館, 왜인이 통상하던 장소)을 통해 무역하였다.

이러한 무역이 증가함에 따라 도고 상업의 발달을 가져오게 되었다. 사상(私商)의 성장과 상품 유통 경제의 발전 과정에서 도고 상업이 발달하였다. 17세기 이후 본격적으로 등장한 이 사상(私商)은 국가적, 지주적 상품 유통 체계에 맞서 새로운 상품 유통 구조를 창출함으로써 종래의 시전(市廛) 중심 체계가 재편되고 지역적 유통권이 성립되었다. 이와 함께 상인 층 내부에서 진행된 계층분화를 통해 18세기 후반 이후 도고 상인이 대두하였다. 이들은 유통 과정에서 매점 행위를 통해 영세 소상인을 몰락시키고, 하층 소비자를 수탈하였으며, 일부는 생산 과정에 침투하여 선대제를 통해 수공업자를 지배하기도 하였다.

따라서 이들은 자본을 축적하게 되었고 그 자본을 정치자금으로 이용하거나 독점행위를 통해 물가 상승이나 국가에 대하여 탈세도 했다. 예나 지금이나 이와 같은 행위는 버젓이 일어나게 되어있는 구조였다. 이러한 폐단을 없애기 위하여 노력하였다. 대표적인 사람이 유수원(柳壽垣, 1694~1755)이었다. 그는 조선 영조 때의 문신, 학자(1694~1755)이며, 자는 남로(南老), 호는 농암(聾菴), 벼슬은 장령(掌令)에 이르렀으나 여러 변서사건(變書事件)에 연루되어 대역죄로 처형당하였다. 벽서의 내용은 아래와 같다.

1755년 나주지방에 '간신이 조정에 가득하여 백성의 도탄이 심하니 거병하노라'는 벽보가 나붙은 사건이 일어났다. 역모자들이 체포, 처형되면서 끝나는 듯한 이 사건은 그 뒤 시행된 과거시험에서 변란을 예고하는 듯한 글이 나타나면서 일이 커졌다. 소론에 대한 대대적인 숙청이 벌어진 것이다. 유수원도 국왕의 심문을 받고 대역죄로 죽임을 당하고 가족도 노비로 편입이 됐다(『우서(迂書)』).

저서 『우서(迂書)』를 통하여 관제의 개편과 신분제 철폐 및 교육 기회균등 따위를 주장하였다.

지방에 행상만 있고 점포가 없다는 점을 지적했다. "무릇 점포는 반드시 대상(大商)이 있어서 자본을 많이 내어 점포를 크게 차린 연후에야 물화가 몰려들어 번성할 수 있다." 점포에 많은 물건을 구비하고, 사람도 많이 고용해야 이익도 많이 날 수 있다고 했다. 물가가 낮아져야 소비생활이 풍요로워지고, 직업 분화와 전문화가 잘 이뤄져야 생산이 빠르다 등 지금 상식에 비추어 전혀 손색없는 경제론을 전개했다. 부자와 상인의 사회적 기여를 기대하기도 했다. 유수원의 사민(사, 농, 공, 상)론은 직업 제도의 확립과 사회적 분업의 심화를 의미했다. 그는 양반이 일하지 않는 현상과 문벌의 폐해를 심각하게 보았다. 농·공·상업을 천업이라 하여 양반이 종사하지 못하게 하니, 양반을 우대한다는 것이 실제로 양반을 아무것도 못하게 구속하여 굶어 죽게 한다는 것이다. 양반이 농공상업에 종사할 수 있어야 된다는 것이다(경기일보에서 재인용).

이러한 상업의 번창은 화폐의 수요를 가능하게 하였다. 즉 은으로 만들거나 그 밖의 재료로 만든 금속화폐의 필요성이 대두되기 시작하였다. 지방 장시가 활성화되면서 동전

유통의 필요성으로 숙종 4년 1678년에 상평통보(常平通寶, 조선 인조 때까지 사용하던 엽전)가 전국적으로 유통되기 시작했다. 그러나 쌀과 베 그리고 금속화폐의 주를 이루는 것은 은자(銀子, 은돈)였으며 엽전은 보조적 기능에 머물렀다.

상평통보(常平通寶)는 1633년 인조 때 최초 주조, 1678년 1월 23일 숙종 대부터 유통된 조선의 화폐이다. '조선통보', '십전통보'와 함께 개항 이전 조선의 국가 공인 화폐로, 실질적으로 꾸준히 그리고 전국적으로 화폐 역할을 했던 유일한 화폐이다. 조선 후기의 상업 발전과 그 움직임을 같이해 활발하게 유통되었다.

상평(常平)은 '상시평준(常時平準)'의 준말로 유통 가치에 항상 등가를 유지하려는, 즉 물가 안정을 꾀하는 의도와 노력을 그대로 반영한 표시이다. 『조선왕조실록』에는 동전(銅錢)으로 기록되어 있고 민간에서는 엽전(葉錢)이라 불렀는데, 이는 동전을 세는 단위가 '닢'(동전 한 닢, 두 닢 하는 식. 나무에 달린 그 잎의 고어)이었기 때문이다. 혹은 상평통보를 주물로 제조하는 과정에서 상평통보가 마치 가지에 달린 잎처럼 생겨서 그랬다는 얘기도 있다(『백과사전』).

상평통보는 초기에는 화폐 운영의 미숙으로 인해 어려움을 겪기도 하였다. 1695년부터 1697년까지 을병대기근(乙丙大飢饉)으로 인해 구휼(救恤)을 위한 재정이 긴박해지자 정부는 지나치게 화폐 주조를 통한 이익에 집착하였고, 그 결과는 인플레이션으로 나타났다. 게다가 각 관에서 마음대로 찍는 데다가 사주조(私鑄造)도 활발하여 동전의 질도 들쭉날쭉했다. 이에 대하여 『숙종실록』에는 다음과 같이 기록되어 있다.

> 어영청에서 10삭(朔)에 한하여 주전(鑄錢)하기를 계청하니, 임금이 윤허하였다. … 이때 흉년 들어 재물이 궁핍하니, 호조 및 각 군문(軍門)이 날로 주전하여 재용을 늘리는 길로 삼고, 민생이 이로써 더욱 곤궁하여짐을 생각하지 않으니, 사람들이 모두 이를 근심하였다(『숙종실록』 21).

> 주강(晝講)에 나아갔다. 시독관 이희무가 상주하기를,
> "전폐(錢幣, 돈)는 곧 나라 안에서 통용되는 화폐입니다. 전화(錢貨, 돈)는 크고 작음이 각각 그 제도가 있는데, 근래에 점점 잡스럽고 뒤섞여 당초의 모양과 비교하여 판이하게 다릅니다.

이는 단지 관에서 주조한 것도 처음과 같이 못할 뿐 아니라, 반드시 민간에서 몰래 주조하는 데서 연유한 것입니다. 지금부터 엄중히 금지 단속하면 거의 값이 떨어지는 폐단을 없앨 수 있을 것이며, 또 법을 범하는 것을 막는 방법도 될 것입니다." 하니, 임금이 해청(該廳)으로 하여금 품처(稟處, 웃어른께 아뢰어 처리함)하도록 하였다. 당시 나라의 기강이 해이하여 사주(私鑄)가 매우 많았는데, 이로 말미암아 잡스럽고 뒤섞임이 날로 더 심해지고 가치가 더욱 떨어졌으므로, 이희무(李希楙, 1617~1683)가 마침내 엄금하기를 청한 것이다(『숙종실록』).

전폐(錢幣)에 관한 폐단(弊端)은 곧 상소로 이어졌으며 결국에는 동전에 대한 생산 혹은 주조는 중단되게 되었으며 이때가 1698년이었다. 동전 주조의 중단은 동전의 가치 상승으로 이어졌고 1710년부터는 돈을 모으는 이들이 생겨 시장에서 돈이 마르는 전황(錢荒, 돈이 융통되지 않아 귀하게 여겨짐)이 발생하였다. 다시 말하면 화폐는 유통수단일 뿐만 아니라 때로는 이익을 노리고 화폐를 감추는 바람에 화폐가 부족해지는 현상이 일어난 것이다. 이를 전황이라 한다. 또 한편으로는 화폐의 가치가 오르락내리락하면서 화폐의 신임도(信任度)는 하락하여 일부에서는 동전을 폐지하자는 주장도 나왔다. 대표적인 인물이『성호사설(星湖僿說)』의 저자이며 정약용의 학문에 영향을 준 성호 이익(李瀷, 1681~1763)이다. 동전의 주조는 1698년에 중단되어 1731년에 이르러 재개되었으니 33년 만이었다.

그러나 동전의 재생산은 잠시였다. 재개(再開) 이후에 구리 시세의 폭등으로 인하여 원료를 절감하기 위해 아연을 섞어 생산하였으나 동전의 질이 형편이 없어 유통 기한이 훨씬 짧아졌기 때문이고 시장의 규모가 커짐에 따라 물류 유통이 많아져 1820년까지도 전황(錢荒, 디플레이션, 화폐가치가 올라가고 물가가 떨어지는 것)이 계속 이어졌다. 따라서 사사로이 화폐를 주조하는 불법적인 사주(私鑄)가 성행하여 심각한 사회문제가 되었다.

그러나 상평통보는 18세기까지 토지 매매, 임금 지불(支拂) 등의 문기(文記, 文券)에서 거래가 이루어졌음을 볼 때 당시 보편화되어 있었음을 알 수 있다. 또한, 19세기 중엽에 들어서면 국제무역의 성행으로 동남아시아와 스웨덴 구리 등의 유입으로 동아시아 내에서 구리의 공급이 활발해지면서 구리 가격이 하락하기 시작하자 전황(錢荒, 돈이 잘 융통되지 않아 귀해지는 일)도 사라지기 시작했다. 따라서 이후부터는 완전히 정착되었다.

5. 자본 임노동 관계 형성과 신분제의 변화

조선 후기에 들어서 상공업의 발달로 인해 전통적인 신분제도가 무너지기 시작했다. 즉 조선 시대를 지탱하였던 양천제, 즉 백성을 양인과 천민으로 구분한 신분제도가 무너지기 시작하였으며 이에 대체로 양반(흔히 士族)과 상민(평민과 노비)으로 대칭되는 반상(班常)의 계급구조가 생기기 시작했다.

그 원인으로는 당시에는 상공업의 발달로 인하여 다양한 임 노동자층이 생겨났다. 이 계층은 오늘날과 비슷하게 노동에 종사하거나 도성 근처에 머물면서 토목공사나 잡역에 동원되어 일했다. 과거에 이들은 주로 조정의 징발로 대체하였으나 후기에 들어와서는 고용된 일꾼으로 모군(募軍)이 동원되었다. 주로 중앙정부에서 행하는 대규모의 토목공사나 잡역 그리고 지방 관아에서 주관하는 역사(役事)에도 고용되어 품삯을 받으면서 고용노동에 임하였다. 이 시기에도 오늘날과 같은 고용제도가 일반화되었다.

예를 들면 고용주와 노동자가 일종의 합의 즉, 작업의 종류, 일할 곳의 위치나, 고용기간, 품삯, 지급 방법 등을 합의하여 결정하였다. 이를 화고(和雇)라고 하였다. 따라서 오늘날과 같이 신분은 경제적인 계약에 따라 맺는 관계로서 신분적인 예속 관계는 아니라는 것이다. 또한, 쟁고(爭雇)를 통하여 계약에 따라 일하더라도 어떤 문제가 발생할 시에 양자 사이에 협의할 수 있도록 하였다.

또한, 일정 시간 이상을 일하였을 경우는 별도의 수당을 지급하고 작업에 필요한 도구나 장비를 제공하였으며 노동자는 작업환경의 개선을 요구하였고 이를 수용하지 않으면 일을 거부하는 형태가 존재하였다. 품삯은 처음에는 현물로서 쌀이나 베로 받았지만, 후에는 화폐로 지급되었다. 이로 볼 때 조선 후기에 임 노동자들의 관계는 오늘날 자본주의 사회와 같을 정도로 비슷하다. 일종의 생존권 보장과 같은 장치가 있었다는 것이다.

이러한 사회제도의 변화는 근대적 계급사회로의 전환을 가져오게 하였다. 임진왜란과 호란을 거치면서 양천제는 급속하게 무너지기 시작했다. 노비들은 스스로 도망하여 신분을 해방하기도 하였고 조정에서는 모자라는 재정을 보충하기 위해서 또 전쟁으로 군역대상자들을 보충하기 위해서 노비를 해방하기도 하였고 양란을 통해 군에서 큰 공을 세웠거나 곡식을 바친 자들을 양인으로 풀어주어 속오군으로 편제시켰다.

또한, '노비종모법(奴婢從母法)'을 시행하였다. 조선 전기에는 '일천즉천법(一賤則賤法)'으로 부모 중 한쪽이 천민이라면 그 자식은 반드시 천민이었는데, 조선 후기 영조 때는 '노비종모법'이 시행되어, 어머니의 신분에 따라 자식의 신분이 결정되었다. 예를 들어, 천민 아버지와 상민 어머니가 자식을 낳으면, 조선 전기에는 한쪽이 천민이기 때문에, 반드시 천민이었으나, 조선 후기에는 어머니의 신분을 따라 상민이 되는 것이다. 이러한 이유는 당시 양인(良人)의 수를 늘리는 방편으로 당시에는 양인 여자와 노비 남자 사이에 결혼이 성행했기 때문이다.

당시의 노비는 끔찍한 제도 중의 하나였다. 다른 나라와는 달리 같은 민족을 노비로 삼는 것은 세계적으로 흔하지 않았다. 한번 노비가 되면 죽을 때까지 아니 대대손손(代代孫孫) 노비가 되기 때문이다. '노비종모법'도 마찬가지이다. 실제로 양인의 수를 늘린다고 실시한 것이지만 아버지가 누구이든지 간에 어머니가 노비이면 누구나 노비가 된다는 것이다. 이는 전체 인구의 10%가 되는 노비가 나중에는 50% 이상이 된다는 것이다.

당시 노비들은 이유가 없이 처벌당하거나 살해당했을 경우 법적으로 처벌당하였지만, 핑계만 대면 그만이라서 처벌을 받는 경우는 거의 없었다. 그만큼 학대를 받았다. 로마 시대의 예를 들자면 그들은 다른 나라를 정복한 민족들을 노예로 부렸지만 가축과 같은 삶을 살게 하지는 않았다는 것이다. 똑똑한 노예들은 자기 자식들의 선생으로 삼거나 교사가 되는 경우가 많았지만, 조선 사회에서는 생각하지도 못한 일이다. 물론 조선 사회에서는 면천제도(免賤制度)가 있었다.

조선 후기로 들어갈수록 두 차례 전쟁으로 평민들이 경제적 어려움으로 자기 가족을 노비로 팔아버리는 경우가 있다. 특히 자기의 부인이나 딸을 노름빚 때문에 노비로 파는 일이 허다했다. 따라서 노비들을 파는 상인들까지도 생겨나고 심지어는 엄청난 이윤을 남길 수 있었다. 오늘날로 보면 인신매매이다.

이러한 노비들은 '부민고소금지법(部民告訴禁止法)'으로 자기의 주인을 고소할 수 없었으며 노비가 주인을 고소하였을 경우 오히려 노비가 처벌받았다는 것이다. 심지어는 주인이 모반죄에 해당이 되지 않는 이상 노비는 교수형에 처하기도 하였다.

특히 여자 노비들은 낮에는 죽도록 일하고 밤에는 주인집의 아들에게 성 노리개가 되어야 했다. 이들은 결혼까지도 주인에 의해 결정되었다. 주인이 정해주는 외거노비나 평민과 결혼하여 살아야만 하였다. 이렇다 보니 그 여자가 낳은 자식들은 모두 주인의 노비가 되면서 주인의 재산이 증식되었고 그들을 마음대로 팔아버리는 일이 흔하게 발생하였다. 따라서 고달픔에 못 이겨 탈출한 경우가 발생하는 데 이들은 전문 노예 사냥꾼 추노(趨奴)에 잡혀 되팔렸다.

조선 후기에는 여성 노비가 더 많아진 이유는 매매의 대상이었기 때문이다. 남성들은 세금과 군역 때문에, 면천(免賤)되지만 여자 노비는 여전히 매매되었기 때문에 조선 말에 가면 여자 노비만 남게 되는 이상한 상황이 되었다. 따라서 여전히 성씨도 가지지 못한 채로 살아가야 했다.

그러다가 갑오개혁(1894)으로 신분제가 폐지되었으나 형식적이었다. 그들은 경제적 자립도가 없었기 때문에 머슴이라는 이름으로 살아야 했다. 이러한 삶은 일제강점기를 거쳐 광복 이후에까지 이어오다가 한국전쟁을 기점으로 없어지기 시작하여 1970년대 산업화가 이루어지면서 노비제도는 완전히 없어지게 되었다.

위에서 말한 '부민고소금지법(部民告訴禁止法)'은 조선 최고의 성군이라고 알려진 세종 시절에 만들어진 유례가 없는 악법이다. '그는 왜 이 법을 만들었을까?'라는 의문이 들 것이다.

부민(部民)이란 관할 지역의 일반 백성을 의미하고, '부민고소금지(部民告訴禁止)'란 부민은 고을 수령에 대한 고소가 불가하다는 것이다. 다시 말하면 일반 백성은 억울한 일이 생기거나 고을 관리가 부정을 저질러도 그 관리를 고소할 수 없다는 제도이다. 중앙 관서의 서리(書吏), 고직(庫直), 사령(使令) 등 하례(下隸)와 지방 관서의 아전(衙前), 장교(將校) 등이 상급자인 관원을 고소하거나 지방의 향직자(鄕職者), 아전, 백성이 관찰사나 수령을 고소하는 것을 금지하던 제도이다. 이 법은 주인을 고발할 때도 해당이 되었다.

만약에 노비가 반역을 꾀하는 주인을 고발하였다면 어떻게 될까? 상식적으로 생각하면 그 나라의 영웅이나 포상을 받아야만 하여야 한다. 그런데 조선 시대에는 생각지도 못한다. 주인을 고발한 노비는 곧바로 상을 받는 대신 처벌을 받았을 것이다.

1420년(세종 2) 9월에 예조판서 허조(許稠) 등의 건의에 따라 제정되었으며, 『경국대전』 형전(刑典), 소원조(訴冤條)에 규정되었다. 즉, 종묘(宗廟), 사직(社稷)에 관계되는 모반대역죄와 불법 살인죄를 고소하는 것은 허용은 하되 이전(吏典, 이속 관원의 총칭), 복례(僕隸)가 그 관원을 고소한 경우, 품관(品官), 이(吏), 민(民)이 그 관찰사, 수령을 고소한 경우에는 수리하지 않으며, 고소자를 장(杖) 100, 도(徒) 3년에 처하였다. 또한, 타인을 몰래 사주해 고소하게 한 자도 같으며, 무고한 자는 장 100, 유(流) 3,000리 형으로 처벌하였다.

모든 경우에 관원, 관찰사, 수령에 대한 고소를 금지하는 것은 아니었다. 이들의 비리, 불법행위, 오판 등으로 인해 원통하고 억울한 일(訴冤, 소원, 억울한 일을 당해 관아에 고소함)을 당한 당사자는 서울은 주장관(主掌官), 지방은 관찰사에게 호소할 수 있었다. 이 법을 제정한 목적은 사리에 맞고 안 맞는 것을 불문하고 아랫사람이 윗사람을 능멸하는 것을 금지함으로써 상하존비(上下尊卑)의 명분을 확립하고자 함에 있었다. 수령은 백성의 부모이고 백성은 수령의 자식인데, 자식으로서 부모를 고소할 수 없다는 논리를 적용하여 매우 아름다운 법이라고 보았다.

하지만 현실은 '부민고소금지법(部民告訴禁止法)'의 한계가 여실했었음이 역사적으로 증명됐다. 모든 경우에 관원, 관찰사, 수령에 대한 고소를 금지하는 것이 아니었지만, 이 법은 시행 뒤에도 철저히 지켜지지 못하였고, 그러는 사이 수령의 침어탐오(侵漁貪汚)가 날로 심해져 조선 백성들의 고통을 키우는 나쁜 결과를 불렀을 뿐이었다. 이 법의 의도는 지방 권력자들의 권력을 억누르고 왕의 대리자인 지방 수령의 권력을 높여서 중앙 집권의 기틀을 닦는 데 의의가 있었지만, 현실은 지방 수령과 지방의 전통 권력자들이 한통속이 되어서 사이좋게 백성들을 수탈하는 결과를 불렀다.

이러한 부민고소법(部民告訴法)이 시행되기 전에는 토호세력(土豪勢力, 호족세력을 말함)들의 권력이 너무나 집중이 되어 있었다. 예를 들면 왕건이 29명의 아내를 둔 것도 지방 호조 세력의 힘과 견제를 얻기 위해서 많은 부인을 두었다. 그러나 고려 중기에 들어서 권문세족의 권력이 너무나 강해 각종 병폐가 심해졌고 오히려 몽고와 결탁하면서 자신의 권력을 이용하여 사리사욕에만 눈이 멀어 있었다. 즉 사노비를 늘려 세금을 내는 평민들이 감소하여 국력은 약해지고 권문세족을 제어할 수 없을 지경이었다.

고려가 멸망한 후 조선은 중앙 집권을 강화하기 위하여 모든 현에 관리를 내려보내기 시작하였으나 여전히 지방호족과 향리들의 횡포를 막아낼 수 없었다. 더욱 심각한 것은 백성이 수령보다도 향리를 더 무서워하고 향리들을 믿고 설치는 노비들까지 있었다. 이를 방지하기 위하여 허조는 지방에 파견된 관리들을 보호하기 위하여 '부민고소금지법'이 필요하다는 상소를 올려 세종 4년에 이 법을 승인하게 되었다. 물론 유정현(柳廷顯,

1355~1426), 박은(朴訔, 1370~1422) 등의 반대 의견 즉, "그렇게 되면 수령은 더욱 꺼릴 것이 없어 백성들은 견디지 못할 것이 옵니다."라고 반대하였다.

이러한 양천제의 붕괴는 조선 시대의 계급제도를 복잡하게 만들었다. 양반의 개념이 바뀌게 된 것이다. 원래 양반이라는 계급은 조선 초기에는 문무의 관직을 가진 사람으로 구성되어 있지만, 조선 후기로 갈수록 뚜렷한 기준이 없었다. 즉 모호하다는 것이다. 당시 명성이나 서원의 유생 그리고 진사 등의 벼슬아치뿐만 아니라 그의 친족들이 족보를 만들어 집단 자체가 양반행세를 하였다. 이뿐만 아니라 청금록(靑衿錄)이나 향안(鄕案)이라는 양반명단을 만들어 향촌 사회를 지배하는 구조적 폐해를 가져오게 하였다.

원래 족보는 보첩(譜牒)이라고도 하는데, 이는 한 가문, 즉 씨족의 계통과 혈연관계를 부계 중심으로 체계적으로 나타낸 책이다. 계보학 또는 보학(譜學)에서 말하는 계보를 기록한 문서를 말하는데, 흔히 족보(族譜)라고 한다. 동일 혈족의 혈통을 존중하고 가통(家統, 집안의 계통이나 내림)을 계승하여 명예로 삼기 위해 그 역사와 계통을 밝히는 집안의 역사책이라 할 수 있다.

사람들은 족보에 기록된 사람이 자기의 조상이라고 착각하기도 한다. 다시 말하면 족보에 명시된 자기의 조상과 유전자 검사를 하였을 경우 100%로 일치하지는 않을 것이다. 예를 들면 자기의 집에서 내려오는 족보는 조선 후기에 올수록 신분제도와 상업의 발달, 양란(임진왜란, 병자호란)으로 인하여 신분제도가 변화하였고 이 틈을 이용하여 족보나 자신의 호족을 매매하여 위조하는 일들이 빈번하였기 때문이다. 정조 시절 정약용은 족보 위조의 폐해를 지적하기도 하였다.

이를 자세히 살펴보면 정약용은 그의 저서 『여유당전서(與猶堂全書)』에서 "내가 바라는 바는, 온 나라를 양반 되게 하여 온 나라에 양반 없게 하는 것이다."라고 그의 입장을 피력하였다. 그는 『경세유표(經世遺表)』에서 "관작이 없는 자도 스스로 귀족이라 칭하고 군역과 요역을 면하는 바람에 나라가 가난해지는 폐단이 벌어지고 있다"라고 비판하였다. 이는 온 나라의 백성들이 양반이 되기를 바라는 것은 인정하지만 양반답지 못한 일부 계층의 양반을 비판하면서 이들은 매매를 통해 양반을 취득하여 군역을 회피하는 바람에 나라 살림이 더욱 피폐해지고 있다는 것이다.

족보의 세탁이나 매매의 폐해는 조선 숙종 때에 노비 수봉(守奉, 1646~?, 1717년 이후)의 예에서 나타난다. 그는 경상도 단성현(丹城縣, 지금의 산청지역) 심정량가(沈廷亮家)의 외거노비로서 자신의 경제력을 이용하여 노비에서 평민으로 신분 상승하였으며 재력을 바탕으로 노비까지 거느리는 인물이었고 수봉계 김해 김씨의 시조로 등극하였다.

그에 따르면 그는 외거노비로서 재산을 축적하여 자신의 농토를 마련하였고 조정에 많은 거금을 주고 노비 신분에서 벗어나 통정대부(通政大夫, 조선 시대 문관의 정삼품, 당상관의 품계)라는 관직을 수여 받았으며 당시 자신의 본관과 성이 없어서 고심하던 차에 성씨를 김씨, 본관을 김해로 하였다. 그는 이것도 모자라 그의 후손들은 족보를 세탁하기 시작하였다. 자손을 다른 지역으로 이사시키거나 서원 원생으로 넣어 개명하였다. 그의 4대손 김성종과 김종원은 안동 김씨로 본관을 바꾸는 데 성공하여 200년 후에야 탄로가 났다.

수봉(守奉)은 꾸준히 재산을 모아 노비라는 굴레를 벗어던지는 데 성공했다. 평민이 된 그는 노비라는 흔적을 완전히 지워야 했다. 성씨를 얻는 것도 그중에 하나였다. 한국에서 성씨는 삼국시대 왕족부터 사용하기 시작해 귀족을 거쳐 고려 시대에는 일반 평민들도 일반적으로 성(姓)을 갖고 있었다. 조선 시대에는 노비들도 점차 성씨를 얻어가는 과정에 있었지만, 여전히 노비들은 이름 외에 성이 따로 없었다. 양반들은 자신의 가계를 좀 더 화려하게 보이기 위해 노력했다면 하층민들은 자신들의 가계를 지우기 위해 노력했다 (권내현, 2014).

이와 같은 예는 조선 후기 양반의 인구가 증가했다는 것을 의미하는데 즉 계급의 이동이 활발하게 이루어졌다는 것이다. 이는 호적을 위조하여 가짜 유학을 통하거나 경제력을 바탕으로 양반 가문을 매매하였다는 것을 뜻한다.

실제로 양반의 비율은 광해군 때 14.63%에 불과했는데 영, 정조 이후에 백성의 과반을 넘어섰다. 광해군 때에는 족보를 보유하지 못한 자, 조상 가운데 벼슬아치가 없어도 족보를 가진 자, 서얼, 중인 등이 적었으나 점차 양반행세를 하는 자가 비율이 높아져 정조 때에는 50%가 넘어섰다.

특이한 것은 신분제에도 지방과 가문에 따라 차별이 존재하였다. 다시 말하면 양반의 등용문인 과거에 합격하였더라도 문벌 양반인 주 요직인 홍문관 등에는 훌륭한 가문이나 주요 지방에 있는 인물들이 차지하였고 평안도 사람은 다소 한직인 사헌부, 사간원(司諫院, 임금에게 간하는 일을 맡아보는 관아), 성균관에 중인들은 교서관(校書館, 조선 시대에 경서의 인쇄와 교정, 香祝, 인전 등을 맡아보는 관아)에 임명하였다. 무과에서도 마찬가지였다. 왕을 호종하는 선전관(宣傳官, 조선 때 선전관청의 무관 벼슬), 중인은 수문청(守門廳, 출입문을 지키는 무관)에 임용되었다. 후에 영, 정조 시기에는 완화되었지만, 여전히 차별은 존재하였다.

중인들은 17세기에 형성된 상민과 양반의 중간에 위치하는 신분이었다. 이들은 대개 기술직에 종사하거나 지방에 거주하는 부류였다. 기술직은 의관(醫官), 역관, 천문관, 산관(算官, 수학), 율관(律官), 화원, 서리 등을 말하는 서얼층(庶孽層)이고 지방에서 거주하는 이들은 지방의 향임(鄕任), 교생(校生, 향교의 유생), 군교(軍校), 향리(鄕吏, 한 고을에서 세습되어 온 아전, 서리를 말함) 직을 맡았다. 그들은 평민 가운데 신분이 상승한 중인에 해당하며 기술직들은 본래 사족(士族, 문벌이 높은 집안이나 그 후손)이었으나 아래로 강등한 경우이다. 중인 계층은 17세기 이후에 직업이 세습되면서 형성되었다. 잡과 응시에는 서얼들이 허용되면서 이 부류에 속하게 되었다.

서얼들은 조선 후기에 이르러 위상이 매우 높아졌다. 이들 중 대표적인 인물은 유득공, 이덕무, 박제가 등이며, 정조가 이들을 규장각에 등용하였다. 이들은 대개 서양 문물을 받아들였으며 그 누구보다도 출세에 대한 욕망이 강하였고 그들의 부모는 높은 벼슬아치가 많아 처우가 기술직 중인보다도 더 많이 그리고 빨리 개선되었다. 당사의 기술직 중인들은 출세 의욕이 강해 급진적 개혁파로 전문직으로서 공리를 추구하는 반면에 서얼들은 16세기 중엽부터 양첩서얼(良妾庶孽)이 문과를 응시하게 되었으며 문과에 급제하면 청요직(淸要職)이 일부 허용되었기 때문이다. 양첩서얼의 과거 허용은 조선 중기의 명종이었으며 천첩서얼(賤妾庶孽)의 문과 응시는 영, 정조의 시대였다. 물론 그들의 자녀들은 향교나 서원에 입학하여 벼슬을 준비할 수도 있었다. 이러한 제도는 철종 2년(1851)에 '신해허통(申亥許通)'으로 청요직의 허통이 완전하게 허용되었으며 고종에 이르러 서얼에 대한 모든 차별은 법령으로서 폐지되었다. 그러나 여전히 서얼에 대한 차별은 가정이나 사회적으로 용납하는 데 오랜 시간이 걸렸다.

영조실록에 따르면 1767년(영주 43)에 경상감사 김응순이 올린 장계가 조선을 발칵 뒤집었다. '종단'이라는 여자가 복통 후 아이를 출산하였다는 내용이었다. 상식적으로 여자가 아이를 낳는 것은 당연하다. 그러나 문제는 7살 난 아이가 출산했다는 것이다. 이 소문은 급속도로 전국으로 퍼졌다. 당시 조선은 조혼제(早婚制)가 있어도 7살이 아이를 낳기에는 무리였기 때문이다. 조선 역사상 최연소 임신부는 결혼도 하지 않은 7살 여아였다.

이덕무(李德懋, 1741~1793, 호는 靑莊館, 炯庵, 雅亭, 嬰處)가 『청장관전서(靑莊館全書)』에 기록한 바에 따르면

> 7세 여자아이는 생후 3주 만에 월경을 시작했고 고작 세 살의 나이에 음모가 나기 시작했다. 그리고 여섯 살이 되었을 땐 보통 아이와 크게 다르지 않았지만, 아이가 임신이 되고 난 뒤에 갑자기 쑥 자라서 열네, 다섯 살 된 여자처럼 보였다. 그녀는 마치 요괴의 일종이었다.

이에 영조는 어떻게 7살이 된 어린아이가 출산할 수 있으며 누가 그런 짓을 했는지를 알아보고 보고하라고 지시했다. 당시 좌의정이었던 한익모(韓翼謩, 1703~1781)가 보고하기를 "사람이 그와 같은 짓을 할 리는 만무하고 개인적인 생각으로는 요괴의 짓"이라고 보고하였다. 따라서 "종단이라는 여아와 태어난 아이를 죽여야 한다."라고 주장을 하자 영조는 어사를 보내 진상을 파악하도록 지시했다.

여기서 영조의 현명함을 볼 수 있다. 신하들이 요괴의 짓이라 죽여야 한다고 주장하자 거절하였다. 왜냐하면, 7살 아이가 출산했다는 내용은 어딘가 이상하다는 이유였다. 게다가 장계에는 아이의 아버지가 누구인지, '종단'의 조사에는 어떤 일이 발생했는지 빠져있었다. 그리고 이 소문은 조선의 민심을 혼란하게 할 수 있다며 어사 구상에게 조사하도록 하였다.

당시 구상은 '종단'은 7살이었고 언니 '이단'은 10살이었다. '이단'에게 종단의 나이가 7세라는 진술을 확보하고 아버지가 누구인지를 물으니 소금 장수인 '송지명'이 아이의 아버지라고 대답했다. 송지명이 종단을 희롱하는 장면을 목격했다고 하였다. "밭에 갔다가 돌아와 보니 여동생과 소금 장수가 옷을 다 벗고 방에 누워있었다"라는 것이다. 구상은 소금 장수를 불러 자기의 짓이라는 실토를 받았다.

그리고 얼마 되지 않아 어사가 영조에게 보고하기를 '송지명(당시 23세)'이라는 소금 장수가 '종단'을 희롱하였고 그를 잡아 조사하니 자신이 하였다고 실토했다는 것이다. 이를 들은 영조는 '송지명'을 노비로 강등하고 섬으로 귀양을 보냈다. 인간이기를 거부했다는

이유이다. 그리고 종단의 어머니와 '종단'이 그리고 그 자식도 모두 노비로 삼고 섬으로 유배를 보내라고 명령했다. 자식을 잘 기르지 못한 죄로 모두가 귀양을 가게 되었다.

또한, '산음' 현감도 거짓 보고의 이유로 관직을 삭탈하고 '산음(山陰)'이라는 동네를 산청(山淸), 즉 '맑다'라는 이름으로 개명하도록 했다. 이에 따라 '안음'이라는 동네도 '안의'라는 이름으로 바꿔버렸다. 결과를 말하자면 '종단이'와 그 자식은 섬에 도착한 즉시 먼 거리의 이동으로 사망하게 된다.

여기에서 당시 조선은 성종 이후의 종모법(從母法)에 따라 노비의 자식은 노비일 수밖에 없으며, 어린애를 돌볼 수 있는 사람은 부모밖에 없어서 같이 딸려 간 것이라 할 수 있으니, 법(法)대로 어미와 자식도 함께 노비가 된 것이다.

이로 볼 때 조선 시대나 현대이거나 미성년자들에 추행, 강간 등은 심각한 문제가 되었고 그에 관한 법 집행은 종모법처럼 관대할 필요가 없다는 것이다.

자랑스러운 우리의 역사

제6장

조선 후기
신학문의 전래와
사회·문화의 변화

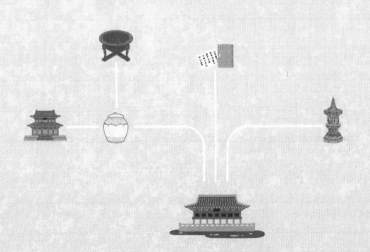

자랑스러운 우리의 역사

제6장 조선 후기 신학문의 전래와 사회·문화의 변화

1. 시대적 배경

조선에서 성리학은 16세기 이황과 이이를 거치면서 학문이 최고조에 이르렀으나 두 양란을 거치면서 더 이상의 힘을 발휘하지 못하였다. 성리학은 조선을 건국하는 데 유익하였으나 초기와는 달리 성리학 본연의 임무를 다하지 못하고 입신양명을 위한 출세의 도구로 변질되었고 두 전쟁을 거치면서 주위 국가들의 침입을 막아내는 데 역부족이었다. 다시 말하면 도덕 국가를 만드는 데에는 도움이 되었으나 조선 후기로 가면서 주위 열강들의 도전을 막아내는 데 역부족이었다는 것이다.

조선은 후기로 접어들면서 상업구조, 농업, 신분제도의 변화로 인하여 내부적으로 혼란을 겪고 있었으며 외부적으로는 자연재해와 주변 국가들의 외침으로 백성들의 고통이 막심했다. 이러한 상황에서 양반은 백성의 신임을 받기에 역부족이었다. 왜냐하면, 성리학은 정치적 수단으로 변질되어 권력과 부를 얻기에 혈안이 되어왔으며 도덕 국가로서의 학문을 이용하는 데 한계가 드러났기 때문이다.

외부적으로는 주변 국가들은 서구의 문화와 기술이 도입되어 부국강병을 꾀하고 있었으며 일부 서얼 출신들의 학자들이 서구의 사상인 천주교를 비롯한 양명학, 고증학 등을 도입하기 시작하여 조선 사회를 출렁이기 시작하였다. 이러한 학문과 사상의 도입은 성리학을 새로운 시각으로 바라보게 되었고 초기에 새로운 사상과 문화는 이단(異端)으로만 바라보지 못하게 되어 사회변화와 맞물려 서서히 백성들에게 뿌리를 내리기 시작하였다. 다시 말하면 부국강병과 안민 그리고 새로운 사상과 전문기술들을 도입해야 한다는 자각이 싹트기 시작했다.

우선 새로운 문화와 사상은 문학에서 두드러지게 나타났는데 이는 성리학을 이념으로 하는 도덕적인 틀에서 벗어나 낭만적인 당나라의 시와 고문사(古文辭) 즉 진한문(秦漢文)을 중심으로 나타나기 시작하였다. 또한, 토정 이지함은 기행을 일삼으면서 당시의 성리학을 조롱거리로 둔갑시키곤 하였다.

그는 조선 중기의 학자로서 호는 토정(土亭), 수산(水山)이다. '토정'이라는 호는 그가 마포 나루에 집을 흙으로 쌓고 그 위를 평평하게 해서 정자를 지은 것에서부터 비롯된 것이다(이산해, 『鵝溪遺稿(아계유고)』 권 6, 숙부 묘갈명). 토정 이지함은 보령 출신으로 이지함의 맏형 이지번(李之蕃, ?~1575)과 서경덕(徐敬德, 1489~1546)으로부터 학문을 수학하였으며 재물을 멀리하고 베옷과 짚신을 평생 신고 입을 정도로 검소한 생활을 하였다. 의학, 천문학, 지리, 음양 등에 밝았으며 기이한 행동과 예언 등의 일화가 많을 정도로 독특한 삶을 살았다고 한다. 또한, 당시 성리학의 대가인 이이와의 친분으로 성리학을 배우라는 권유도 받았으나 거절하였다(『선조수정실록』 권 12).

그의 호가 토정이라 많은 사람이 토정비결(土亭祕訣)의 저자로 알고 있지만, 그가 『토정비결』의 저자일 가능성은 예상외로 적다. 그의 학풍은 성리학에 얽매여 있지 않았고 당시에서는 기이하게 여겨지는 행동을 자주 하였다고 알려져 있다. 그는 화담 서경덕(徐敬德)의 제자로서 잡학(雜學)에 능했다고는 하나, 그러한 그의 면모가 『토정비결』과 직접적인 관계가 있다고 장담할 수는 없다. 먼저, 그의 유고집인 『토정유고』는 그의 사망 100년 후 현손(玄孫, 손자의 손자) 이정익(李禎翊)이 편찬했다고 알려져 있다. 그러나 그의 저서에서도 『토정비결』에 관한 언급은 없다.

또한, 토정비결이 유행했던 시기는 19세기인데, 16세기 사람인 이지함이 생존했던 시기와는 한참 동떨어져 있다. 따라서 그가 직접 저술한 저서인지는 불분명하다. 연암 박지원의 작품으로 유명한 「허생전」의 주인공 허생은 이지함을 두고 설정했다는 설이 있다.

이지함은 당시 워낙 기인이었기 때문에 수많은 문헌에 등장한다. 『어우야담』과 『천예록』에서부터 『기옹만필』, 『동패락송』, 『대동기문』 등에 전할 정도로 당대(當代)뿐만 아니라 후대(後代)에까지 많은 이야깃거리를 남겼다. 또한 『목민심서』, 『백호전서』, 『성호전집』, 『송자대전』 등 후대의 문헌에도 조금씩 언급된다.

일반 백성들 사이에서는 조선의 말로를 예상하는 『정감록』과 같은 사상들이 대두되기 시작하였고 당시에 주역과 단학 그리고 유교적인 중심에서 벗어난 장자, 노자, 불경과 같은 내용이 과거 제도의 문제로 출제되어 많은 논란이 되었다.

정여립(鄭汝立, 1546~1589)은 이이의 문하생이었으며 선조 22년(1589)에 역성혁명을 일으켰다. 이는 기축옥사(己丑獄事)의 시발점이 된 역모 사건이다. 이 사건의 발단은 정여립은 한강이 얼 때를 이용하여 당시 중신(衆臣)들을 살상하고 반역을 꾀한다는 소문이 난 것이다. 이에 선조는 대책 회의를 열고 당시에 집권하였던 동인들을 추궁하던 중 정여립이 관여했다는 사실이 밝혀졌다. 포위망이 좁혀 오자 정여립은 죽도로 피신하다가 스스로 목숨을 끊었다. 이 사건을 계기로 정여립과 관련된 모든 이들을 처형하였다.

억울하게 걸려든 인물 중 이발(李潑, 1544~1589)이라는 자가 관련되었는데 선조는 이발의 가문을 세도정치의 중심에 서게 될 것이라는 잘못된 생각을 가지고 그의 가문을 멸문하는 상황이 전개되었다.

'멸문지화(滅門之禍)'의 기록을 보면 아래와 같이 적어있다.

이때 선조는 이발의 어린 아들에게 "너는 네 아비에게 무엇을 배웠느냐?"라고 묻자, 이발의 어린 아들은 "저는 아버지께 충, 효 외에는 배운 것이 없습니다."라고 답했다. 이 말에 선조는 길길이 날뛰며 "역적의 자식놈이 저런 참람한 말을 하다니!"라며 이발의 어린 아들을 고문했다. 이발의 아들은 압슬형을 받고 사망했으며, 여든이 넘은 노모는 장형으로 사망, 즉 맞아죽었다(『조선왕조실록』 선조).

압슬형은 바닥에 유리와 같은 파편을 뿌려놓고 무릎을 꿇리고 무거운 것을 놓아 짓누르는 형벌로 인두로 지지는 낙형(烙刑)과 같이 지독한 고문의 일종으로 어린아이가 감당하기 힘든 형벌이다. 또한 장형(杖刑)은 곤장으로 볼기를 치는 형벌로 노인과 어린아이에게는 예외였으나 선조는 역모 사건은 중한 사안이라고 여겨 가혹하게 고문을 자행하였다.

이러한 가혹한 고문으로 인하여 이발의 친인척은 거의 몰살당하였는데 겨우 살아남은 이발의 후손들은 조상의 제사를 지낼 때마다 고기를 다지면서 "정철, 정철"이라고 외친다는 이야기가 전해질 정도이다. 정철을 외치는 것은 이 사건을 주도한 인물이 정철이었기 때문이다. 정철이 송익필 형제를 이용하여 전라도 지역에서 정여립이 역모를 일으킨다는 소문을 일으킨 장본인이다. 일부 사학자들은 정철 뒤에 선조가 개입되었을 것이라 주장하기도 한다.

『정감록(鄭鑑錄)』은 신원미상의 이심과 정감이 대화 형식으로 된 예언서로서 풍수 사상과 도참신앙이 합쳐진 책으로『송하비결』,『격암유록』과 더불어 우리나라의 3대 예언서로 꼽힌다.『정감록』의 내용은 국가의 운명과 백성들의 흥망에 관한 것이 중심이다.

이 책에 담긴 내용을 자세히 살펴보면은 이심과 정감이란 사람을 통해 금강산 비로대(飛蘆臺)에서 나눈 내용으로 주로 앞으로 다가올 조선의 흥망대세(興亡大勢)가 이씨(李氏)를 이어 정씨(鄭氏)가 계룡산에서 나올 것이며 그 후에는 조씨(趙氏)가 가야산에서 다음으로 범씨(范氏)가 완산에서 계승할 것이라 언급한 예언서이다.『정감록』은 조선의 세태가 어떻게 될 것이라는 내용이나 두 사람(이심과 정감)은 실존 인물이 아니며 정조 9년 홍복영(洪福榮)의 옥사(獄事, 죄를 다스림)에 언급한 것이 전해오고 있다.

이러한 원인으로는 당시에 사림들의 권력 다툼이 원인이 되었고 이전의 중심이었던 성리학의 한계가 드러났음을 의미하였고 또한, 임진왜란과 정유재란을 통하여 국가의 경제가 매우 핍박하였음을 나타내었다. 다시 말하면 사림들의 권력 다툼은 그들이 권력을 잡자마자 학파나 가문에 따라 권력투쟁을 하고 있다는 것이다. 그들은 자신의 가치관만을 고집하다가 다른 가문이나 학파를 무시함으로써 일어난 일종의 붕당정치를 만들게 되었다는 것이다.

2. 실학사상의 전개 과정

앞에서 말했듯이 조선을 이끌었던 성리학은 후반으로 갈수록 한계를 노출하였다. 이황과 이이 같은 저명한 학자들을 배출하여 조선의 기반을 다진 성리학은 일부 계층과 과거 진출을 위한 도구와 전략하고 두 차례의 전쟁과 주변의 새로운 국가의 출현 그리고 결국은 붕당정치로 인하여 장차 조선을 이끌어 가는 데 한계를 드러내고 말았다.

당시의 분위기는 광해군(光海君, 1575~1641) 때에 조식과 서경덕의 제자들을 중심으로 성리학에 대한 반발이 시작되었으며 서울을 중심으로 성리학을 회복하고자 하는 측면에서 사회를 안정시키고 부흥하고자 하는 새로운 학풍이 대두되기 시작하였다. 이들은 서로 교류하면서 새로운 사회개혁안을 내세웠는데 이른바, 침류대학사(沈流臺學士)들이다.

침류대학사(沈流臺學士)들은 성리학이 입신양명을 위한 학문으로 변질된 것을 개탄하면서 어느 정도 경학을 중요시하면서도 서경덕의 상수역학(象數易學), 양명학, 선불교(禪佛敎)를 포용하여 치인(治人)을 위해 자기 수양 강화를 하기를 위한 조치였다. 다시 말하면 이전의 학문은 경학 등 자기 수양에는 등한시하면서 치인(治人)만을 위주로 활용하였기에 선비로서 자기 수양을 이루고 난 뒤에 치인을 해야 한다는 논리로서 이단적인 사상이 도입되기 시작되었다.

여기서 침류대(沈流臺)는 유희경(劉希慶, 1545~1636)이라는 서얼 출신이 1601년 창덕궁 서쪽 계곡 금천 근처에 돌을 쌓아 침류대(沈流臺)라는 이름을 짓고 시를 썼으며 왜란 이후에는 이원익(李元翼, 1547~1634)과 이수광(李睟光, 1563~1628) 등이 모여들어 시를 나누고 풍류를 나눈 장소이다. 특히 이수광은 "넓은 바위 주위에는 복숭아나무 여러 그루가 둘러 있고 시냇물 양쪽으로는 꽃비가 흩뿌리니 비단 물결이 춤추는 것 같다. 옛날의 무릉도원이 이보다 더 좋지는 못했을 것이다(이수광, 『침류대기』)"라고 산수를 극찬하였다. 당시 노비 시인으로 이름이 높았던 '백대붕(白大鵬, ?~1592)'과 함께 '풍월향도(風月香徒)'라는 모임을 만들어 '박계강(朴繼姜, ?~?)', '정치', '최기남(崔奇男, 1586~?)' 등의 중인들과 시회(詩會)를 즐겼고, 낙산 아래쪽에 흐르는 시냇가에 침류대를 지어 '차천로(車天輅, 1556~1615)', '이수광', '신흠', '김현성', '홍경신', '임숙영' 등 문인으로 이름이 드높았던 이들과도 시회(詩會)를 열었는데 그때 교류한 흔적으로 『침류대시첩』이 있다.

'풍월향도(風月香徒)'라는 모임은 소수 관직을 양반이 독점하던 조선 시기에 재주가 있으나 기회를 얻지 못한 일반 평민들이 어울려 다니며 시를 짓고 글을 쓰던 집단으로 양반들은 이들을 이단으로 취급하였다.

유희경(劉希慶, 1545~1636)은 조선 시대 기생이자 여류시인(女流詩人) 매창(梅窓, 1573~1610)이 흠모했던 자로서 당시의 문화 사랑방을 이끈 인물이다. 여기에서 모인 인물들을 침류대학사(沈流臺學士) 혹은 성시(城市, 번화한 곳) 속의 산림(山林)이라 칭했다. 여기에서 매창과 유희경이 사랑을 나누었던 시 한 편을 소개하고자 한다(유희경, 『촌은집』 권 1, "증계량, 贈癸娘").

娘家在浪州 그대의 집은 부안에 있고
我家住京口 나의 집은 서울에 있어
相思不相見 그리움 사무쳐도 서로 못 보고
腸斷梧桐雨 오동나무에 비 뿌릴 젠 애가 끊겨라
(『懷癸娘』)

이 시에서 보듯이 매창은 유희경에게 매우 각별하다. 왜냐하면, 그가 첫사랑이었기 때문이다. 그와 인연을 가진 문인들로는 이귀(李貴, 1557~1633)와 허균 등이 있었지만 두 사람은 더욱 각별한 정인이었기 때문이다. 매창과 유희경은 서로 그리워하였으며 시간이 지날수록 그리움은 더욱 심해졌다.

유희경은 처음에는 천인이었는데 전쟁 중에 싸운 공적으로 양인으로 인정받았고 그후로 사대부들과 본격적으로 교류하였다. 천인 시절에는 부모님을 여의고(13세) 남언경(南彦經, ?~?)에게 전통 예법을 배운 뒤 장례 전문가로서 활약하였다. 이와 같은 활동하던 중에 시를 지었으나 이를 눈여겨본 영의정을 지낸 박순(朴淳, 1523~1589, 호는 사암)에 정식으로 시를 익힌 인물이다. 특히 그는 정3품 당상관까지 올랐던 인물인데 선조 시기에 중국 사신들을 접대하는 데 과도한 비용이 소요되자 부녀자들의 반지를 거두자는 제안하여 작위를 받은 것으로 유명했다.

그의 시를 살펴보면 매창과 그리움을 드러내고 있는데 매창과 전북 부안의 명소를 다니면서 시를 읊고 사랑을 노래했다고 한다. 그러나 그들의 사랑은 실제로 이루어지지 못했다. 기생과 유부남의 사랑에는 한계가 있기 때문이었을 것이다. 유희경은 매창이 죽자, 다음과 같은 시를 썼다.

> 꽃다운 넋 죽어서 저승으로 갔는가
> 그 누가 너의 옥골 고향 땅에 묻어 주리
> 정미년에 다행히도 다시 만나 즐겼는데
> 이제는 슬픈 눈물 옷을 함빡 적시누나
> (『촌은집, 村隱集』).

매창(梅窓, 1573~1610)은 허균과의 인연도 매우 각별하였다고 한다. 당시의 사대부들은 기생들과의 교류에 대해서는 솔직하게 적어놓지 않았다. 황진이에 대한 글은 많이 남아 있음에도 불구하고 그 속에서 황진이에 대한 언급은 단 한 줄도 없다는 것이다. 그러나 허균의 글 속에는 여러 기생에 관한 이야기가 실려있으며 이 글에는 사실대로 기록하였다. 허균이 남긴 시(詩) 한 편을 소개하고자 한다.

> 아름다운 글귀는 비단을 펴는 듯하고
> 맑은 노래는 구름도 멈추게 하네
> 복숭아를 훔쳐서 인간세계로 내려오더니
> 불사약을 훔쳐서 인간무리를 두고 떠났네….
> 전북 부안의 매창공원에서
> (『매창집』)

이 시는 허균이 그를 추모하기 위한 영전에 바친 시로 유명하다. 지금도 전북 부안에는 매창을 기리기 위한 공원이 조성되어 있다. 매창은 허균의 누이인 허난설헌(許蘭雪軒, 1563~1589), 황진이(黃眞伊, ?~?)와 더불어 조선의 3대 여류시인으로 알려져 있다. 매창은 허균과 정신적 사랑을 나누었지만, 그녀에게는 정인(情人) 유희경이 있었기에 오래가지 않았다.

이와 같은 시대적 상황에서 17세기경부터 서울의 지식인들은 이단을 포용하면서 수기치인의 성리학을 실천적 학문으로 자리 잡기 시작하였는데 이것이 실학으로 발전하였다. 이수광, 한백겸, 유형원 등이 초기에 중요한 역할을 담당하였다. 특히 이수광(李睟光, 1563~1628)은 우리나라와 중국의 문화를 정리하여 우리나라의 문화가 중국에 뒤질 이유가 하나도 없다고 그의 저서 『지봉유설』을 통해 알렸다.

　그는 우리의 문화, 경제, 사회, 종교 등을 통해 아시아를 넘어선 유럽 문명, 아라비아 문명과 불교 문명 등을 소개하면서 당시의 지식인들을 안목을 높이는 데 공헌했다. 당시 17세기의 조선은 격랑의 시기에 있었다. 나라 안팎으로 여러 가지 문제로 인하여 복잡한 시기에 태어난 이수광은 다양한 학문을 연구하고 국가를 재건하기 위해 힘쓴 인물이었다. 이러한 시기에 성리학이 가지지 못한 무실(務實)의 학문을 권장하기 위하여 그의 호를 제목으로 만든 연구물이 『지봉유설』이다.

　그는 중국 사행(使行)에서 겪은 경험을 적어놓았는데 당시에 명나라를 다녀오면서 안남(安南, 베트남), 유구(琉球, 오키나와), 섬라(暹羅, 태국), 일본, 대마도, 진랍국(眞臘國, 캄보디아), 방갈자(榜葛剌, 방글라데시) 등 동남아시아 국가, 회회국(回回國, 아라비아) 및 불랑기국(佛浪機國, 포르투갈), 남번국(南番國, 네덜란드), 영결리국(永結利國, 영국) 등과 교류하면서 저술한 책이라 할 수 있다. 책 내용을 살펴보면 천문, 지리, 역사, 정치, 경제, 경학, 시문, 신형(身形), 언어, 잡사(雜事), 기예(技藝), 외도(外道), 궁실, 복용, 식물 등 생활사와 자연사를 모두 기록에 담아놓은 방대한 저서이며 문화백과사전이라 할 수 있다(신병주, 『역사속 명저를 찾아서』, "이수광의 『지봉유설』", 매일경제, 2021).

　특히 그는 『지봉유설』 서문에서 우리 문화를 자랑스럽게 여기고 유명한 인물을 소개하고자 위한 목적이 있음을 밝혔다.

> 우리 동방의 나라는 예의로써 중국에 알려지고 박아(博雅)한 선비가 뒤를 이어 나타났으되 전기가 없음이 많고 문헌이 찾을 만한 것이 적으니 어찌 섭섭한 일이 아니랴. 내가 보잘것없는 지식을 가지고 한두 가지씩을 적어 두었다.

　특히 주목할 것은 우리나라뿐만 아니라 아시아를 넘어서 유럽까지도 다양하게 소개하였다는 것이다. 이는 여러 국가의 자연환경 등을 실용적인 방향으로 서술하여 우리나라에 소개하여 국제적인 시각을 주려고 했다는 점이 잘 나타나 있다.

불랑기국에 대해서는 "섬라의 서남쪽 바다 가운데에 있으니, 서양의 큰 나라다. 그 나라 화기(火器)를 '불랑기'라고 부르니, 지금 병가(兵家)에서 쓰고 있다"라고 기록하였다. 이탈리아 항목에서는 마테오리치가 중국에 '천주실의'를 소개한 내용을 수록하고 있다.

그의 저서는 오늘날의 실용적이고 개방적인 지식을 통해 여전히 성리학적인 도덕관념에 머물러있는 당시의 지식인들에게 실학적인 학문 사상을 보여주는 계기가 되었다. 이는 그대로 서양의 새로운 문물을 받아들이려는 자세가 아니라 우리 민족문화에 대한 자부심과 이해를 통해 세계 문화를 수용하는 데 일익을 담당하였다는 것이며 이러한 학문적 풍토는 이익의『성호사설』, 이규경의『오주연문장전산고』로 이어지면서 실학으로 자리를 내리는 데 큰 역할을 담당하였다. 이러한 이수광의 업적은 당시에 사변적이고 편협한 지식만을 가지고 있던 조선의 지식인들이 얼마나 우물 안의 개구리였는지 깨우쳤고 조선의 안목을 더 넓혀주는 계기를 마련하였다.

이수광이 살았던 비우당은 지금의 창신동 낙산 근처에 있는 '지봉(芝峯)'에 남아 있는데 그는 '호(號)'를 여기에서 착안했다고 한다. 이 집은 원래 외가 유관(柳寬, 1346~1433)이라는 사람이 살았던 집으로 당시에 청백리 정승이었다. 정승을 지낸 집이라고 생각하지 못할 정도의 초가 3칸이 전부인 집으로 비가 오면 비가 새기가 일쑤라 손수 우산을 받치고 살면서 부인에게 "우산 없는 집은 어떻게 견딜까"라는 농담이 고사로 전해지고 있다. 이 고사성어가 "유재상(유관)의 우산"이라는 말이다. 유관이 죽자, 외손자 이수광의 집안에 상속되었는데 임진왜란 때 불에 타 사라지자, 외가의 전통을 자랑스럽게 여긴 이수광은 새로운 집을 지었는데, 이를 '비우당(庇雨堂)'이라고 명명하였다.

그는『지봉유설』에 동물에 대한 논의를 담았는데 매우 이채롭다. 이를 소개하면 다음과 같다.

살아 있음을 사랑하고 죽음을 싫어함은 사람과 동물이 같다. 다만 사람은 지혜가 있지만, 동물은 지혜가 없다. 사람은 말할 수 있으나 동물은 말할 수 없다. 사람의 힘은 동물을 제압할 수 있으나 동물은 사람을 제압할 수 없다. 그러므로 죽여서 그것을 먹는 것을 꺼리지 않으니,

이것이 어찌 하늘의 이치이겠는가?
愛生惡死, 人與物同也. 但人有智而物無智, 人能言而物不能言, 人力能制物而物不能制人. 故, 殺而食之不忌, 此豈天理?(애생오사, 인여물동야. 단인유지이물무지, 인능언이물불능언, 인력능제물이물불능제인. 고, 살이식지불기, 차기천리?)

이는 사람이 동물을 함부로 잡아먹어서는 안 된다는 논리를 피력하고 있다. 인간의 생명이 존중받듯이 동물의 생명도 똑같이 존중받아야 한다는 의미가 오늘날 음식문화에 대하여 다시금 생각하게 한다.

한백겸(韓百謙, 1552~1615)은 이수광에 이어 고증적이고 실증적인 방법으로 조선의 역사지리를 연구한 실학의 선구자이다. 그는『동국지리지』를 통하여 역사적인 면을 강조하여 저술하였고 후에 역사 연구에 많은 자극을 주었다. 그는『동사찬요』가 역대 왕조의 변천사를 다루는 데 있어서 강역의 범위 및 지명의 위치가 부적절하여 이를 바로잡기 위해『동국지리지』를 간행했다. 이에 대하여 그는 아래와 같이 소회(素懷)를 밝혔다.

"우리나라는 동서로 600여 리가 되지 않고 남북으로 겨우 수천 리에 불과, 팔도를 널리 돌아다 닌 사람들이 한둘이 아님에도 지계(地界)와 명호(名號)가 상세하게 밝혀지지 못한 것이 극에 이르렀으니 애석하다고 하겠다."

라고『동국지리지』발문에 적었다.

본(本) 서(書)는 크게 삼국시대 이전 상고사 부분과 삼국, 고려 시대 부문 등으로 나뉘었으며 사견을 덧붙였다. 한강을 경계로 이북은 삼 조선(고조선이 3개의 조선으로 합친 나라)과 한사군 영역으로, 이남은 삼한의 땅으로 보았다. 삼한(BC 2~3세기) 시대에 대한 그의 주장은 눈길을 끈다. 이 설은 조선 후기 실학자인 유형원, 안정복, 정약용 등이 맥을 이었다. 왕조 중심의 역사학이 통치 수단으로 일관, 교훈적이며 찬양일변도(讚揚一邊倒)임을 비판했다. 그 산물이『동국지리지』다. 그는 시대적 흐름 속에 역사지리학이 독립된 학문으로 우뚝 자리 잡을 수 있는 토대를 마련했다.

한백겸의 호는 구암(久菴)으로 알려져 있는데 자신의 호에 대하여『물이촌구암기(勿移村久菴記)』

에서 소개하였다. 구암(久菴)이라는 뜻에서 보듯이 오래 거처하겠다는 뜻을 지니고 있다. 그는 관직을 그만둔 뒤에 경기도 양주에 있는 수이촌(水伊村)에서 지냈는데, 이곳에 자리를 잡고 살려고 하였다. 한백겸은 아예 '평생 다른 곳으로 옮기지 않겠다'라는 뜻을 담아 수이촌을 물이촌(勿移村)이라고 고쳤고 자신이 거처하는 방 역시 '오래 머물다'라는 뜻의 '구(久)' 자를 취해 '구암(久菴)'이라고 짓고 자호(自號)로 삼았다. 그러면서 '구즉안(久則安, 오랫동안 머무르면 곧 편안하다)'과 '안즉락(安則樂, 편안하면 곧 즐겁다)'을 언급하고, 다시 즐거움에 이르게 되면 그만두려고 해도 그만둘 수 없다고 했다. 이는 옮기려고 해도 옮길 수 없게 되는 것이 인지상정(人之常情)이라는 얘기다. 한백겸이 물이촌에서 오래도록 머무르면서 편안함과 즐거움을 얻으려고 했던 만년의 소망을 담아 지은 호가 바로 '구암(久菴)'이었던 셈이다.

이수광과 한백겸 이후 실학은 절충적 실학으로 변화를 모색하다가 호란(胡亂)을 거치면서 새로운 양상으로 변화하였다. 바로 반청(反淸) 감정이 일어난 것이다. 그러자 지금까지의 서울 학풍인 절충식 실학에서 주자 성리학이 대두되기 시작하였다. 이 시기가 인조대 이후였는데 전쟁으로 혼란스러운 시국을 수습하는 데 꼭 필요한 학풍이었다. 이러한 시대적 조류는 시대적 사명이었고 당시 분위기상 이를 비판하지도 못했다. 대표적인 것이 '사문난적(斯文亂賊)'이었다.

'사문난적(斯文亂賊)'이란, 사문(斯文, 유교에서 유교 문화를 일컬음)은 유학을 가리키며 난적(亂賊)은 세상을 어지럽히는 무리를 뜻한다. 즉 성리학이나 유교적 전통에 반하는 사람이나 사상을 비난하기 위한 용어이다. 우리나라에서는 이 단어가 고려 말에 등장하였으며 역적 취급을 받았다. 조선 시대 후반으로 갈수록 붕당정치로 인하여 상대방을 비난하고 심지어 매장하는 용어로 이용되었으며 박세당(朴世堂, 1629~1703), 윤선도(尹善道, 1587~1671) 등이 곤욕을 치렀다.

3. 실학의 개념과 학풍

17세기 이전 조선 사회는 정치, 경제, 사회를 이끌어가던 양반 계층들은 탁상공론식의 당쟁과 붕당으로 말미암아 정치 기강이 무너지고 때마침 임란과 호란의 영향으로 민중의 생활은 궁핍해져 국가 존속의 위기에 봉착하였다.

다른 한편으로 서양에서는 긴 어둠의 중세 시대를 지나 인간 회복 운동과 종교개혁을 통하여 신 중심에서 인간 중심으로 패러다임이 변화하였다. 16세기 이후 중국에서는 명에서 청으로 왕조가 바뀜에 따라 과거 명을 지배한 유교주의를 배격하고 새롭고 적극적인 방법으로 선진문화를 도입하였고 가까운 일본은 국토의 통일을 꾀하고 있었다.

조선은 이에 영향을 받아 일부 지각이 있는 양반계급에서 당시의 무능한 지배층과 부패를 일삼는 정치집단들을 비판하고 조선 사회의 모순을 타파하려는 움직임이 있었다. 이수광은 『지봉유설』을 통해 사신으로 다녀온 경험과 서양문물을 처음으로 소개하였고 유형원은 『반계수록』을 통하여 사상적 토대를 세웠다. 이익은 『성호사설』에서 자신의 학문적인 관심을 중심으로 조선의 정치현실을 평가하면서 본격적인 문제를 제기하였고, 정약용에 이르러 『경세유표』, 『목민심서』, 『흠흠심서』 등의 저서를 통하여 실학사상이 사상적으로 확립되기 시작하였다.

이같이, 조선 후기에 일어난 학풍을 실학이라고 한다. 그러나 실학이라는 개념을 정의하기는 매우 어렵다. 왜냐하면, 두 가지 상반된 의견을 갖고 있기 때문이다.

우선 실학이란 바로 경세(經世, 세상을 다스림)의 학문에서 출발한 유학 그 자체로, 곧 '성리학이 실학'이라는 의견과 '성리학의 반동'으로 일어난 것이 실학이라는 상반된 의견이 있다는 것이다(김호성, 1989).

전자는 원래 실학이라는 말 자체가 허(虛), 공(空), 화(華)와 대립되는 용어로 사용됨에 따라 성리학의 실심실학(實心實學), 수기치인(修己治人)과 비교하여 볼 때 성리학이 곧 실학이라는 고증적인 견해로서 주장하고 있다. 왜냐하면, 실학이라는 말은 '실사구시지학(實事求是之學)'의 명칭으로서 유학의 특징을 잘 나타내고 있다는 것이다. 이에 대하여 손인수는 다음과 같이 말했다.

> 불교가 세속적인 삶을 떠나 해탈의 도를 추구하는 것에 비하여 성리학은 현실적인 오륜(五倫)을 추구하므로 실학이라 했다(손인수, 1989).

이로 보건대 성리학이 실학의 내용을 포함하고 있다고 볼 수 있다. 이와 같은 주장에서 모순된 점은 없으나 실학의 개념을 유학까지 확대해석할 경우는 실학의 본질을 규명하는 데 어려움이 많다. 따라서 이 장에서는 조선 후기 사회의 구국, 구폐(舊弊, 救弊)를 극복하기 위하여 일어났던 여러 학풍을 실학이라는 측면에서 논의하고자 한다.

즉 성리학이 조선 시대의 학문적인 사상으로서 자기 역할을 다하지 못하고 공리공론(空理空論)과 현실 유린을 하자 실학이 자유성과 독창성을 가진 신사조(新思潮)로서 등장하였다는 의미이다. 손인수는 다음과 같이 썼다.

> 실(實)이란 현실에 입각해 있고 현실로 나아간다는 것을 포함하고 있다(손인수, 1989).

이는 현실성이란 실제와 유리된 모든 공소한 관념의 유희를 경멸하고 현실 생활에서 우러나오는 불만과 정열을 토대로 한 실용(實用)의 실(實)을 의미한다고 볼 수 있다(김호성, 1989). 이에 대하여 문일평은 다음과 같이 말했다.

> 실사구시(實事求是)는 글자 그대로 사실에 옳음을 구하는 것이다. 그 최초의 출처는 한하문 헌왕전(漢河文獻王傳)에 수학호길(修學好吉) 실사구시(實事求是)라 한데서 생겼다. 영, 정조 시대에 성행하던 실사구시의 학풍은 이조 사상 주목할 현상으로서 그것도 반도 유학의 공리편중에 대한 일종의 반동으로 생겨난 것은 말할 것도 없다(…). 이제야 이 모든 결함을 건지기 위하여 식자(識者) 사이에 실사구시의 학을 강구하기에 이른 것이다. 실사구시의 근본정신은 자아를 재검토하여 재수립함에 있다(문일평, 『한국문화』, 을유문화사, 1969).

따라서 실학은 과거 성리학이 추구하였던 형이상학적이고 초현실적인 것을 배격한 개념이라고 볼 수 있으며, 실학이란 실사(實事), 실용(實用), 실증(實證)의 개념을 가지고 있다. 그러나 이들의 사상적 원천이 비록 고전적 유학에서 근원이 되었더라도 그들은 회고적이거나 상고적(上古的)인 향수에 젖지 않고 자아의식이 뚜렷하고 역사적인 소명과 주체 의식이 있는 경세치용(經世致用, 학문은 세상을 다스리는 데 유용한 것), 이용후생(利用厚生, 기계를 잘 사용하여 먹고 입는 것을 풍부하게 하는 것), 실사구시(實事求是, 사실을 토대로 진리를 구하는 일)의 근대적인 성격이 뚜렷한 근대화의 초석으로서의 개념으로 이해해도 좋다.

이제까지 우리는 철학의 개념을 두 가지 상반된 주장을 간략하게 살펴보았듯이 서로의 공통된 주장도 도출할 수 있다. 이 두 가지 의견 모두는 실학의 실(實)은 허(虛), 공(空), 화(華)와 대립이 되는 의미로서 비허(非虛), 비공(非空), 비화(非華)의 성격인 것을 발견할 수 있으며 이는 곧 현실성, 실용성, 개방성의 의미가 있다. 단지 차이가 있다면 전자는 민족의 자각과 근대지향성이 결여가 됐다는 의미로 해석할 수 있다.

이렇게 볼 때 16~19세기에 일어난 실학운동은 조선조 성리학의 역사적 맥락 위에서 시대 상황을 잘 파악하여 그 시대 상황에 실학이 어떠한 역할을 하였는가를 살펴봄으로 실학의 개념을 규정하는 것이 바람직하다고 볼 수 있다.

이제까지 우리는 실학의 발생 배경과 실학의 개념에 대하여 살펴보았다. 실학의 개념에서 살펴보았듯이 실학이란 현실성을 무시한 학문을 바로잡고 조선 사회의 정치적 부패(腐敗)와 구국(救國)의 일념에서 일어난 민족적 주체 의식의 학풍으로 실사(實事), 실용(實用)의 사상을 우리나라의 현실에 맞게 재조명한 학문이다.

이와 같은 맥락으로 유형원(柳馨遠, 1622~1673)을 주축으로 하여 이익(李瀷, 1681~1763), 박지원(朴趾源, 1737~1805), 박제가(朴齊家, 1750~1805), 정약용(丁若鏞, 1762~1836)에 의해서 새로운 학풍이 조성된 조선 후기 실학사를 영, 정조 시대로 한정하여 논구할 것이다.

이 시기에 대표적인 실학의 학풍은 첫째로 이용후생, 경국제민(經國濟民)의 학풍과 두 번째로 자주성 회복 운동의 학풍, 마지막으로 고증학(考證學)의 학풍으로 구별하여 설명하도록 하겠다.

첫째는 이용후생의 도, 경국제민의 학풍은 성호 이익을 중심으로 한 식산흥업(殖産興業)과 이용후생에 관한 일체(一切)의 경제적 학문에 힘쓰고 공(孔), 맹(孟)의 유교 정신을 기초로 한 학풍이라 할 수 있다. 이익은 당시의 경제적 상황을 그의 저서 『곽우록(霍憂錄)』에서 다음과 같이 비판하였다.

> 무릇 땅을 파는 자는 가난한 자들이다. 지금 간사한 아전이나 큰 상인들은 거액의 돈을 풀어 하루아침에 많은 빈민의 땅을 사들여 다른 사람을 파산시키고 자기를 해하고 있다(李瀷, 『霍憂錄』, 均田論).

이익은 호가 성호(星湖)로서 당시 『星湖全集』 論明黨에서 당쟁의 폐단을 지적하였다.

> 선조(宣祖, 1552~1608) 때 이르러 학문하는 자들은 하나가 둘로 나누어지고 둘이 넷으로 갈라지고 결국은 여덟이 되었다.
> 이러한 갈라진 당파(黨派)를 대대로 자손들에게 세습시켜, 같은 편이 아니면 서로 원수처럼 여기며 심지어 모함하여 죽였다. 그러나 같은 무리에 속해 있으면 함께 조정에 나아가 벼슬하고, 심지어는 그들은 한 마을에 모여 같이 살았다. 다른 무리와는 늙어 죽을 때까지 서로 왕래하지 않았다.
> 따라서 다른 당파의 길흉사에 참여하면 업신여기거나 수군거리며 떠들었다. 다른 당파와 통혼(通婚)하면 무리를 지어 배척하고 공격하였다. 심지어 말씨와 복장까지도 서로 다르게 하였다. 길가에서 만나더라도 어느 당파라는 것을 알 수 있을 정도로 확연하게 구별하였다.

이는 당시의 학문하는 자들이 국가나 백성들의 안위에는 신경을 쓰지 않고 권력에만 치중하다 보니 국가 경제는 파탄에 이르고 성리학이 자신의 입신양명을 위한 수단으로 전락한 것을 개탄한 것이다.

따라서 이익은 개혁 방안으로서 균전제(均田制)를 할 것을 제안했다. 즉 그는 토지제도를 개혁하여 민중의 생활을 보호하고자 하였다. 균전론이란 농민들에게 일정한 면적의 토지를 나누어 주어 토지의 사유화를 막고 농업을 장려하기 위한 제도로 중농학파(重農學派)와 경세치용학파들이 대체로 주장하였다.

성호(星湖) 이익은 그의 형이 희빈 장씨를 두둔하였다가 죽임을 당하는 것을 보고는 관직에서 물러나 학문에만 몰두하기 시작하였으며 실학자 유형원의 사상에 심취하여 실학에 빠져들었다. 따라서 그의 학문이 뛰어남을 아는 영조는 이익에게 관직에 오르라고 추천했지만, 그는 아랑곳하지 않고 실생활에 필요가 없는 유학, 불교 등을 멀리하며 서학

(西學)에 관심을 두었다. 이때 저술한 책이『곽우록』,『성호사설』이다. 그는 이 책에서 실학 사상을 다루었는데 제도 중에서 경세치용과 관계가 없는 제도를 개혁할 것을 주장하였다.

그는 이 책에서 노비를 해방하고 농민들이 토지를 잃고 노비로 전락하는 것을 막아야 할 것을 주장하였다. 당파 싸움의 원인은 양반들이 공리공론만을 일삼기 때문이라 하여 그들도 직접 농사를 지어야 한다고 하였으며 과거 제도와 추천을 통해 등용하자는 여러 가지 제안과 개혁 방안을 제시하였다.

이용후생, 경국제민의 사상은 여러 학자가 주장하지만, 이익이 가장 잘 구체화했다고 할 수 있다. 그는 민중의 곤궁을 벗어주고자 4가지 방법을 제시하였다(李瀷,『霍憂錄, 生財論』).

첫째는 생중(生衆)이니, 생중(生衆)이란 놀고먹는 사람이 없이 많은 사람이 생산에 종사하는 것을 말한다. 즉 생산하는 자가 많아야 한다는 것이다. 따라서 무위도식(無爲徒食)하는 사대부의 양반들도 부끄러워함이 없이 농업에 종사하여야 한다는 농경종사(農耕從事), 즉 사농합일(士農合一)의 사상을 주장했다. 이익은 자신부터 평생 농사에 임하면서 이러한 주장을 펼쳤다. 이에 대하여 정약용은 그의 저서『경세유표(經世遺表 田論)』에서 다음과 같이 적었다.

> 대체 선비란 어떤 사람인가? 선비는 어찌 손발을 움직이지 않으면서 땅에서 생산된 것을 삼키며 남의 힘으로 먹는가? 대체 선비가 놀고먹기 때문에 이(利)가 모두 개척되지 못하고 놀아서는 곡식을 얻을 수 없게 됨을 알면 또한 농사꾼이 되어야 할 것이다.

이에 관하여 박지원은 선비들의 학문적 관행을 다음과 같이 비판했다.

> 이용(利用)이 있은 연후(然後)에야 후생(厚生)이 될 것이요, 후생(厚生)이 된 연유(然後)에야 정덕(正德)이 될 것이라(朴趾源,『燕巖集』, 渡江錄).

이들은 유학에서 말하는 정덕(正德)보다는 이용후생의 실학사상을 중하게 여겨 백성의 안정된 생활 기반과 국민의 생활을 윤택하게 하는 민본적 경세론(經世論) 관점에서 현실적인 제안을 내놓았으며 오늘날의 공직자들에게 많은 시사점을 주고 있다.

둘째는 식과(食寡)이다. 이는 소비하는 자가 적어야 한다는 것으로서 단지 식구를 줄이라는 것이 아니라 백성이 애써 지은 생산물을 가만히 앉아서 소비하는 사관(使官)을 줄이라는 의미라 할 수 있다.

> 알맹이 없는 말을 늘어 놓음은 종이와 먹만을 헛되이 버리는 쓸데없는 일로서 차라리 과일나무나 채소를 심고 생전의 생활을 윤택하게 함과 같지 못하다(손인수, 1989에서 재인용).

정약용은 위와 같이 애써 위민자(爲民者)의 역할을 다하지 못하는 관리(官吏)나 벼슬의 수효를 줄여서 경비를 사용하는 데 있어서 백성을 이롭게 하고자 주장했다. 유형원도 그의 저서 『磻溪隧錄』, 卷之十, 敎漢之制下에서 다음과 같이 적어 놓았다.

> 등용되어서는 안 될 사람이 등용되어 그 해가 생민(生民)에 미치는, 목전의 관민(官民)만의 어두워 경인(京人)만이 취택(取擇)하는 폐(弊)가 없어야 한다는 것이다.

이는 붕당정치의 폐단을 없애고 당색(黨色)에 구애받지 않고 소신이 있는 선비를 등용하여 국가를 잘 다스리고 백성의 근본을 맑게 하고 풍속과 예절을 권장하여 백성을 이롭게 하도록 하는 경국제민(經國濟民)의 사상이라 할 수 있다.

세 번째로는 위질(爲疾)로서 농번기에 부역시켜 농사를 방해하지 않도록 해야 한다는 것이다. 이는 농사 때 빼앗지를 않는 것으로 책면수재 할 수 있도록 할 것이며 어떠한 곳에서도 편안하게 농사를 지을 수 있도록 사회를 안정시킬 의무가 있다는 것이다.

네 번째로는 용제(用除)인데, 이는 절검(節儉)을 말하는 것으로서 축취(畜取)를 금하고 검약을 장려하고 행전(行錢)의 위험성을 지적하는 말이다. 이에 관하여 이익은 『곽우록』에서 다음과 같이 말했다.

> 전(錢)은 물질의 유통과 재정상에는 필요하나, 검약의 장려에는 크게 유해하며 또 민속이 말이(末利, 눈앞에 보이는 작은 이익)를 중시하는 폐해가 있으니 농민으로 하여 본업을 힘쓰며 검약을 숭상하게 하려면 행전(行錢)을 폐지하는 것이 상책(上策)이다.

우리가 전(錢)을 좋아하는 것은 어쩔 수 없으나 지나치게 관심을 가진다면 사회는 황금만능주의가 되어 절검(節儉)과 미풍양속을 해친다는 것이다.

18세기 접어들면서 유형원에 이어 경기지역의 인물인 이익(李瀷, 1681~1763), 이가환(李家煥, 1742~1801), 이중환(李重煥, 1690~1752), 정약용 등이 주도하였는데 이를 '성호학파(星湖學派)'라 한다. 이후 노론을 중심으로 홍대용, 박지원, 유득공, 박제가, 이덕무 등을 주축으로 한 북학파들이 청을 다녀오면서 청나라의 우수한 선진문화를 배우자는 학풍들 사이에서도 노동하지 않는 자인 양반을 비판하고 상공업에 대하여 높게 비판하였다.

특히 박지원은 재화와 식물이 넉넉한 것이 교화의 원천이 되고 청조(淸朝)의 이용을 높이고, 천하를 위하는 자는 백성이 이롭고 나라의 도움이 된다면 오랑캐에서 나온 법도일지라도 취하여 본받으려고 할 것을 지적하여 이용의 법도를 받아들일 것을 주장하였다(朴趾源, 『燕巖集』).

그와 같은 내용이 박제가의 『北學議』, 財賦論 편에서 나타나고 있다.

> 옛날 질정관(質正官)의 예와 같이 중국에 들어가서 법을 배우고 기구도 사고 혹은 기예도 배워 그 법을 나라에 반포하도록 한다.

즉 아무리 오랑캐라고 해도 청나라의 발달한 문화를 배우고 익혀 백성들의 삶을 윤택하게 하여 생활에 도움을 줄 수 있어야 한다는 의미이다.

또한, 박지원은 농정에 관한 정조의 요청에 따라 영농방법의 개선, 농기구의 개량, 관개수리 시설의 필요성을 강조하여 농업 생산성을 높이고자 하여『과농소초(課農小抄)』를 저술하였다. 『과농소초(課農小抄)』는 조선 후기의 농서(農書)로서, 연암 박지원이 정조의 윤음(綸音, 임금이 신하에게로 내리는 윤지)을 받들어 1798년(정조 22) 음력 11월에 펴낸 책이며, 그 체계가 여러 농서 가운데 가장 완벽하다.

저자가 평소에 가져온 농학에 관한 관심과 연구가 집적되어 이 책을 저술케 하였고, 따라서 그 농학은 문헌 중심의 연구가 위주였다. 내용은 목(目), 제가(諸家), 총론, 수시(授時), 점후(占候, 구름을 보고 길흉을 점치는 것), 전제(田制), 농기(農器), 경간(耕墾, 논밭을 일구는 것), 분양(糞壤, 더러운 땅), 수리, 택종(擇種), 파곡(播穀), 제곡(諸穀), 품명, 서치부비황(鋤治附備荒, 일종의 김매기), 수확, 양우(養牛), 한민명전의(限民名田議, 백성의 토지를 제한하는 논의) 등의 항목으로 분류, 서술했다.

박제가는 『北學議』에서 북학이라는 용어는 맹자에서 진량(陳良)이 북학어중국(北學於中國)하였다는 구절에서 이끌어 온 것임을 밝히고 이것은 중국의 선진 문명을 인정하고 손지원학(遜志願學)의 겸손한 마음으로 배우고자 하는 뜻이 함축(姜萬吉 外, 『韓國의 實學思想』, 1990)되어 있다는 북학론을 체계화한 인물이다. 즉 그는 당시 국가의 최대 목표는 빈곤을 타파하는 것이며 해결하기 위해서는 청과의 교역을 통하여 부강한 국가를 건설해야 한다는 것이다. 따라서 청나라의 수레와 선박, 도로, 교량, 벽돌, 목축과 같은 사회 간접시설과 농업시설 그리고 상업을 도입하여 국가의 부강과 현실의 이해를 도모하고자 하였다.

즉 그는 백성의 가난을 구제하는 방법은 중국과의 교역이라고 주장하였는데 『北學議』에서 다음과 같이 기록하였다.

> 이제 조정에서 사신을 딸려 보내 중국 예부(禮部)에 자문(咨文)을 보내 있고 없는 것으로 무역함은 천하의 통한 방법이니 일본, 유구, 안남, 서양 나라들은 모두 민중, 관주 등지에서 교역하니 우리도 수로를 통해 모든 외국과 같이 되기를 원한다고 하면 저들도 아침에 청하면 저녁에 허락할 것입니다.

이는 당시의 세속에 얽매인 선비들의 편협(偏狹)하고 고루한 견해를 깨우치고자 했다. 즉 그는 우리나라는 좁고 가난하여 백성들과 선비들이 부지런하고 어질어도 오히려 부족했기 때문에 백성을 편안하게 하는 것은 그 쓰임을 이롭게 하는 것이라고 하며 이를 강구를 해야 한다고 하였다. 이에 대하여 정약용은 이용감(利用監)이라는 기관을 별도로 설치하여 북학을 전문적인 직책으로 삼아서 해마다 북경에 보내어 벽돌 굽기, 수레 만들기, 거중기, 기계를 이용한 경작 등을 배우거나 사들여 오기를 주장했다(丁若鏞, 『경세유표(經世遺表)』). 정약용은 이익의 개혁 사상을 본받았으나 더불어 북학(北學) 사상도 함께 받아들인 것이 이익과 차별된다고 볼 수 있으며 그는 이익의 사상과는 한층 더 향상된 것이다.

정약용은 이익을 사숙(私塾)하며 학문을 닦았으며 정조의 총애를 받았음에도 불구하고 신유사옥(辛酉史獄)이 일어난 후 18년간 유배 생활을 통해 그의 사상을 집대성하였다. 그는 목민관 생활과 유배 생활을 통하여 백성의 궁핍한 생활과 행정의 부패상에 통분하여 『목민심서(牧民心書)』, 『경세유표(經世遺表)』, 『흠흠신서(欽欽新書)』 등을 통해 국민의 생활을 윤택하게 하고 나라를 부강하게 하는 방법을 피력했다. 그는 과수와 약초 심기, 가축 치기 그리고 토지제도의 개선, 과학기술의 이용을 통해 이용후생의 가르침을 몸소 실천하였다.

그의 저서를 소개하면 먼저 『흠흠신서(欽欽新書)』는 다산 정약용 선생이 1822년에 저술한 책으로서 모두 30권 10책으로 구성되어 있다. 조선 시대의 형법을 다루었으며 원래 중국 원나라 저서 『무원록(無冤錄)』과 중국 명나라 저서 『대명률(大明律)』이 두 저서(모두 원래 중국 저서)를 조선 시대만의 '탈중국 성향 선민적 민본주의 법치 군주제(脫中國 性向 先民的 體制 民本主義 法治君主制) 정서' 관련 형태로서 재해석한 저서이고 특히 무엇보다 『무원록(無冤錄)』과 『대명률(大明律)』이 두 가지와는 두드러진 차별성이 담긴 '애민적 정상참작(愛民的 情狀參酌)'으로서 형법 관련 규칙을 유도하는 내용이 있다는 것이 특징이다. 다산 선생의 저서 중 『경세유표』, 『목민심서』와 함께 『1표(表) 2서(書)』라고 일컬어지는 대표적 저서이다.

『경세유표(經世遺表)』는 국정(國政)에 관한 일체의 제도 법규의 개혁에 관해 논한 책으로, 정약용이 1808년(순조 8) 유배지 강진군에서 짓기 시작하여 1817년(순조 17) 집필을 끝냈다. 처음에는 48권으로 지었으나 필사 과정에서는 44권 15책으로 편집되었다. 이 저서의 원래 제목은 『방례초본(邦禮草本)』이며, 기존 정치 제도의 모순에 관한 실증적인 사례들을 담았으며, 이를 개혁할 필요성을 역설하였다.

『경세유표』는 『서경(書經)』과 『주례』의 이념을 표본으로 하되 당시 조선의 현실에 맞도록 조정하여 정치·사회·경제 제도를 개혁하고 부국강병을 이루는 것에 목표를 두고 저술하였다. 여기에서 정약용 선생은 남인 실학자의 공통적 관심사인 토지제도의 개혁과 민생 안정뿐만 아니라, 주로 북학파 실학자가 관심을 가져온 기술 발달과 상공업 진흥을 통한 부국강병의 실현 문제도 논의하였다.

『목민심서(牧民心書)』는 목민관으로 부르는 지방 수령이 지켜야 할 지침서를 말하며 지방관을 비롯한 관리들의 마음가짐과 몸가짐에 관하여 기록한 책으로서 『여유당전서(與猶堂全書)』 권 16~29에 수록되어 있다. 당시의 부패한 목민관을 비판하면서 부임(赴任), 율기(律己, 자기 자신을 다스림), 봉공(奉公), 애민(愛民), 이전(吏典), 호전(戶典), 예전(禮典), 병전(兵典), 형전(刑典), 공전(工典), 진황(賑荒), 해관(解官, 관원을 면직함)의 12편으로 나누었다. 이 저서는 현재 장서각(藏書閣)과 단국대학교 퇴계기념도서관에 소장되어 있다.

『목민심서』는 정약용이 유배 생활을 하던 마지막 해(1818년, 순조 18)에 완성하였으며, 부패의 극에 달한 조선 후기 지방의 사회현실과 정치의 실제를 민생문제 및 수령의 본무(本務)와 결부시켜 소상하게 밝힌 명저(名著)이다.

주요 내용은 지방의 관리로서 수령이 백성들을 위해 해야 할 일을 조선과 중국의 역사서를 비롯한 여러 책에서 뽑은 것들이다. 조선 시대에는 중앙정부의 행정력이 지방에까지 고루 미치기 어려워서 수령들이 행정뿐만 아니라 사법권도 가지고 있었고 그 권한이 막강하였다.

『목민심서』는 수령이 백성을 잘 다스리는 법을 담고 있다. 부임하는 일에서 시작해서 청렴하고 검소한 생활을 하는 법, 자기 자신을 바르게 하는 법, 공적인 일을 수행하는 법, 백성을 사랑하는 것, 아전들을 단속하는 법, 세금, 예절, 군사, 재판, 그리고 흉년에 백성을 구제하는 법, 그리고 퇴임하는 일을 기술하였다.

이 책 역시 국가 재정의 기반이 되는 농민의 생산과 경제에 초점을 두었다. 수령 직무 54개 조 중에서 가장 어려운 일을 전정(田政)으로 보고 양전(量田)의 각종 폐해를 지적하면서 그 개혁 방안을 전론(田論)에서 결론지었다. 정약용은 조세 관리에서 농민과 국가의 중간에서 이루어지는 협잡을 제거하자는 방향에서 개혁을 논한다(『백과사전』).

유형원, 이익, 정약용 등으로 계보를 이은 이용후생, 경세치용 학파는 조선 사회의 부패와 무질서로부터 정치, 경제, 사회의 모든 분야를 개혁하고자 하는 실학사상의 한 학풍으로 토지개혁, 신분제도 철폐, 과거제 폐지 등을 주장하고 경국제민(經國濟民)에 힘을 쓴 학풍이었으며 후에 1876년 개항 이후에는 개화사상으로 발전하였다.

둘째는 자주성 회복의 학풍으로서 민족의 주체성과 역사의식의 자각을 통하여 조선의 역사, 지리, 물산, 풍토, 등을 연구하여 '낙토조선(樂土朝鮮)'을 만들기 위한 실정 연구의 학풍이다. 조선은 개창 이후에 명나라의 그늘에서 벗어나지 못한 사대주의 사상에 젖어 우리의 역사, 문화를 제대로 가지지 못한 허약한 상태였다. 조선 후기의 실학자들은 조선 사회의 병폐와 허약함으로 우리의 역사를 올바로 인식하지 못하고 화이사상(華夷思想)에 있다는 사실을 직시하고 한국의 혼을 되찾고자 하는 역사의식이 생겨나기 시작한 하나의 학풍이다.

그리고 때마침 조선 후기에 들어오면서 서구 세계와 만남으로서 종교와 문물을 수용하고 소화하려는 노력이 전개되었고 중국을 통해 천주교와 과학기술이 소개되기 시작하였다. 우리 사회에 서양의 과학 문물이 소개된 것은 중국 사신으로 간 사람들에 의해서 17세기부터 조금씩 들어오기 시작하였으며 대표적으로 정두원(鄭斗源, 1581~?)이 천문략(天文略)이 포르투갈 선교사 '디아즈'로부터 그리고 천문, 역산 서적과 망원경 등을 가져왔으며 청나라에 볼모로 갔던 소현세자는 천문학과 천주교에 관한 서적 등을 독일 선교사 아담 샬로부터 인조 23년에 가져왔다. 또한, 지리학에서는 이탈리아 선교사 마테오 리치의 『곤여만국전도』, 네덜란드 선교사 베르비스트의 『곤여전도』 등 근대적인 지도를 수용하여 세계관을 확대하였다(송찬섭 외, 2016).

이처럼 서양 과학기술의 영향을 받아 세계관의 변화가 일어나기 시작하였으며 중국 일변도의 모든 중심에서 세계적인 인식으로 확대되고 있었고 과학적 안목이 생겨나기 시작하였다. 다시 말하면 '코페르니쿠스(Copernicus, Nicolaus)의 사고의 대전환'이라는 것이 생기기 시작하였다는 것이다. 이러한 과학적 서양 문물의 영향으로 실학자로 하여 우리의 역사, 문물을 연구하게 된 동기를 부여하였다. 이러한 연구는 초기에 이익과 유형원 등이 시작하였으나 이익의 제자인 안정복(安鼎福, 1712~1791)에 의해서 본격화되었다.

안정복은 조선 후기의 실학자, 성리학자로 『동사강목(東史綱目)』이라는 역사서를 집필하였으며 자는 백순(百順), 호는 순암(順庵)이다. 그는 죽을 때까지 과거에 한 번도 응시하지 않고 이익의 제자로 수학(修學)하였다. 그로 인하여 성리학과 실학에 영향을 받았다.

그는 조선의 독자성에 입각한 역사관은 스승 이익으로부터 생겨났으며 안정복에게 영향을 받아 초석을 만들었다는 것은 누구나 일관된 평가이다. 이것이 스승과 함께 만든 저서인 『동사강목』이다.

『동사강목』은 단군조선으로부터 고려 말까지의 역사서로서 1759년에 저술하였다. 이 책은 각 권을 상, 하로 분류하여 20권으로 만들어졌으며 『삼국사기』, 『해동제국기』 등 국내 서(書)와 『사기』, 『한서』 등을 비롯한 중국 서적 등 광범위한 자료를 비교, 검토, 연구하여 고증학적인 연구 방법을 사용한 조선 시대의 대표적인 역사서이다.

안정복은 이상하게도 천주학에는 온건하지 못하였다. 그 이유는 현실적인 문제에는 관심이 없었으며 오로지 내세 즉, 천당지옥설(天堂地獄說)을 믿게 하여 사람들을 오히려 혼란스럽게 만들며 기도하는 것은 무당이나 불가에서 하는 것과 마찬가지라 하면서 비판하였다. 그러나 그의 딸은 천주교 신자인 권철신(權哲身, 1736~1801)의 아우 권일신(權日身, 1751~1791, 이승훈에게 영세를 받음)과 혼인하였다. 결국 그의 사위는 신해박해(辛亥迫害) 때 순교하였다.

또한, 재미있는 것은 그가 평생 저술한 『잡동산이(雜同散異)』라는 책이 있는데 오늘날 잡동사니의 어원이 된다는 것이다. 이 책은 조선 정조 때에 안정복이 엮은 잡기로 『경사자집』에서 글자를 뽑아 모으고, 명물(名物), 도수(度數), 패설(稗說)도 수록하였다. 이에 관하여 『國語辭典』에는 다음과 같이 적혀있다.

잡동사니는 안정복이라는 사람이 쓴 『잡동산이(雜同散異)』라는 책에서 유래했는데 안정복은 실학자이며 유교 이념을 합리적으로 계승하기 위해 노력했던 사람이며 『동사강목』, 『열조통기』를 쓴 사람이다.
어느 날 안정복이 대청에 앉아 있는데 하인들의 이야기가 들려왔다. 그저 주위의 흔한 이야기지만 어찌나 재미있게 들렸는지 (…) 안정복은 생각하기를 재미없고 지루한 역사 이야기나 실학 이야기가 아닌 그런 책을 만들고 싶었다.
그래서 만든 책이 『잡동산이(雜同散異)』라는 책인데 이 책의 내용은 양반들이 보아서는 별로 중요할 게 없는 그저 흥미 위주의 이야기이다. 그래서 쓸모없는 잡다한 여러 가지 물건이란 의미로 쓰이게 되었다.

안정복의 사상은 『동사강목』, 『가례집회』, 『상헌수필』, 『성호사설유편』, 『열조통기』 등에서 잘 나타나 있는데 그의 스승 이익에게 영향을 받은 것이다.

> 우리나라의 사서는 본래 글이 볼만한 것이 못 되는 데다가 언제나 중국사를 근거로 삼아 도착(倒錯)하여 혼란을 시켰기 때문에 더욱이 읽을 수 없다(李瀷, 『星湖僿說』 誦讀課程條).

이와 같은 혼란을 막기 위하여 안정복은 『동사강목(東史綱目)』을 집필하여 기존의 사서(史書)인 『삼국사기』, 『고려사』, 『동국통감』의 사료(史料)를 비판하면서 역사 인식의 방법과 주체사관(主體史觀)을 통해 한국사의 오류를 시정하고 생략(省略), 번잡(煩雜)했던 면을 과감하게 바로잡았다.

특히 그의 저서에서 중국의 역사책은 중국을 중심으로 쓰여 있으므로 그들 위주로 서술된 것은 당연하고 우리의 역사서는 우리의 중심으로 저술하여 중국과 조선의 역사가 서로 독립된 역사라고 밝혔다. 우리의 국호와 역사를 사실대로 서술하는 것은 역사 인식에 있어서 자주적인 의사 표현이라는 의미에서 높이 살 만하다.

그의 역사에 관한 인식 방법은 뒤에 우리나라의 역사 발달에 영향을 미쳤으며, 이 중에서도 조선의 역사서인 이긍익의 『연려실기술』과 국내외의 역사를 두루 참조하여 국사를 정리한 한치윤(韓致奫, 1765~1814)의 『해동역사』는 우리나라의 역사를 체계화시킨 실학파의 연구 업적이라고 볼 수 있다.

이들 18세기 후반 사서(史書)의 역사 인식은 화이관(華夷觀)에 입각한 중국 중심에서 탈피하고, 역사를 실증적인 바탕 위에서 재조명했다는 점, 그리고 민족문화의 기원으로서 동이문화(東夷文化)에 대한 깊은 관심을 가져서 중화 중심의 사상에서 벗어나기 시작했다.

역사학의 발달과 더불어 김정호(金正浩, 古山子)와 정상기(鄭尙驥, 1678~1752, 이익의 제자)를 중심으로 지리학 연구도 활발하게 진행되었다. 실학 이전에도 통치에 필요한 각 고을의 지리와 산물을 수록하여 만든 『세종지리지』, 『동국여지승람』 등의 지리지도 있었으나 영, 정조 시대의 실학자들은 향토심(鄕土心)과 조선의 지리에 애착(愛着)하도록 하는 『동국문헌비고여지고』 등의 지리지도 만들어 인문, 경제, 물산, 풍토 등의 자세한 내용을 담았다.

조선 초기에 권근이 제작한 세계지도, 혼일강리역대국도지도는 원나라에서 아라비아 지도학의 영향을 받아 만든 세계지도를 정확하게 개정한 것으로서 동양에서는 가장 오래된 것으로 유명하다. 하지만 정밀도가 부족한 것을 알고 실측 조사를 거듭하여 '청구도'와

『대동여지도』를 만들었다. 이를 토대로 국토 지리의 이해를 보다 체계화하여 『대동지지(大東地志)』를 완성하여 우리나라의 인문 지리 연구의 기초를 마련하였다. 이현희는 지도의 중요성을 다음과 같이 말했다.

> 지도는 나라가 어지러울 때는 적을 쳐부수고 난폭한 무리들을 토벌하며 진압(鎭壓)하는 데 도움이 된다. 또한, 평화 시에는 정치를 수행하고 사회의 모든 일을 다스리는 경제 정책을 시행, 조절하는 데 모두 이용하게 될 것이다(李炫熙, 『한국의 역사』, 1988).

정상기는 '조선팔도도'를 제작할 때 축척 표기법인 백리척(百里尺)을 사용하여 지도 제작의 과학화를 이루었다. 특히 그의 지도 '동국대지도(東國大地圖)'는 대형 전국 지도로서 영조가 이것을 보고 매우 감탄하였다. 이 지도는 272.0×147.0cm로 보물 1538호로 지정되어 있고 현재는 국립중앙박물관이 소장하고 있다. 이 지도는 원래 '동국지도'를 제작하였는데 모사본을 '동국대지도'라고 부르고 있다.

이 지도는 사본으로, 현재 원본은 전해지지 않는다. 이 지도는 이전의 지도와는 전혀 새로운 지도였으며 대동여지도를 만드는 데 기초 자료가 되었다. 정상기는 관직에 나가지 않고 실학에 몰두하였으며 정치, 경제, 국방, 군사전략, 의약, 농학 등에 걸친 저술 활동을 하였다. 후에 영조는 이 지도를 보고 나서 '동국대지도'라는 이름을 붙이고 홍문관에 보내 모사(模寫)하도록 한 뒤 홍문관과 비변사에 보관했다. 이 지도는 산줄기와 물줄기, 도로가 매우 상세하게 기록되어 영조가 매우 감명받았다고 하였다.

김정호(金正浩, ?~?)의 『대동여지도(大東輿地圖)』는 우리나라 전체를 그린 현존하는 전국 지도로서는 가장 큰 지도로서 분첩절첩식(分貼折疊式)의 지도첩(地圖帖)이다. 그는 여러 고을에 명하여 각각 지방을 그려서 진상하도록 하고 지도 간 축척을 맞추어 청구도(靑邱圖)를 완성하였다. 김정호가 직접 팔도를 답사하면서 지도를 제작했다는 설과는 달리 『청구도범례』에는 '우선 옛 지도인 『해동여지도』를 따르고 나중에 교정할 것을 기다린다'라고 기록되어 있다. 즉 김정호는 여러 자료를 비교하고 검토한 후에 판단을 내려 제작한 것이다.

『대동여지도』는 함경북도 최북단의 온성에서 제주도까지를 22개의 첩으로 만들어 놓았으며 접으면 한 권의 책이지만 모두 펼쳤을 때 가로 380cm×세로 670cm로 건물 3층의 높이에 이른다. 이 지도는 지형표시나 교통로, 하천 등이 정확하고 대량생산이 가능하다는 점에서 극찬받는다.

『대동여지도(大東輿地圖)』에 담긴 우스운 소리는 흥선대원군이 군사기밀을 알리는 일을 했다고 해서 김정호와 딸을 옥에 가두어 죽게 했다는 이야기가 있는데 이는 조선총독부가 발행한 『조선어 독본』에 실린 내용으로 일제가 꾸민 내용이며 사실과 다르다.

아쉽게도 그의 출생과 죽음에 대하여 알려진 것은 없다. 고향, 태어난 곳, 거주지, 가족 등의 정보는 확실하지 않으며 그의 집이 있었다고 추정하는 서울시 중구 중림동 20번지 교통섬엔 그의 옛 집터 표지석이 쓸쓸히 서 있지만 그가 우리나라의 지리학에 매우 큰 족적(足跡)을 남겼다는 것은 명백하다.

이 시기의 역사 지리서는 대부분 산, 강, 산수 등의 특정한 역사적 문제에 관한 저서들로 편찬되어 실학 이전에는 왕권의 정당성을 옹호하기 위한 목적으로 왕의 명령이나 정책의 필요성, 즉 세조는 자신의 왕권 강화와 요동 진출 정책의 필요성에 따라 역사 지리서를 제작하였으나 이후의 역사서는 관학(官學)의 중심이 아닌 개인 차원으로서 각지의 산천, 인물, 인심, 산물, 풍속 등을 논하여 백성에게는 주체 의식을, 국가에는 부국을 실현하고자 제작되었다.

이러한 학풍의 특징은 우리의 역사와 지리를 연구하는 것이 나라 사랑의 근본임을 깨닫고 독자적인 연구로 중국을 중심으로 하는 사대사상이 아닌 조선학이 중심이 되어 후에 한국학을 이루는 효시가 되었다.

세 번째로는 고증학의 학풍으로 당시 중국에서는 명나라가 멸망하고 난 뒤 청나라가 서양의 문물을 수용하여 발달시켜 오는 사이 조선에서는 공리공론(空理空論)과 독단 해석에 치우친 성리학이 우세하고 있었다.

그러나 청나라는 성리학의 반동으로 경사(經史) 등을 정확한 고증(考證)에 학문을 연구하는 실증적인 연구가 성행을 했다. 즉 초기 중국의 전통적인 학문을 명나라 말기의 양명학의 반발(反撥)로 공자의 경전에서 찾으려고 한학문의 실증적인 방법과 실사구시(實事求是)적 태도로 임하는 연구 방식은 청으로 하여 중화를 부흥시키는 데 충분하였다.

청대(淸代)의 고증학(考證學, 옛 문헌에서 확실히 증거를 찾아 경서를 설명하려는 것)은 유학의 경전 정리와 금석학(金石學, 금석문자를 연구하는 학문), 문자학, 지리학, 천문학 등의 대상을 훈고적(訓詁的) 방법으로 참뜻을 밝히고자 하는 학문의 한 형태였다.

당시 조선에서는 당쟁과 부박(浮薄)한 학문 경향에 반기를 들고 영, 정조 시대에 연례행사로 청나라를 다녀간 일부 학자들 사이에서 조선의 부흥을 위하여 청조(淸朝)의 문물을 받아들여야 한다는 주장에서 생겨나기 시작했다.

대표 학자로는 "한 글자라도 의심을 두면 망령(妄靈)되다."라고 한 이익(李瀷, 1681~1763)을 중심으로 역사, 지리, 금석학 등을 고증적으로 연구한 안정복(安鼎福, 1712~1791), 신경준(申景濬, 1712~1781), 김정희(金正喜, 1786~1856), 정약용(丁若鏞, 1762~1836) 등이 있다. 그들은 당시 숭명사상(崇明思想)이 주류였던 풍토에서 획기적인 주장을 한 것이다.

당시 조선인의 숭명사상(崇明思想)에 대한 좁은 소견(所見)에 일침을 가하면서 박지원(朴趾源, 1737~1805)은 다음과 같이 말했다.

> 오늘날 중국을 다스리는 자는 오랑캐들이다. 따라서 이들을 배우는 것을 부끄러이 여긴다. 그러나 그들이 거주하는 곳이 삼대(三代) 이래 한, 당, 송, 명의 중국 땅이 아니냐? 만약에 이들이 사용하는 제도가 아름답다면 오랑캐의 것이라고 하더라도 자진해서 배워야 할 것이다(朴趾源, 『燕巖集』 北學議序).

이는 박지원의 실학사상을 단편적으로 나타내는 구절로서 백성과 국가의 부국을 위해서 필요하다면 양반이나 더 낮은 민족에게도 배울 것은 반드시 배워서 나라의 물산을 장려하여 이용후생(利用厚生)의 목적이 양반이나 하인이 할 도리라고 했다. 즉 당시의 그릇된 사회제도와 신분제적 허식 그리고 잘못된 학문 관행을 개혁하고자 했다.

당시의 고증학은 훈고적(訓詁的) 성격이 있는데 이는 경전의 의미를 밝혀 성현의 말씀과 도(道)와 교(敎)의 본질을 이루는 데 있었다. 그러나 훈고는 자칫하면 단지 경전(經典)의 자구(字句), 주석에만 전력하여 자랑에만 그칠 위험이 있었으므로 정약용은 훈고학이란 무엇인지 다음과 같이 밝혔다.

> 훈고란 문자의 의미이다. 자의(字義, 한자의 뜻)가 소통된 뒤에 문구를 알 수가 있고 문구의
> 뜻이 소통된 뒤에 한편의 대의(大義)를 알 수 있다. 모든 경서(經書, 유교의 가르침을 적은
> 책)가 다 이와 같지만, 서경(書經은 三經과 五經 중의 하나로서 삼경은 시경, 서경, 주역을
> 말하며 五經은 시경, 서경, 주역, 예기, 춘추를 말함)은 특히 심하다(손인수, 1989).

김정희는 실학의 철학 기반을 북학파의 영향을 받은 박제가(朴齊家, 1750~1805)의 제자로
실사구시, 즉 실증적인 학문연구에 주력하였다. 그는 우리나라의 금석학, 역사에 대한 연
구 방법을 고증학적인 방법으로 탁월한 업적을 남겼는데 그에 의하면

> 사실로서 참되게 하여 옳은 것을 추구하는 실사구시가 학문에 가장 긴요한 방법임을 강조하
> 며, 공소지언(空疎之述)이나 선입지언(先入之言)을 버리도록 요구하고 있다(『阮堂先生全集』
> 卷一).

이것은 자의적으로 추측하고 증거 없이 선입견으로 연구하는 태도를 버려야 한다는
의미로 금석학을 연구하는 데 고증적인 방법을 사용하였다.

여기서 금석학(金石學, Epigraphy) 또는 비문학(碑文學), 금석 문학은 금석문을 연구하는
학문이다. 고고학의 한 분야로서 금석문 즉, 돌이나 금속 따위에 새겨진 글, 기록을 판독하
여 사실과 연대, 문화를 밝혀내어 국적과 조상의 문화를 연구하는 학문이다. 고대 한국사
의 경우 사서로 체계화되어 남아 있는 기록이 부실하고, 현재까지 남아 있는 역사서 중
가장 오래된 정사『삼국사기』역시 삼국시대 당시에 쓴 것이 아니라, 몇백 년이 지난 고려
때 쓰인 것이다. 이렇게 기록이 부족한 상황에서 '광개토왕릉비', '북한산 순수비'와 같이
금석문은 당대에 기록된 얼마 남지 않은 1차 사료로서 높은 가치를 지닌다. 예를 들면
신라 태조 성한왕에 대한 기록, 백제의 매국노 예식진(의자왕을 생포하여 항복한 인물로 기록)
에 대한 기록, 연남생(淵男生, 634~679)의 묘비에 기록된 연개소문 가문의 가계도 등 사서에
없거나 부족한 부분은 금석문을 통해서 알 수가 있다.

김정희의 고증학은 경학에 기반을 두고 있지만, 북한산 진흥왕 순수비 연구는 금석학

과 사학으로 한층 완벽하게 고증하여 실증성(實證性)을 나타낸 예라고 볼 수 있다.

또한, 김정희의 스승 박제가는 우리나라의 선비들이 옛 학문의 습관과 짧은 안목을 갖고 있다고 하면서 고증적인 학문 풍토를 만들 것을 역설하였다. 그에 의하면

> 榻本(탑본)의 진짜와 가짜를 알지 못하고, 육서(六書)의 금석문의 근거와 필묵의 변화 유동하는 자연의 추세를 모르면서 구구히 스스로 진체(晋體)라 하며 두 왕씨(王氏)의 필체라 한다(朴齊家, 『燕巖集』 北學辨二).

이는 당시 선비들의 단편적인 것만을 알고 있으면서 전체를 아는 체하는 고루한 학문 태도를 비판하고 문장과 필체 그리고 지혜와 관련해서는 시대에 얽매이지 말고 개방적일 것을 역설하였다.

또한, 고증학의 학풍을 지닌 실학자는 19세기 후반 성호학파의 학설을 계승한 정약용에게도 살펴볼 수 있는데 그는 당시의 고증학적인 의미가 훈고학에 있다고 하였다.

> 성리학을 공부하는 사람들은 오직 "理다, 氣다", "性이다, 情이다", "體다, 用이다", "본연의 性이다, 기질의 性이다", "理發이다, 氣發이다" 하여 그것을 가지고 천 가지나 만 가지로 해석하여, 이로써 서로 싸워서 자기만이 천하의 고묘(高妙)함을 다하였다고 한다. 그러므로 각각 문호(門戶)를 세워 우리 선생의 설이 옳다고 싸우니, 온 세상이 이 문제를 해결할 수 없고 몇 대(代)가 지나도 그 원(怨)을 풀 수 없다(丁若鏞, 『與猶堂全書』 五學論).

이는 성리학은 도(道)를 깨우치고 자신을 인식해서 실천할 도리를 스스로 힘쓰는 것인데 오늘날의 자신들은 시속(時俗, 그 당시의 풍속)에 관한 학문에 빠져 있고 주자(朱子)를 빙자하여 자신의 학문을 옹호하고 또한, 훈고의 의미는 제쳐두고 글자만 이해하고 구절(句節, 한 토막의 글이나 말)만 익혔을 뿐 그 근원을 이해하지 못하고 있음을 개탄하면서 훈고의 기능을 올바르게 이해하여야 한다고 하였다.

그는 주자학파의 경전 해석에만 치중하지 않고 공자의 본래 정신, 즉 경학(經學, 『四書五經』

을 연구하는 학문) 그 자체로 돌아가겠다는 데서 훈고적 실증을 중요시하는 한학 내지는 청조(淸朝)의 고증학 방법을 사용하고 있지만, 사회적 실용성에 더욱 관심을 둔 것이, 추사 (秋史)와 다른 점이라고 할 수 있다.

이같이 당시의 고증학은 '증거(證據)가 없으면 받지 않는다.'라든가 여러 학설을 종합 검토하여 비교함으로써 학문의 개방성과 객관성에 기준으로 한 근대적인 학문 형성에 큰 영향을 미쳤다.

4. 문학과 예술의 새로운 시도

조선 후기에는 한글이 어느 정도는 보급되었으나 여전히 한글을 기피하고 사대부들이 문학을 주도하고 있었다. 그러나 이 시기에 실학의 영향으로 문학에서도 새로운 경향이 나타나고 있었다. 즉 문장에 도덕이 담겨야 한다는 성리학의 도문일치론(道文一致論)이 사 라지고 인간의 타고난 감정, 곧 모든 조화를 꾸미는 하늘의 기밀인 천기(天機)를 중요시하 는 당나라의 시와 실용적인 고체의 산문인 고문(古文)이 유행하였다.

대표적인 당나라 시인으로는 이백과 두보가 있는데 그들은 유교적인 도를 벗어나 풍류를 노래하고 현실을 비판, 풍자하는 작품을 남겼으며 백성들의 생활고에 슬퍼하고 고뇌하며 살았다.

이백(李白, 701~762)은 시선(詩仙)이라 불렸던 인물로 자(子)는 태백(太白)이고 호는 청련 거사(靑蓮居士), 적선인(謫仙人)이다. 그 시절 시인 두보(杜甫)와 함께 이두(李杜)라 불렸다. 그에 관한 고사성어가 전해져 오는데 '마부작침(磨斧作針)'이라는 용어이다.

> 야사에서는 이백은 스승에게 글을 배우다가 싫증을 느껴 잠시 방랑객이 되어 산천을 떠돌았 다. 어느 날 상의산 기슭을 걷고 있었는데 어느 노파가 부러진 도끼를 끊임없이 갈아 바늘을 만들고 있었다. 그 모습을 보고 그는 어떤 일을 포기하지 않으면 무엇이든지 이룰 수 있다는 것을 깨닫고 학문에 정진했다고 한다. 여기에서 유래된 사자성어(四子成語)가 마부작침(磨斧 作針)이다.

그가 남긴 시 한 수를 감상하여 보자.

> 문여하사서벽산(問余何事栖碧山) 왜 산에 사느냐고 내가 묻기에
> 소이부답심자한(笑而不答心自閑) 말없이 웃으니 마음 절로 한가로워
> 도화유수묘연거(桃花流水杳然去) 복숭아꽃 물에 떠서 아득히 가고
> 별유천지비인간(別有天地非人間) 이곳은 별천지 인간 세상 아니어라(『山中問答』)

이백의 시 중에서 고구려의 기상을 읊은 시가 알려져 있다. 그가 살았던 시대는 포로가 되어 당나라에 끌려간 고구려가 당나라에 멸망하여 고구려 유민들이 포로가 되어 당나라에 끌려간 시기이다. 따라서 유민들의 생활상을 보았을 가능성이 매우 클 것이며 시로써 표현한 듯싶다.

> 금화절풍모(金花折風帽) 노란 꽃 절풍모를 쓰고
> 백마소지회(白馬小遲回) 백마를 탄 채 잠시 멈추었다 돌며,
> 편편무광수(翩翩舞廣袖) 펄럭펄럭 넓은 소매로 춤을 추니
> 사조해동래(似鳥海東來) 바다 동쪽에서 새가 날아온 듯하구나

아래는 두보의 시이다. 한 편을 감상해 보자.

> '강촌'
> 淸江一曲抱村流(청강일곡포촌류) 맑은 강 한 굽이 마을을 감싸고 흐르는데
> 長夏江村事事幽(장하강촌사사유) 기나긴 여름 강촌은 만사가 한가롭다
> 自去自來梁上燕(자거자래양상연) 제비는 마음대로 처마를 들고나고
> 相親相近水中鷗(상친상근수중구) 수중의 갈매기는 가까이 가도 날아갈 줄 모른다
> 老妻畵紙爲棋局(노처화지위기국) 늙은 아내는 종이에 바둑판을 그리고
> 稚子敲針作釣鉤(치자고침작조구) 어린 아들은 바늘을 두드려 낚싯바늘을 만드는구나
> 多病所須唯藥物(다병소수유약물) 다병한 몸에 필요한 것이란 오직 약물뿐
> 微軀此外更何求(미구차외갱하구) 미천한 이내 몸이 달리 또 무엇을 바라리오

이백과 두보는 열한 살 차이이다. 당대의 두 시인은 서로 스스럼없이 지냈다고 한다. 그 증거로는 다음과 같은 시로 보면 알 수 있다.

> 반과산 머리에서 두보를 만나니
> 머리에 쓴 갓 그림자 정오를 가리켰네
> 지난번 헤어진 후로 무척이나 수척한데
> 여전히 시 짓기에 고심해서인지요(손정섭, 『이두 시 논평』, 김영사, 2011).

당나라 문학은 유교적인 성격에서 벗어났고 침류대학사들이 이어 나갔다. 침류대학사란 창덕궁 근처에 있던 유희경의 거처인 침류대(枕流臺)에 모여 아름다운 시나 산문을 교류했다고 해서 붙여진 이름이다.

이 당시에 대표적인 문학으로는 『소화시평(小華詩評)』이 저술되었는데 홍만종(洪萬宗, 1643~1725)의 작품이다. 그는 역사, 지리, 설화, 가요, 시 등의 저술을 많이 남겼는데 특히 시평(詩評)에 능하였다.

홍만종은 17세기 국학자로서 『소화시평』을 발표하였다. 『소화시평』은 고대부터 17세기까지 한국 한시 가운데 빼어난 작품을 골라 싣고 평가를 덧붙인 일종의 비평서다. 홍만종은 이 책에서 작품의 인상과 품격을 담백하고 감성적인 언어로 품평하였다. 『소화시평』은 역대 주요 한시들을 한눈에 볼 수 있어 과거 지식인들의 '문학 교과서' 역할을 했다. 다산 정약용의 제자들이 쓴 필사본이 전해지고 있다. 홍만종은 이후에 『시평보유』, 『시평치윤』을 저술하여 이를 시평 3부작으로 부른다. 당시 그는 국가의 이데올로기인 성리학에 집착하지 않고 규범적인 사유에서 벗어나 도가적(道家的) 사유(思惟)를 토대로 연구하였다.

문학작품에서도 성리학적인 면에서 탈피하기 시작하였다. 그 대표적인 것이 허균(許筠, 1569~1618)이다. 침류대학사로써 성리학적인 도덕관에서 완전히 탈피하는 면이 보이는데 그 대표적인 작품이 『홍길동전(洪吉童傳)』이다. 그는 이 작품을 통해 비판 정신과 개혁 사상을 나타내었는데 한글 소설이라는 점이 매우 특이하다.

홍길동은 실제로 존재하였던 인물이다. 『조선왕조실록』에서는 홍길동에 대하여 다음과 같이 기록되어 있다.

> 강도 홍길동은 옥관자(玉貫子, 벼슬아치가 쓰던 옥으로 만든 망건)를 붙이고 붉은 띠를 두르고 당상관(堂上官) 차림의 고관이 되어 첨지 행세를 했다. 따라서 버젓이 관청 출입을 하며 온갖 짓을 다 하였다. 그리고 대낮에 떼를 지어서 횡행(橫行)하는데 모두 무장을 했다(백유선 외, 『청소년을 위한 한국사』, 두리 미디어, 2004에서 재인용).

허균(許筠, 1569~1618)은 아홉 살 때부터 이미 시를 잘 지었으며 아버지가 돌아가시자 류성룡에게 학문을, 이달(李達, 1539~1612)에게 시를 배웠다. 이달은 최경창(崔慶昌, 1539~1583), 백광훈(白光勳, 1537~1582)과 함께 삼당시인(三唐詩人)이었으며 서얼이란 신분으로 자기의 뜻을 펼치지 못한 인물이었다.

그가 소설의 주인공을 서자(庶子)로 설정한 것도 자신의 스승을 형상화하였고 이를 통해 당시 조선 사회가 안고 있는 신분제도와 양반들의 허상을 폭로하였다. 허균은 『유재론(遺才論)』에서 "천한 출신과 서자들도 재능이 있으면 중용해야 한다."라고 주장한 것을 보아 스승에게서 사회개혁 사상을 영향을 받았다고 볼 수 있다.

야사(野史)를 보면, 허균의 시를 지은 문장을 보고 매부인 우성전(禹性傳, 1542~1593)은 걱정할 정도였다. 그는 "뒷날 문장을 잘하는 선비가 되겠지만 허씨 집안을 뒤엎을 자도 이 아이일 것이다." 처가의 앞날을 걱정할 정도였다. 또한 『선조실록』에 보면 다음과 같이 쓰여 있다.

> "삼척 부사 허균은 유가(儒家)의 아들로 그 부형이 종사하던 것과는 반대로 불교를 숭신(崇信)하여 불경을 외며 평소에도 치의(緇衣, 승려의 옷)를 입고 부처에게 절을 하였고, 수령이 되었을 때에도 많은 사람이 보는 앞에서 재(齋)를 열어 반승(飯僧, 승려에게 밥을 먹이는 일)하면서도 전혀 부끄러워할 줄을 몰랐으며,…"

허균은 불교와 도가, 천주 서적 등을 섭렵하였을 정도로 성리학을 전면으로 부정하였다. 이는 허균의 아버지가 일찍 돌아가시고 그가 자유롭게 성장하였기 때문으로 본다. 그의 버릇에 대하여 풍류객 이생에게 보낸 편지에서 스스로 버릇없이 자랐다고 소회를 밝혔다.

후에 우성전의 예언대로 허균이 역적으로 몰려 집안이 풍비박산(風飛雹散) 났으며, 조선 왕조가 다할 때까지 복권이 되지 않은 인물이다. 당시에 허균은 천대받던 언문(言文)인 한글로 이상 국가의 꿈을 그린『홍길동전』을 저술하였으며『엄처사전, (嚴處士傳)』,『장산인전』, 『남궁선생전』,『손곡산인전』,『장산전』 등을 남겼다.

『홍길동전』과 더불어 작자 미상의『전우치전(田禹治傳)』도 유사한 작품이다. 기인(奇人), 환술가(幻術家)인 전우치를 통해 정치의 부패와 양반들의 생활을 비판하였다.『전우치전』은 담양에 살았던 생몰년 미상인 전우치를 주인공으로 하여 도술을 통해 탐관오리들을 격파하였으며 친구를 위해 과부를 납치하다가 서경덕에게서 혼이 난 후 그의 제자가 되어 태백산으로 들어갔다는 내용이다.

그는 조선 시대 중종에서 명종 때에 활약했다고 하며 호는 우사(羽士)이고 본관은 담양으로 기록되어 있다. 또한, 송도(松都, 개성의 옛 이름) 출신으로 보이며 환술(幻術, 둔갑술)과 도술에 뛰어났다는 기록(유몽인, 신익철 외 옮김,『어우야담』, 돌베게, 2006)이 남아 있다. 후에 스스로 목을 매어 자살했다는 설이 있으며 묘소는 재령군에 있다(유몽인, 2006).

이러한 영향을 받아 18세기경에는 신체문(新體文)을 만들어 냈는데 대표적인 사람이 박지원, 홍대용 등 실학파들이다. 이들은 우리의 정서를 표현하기 위하여 당시 양반들이 금기시하였던 욕설이나 비속한 단어들을 사용하여 작품을 그대로 저술하였다. 이러한 문체의 발생에 당황하였던 정조는 기존의 고문들을 모범으로 삼아야 한다고 하여 일으킨 사건이 문체반정(文體反正)이었다. 문체반정(文體反正)은 조선 정조가 당대에 연암 박지원의 『열하일기』와 같이 참신한 문장들을 패관 소품이라 규정하고, 기존 고문(古文)들을 모범으로 삼아야 한다고 하여 일으킨 사건이다. 정조는 새롭게 유행하는 소품체(小品體) 문체를 우려하면서 신하들과 선비들에게 고전의 문체로 회귀할 것을 명하였다(노대환,『소신에 목숨을 건 조선의 아웃 사이더』, "정조의 문체반정에 반기를 들었던 이옥", 역사의 아침, 2007). 정조는 박지원에게 자송문(自訟文)을 쓰도록 지시하였지만, 그는 "너무 죄가 커서 자송문(自訟文)을 쓸 수 없다"라고 하여 거부하였으며 이옥(李鈺, 1760~1812)은 과거에 장원했지만 신체문(新體文)을 쓴 것이 발견되어 불합격 처리되었고 그는 벼슬길을 포기하였다(노대환,『이옥』, 역사의 아침, 2007).

이옥은 북관(北關)의 기녀 가련(可憐)의 이야기를 어떤 사람에게서 자세히 듣고 글을 적었는데 이 글이 정조의 문체반정에 엮이게 된 것이다. 그에 관한 내용을 정리하여 보면 아래와 같다.

> 용모가 수려하고 성격뿐만 아니라 학식까지 겸비한 함흥의 기녀 가련이 있었는데 그녀는 재기(才氣, 재능이 있는 기질)가 있어서 많은 남성과 교류하였지만, 자기만의 상대 즉 마음에 드는 상대를 만나지 못해 항상 한탄스러워했다.
> 그러나 어느 날 용모가 아름답고 재주가 뛰어난 남자를 만났는데 아주 미소년(美少年)이었다. 그녀는 드디어 만날 사람을 제대로 만났다는 것을 기뻐하며 마음속으로 '내가 이 세상에서 미소년을 만나는 것만으로 족함을 알고 세상을 헛되이 살지 않았다.'라고 생각하면서 잠자리에 들려고 하는데 미소년이 즐거워하는 기색이 없고 벽을 향해 누워서 한숨만을 내쉬고 있었다.
> 가련은 그가 자기에게 다가오기를 포기한 채 누워있는 미소년을 보고 의심이 들어 여자로서 창피함을 무릅쓰고 옷을 벗기자, 그녀는 매우 실망하였다. 이게 무슨 맑은 하늘에 날벼락인가! 그는 고자(鼓子, 생식기가 완전하지 않은 남자, 火者라고도 함)였던 것이다. 이에 실망한 가련은 "하늘이여, 하늘이여! 이 사람이여, 이 사람이여! 하늘이여!"라고 대성통곡을 하며 울부짖었다(노대환, 『이옥』, 역사의 아침, 2007).

이옥은 우스우면서 슬픈 사랑의 이야기를 지었다. 이 글에서 가련은 용모가 수려하고 재능이 많았지만 제대로 된 사람을 만나지 못하는데 이를 통하여 자신도 학식과 재능을 겸비하였지만, 시대와 임금을 제대로 만나지 못해 한탄하면서 우회적으로 표현한 것이다.

정조는 당시 신체문(新體文)을 사용하였던 김조순(金祖淳, 1765~1832), 남공철(南公轍, 1760~1840), 박제가(朴齊家, 1750~1805), 이덕무(李德懋, 1741~1793), 박지원 등에게 자송문(自訟文, 일종의 반성문)을 짓게 해서 가벼운 처벌을 하였음에도 불구하고 이옥에게는 불합격 처리하여 벼슬길을 막았다. 성균관 유생에게는 가혹한 처벌이었다(이이화, 『한국사 이야기 15: 문화 군주 정조의 나라 만들기』, 한길사, 2005).

조선 왕조의 문화적 부흥기를 이끌었던 정조는 신하들의 문체에 관해서는 너그럽지 못하였다. 당시 정조의 두뇌가 모여 있던 규장각의 인물들은 실학의 학풍 중에서 북학파나 실학자들이 두루 배치되어 있었지만, 정조는 이러한 문체는 너무나 잡스럽다고 비판하였다. 당시 그는 문체반정을 통해 옛 문체를 지키지 않는 일종의 패관 잡기식의 문체를 사용한 문인들에게 자송문(自訟文)을 지어 올리라고 명하였다(김윤경, 『청소년을 위한 한국철학사』, 두리 미디어, 2007). 이에 대하여 박제가와 박지원은 이덕무가 자송문(自訟文)을 작성하라는 권유에 대하여 반문하면서 거부하였다. 이에 대한 사유는 아래와 같다.

> 박제가는 자송문을 지어 올리라는 이덕무의 권유에 "학식이 높지 않은 것은 분명 제 잘못이나 남과 다른 것은 제 잘못이 아닙니다. 음식으로 비유하면 …… 소금과 매실에게 왜 너희는 기장과 좁쌀과 같지 않으냐? 하고 책망하면 (……) 이로 인해 천하의 맛있는 음식은 모두 사라지고 말 것입니다."라고 답하여 불만을 드러내었고(이덕무, 권정원, 역,『책에 미친 바보』, 미다스북스, 2011), 당시 재야에 있었으나 박제가 등과 교류가 깊었던 박지원은 "견책을 당한 사람이 새로 글을 지어 이전의 잘못을 덮을 수 없다"라며 끝내 자송문을 쓰지 않았다(고미숙,『열하일기, 웃음과 역설의 유쾌한 시공간』, 그림비, 2003).

정조는 규장각을 통해 실학이나 새로운 학문을 진흥시키고자 하는 목적이 아니라 옛 사상의 부흥을 이끌기 위한 목적으로 설치하였기 때문이다(고미숙, 2003). 즉 정조는 문체반정을 통하여 성리학에 기반한 도문일치(道文一致)를 이루고자 한 것을 반증한다.

이 시기의 대표적인 저서로는 박지원의『열하일기』, 홍대용의『의산문답』등이 있는데 특히『열하일기』속에 포함된「허생전」,「호질」,『방경각외전』에 들어 있는「양반전」,「민옹전」등이 문제가 되었다.

먼저「허생전」은 조선의 경제가 일만 냥으로 흔들리는 상황과 명분만을 앞세워 북벌론을 주장하는 사대부들의 무능함을 허생이라는 가난한 선비를 통해 풍자하였고「호질」은 사대부들의 부도덕성을 범이 꾸짖는 내용으로 유교를 배우는 사대부들의 위선과 정절(貞節) 부인의 가식적인 행위를 폭로하는 풍자 소설이다. 내용을 요약하면 다음과 같다.

> 옛날 옛적에 큰 호랑이가 있었는데 배가 고파 사람을 잡아먹기로 하였다. 그러나 호랑이는 아무 사람이나 잡아먹을 수 없었다. 왜냐하면, 의사를 잡아먹자니 의심이 생기고 무당을 잡아 먹자니 불길함을 느껴 청렴한 선비를 잡아서 먹기로 결심하였다.

이때 도학(道學)으로 유명한 '북곽 선생(北郭 先生)'이 '동리자(東里子)'라는 젊은 과부와 살림을 차리고 있었는데 '동리자(東里子)'의 아들들은 '북곽 선생'(北郭 先生)이 도술을 부려 여우가 인간으로 변한 것이라 의심을 하여 몽둥이를 들고 북곽 선생(北郭 先生)을 습격하게 된다. 북곽 선생(北郭 先生)은 정(鄭)나라 사람으로 40살에 책을 만 권이나 저술하였고 천자(天子)조차도 그의 행의(行義)를 가상히 여겨 존경하던 인물이었고 동리자(東里子)는 그 고을 동쪽에 사는 젊은 미모의 고부로서 천자가 그 절개를 가상히 여겨 현숙함을 사모하여 그 마을의 둘레를 봉(封)해서 동리과부지려(東里寡婦之閭)라고 정표를 해주었는데 사실은 다섯 아들 모두가 성을 달리하고 있었다.

어두운 밤 이를 피해 도망가다가 북곽 선생은 똥구덩이에 빠지게 되는데 겨우 기어 나오자 바로 앞에 호랑이가 기다리고 있었다. 그는 호랑이에게 비굴하고 목숨만을 부지하려고 빌자, 호랑이는 보이지 않고 아침에 농사를 지으려고 나가는 농부들만 주위에 있었다. 농부들이 선비의 행동에 대하여 북곽 선생(北郭 先生)은 농부에게 자신이 한 행동은 하늘을 공경하고 땅을 조심하라는 것으로 변명하는 내용이다.

「호질」은 이름 그대로 호랑이의 꾸짖음이라는 뜻으로, 당시 사대부의 허례허식과 부도덕성을 풍자적으로 그려 놓은 소설이다. 즉 겉과 속이 다른 북곽 선생(北郭 先生)과 동리자(東里子)를 통해 당시 양반의 허세와 부도덕한 관념을 비판하고 더러움을 나타낸 소설이라 할 수 있다.

「양반전」의 줄거리는 다음과 같다.

조선 시대에 한 시골 마을(강원도 정선)에 가난한 양반이 있었는데 환곡제도를 통해 곡식을 빌려서 먹을 정도로 매우 가난하였다. 그러나 그 양반은 빌린 곡식을 갚지 못하였고 결국은 1,000석이 넘었을 정도로 빚이 늘어나 있었다. 더 이상 빚을 감당하지 못하게 되자 양반이라는 신분을 포기하고 팔게 되었고, 종국에 양반의 신분을 산 자는 양반을 포기한 채 달아나 버렸다. 그가 도망간 이유는 양반들의 법도가 명분만이 가득 있고 부도덕한 행위가 담겨있었기 때문이다.

그 내용을 살펴보면

양치질해서 입내를 내지 말고, 소리를 길게 뽑아서 여종을 부르고, 걸음을 느릿느릿 옮겨 신발을 땅에 끌며, 손에 돈을 만지지 말고, 쌀값을 묻지 말고, 더워도 버선을 벗지 말고, 밥을 먹을 때 맨 상투로 밥상에 앉지 말고, 국을 먼저 훌쩍 떠먹지 말고, (……) 가난한 양반이 시골에 묻혀있어도 무단으로 이웃집 소를 끌어다 먼저 자기 땅을 갈고 마을의 일꾼을 잡아다 자기 논의 김을 맨들 누가 감히 나를 괄시하랴. 너희들 코에 잿물을 다리 붓고 머리끄덩이를 회회 돌리고 수염을 낚아채더라도 누가 감히 원망하지 못할 것이다.

즉 신분을 산 사람은 양반의 삶이 신선이나 다름없이 행복한 줄 알았는데 그 증서에는 추운 것도 참고, 배고픈 것을 참아야 하며 양반들의 횡포를 늘어놓은 것으로 보아 양반이 좋은 것만이 아니라고 꼬집는 내용이다.

「의산문답(醫山問答)」의 내용도 마찬가지이다. 이 저서는 담헌 홍대용이 지은 책으로 『담헌서』에 수록되어 있다. 그는 29세에 혼천의를 만들었으며 35세에 연행에 갔으며 이때 체험한 내용을 집대성하여 책을 지었다.

이 책의 내용은 허자(虛子)와 실옹(實翁)의 대화를 엮었으며 유학을 익힌 사람 그리고 실옹은 새로운 학문을 터득한 사람을 대표한다. 이 두 사람의 대화를 통하여 허자(虛子)의 어리석음을 깨우치는데 그 내용은 우주무한론(宇宙無限論)과 인물균 사상(人物均思想, 사람 과 금수 및 초목이 모두 동등하다는 사상) 그리고 역외춘추론(域外春秋論), 춘추를 집필한 공자 가 중국이 아니라, 변방 오랑캐에게서 나왔으면은 역외 춘추가 나왔을 것이라는 가설로서, 즉 『논어 자공편』에 "공자가 구이에서 살고 싶어 하다."라는 구절을 근거로 하며, "子欲居 九夷". 或曰 "陋, 如之何?" 子曰 "君子居之, 何陋之有?" 세 가지가 주류를 이루고 있다.

홍대용은 백성을 도탄에 빠지게 하는 무능하고 부패한 정치지도자들을 꾸짖으며 전통 적인 화이관(華夷觀)과 신분제, 교육 등을 개혁할 것을 주장하였고 이로써 중국과 평등한 관계를 꿈을 꾸었다.

이 시기에는 중인들도 문학의 향유층으로 대두되기 시작하였다. 이들을 위항인(委巷人) 으로 부르는데 조선 후기로 갈수록 신분제도가 무너지면서 서얼 층과 중인들이 재산을 모아 사회에 진출하기 시작했다.

위항인(委巷人)은 조선 초기에는 주로 기술직에 근무하는 양반으로 소수만이 있었으나 후반으로 갈수록 역관, 산관, 복관 등 하급 잡직 종사자를 칭하는 중인계급에 속하였으며 후에 위항인(委巷人)으로 통칭하게 되었다. 이들은 서민층의 자아 각성과 상품경제의 발달 로 인해 생겨나기 시작했다. 학문적인 소양은 있었으나 신분적으로는 여전히 양반으로 이동하지는 못하였으며 이러한 고통을 해소하기 위하여 위항 문학을 태동시켰는지도 모른다. 조선 후기 문집에 나타난 기록을 보면 양반과 위항인이 어울려 풍류를 즐기는 장면이 기록이 있는 것으로 보아 다양한 계층으로 형성되어 있었다. 따라서 그들은 처음에는 양반 계층과도 어울리다 보니 사대부들의 문학을 모방하는 것에서 시작이 되었으나 자신들의 신분 상승과 인하여 작품활동도 다양해졌다.

다양한 계층이 어울리는 장면이 성대중(成大中, 1732~1812)이 저술한『청성집(靑城集)』에 잘 나타나 있다.

> 담헌 홍대용(洪大容, 1731~1783)은 가야금을 펼쳐놓고,
> 성경 홍경성은 거문고를 잡고,
> 경산 이한진(李漢鎭, 1732~?)은 퉁소를 소매에서 꺼내고,
> 김억은 서양금의 채를 손에 들고(……)
> 담헌의 유춘오에서 모였다.
> 성습 유학중은 노래로, 김용겸은 연장자라 상석에 앉았고,
> 맛있는 술로 약간 취하지 중악이 어우러져 연주가 되고,
> 동산이 깊어 대낮에도 조용하고 떨어진 꽃잎이 계단에 가득하고,
> 궁(宮), 우성(羽聲)이 번갈아 연주되니 곡조가 그윽한 경지에 들어선다.
> 김용겸이 홀연히 자리에서 내려와 절을 하니,
> 뭇사람들이 깜짝 놀라 일어서서 피하였다.
> 김공이 말하였다.
> "그대들은 괴이히 여기지 말라.
> 우(禹) 임금은 옳은 말을 들으면 절을 했다네,
> 이것은 균천광악(鈞天廣樂)인데, 늙은이가 어찌 한 번 절하는 것을 아까워하겠는가?"
> (成大中,『靑山集』卷六, 記留春塢樂會)

음악은 놀고 즐기는 활동이 아니라 정신 수양을 위한 고정된 관념에서 나누는 일종의 정신적 활동으로서 문인들과 교류를 통하여 지적인 위안을 받았을 것이다.

특히 19세기로 들어올수록 위항인(委巷人)들의 역사적 유래를 밝히는 전기나 사서들을 편찬하기 시작하였다. 1858년에 편찬된『규사(葵史)』는 서얼의 역사이며, 1844년에는 향리의 역사를 서술한 이진흥(李震興)의『연조귀감(掾曹龜鑑)』그리고 위항인(委巷人)들의 전기

인 조희룡(趙熙龍, 1789~1866, 화가)의 『호산외기(壺山外記)』가 집필되었다. 1862년에는 유재건(劉在建, 1793~1880)의 『이향견문록(異鄕見聞錄)』, 1866년에는 이경민(李慶民, 1814~1883)의 『희조일사(熙朝軼事)』가 저술되었다(한영우, 『다시 찾은 우리 역사 2』, 2020).

또한, 영조 때 김천택(金天澤, ?~?, 호는 남파)과 김수장(金壽長, 1690~?)은 역대의 시조와 가사를 모아 『청구영언(靑丘永言, 1,000수의 시를 엮음)』과 『해동가요(海東歌謠)』를 편찬함으로써 문학 활동의 폭을 넓혀나갔다.

『청구영언(靑丘永言, 1728)』은 김천택이 엮은 가곡집으로 현존하는 시조집 가운데 가장 오래되었으며 작가만도 140여 명에 이르며 고려말 이래 시조 998수와 가사 17편을 붙여 곡조별로 엮은 시조집이다. 이 책은 지금 국립 한글 박물관에 전시되어 있다. 원래 오장환(吳章煥) 본이라 불렀으며 1728년에 쓴 남파(南坡)의 자서(自序, 지은이가 직접 쓴 서문을 말함)가 붙어있어 원본으로 여겨졌으며 2022년 대한민국의 보물로 지정되었다. 『청구영언』은 조선 후기 시인 김천택(金天澤)이 쓰고 편찬한 책으로 알려져 있으나, 실제로 그의 친필(親筆)인지는 비교자료가 없어 확인되지 않는다. 다만, 이 책이 완성되기까지 10년 넘게 노랫말을 수집한 김천택의 노력이 담긴 자료라는 점, 그리고 당시까지 전해 내려온 가곡을 작가의 신분이나 지위보다 노랫말의 가치를 우선해 수집하고 완성한 현전 최초(最古)의 가곡집이라는 점은 높이 평가할 만하다. 우리나라에서 『해동가요』, 『가곡원류』와 함께 3대 시조집으로 부르고 있다.

『해동가요(1762)』는 말 그대로 해동(海東, 발해의 동쪽 나라) 즉 우리나라의 가요를 말하며 고려 말부터 당시까지의 유명씨(有名氏)의 자작시 117수를 포함하여 568수를 실었으며 뒤에 무명씨(無名氏)의 시조 315수를 보태어 만든 시조집이다. 이 시조집은 청구영언에 수록되지 않았던 성종, 이이, 윤선도 등 새롭게 발굴된 작품들을 수록한 것이 특징이다. 『청구영언』 이후의 시조를 엿볼 수 있다.

이 시기의 특이한 활동 중의 하나는 야담(野談, 야사를 바탕으로 흥미롭게 꾸민 이야기)이나 잡기류(雜記類, 자질구레한 일을 무질서하게 기록한 글)도 활발하게 나왔다는 것이 주목된다. 대표적인 야담집으로는 유몽인(柳夢寅, 1559~1623, 호는 於于堂)이 저술한 『어우야담(於于野談)』과 차천로(車天輅, 1556~1615)의 『오산집(五山集)』이 있는데 17세기 초에 집필되었다.

특히 『어우야담(於于野談)』은 조선 후기의 야담류(野談類)의 효시로 일컬어지는 작품으

로 30여 종의 필사본(筆寫本)과 활판본(活版本, 활자)이 전해지는데 이 중에서도『만종재본
(萬宗齋本)』이야기의 수가 40여 편에 이른다. 대표적인 것은 1964년 이제현의 후손 유제한
(柳濟漢)이『어우야담』을 처음으로 정리해 다섯 권으로 인쇄해서 출판한『만종재본(萬宗齋本)』
이다.『만종재본(萬宗齋本)』에 정리된 내용은 다음과 같다.

> 권1 인륜편은 효열, 충의, 덕의, 은둔, 혼인, 처첩, 기상(氣相), 붕우, 노비, 배우(俳優), 창기(娼妓)
> 로 구성되어 있으며
>
> 권2 종교편은 선도, 승려, 서교(西敎), 무격(巫覡), 몽(夢), 영혼, 귀신, 속기, 풍수, 천명(天命)으
> 로 구성되며
>
> 권3 학예편은 문예, 식감(識鑑), 의식, 교양, 음악, 사어(射御, 활쏘기와 말타기), 서화, 의약,
> 기예, 점후, 복서(卜筮, 길흉을 점침), 박혁(博奕, 장기와 바둑)으로
>
> 권4 사회편은 과거, 구관(求官), 부귀, 치부, 내구(耐久), 음덕(陰德, 숨은 덕행), 붕당(朋黨),
> 무망(誣罔, 기만), 고풍(古風), 외임(外任, 외직), 용력(勇力), 처사(處事), 구변(口辯), 오기
> (傲忌), 교학(驕虐), 욕심, 재앙, 생활고, 도적, 해학으로
>
> 권5 만물편은 천지, 초목, 인류, 금수, 인개(鱗介, 비닐이 있는 동물), 고물(古物)의 내용으로
> 구성되어 있다(이월영, 시귀선 역,『어우야담』, 한국문화사, 1996).

유몽인은 전쟁(임진왜란)을 경험하였기 때문에『어우야담(於于野談)』에는 전쟁 상황에서
백성들이 고통을 받는 이야기가 많이 담겨있다. 그리고 천주교에 관한 이야기도 곁들여져
있는데 교리와 교황제도 그리고 유교, 불교, 도교와 비교한 내용과 특히『천주실의』에 대
하여서도 설명하고 있다. 어우야담의 '어우(於于)'는『장자』에서 따온 말이다.『장자 천지
편』에 공자의 제자 자공에게 밭일하던 노인이 던진 말에서 나온다. 이 노인은 자공을 두
고 아는 체하며 성인 흉내나 내고 허튼소리로 대중을 기만한다며 일갈한다(博學以擬聖, 於
于以蓋衆, 박학이의성, 어우이개중). 그 바람에 자공은 얼이 빠져 삼십 리나 가서야 정신이
들었다고 한다. 이 구절에 나오는 '어우'라는 말을 주석가(注釋家)들은 과장하거나 아첨하
는 의미가 담긴 허황(虛荒)한 말이란 뜻으로 풀이한다.

18세기에 들어서도 국문소설이 민중들 사이에서 유행하였다. 이 소설들은 자연 발생하

였으며 대표적인 작품들은 『장화홍련전』, 『콩쥐팥쥐전』, 『심청전』, 『흥부전』, 『옥루몽』, 『숙향전』, 『춘향전』 등과 같은 권선징악(勸善懲惡)과 남녀 간의 사랑 이야기로 구성된 내용이다. 특히 우리에게 잘 알려진 『춘향전』은 『홍길동전』 이후에 판소리의 등장으로 사대부들은 물론 일반 민중에게 급속도로 퍼지게 되었다.

판소리는 광대가 한 편의 이야기를 노래와 아니리(이야기)로 부르는 형태였으며 서민문학과 사대부들의 문예를 엮어 국민 문학적인 성격을 지녔으며 이 중에서도 많이 불렸던 것이 『춘향전』이었다. 즉 조선 말기에 국민적 사랑을 받은 대표적인 판소리의 소재였다.

쉽게 말하면 한 명의 창자가 고수(북치는 사람)의 장단에 맞추어 창(소리), 아니리(말), 너름새(몸짓과 발림)을 섞어서 가며 구연(口演)하는 민속악으로 서양의 솔로 오페라 형식이다. '판소리'는 '판'과 '소리'의 합성어로 '소리'는 음악을 말하고 '판'은 '여러 사람이 모인 곳' 또는 '상황과 장면'을 뜻하는 것으로 '많은 청중이 모인 놀이판에서 부르는 노래'라는 뜻을 지닌다. 판소리의 유래는 창(唱)의 문학의 한 형태로서 특히 한국에서 18세기부터 오늘날까지 전승되어 온 음악 예능의 한 형태이다. 원래는 '판놀음' 속에서 부르는 소리라는 뜻으로 근두(筋斗), 줄타기 등을 하는 놀음 전체를 말하기도 했다.

판소리에는 열두 소리가 있는데 이를 열두 마당이라고도 한다. 1810년경 간행된 송만재(宋晩載)의 『관우희(觀優戱)』 본사가(本事歌) 대목을 보면, 판소리의 열두 마당을 '춘향가(春香歌)', '화용도타령(華容道打令)', '박타령', '강릉매화타령(江陵梅花打令)', '변강쇠타령', '왈자타령(曰字打令)', '심청가(沈淸歌)', '배비장타령(裵裨將打令)', '옹고집타령(甕固執打令)', '가짜 신선타령', '토끼타령', '장끼타령'이라 기록하였다.

그리고 현재 불리는 것을 판소리 다섯 마당이라고 하여 '춘향가', '흥보가', '심청가', '적벽가', '수궁가'를 열두 마당에서 독립시켰다. 이 다섯 마당에는 역대 명창들의 '더늠'이 전해지고 있다. '숙영낭자전'은 정정렬(丁貞烈), '장끼전'은 김연수(金演洙)가, '변강쇠전'은 박동진이 복원하여 불렀으나 열두 마당 시절의 가락을 전승한 것은 아니며 새로 편곡하여 부른 것이다(『백과사전』).

특히 춘향전은 판소리 '춘향가'를 기록한 소설로 애정 문제와 사회문제 즉, 관에 대한 민중의 항거를 의미하며 이를 통하여 백성들의 속 시원함을 표현하였다고 볼 수 있다.

5. 민중 문화 예술의 새로운 시도

조선 후기는 두 차례의 전쟁을 겪으면서 신분제 사회가 점차 붕괴가 되기 시작하였고 농업, 상업 등 경제가 발전함에 따라 민중들의 의식이 성장하였다. 이러한 변화가 문화계에까지 영향을 미치게 되었다.

이러한 변화는 문학뿐만 아니라 문화에서도 그 폭이 양반들만이 누리는 것이 아니라 민중들까지 확대되었고 곧 양반 중심에서 민중 중심으로 재편되기 시작함에 따라 예술의 성격은 민중적인 성격으로 새로운 시대의 흐름을 예고하였다. 이는 곧 새로운 사회변화 속에서 양반, 서얼, 백성들이 공동으로 향유를 하며 새로운 민중 문화의 성격으로 탈바꿈한 것이다.

그림, 글씨, 건축에서도 이러한 변화의 바람이 일어나기 시작했다. 특히 당시의 궁중 화원에서는 이경윤(李慶胤, 1545~1611)의 서자인 이징(李澄, 1581~?, 자는 子涵, 호는 虛舟)이 등장하여 경직된 격식을 뒤로한 채 자유분방하게 인물과 산수화를 그렸다.

이징(李澄, 1581~?)은 산수, 인물, 영모(翎毛, 새나 짐승을 그린 그림), 묵죽(墨竹), 화훼(花卉, 화초) 등 전반적으로 모든 분야에서 뛰어난 그림 솜씨를 보인 인물이다. 인조는 그를 곁에 두고 산수화나 화훼화(花卉畵)를 즐겼다고 한다. 허균은 이징을 '본국제일수'라 칭하였다. 특히 당시에 일반 백성들조차도 그의 그림을 소장하기 위하여 무척 애를 태웠을 정도라고 했다.

박지원은 "이징(李澄, 1581~?)이 어렸을 때 누각에 올라 그림 습작에 몰두하여 3일간이나 집에 돌아가는 것을 잊어버릴 정도로 애착을 드러내었다"라고 하였다. 이에 반해 남태응(南泰膺, 1687~1740)은 다르게 평하였는데 그의 말을 따르면 "각 체를 모두 능숙하게 해낼 수 있는 대가였으나 옛 법을 넓게 구사하되 웅혼한 맛이 없고 정밀하나 오묘하지 못하며 기교에 능하되 자연스럽지 못하다"라고 평했다(『백과사전』).

대표적인 작품으로는 '노안도(蘆雁圖, 개인 소장)', '연사모종도(煙寺暮鐘圖, 국립중앙박물관 소장,' '이금산수도(泥金山水圖, 국립중앙박물관 소장)' 등이 있다. 이징은 선승(禪僧, 참선하는 승려)과 신선(神仙) 그리고 달마(達磨)와 같은 그림을 그렸는데 이는 조선이 유교 사회였다는 점에서 매우 이례적이다. 다만 이 시기에 양반들의 문인화와 다른 청초의 영향을 받은

남종화(南宗畵, 중국 남방의 영향을 받음)가 유행하여 반청 감정을 해소하는 데 역할을 하였다
고 볼 수 있다.

이러한 화풍은 영, 정조 시대에 와서 변화하기 시작했다. 즉 우리의 고유한 자연과 감정,
풍토에 맞는 그림을 그리자는 것을 의미한다. 이것이 진경산수(眞景山水)이다. 원래 진경
(眞景) 혹은 동국진경(東國眞景)이라는 의미는 실제의 그리고 있는 그대로의 경치를 의미하
지만, 조선 전기의 산수화는 중국의 산수, 중국의 경치를 그대로 받아들여 화풍에 실었다.
중국 화풍에서 벗어나 우리의 산수를 있는 그대로 담아낸 것이 진경산수화(眞景山水畵)이다.

이러한 발전의 원인으로는 실학이나 한글 소설의 출현으로 우리만의 독창적인 자주성
을 회복하고자 한 기풍이 화풍에서도 그대로 반영된 것이다. 진경산수가 대두되기 시작한
연유를 한영우(『다시 찾는 우리 역사 2권』, 2020)는 이렇게 적어 놓았다.

> 진경산수는 왜란과 호란 이후 사대부들이 국토순례와 의궤(儀軌, 유네스코 세계기록유산으로
> 등재), 국방지도를 제작하는 데 화원들이 참가하여 우리의 산수를 그려 넣는 과정에서 등장한
> 화풍으로 조선만의 개성이 있는 화풍으로 발전하였다. 또한, 서울 문단에서 사람의 자연스러
> 운 감정을 표현하려는 천기(天機, 하늘의 기밀)와 진기주의(眞機主義)가 풍미한 것과도 관련
> 이 있다. 한국인은 자연과 사람이 하나로 어울릴 때 '신바람'과 '흥'을 느끼는데, 이를 문학이나
> 그림으로 표현하고자 하는 것이 천기와 진기이다.

진경산수의 대표적인 화가는 겸재 정선(謙齋 鄭敾, 1676~1759)이다. 그는 양반 출신의 화
가로서 심사정(沈師正, 1707~1769, 호는 玄齋), 조영석(趙榮祏, 1686~1761, 호는 觀我齋)과 함께
삼재라 불렀다. 위에서 말했듯이 조선 산수화의 독자적인 특징을 살려 진경화(眞景畵)를
그렸는데 그의 대표작으로는 '금강전도', '인왕제색도', '박연폭포', '경교명승첩', '입암도',
'여산초당도', '여산폭포도', '노송영지' 등이 있다.

강세황(姜世晃, 1713~1791)은 『겸재화첩』의 발문(跋文)에서 "동국진경을 가장 잘 그렸다."
라고 평가하였다. 그는 특히 금강산과 서울 근교를 많이 그렸고 그 외에도 인물산수, 고목,
노송 등을 잘 그렸다.

실제로 정선의 이름이 널리 알려진 것은 1711년 금강산을 유람하고 그린 『신묘년풍악

도첩』이다. 스승 김창협이 제자들을 데리고 떠난 금강산행에 동행한 뒤 그린 것으로, '금강산내총도', '단발령망금강', '장안사', '불정대', '벽하담', '백천동장', '옹천', '고성문암관일출', '해산정', '박연폭포', '총석정', '삼일포', '시중대' 등 산수 13면과 발문 1면으로 구성되어 있다. 비록 필법과 묵법(墨法) 또한 서툴기는 하지만, 훗날 진경산수 기법의 기초가 엿보인다는 점에서 높이 평가되는 작품이다. 이듬해 금강산에 다시 다녀온 후 그린 '해악전신첩'은 현재 전하지 않으나 당시 많은 사람이 찬탄했다고 한다. 이 시기부터 여행을 통해 다양한 화법을 구사한 정선은 60대 이후 진경화법(眞景畫法)을 더욱 성숙시켰다(김영은, 『미술사를 움직인 100인』, 2013).

그의 그림 중에서 가장 눈여겨볼 그림은 국보로 지정된 '금강전도(국보 제217호)'이다. 이 그림은 우리의 산수를 실경(實景, 실제의 경치, 광경)으로 그려 낸 작품으로서 금강산의 모든 산봉우리를 강한 선과 부드러운 선으로 표현하여 조화로우면서도 힘차고 세부적으로 묘사하였다.

그리고 정선은 서울을 배경으로도 그림을 많이 그렸는데 그중에서 '인왕제색도(仁王霽色圖)'가 유명하다. 현재 이 그림은 국보 제216호로 지정될 정도로 한여름 소나기가 온 뒤의 인왕산을 삼청, 궁정동 그리고 청운동에서 바라본 경치를 그린 것으로 비에 젖은 바위 아래에는 짙은 안개가 감싸져 있고 산세와 수목은 짙고 안개와 능선은 옅게 표현되어 대비를 이루는 진경산수화의 걸출작(傑出作)이라 할 수 있다. 1984년에 국보로 지정되었으며, 문화재청 공식 명칭은 '정선 필 인왕제색도'이다.

그는 '박연폭포'에서 폭포수가 떨어지는 광경을 강조하기 위해 대상을 과감히 변형하는 기법을 사용했다. 폭포의 물줄기가 힘차게 쏟아지는 모습이 화면 전체를 압도하는 가운데, 폭포수가 떨어지며 일어나는 하얀 포말(泡沫, 물거품)을 강조하기 위해 양옆의 절벽을 짙은 먹으로 겹쳐 그려 강약을 강하게 대비시켰다. 따라서 폭포가 굉음을 울리는 듯한 느낌과 함께 역동성이 부여되어 있다(김영은, 『미술사를 움직인 100인』, 2013).

'옹천(甕遷)'이라는 작품은 강 한쪽에 커다란 항아리를 엎어 놓은 듯한 풍경을 그려 넣었으며 넘실대는 파도를 앞에 두고 항아리처럼 생긴 커다란 바위산을 에둘러 가는 길이 아찔하게 느껴지는 그림이다. 산길 중턱에는 한 사람이 힘겹게 걸어가는 모습과 모퉁이를 도는 나귀의 뒷모습을 볼 수 있는데 여간해서 찾기는 힘들다. 흔히 숨은그림찾기 하듯이 자세하게 보아야 찾을 수 있다(이준구 외 편저, 『조선의 화가』, 스타북스, 2017).

그러나 진경산수화는 19세기 초부터 급속하게 쇠락했다. 진경산수화의 쇠락에 대해 강세황은 이렇게 지적했다. "정선은 평생 익힌 능숙한 필법으로 마음먹은 바를 유려하게 그려서 냈는데 바위의 형태와 봉우리를 막론하고 거친 열마(裂麻) 준법으로 일관해 난사(亂寫)하였다. 그래서 사진(寫眞)의 부족함이 드러난다. 심사정(沈師正, 1707~1769)의 작품은 정선보다 나은 편이나 역시 폭넓고 고랑(高朗)한 시각이 결핍되어 있다(『백과사전』)."

독일에 있던 겸재 정선의 국보급 그림 21점이 80년 만에 우리나라에 반환되었다. 이 그림이 반환되는 데 공헌한 사람은 왜관 베네딕토회 수도원의 선지훈 신부로 독일의 수도원에 있던 그림을 발견하고 7년 동안 설득하여 국내로 들여오게 되었다. 독일은 반환하면서 잘 보관하라는 말 이외에는 다른 조건을 달지 않고 한국에 돌려주었다. 경매업체의 유혹을 뿌리치며 독일 수도원은 "한국 반환이 최고의 가치"라고 하면서 해외 유출 반환의 선례를 남겨놓았다(이준구 외 편저, 『조선의 화가』, 스타북스, 2017).

정선의 뒤를 이어 산수화와 풍속화는 새로운 경지로, 즉 김홍도 풍(金弘道風)으로 바뀌는데 정선의 산수화가 서양의 인상파 성향이 강했다면, 김홍도의 산수화는 정형산수(定形山水)로 치밀한 사생(寫生)이 특징이다. 이러한 김홍도의 화풍은 겸재의 화풍을 압도하고 새로운 시대의 화풍이 되었다. 그러나 19세기 이후부터는 정선의 진경산수화나 김홍도의 풍속화도 쇠퇴하면서 청나라의 남종화 풍이 본격적으로 유행하게 된다.

우선 김홍도(金弘道, 1745~?, 호는 檀園)에 관하여 알아보면 그는 농촌과 전원을 소재로 한국적인 서정과 정취가 짙게 밴 독창적인 그림을 그렸으며 풍속화와 산수화에 재능을 발휘하였다. 다시 말하면 산수화와 풍속화에 비중을 두었지만, 일반 서민들의 생활을 그린 풍속화로서 우리에게 잘 알려진 인물이다. 그는 본관은 김해이고 호는 우리가 알고 있는 단원을 제외하고 단구(丹邱), 서호(西湖), 고면거사(高眠居士), 취화사(醉畵士), 첩취옹(輒醉翁)이다.

그는 유년 시절에 강세황의 집에 드나들면서 화법을 배웠다고 『단원기(檀園記)』에 적혀 있다(김일선, "단원 김홍도의 풍속화 연구: 풍속화첩을 중심으로", 계명대학교 교육대학원, 2006). 그의 그림은 아주 유년기부터 시작했다고 볼 수 있다. 또한, 강세황은 말년에 이르러 김홍도를 가리켜 '우리나라 금세(今世)의 신필(神筆)'이라고 극찬하고 화제(畵題)를 써주었던 것으로 미루어 보아 그들의 관계가 매우 밀접했을 것이다(이동주, 『우리나라 옛 그림』, 학고재, 1995).

김홍도의 집안은 화원이나 사자관(寫字官, 문서를 정리하는 관리) 출신이 없었으나 그의 외가(仁同張氏) 쪽이 화원 사회에서 유명한 집안으로 외가 쪽의 피를 이어받았을지도 모른다. 따라서 당대의 시, 서, 화에 능한 강세황의 도움으로 화원의 세계에 발을 들여놓았을 가능성과 이로써 정조의 어진(御眞, 임금의 화상이나 사진)을 그리는 데 영향을 미쳤다고 볼 수 있다. 강세황은 김홍도의 재능을 이렇게 적어놓았다(윤희진, 『가장 한국적인 그림을 그린 천재 화가 – 김홍도』, 네이버캐스트, 2010).

단원은 어릴 적부터 그림을 공부하여 못 하는 것이 없었다. 인물, 산수, 신선, 불화, 꽃과 과일, 새와 벌레, 물고기와 게 등에 이르기까지 모두 묘품(妙品)에 해당이 되어 옛사람과 비교할지라도 그와 대항할 사람이 거의 없다. 특히 신선과 화조를 잘하여 그것만 가지고도 한 세대를 울리며 후대에까지 전하기에 충분했다. 또 우리나라 인물과 풍속을 잘 그려내어 공부하는 선비, 시장에 가는 장사꾼, 나그네, 규방, 농부, 누에 치는 여자, 이중으로 된 가옥, 겹으로 난 문, 거친 산, 들의 나무 등에 이르기까지 그 형태를 꼭 닮게 그려서 모양이 틀리는 것이 없으니, 옛적에는 이런 솜씨는 없었다. 그림 그리는 사람은 대체로 천과 종이에 그려진 것을 보고 배우고 익혀서 공력을 쌓아야 비로소 비슷하게 할 수 있는데, 단원은 독창적으로 스스로 알아내어 교묘하게 자연의 조화를 빼앗을 수 있는 데까지 이르렀으니, 이는 천부적인 소질이 보통 사람보다 훨씬 뛰어나지 않고서는 될 수 없는 일이다.

김홍도는 20대에 영조의 어진과 세손(世孫, 왕 세손의 준말) 이산(훗날 정조)의 초상화 제작에 동참하였을 정도로 일찍이 화단에서 이름을 날렸다. 정조는 김홍도에 대하여 어제문집(御製文集)인 『홍재전서(弘齋全書, 27명의 왕 중 유일하게 문집을 남김)』에서 다음과 같이 극찬할 정도로 그의 그림에 관하여 신임이 두터웠음을 알 수 있다.

김홍도는 그림에 솜씨 있는 자로서 그 이름을 안 지가 오래다. 삼십 년쯤 전에 나의 초상을 그렸는데, 이로부터 무릇 그림에 관한 일은 모두 홍도를 시켜 주관케 하였다. (…) (金弘道工於畵者知其名久矣 三十年前圖眞自是凡屬繪事 皆使弘道主之畵師)

그는 '신선도', '군선도', '선동취적', '생황을 부는 신선' 등의 신선도와, '서당(단원풍속도첩, 국립중앙박물관 소장)', '씨름', '타작', '우물가' 등의 풍속화, 그리고 '서원아집도', '평생도' 등의 인물도를 주로 그렸다. 그 외의 풍속화로는 '타작', '기와 이기', '어장', '활쏘기(단원풍속도첩, 국립중앙박물관 소장)', '무동', '논갈이', '고누놀이(단원풍속도첩, 국립중앙박물관 소장)', '행상', '장터길', '자리 짜기', '점괘', '점심', '주막', '대장간', '담배 썰기', '길쌈', '나룻배', '노상파안(路上破顔)' 등이 전해지고 있다.

그리고 정조의 화성 행차와 관련하여 병풍, 행렬도, 의궤 등 궁중 풍속과 같은 기록화도 있었는데 서양식 화법이 돋보였다. 정조의 '화성 행차도'의 병풍 그림에는 원근법이 보이고 『의궤』에 들어있는 '화성 행차도'는 등장인물들을 모두 측면에서 그려 놓았다.

그의 그림들은 대개 자연을 사실대로 표현하는 데 주력하였으며 이를 실경산수(實景山水)라 하는데 즉, 주관적인 흥취로서 그린 것과는 달리 객관적인 기록화이다. 그리고 농촌 서민들의 생활상을 낙천적이고 익살스러운 필치로 그렸으며 활기찬 사회상을 반영하는 것이라 할 수가 있다(한영우, 『다시 찾은 우리 역사 2』, 2020).

이 시기에 김홍도와 풍속화를 개척한 또 한 사람의 풍속화가 있었는데 신윤복(申潤福, 1758~?)이다. 그 역시도 산수화와 풍속화를 그렸는데 주로 양반 관료들의 이중성과 위선을 풍자한 그림, 부녀자들의 풍속을 감각적이고 해학적으로 그려서 냈으며 여성들의 생활상이 돋보인다.

신윤복의 어렸을 적 이름은 가권(可權)이며 후에 윤복으로 개명하였다. 이와 관련하여 간송미술관에 소장한 '미인도'에는 신가권(申可權)이라는 도서(圖署, 그림에 찍는 도장)가 찍혀 있다.

그의 작품으로는 『혜원전신첩(蕙園傳神帖)』, '미인도(美人圖)' 등이 있으며 남녀 간의 사랑이나 여성의 아름다움을 주제로 화려한 색을 이용하여 기생이나 무당의 그림과 시골 주막의 서민적인 풍속 또한 날카로운 화필로 양반사회에 대한 풍자로 날카롭게 그려 놓았다. 『풍속화첩』에는 '단오도(端午圖)', '연당(蓮塘)의 여인(女人)', '무무도(巫舞圖)', '산궁수진(山窮水盡)', '선유도(船遊圖)' 등이 있고, '미인도'와 『풍속화첩』은 간송미술관에 소장되어 있다.

신윤복과 김홍도는 소재, 구성, 인물들의 표현 방법과 설채법(設彩法, 색을 칠함, 賦彩) 등에서 차이가 나는데 신윤복은 남녀 간의 정취와 낭만적인 분위기를 나타내기 위해서 중국과 서양에서 들어온 안료(顔料)들을 사용하여 채색하였다.

신윤복의 풍속화 중에서 '단오풍경'은 단오날 시냇가에서 여인들이 머리를 감는 모습과 이를 훔쳐보는 어린 스님의 모습을 그린 작품이다. 뭇 남성들에게 색정(色情), 즉 남녀 간의 성적 욕망을 부추긴다.

또한, 신윤복은 춘화(春畵)를 그렸는데 그러한 그림에서는 성행위를 노골적으로 표현하였다. 이러한 의미로 볼 때 김홍도와 달리 생생한 현장을 그려 내는 것이 많이 퇴보하였다고 볼 수 있다.

신윤복은 시정 촌락의 풍속도 중에서도 기녀(妓女), 무속(巫俗), 주점의 색정적인 면을 많이 그린 풍속 화가로서 현실 묘사에 치중하였다. 이는 유교주의 사회에서 예술가로서의 항의였고, 인간주의를 표방했다는 평가도 있다.

신윤복의 풍속화들은 배경을 통해서 당시의 살림과 복식 등을 사실적으로 보여주는 등, 조선 후기의 생활상과 멋을 생생하게 전해준다. 신윤복의 대부분 작품에는 짧은 찬문(撰文, 글을 지음)과 함께 관지(款識, 일종의 낙관을 말함)와 도인(陶印)이 있지만, 한결같이 연대와 시기를 밝히고 있지 않아 화풍의 변천 과정을 파악하기는 힘들다. 신윤복은 풍속화를 통해 시대를 고발하거나 비판하기보다는 현실을 긍정하고 낭만적인 풍류와 해학을 강조하는 화가였다(『백과사전』, "신윤복의 실제 삶과 작품세계", 미디어오늘, 2008).

그 밖에 심사정(沈師正, 1707~1769)의 '강상야박도', '파교심매도', '촉잔도'가 있으며 조영석(趙榮祏, 1686~1761)은 '강상조어도', '장기도', '사제첩' 그리고 문집으로는 『관아재고』가 있다. 변상벽(卞相璧, ?~?)은 영모(翎毛, 새나 짐승을 그림), 동물, 인물초상을 잘 그렸으며 특히 고양이 그림을 잘 그렸다고 해서 그의 별명이 변고양(卞古羊)이었을 정도였다. 이인상(李麟祥, 1710~1760), 강세황(姜世晃, 1713~1791) 등도 이 시기에 활약한 화가였다.

풍속화 이외에도 조선 후기로 갈수록 민화(民畵)도 성행하였다. 민화는 한 민족이나 개인이 전통적으로 이어온 생활 습속(習俗, 습관이 된 풍속)에 따라 제작한 실용화(實用畵)라고 볼 수 있다. 민화를 보면 정통 회화보다도 실용적인 상징을 보여주어서 어느 그림보다 넓고 풍부하게 존재하고 있다.

민화는 내용상으로 종교적인 민화와 장식용 민화로 나누어지는데 종교성의 민화는 대개 무속과 도교 계통의 그림인 장생도(長生圖)의 종류로 대표적인 것이 '십장생도', '송학도', '군학도', '해학반도도'이다. 방위신(方位神, 오방신장)으로는 '청룡', '백호', '주작', '현무', '황제' 등이 있고 12지신상의 민화는 벽사진경(辟邪眞景, 요사스러운 귀신을 물리치는 그림), 호랑이 그림으로는 '작호도', '호피도' 등과 산신도에는 호랑이를 거느리고 있으며, '용왕도'는 '봉황', '기린'과 함께 성스러움을 기원하는 그림이며, '칠성', '별성', '오방신장' 등 무속과 관련이 있는 그림이 많다. 주로 예전에 실용을 목적으로 무명인이 그렸던 그림, 산수, 화조 따위의 정통회화를 모방한 것으로 소박하고 파격적이며 익살스러운 것이 특징(『국어사전』)이다.

다시 말하면 전문 화가가 아닌 방랑 화가가 주로 그렸으며 주요 소재는 '해', '달', '나무', '동물', '무속' 등이 있었으며, 생활공간의 장식으로 사용하기 위한 목적으로 그려졌다. 19세기에 이르러 민중들은 봉건적 사회질서를 극복하여 자주적인 삶을 마련하고자 했으며 당시의 지배층과 다른 그들만의 문화를 창조하려는 노력으로 민중적인 서정성을 거칠면서 자유분방하게 묘사하였다.

19세기 조선 후기
세도정치와 농민 항쟁
그리고 사회, 문화

자랑스러운 우리의 역사

제7장 19세기 조선 후기 세도정치와 농민 항쟁 그리고 사회, 문화

1. 세도정치로 인한 부패

조선 후기 문화 예술, 정치, 사회의 중흥기를 이끌어 갔던 정조가 예기치 않게 붕어(崩御, 임금이 세상을 떠남)하자 정치적 혼란을 맞이하게 되었다. 정조의 죽음으로 순조가 11살의 나이로 왕위를 계승하게 되었다. 순조에 이어 헌종, 그리고 철종이 잇달아 왕위를 계승하면서 왕권이 약화가 되고 외척인(外戚人)이 국정을 좌지우지하는 상황에 이르렀다.

즉 어린 순조가 11살에 왕위에 등극하자 김조순이 자기의 딸을 순조에게 바치면서 그의 집안인 안동 김씨에 의해서 좌우되는 세도정치가 도래하였다. 세도정치의 주범은 안동 김씨, 반남 박씨, 풍양 조씨, 풍산 홍씨, 여흥 민씨, 동래 정씨, 경주 김씨, 대구 서씨, 연안 이씨 등 왕실의 외척이거나 영, 정조 시대에 왕조 중흥에 기여(寄與)한 대표적인 서울의 명문가들이 함께 가담하여 마치 문벌 연합정권 같은 성격을 지녔다(한영우, 『다시 찾은 우리 역사 2』, 2020).

처음에는 김조순(金祖淳, 1765~1832, 순조의 장인)의 개입으로 안동 김씨가 정권을 잡은 듯하였으나 풍양 조씨(순조의 세자빈 집안)가 견제하고 익종의 비인 조만영의 집안으로 정권이 잠시 이동하였다가 철종이 즉위하면서 다시 세도가 안동 김씨에게로 회귀하였다.

철종의 비가 김문근(金汶根, 1801~1863)의 딸이었기에 가능하였다.

세도정치란 조선 왕조의 외척이 된 가문이 왕의 위임을 받아 정권을 잡고 나라를 다스리던 정치를 말한다. 쉽게 말하면 국왕에게 위임받은 특정인과 그 추종 세력(조선 시대 후기는 주로 외척)이 개입하여 정치를 주도하는 것을 말한다. 이러한 상황에 왕실의 외척이 정권을 독차지함으로써 척족(戚族)의 가문이 고위 관직을 독점하자 정치는 더욱 혼란에 빠졌다.

다시 말하면 유교적인 관료정치는 찾아보기는 힘들고 붕당정치에 이어 척족(戚族)의 시대로 정권이 이양되었다. 이로써 농민들의 생활은 더욱 피폐하게 되었다. 왜냐하면, 돈으로 관직을 얻은 관리들은 농민에게서 가렴주구(苛斂誅求, 세금을 혹독하게 거두어 재물을 강제로 뺏음)로 인해서 다시 거두어 가는 것이 일반적인 현상이었기에 농민들의 생활고는 더욱 심해졌다.

예를 들면 세도정치를 통해 당시 핵심 기관인 비변사 자리를 외척 집안들이 차지하여 그 수가 300여 명이 되었으며 그들이 무리를 형성하여 모든 권력을 장악하였다는 것이다.

비변사는 양란을 거치면서 그 기능이 매우 강화되어 국정 전반을 아우르는 최고의 권력 기구가 되었는데 세도정치로 인하여 권력 집단으로 변질되었다. 이것은 단지 권력의 이동이 문제가 아니라 정치적으로 대립하는 '적'이 사라지자, 소수 가문이 주요 재정 기반인 선혜청, 호조 등 요직을 차지하게 되었고 군영기관인 훈련도감 등을 장악하여 장기 집권의 길도 열어놓았다.

선혜청(宣惠廳)은 조선 시대 때 대동미, 대동목(大同木, 대동법에 따라 쌀 대신에 거두는 포목)의 출납을 관장(管掌)하던 관청으로 세도가들이 장악하자 정권 유지의 토대로 전락하였다. 자신의 이익을 추구하는 데 급급한 나머지 매매를 통한 관직과 부를 축적하여 백성들의 삶은 더욱 고통으로 몰았다. 이러한 원인이 나타난 배경에는 강력한 군주가 없었기 때문이다. 서울에 거주하던 세도가들은 원래 학문적으로 유능한 사람들이 많았지만, 권력을 차지한 뒤 오로지 정권을 유지하는 데 급급한 나머지 지방사회를 살필 의지가 없었다. 따라서 이전의 왕조들이 해왔던 탕평책(蕩平策)을 할 강력한 지도자들이 사라져 버렸다.

탕평책(蕩平策)은 조선 영조가 붕당정치의 폐해를 막기 위해 과감히 시행한 정책이다. 즉 어느 한쪽의 인재만 쓰는 것이 아니라 그들 간의 세력을 견제와 균형을 맞추기 위하여 추진했던 정책이다. 영조는 자신의 탕평에 대한 의지를 피력하기 위해 탕평비를 세웠다.

성균관의 반수교(泮水橋) 위에 세워진 스무 글자의 탕평비의 내용(『영조실록』 18년 3월 26일)은 아래와 같다.

> 周而不比
> 신의가 있고 아첨하지 않는 것은
> 乃君子之公心
> 군자의 마음이요
> 比而不周
> 아첨하고 신의가 없음은
> 寔小人之私意
> 소인의 사사로운 마음이다(『예기(禮記)』).

위의 내용은 중국 고대 유가(儒家)의 경전인 『오경(五經)』의 하나로, 예법(禮法)의 이론과 실제를 풀이한 책인 『예기(禮記)』에서 가져왔다. 영조는 붕당의 원인은 신하들끼리 붕당을 통해 이익을 추구하기 때문이라고 보았고 이것이 결국 왕권 약화를 시키려는 것이다. 따라서 영조는 서원을 정리해서 붕당을 없애고 산림(山林)을 인정하지 않았다. 산림(山林)이라는 말은 학식과 덕은 많으나 관직에 나가지 않고 지방에서 지내는 선비로 제자를 키워 중앙정치로 나가거나 관여하는 것을 말한다.

영조는 노론과 소론 인물들의 화해를 주선하는 등 노력하였으나 별로 효과를 보지 못하고 정조(正祖, 1752~1800)에 이르러 성과를 거둔다. 정조는 자신의 침실에 '탕탕평평실(蕩蕩平平室)'이라는 이름을 붙이고 편액(扁額)을 걸기도 했다. 이러한 노력으로 왕권을 강화하고 이를 바탕으로 민생 안정과 문화 부흥을 위한 여러 시책을 장려하여 조선의 부흥을 만드는 데 성공하였다. 정조는 계지술사(繼志述事, 선인의 뜻을 계승하고 잘 발전시키는 것)를 내걸고 전통문화를 계승하면서 실학사상을 도입하여 중국과 서양의 과학기술을 받아들여 국가의 새로운 도약을 실현하고자 하였다. 경제적으로는 재정 수입을 늘리고 상공업을 진흥시키기 위해 통공정책(通共政策, 1791)을 써서 시전상인의 통제권인 금난전권을 폐지하여 자유 상업을 진작시키고, 전국 각지의 광산 개발을 장려하였다. 이로써 상공업이 크게 발전하고 한양은 인구가 집중되어 도성 밖에 새마을(신촌)이 곳곳에 형성되고,

한강에는 많은 상선(商船)이 출입하면서 포구가 늘어났다. 한편, 정조에 재야 사림이 주관하던 군현 단위의 향약을 수령에게 맡겨 지방사족(地方士族)의 발호(跋扈, 권세나 세력을 제멋대로 부리며 함부로 날뛰는 것)를 억제하고, 백성에 대한 국가의 통치력을 강화하여 지방을 안정시키는 데 공헌을 했다.

그러나 영, 정조와는 달리 순조는 어린 나이에 왕위를 받았기에 왕권이 미약했고 권력이 김조순과 효명세자의 장인(丈人) 조만영의 풍양 조씨의 집안으로 돌아가게 된다. 이러한 원인은 강력한 왕권을 행사할 정치적 지도자가 없었기 때문이다. 세도가들은 자신과 자신의 가문을 위해 일하였고 지방의 백성을 살피지 않았다. 이들이 사치하여 국가재정이 만성적으로 궁핍해졌고 새로운 재원을 확보하기 위해 대동미의 중앙 상납분을 늘리거나 화폐의 질을 떨어뜨려 이익을 늘리는 행위도 쉽게 자행하였다.

또한, 흉년과 질병으로 인하여 백성들이 고통을 받았고 이에 따라 지방 인구는 감소가 되었다. 벼슬아치들이 매관매직에 혈안이 되어 백성들을 외면한 채 돈벌이에만 달려들었다. 이로써 삼정의 문란으로 지방사회에서는 위기가 닥쳐오고 있었다.

삼정(三政)은 조선 시대 국가 재정의 축인 전정(田政), 군정(軍政), 환정(還政)을 말하는데 세도정치로 인하여 삼정이 문란해졌다. 첫째로, 전정이란 땅에 매기는 세금이다. 그런데 양란의 여파로 전국의 국토가 황폐해지고 면세지가 늘면서 국가 수입이 적어지자, 관리들은 사용하지도 않은 공지(空地)에 백지징세(白地徵稅)라 하여 세금을 매겼다. 백지징세(白地徵稅)는 위법 징세의 일종으로 조선 후반으로 가면서 관리들이 농민을 착취한 세금이다. 토지가 없는데도 불구하고 가 전적(假田籍, 가짜 장부)을 만들거나 쓰지도 못하는 진전(陳田, 묵정밭)에 대해서도 세금을 부과하였다.

둘째로 군정이란 16세부터 60세까지 남성들이 군역을 지는 대신에 세금을 내고 면제받는 제도이다. 이때 삼베나 무명으로 낸 세금을 군포(軍布, 軍保布의 준말)라고 하는데 영조는 이러한 세금이 너무 과하다고 판단하여 장정(壯丁)에게 포 한 필로 반감하고 어염세(漁鹽稅), 선박세(船舶稅), 은결(隱結)의 결전(結錢, 結稅로 정한 돈, 다른 말로 隱餘結) 등으로 부족액을 보충하기로 하는 균역법(均役法)을 시행하였다.

이러함에도 불구하고 정치적 혼란으로 세력가에게 의탁하여 군역을 피하며, 농민을 대상으로 황구첨정(黃口簽丁), 백골징포(白骨徵布) 등의 협잡(挾雜, 남을 속임)이 성행하여 과거보다도 백성들의 고통은 더 심하였다.

우선 황구첨정(黃口簽丁)은 어린아이 즉 유아에게까지 세금을 물리는 것을 말한다. 대표적인 군정 문란의 하나로 세금을 부담하기 어려운 백성들은 군포까지 부담이 가하자, 철종 때에는 유망(流亡, 떠돌아 다님)과 도망으로 이를 피하고자 하였다. 그러나 지방관들이 세금에 대한 중앙정부로부터 책임을 완수하기 위해 어린아이들까지도 세금 대상자로 포함을 시켜 부족액을 채우려고 하였다. 군정의 문란과 부패상을 그대로 보여주는 것이다.

백골징포(白骨徵布)는 조선 후기 수취체제 문란이 가열됨에 따라 야기된 군정의 폐단이다. 지방관들이 세금을 채우기 위하여 사망자에게도 세포(稅布)를 징수한 것을 말한다. 족징(族徵)은 징세를 친족에게 부과하는 일종의 부당한 세금을 징수하는 것을 말한다. 조선 후기 군정의 폐단으로 인한 독소조항의 하나이다.

삼정(三政)의 문란(紊亂)으로 인하여 호적이 사실상의 허부(虛簿)나 마찬가지가 되고 과세 대상의 출입이 무상하였음에도 지방 수령들은 이러한 토지대장과 호적에 의거 과세의 강제징수에 온갖 수단을 다 부렸다. 또한, 국법에 사족(士族), 이서(吏胥), 공노(公奴)에는 군역(軍役)을 면하기 때문에 농민의 부담은 더욱 커지게 되었고 이것을 면하기 위해 권세가는 관아에 청탁하는 자가 많아졌다. 이것을 보충하기 위해 도망자, 사망자, 행방불명자의 체납분을 친족에 강제 징수하기도 했다. 이로써 농촌은 더욱 황폐해졌다.

인징(隣徵)은 세금을 이웃에게 전가하는 것을 말한다. 세금이 많아지자 내지 못하고 토지를 버리고 도망가는 사람이 낼 세금을 대신 그 이웃에게 전가하는 것을 말한다. 조선 후기에 군포를 징수할 때 부정한 수단의 하나이다. 군포 부담자가 관리와 결탁하여, 면제를 받으면 결국 약한 농민에게로 부담이 전가되었으며, 이러한 부담을 짊어진 농민은 이중의 질곡 속에서 결국 토지나 주거를 버리고 달아나게 되었다. 이러한 도망자와 사망자 및 유망자(流亡者)의 체납분을 이웃 사람에게 대납하도록 하여, 지방의 수령이나 관리들은 그들의 의무를 벗고 또 수탈하는 수단으로 삼았다.

셋째로는 환정의 문란이다. 특히 그중에서도 환곡은 흉년이 들 때 가난한 농민에게 국가에서 곡식을 꾸어 주었다가 가을 추수기에 이식(利息)을 붙여 회수하는 것으로, 빈민의 구제가 목적이었던 것이 후기에는 고리대인 '장리(長利, 한 해의 이자)'로 변하여 그 폐단이 삼정 가운데서 가장 심하였다. 다시 말하면 환곡은 원래 곡물을 비축하여 백성에게 대여

함으로써 농민의 재생산을 돕는 진휼(賑恤, 흉년에 백성을 도와주는 것, 賑救)의 기능을 하는 제도였다.

이러한 환곡이 문란해짐에 따라 봄에 곡식을 배급하기 전부터 이자 부분을 먼저 갚게 하거나 곡식의 가격 차이를 그 차액을 착복하거나 곡식의 가격 차이에 따라 다른 지방의 곡식을 옮겨서 중간 이득을 취하기도 하였다. 이로써 구휼제도의 본래 기능을 상실하여 삼정 중 가장 폐단이 심각하였다.

환정의 문란 중에는 번작(反作, 원래 반으로 쓰이나 역사적으로는 번작으로 쓰임) 혹은 반작(反作)이 있었는데, 이속(吏屬, 아전의 무리)들이 환곡을 사사로이 축내고 그것을 메우려고 온갖 부정행위를 하는 허위 보고서의 일종으로 환곡에 관한 출납을 허위로 작성하는 것을 말한다. 환곡은 원래 빈민 구제 목적으로 실시하였던 대여곡(貸與穀) 제도였으나 철종 때 세정(稅政)이 극도로 문란하게 되어 환곡은 고리대의 성격을 띠게 되었다. 겨울철 회수기와 봄의 반배기(頒配期)에 각 지방의 수령은 이서(吏胥)들과 결탁하여, 대여 곡을 회수 또는 반배(頒配)한 것처럼 허위 문서를 작성하고 그 양곡에 대하여 쌀 1섬마다 동전 1냥씩 징수하여 착복한 것이다. 다시 말하면 이속(吏屬, 벼슬아치)들이 환곡을 축내고 온갖 술수나 꾀를 내어 메우는 것을 말한다.

환곡 문란 중의 하나로서, 장리(長利)가 있다. 장리(長利)는 곡식을 빌려주고 한 해에 받는 이자를 말하는데 원래 환곡은 무이자 혹은 무이식(無利息) 제도였으나 그 뒤 상평창에서 담당하면서, 원곡에 모곡(耗穀, 耗米)이라는, 즉 환자(還子)를 받을 때, 곡식을 쌓아 둘 동안 축이 날 것을 미리 셈하여 한 섬에 몇 되씩 덧붙여 받던 곡식을 말하는데, 오늘날에 비해 다소 고리였으나 가혹한 정도는 아니었다.

그러나 관리가 부패함에 따라 가난한 농민은 춘궁기에 환곡을 얻기가 어려워졌고, 그에 따라 환곡의 이자가 높아져 갔다. 결국, 봄에 꾸어 가을에 갚되 빌린 곡식의 절반 이상을 이자로 물게 되었다. 이같이 6개월 이율이 5할(50%)을 넘기는 때에는 장리(長利)라 하였으며, 주로 쌀이 대상이었기 때문에 장리미(長利米)라 하였다.

또 하나의 병폐 중 허류(虛留)는 조선 말 환곡의 폐단 가운데 하나이다. 전임(前任) 관리나 지방의 아전이 결탁하여 창고에 있는 양곡을 횡령, 착복하고 장부상으로는 실제로 있는 것처럼 거짓으로 기재하여 후임 관리에게 인계하는 것을 말한다. 국법에는 이러한 경우는 엄격한 처벌을 받도록 규정되어 있으나 허위 문서의 작성자와 인수자가 서로 공모하여 은폐시켜서 환곡의 폐단은 국가 재정의 궁핍화를 가져왔다.

지방관들은 그들대로 사리사욕에만 눈이 어두워 아전들의 부정부패를 막을 도리가 없었다. 또 봉급을 받지 못한 아전들은 그들대로 자연히 농민들을 착취하고, 공금(公金)이나 관곡(官穀) 등을 횡령하는 등 온갖 협잡을 하였다. 중앙에서는 암행어사를 수시로 보내서 지방관들의 부정행위를 조사, 보고하도록 하였으나 습관적으로 이루어진 악습과 병폐를 제거할 수는 없어 실패하였다. 이후 철종 때 전국 각지에서 일어나 민란의 원인이 되기도 하였다.

이러한 구조 속에서 마을 운영에 참여할 정도로 성장한 농민들은 조직적으로 세금 제도의 부당성을 제기하게 되었다. 즉 합법적으로 반대 운동을 펼치기 시작하였는데 이를 정소운동(呈訴運動, 윗사람에게 부당함을 제기하는 일)을 시작하였으나 지방관들에 의해 저지되자 새로운 운동이 일어나기 시작했다.

2. 농민층의 분화

조선 후기에 들어서면서 농민층들은 분화되기 시작하였다. 각종 농사법과 수공업의 발달로 화폐경제가 도입되면서 농민층은 부농(富農) 계층과 빈농(貧農) 계층으로 나누어지기 시작하였다. 이러한 계층의 분화는 부농과 빈농의 삶은 전혀 다른 방향으로 갈 수밖에 없는 현실이 되어 버렸다.

부농 계층은 많은 토지를 바탕으로 생산력이 증대되었고 부를 축적하였다. 이들은 계급 이동을 원함과 동시에 지방 사족이 가지고 있는 지배력을 대항하기 위하여 수령과 합세하여 기존의 사족(土族)에 대항하기 시작하였다. 이러한 영향으로 지방의 촌락에서는 마을 주민들이 마을 운영에 자신의 의견을 적극적으로 내세우면서 자연히 지방 사족들의 지배력은 약화가 될 수밖에 없었다. 이것은 장시나 두레 등을 통해 생산의 자립성을 강화하고 부(富)를 축적하여 새로운 세력으로 부상할 수 있어서 가능하게 되었다. 이러한 세력을 '신향(新鄕)'이라고 한다. 이러한 현상은 중앙정부나 지방사회에서도 동일(同一)하게 이루어졌다. 따라서 지방사회는 동요하기 시작했다.

정약용은 농민층의 분화 현상에 대하여 다음과 같이 적었다.

> 오늘날 호남민(湖南民)을 살펴볼 때 대략 100호가 있으면 다른 사람에게 토지를 주고 지대를 수취하는 자는 불과 5호이며, 스스로 경작하는 자가 25호, 다른 사람의 토지를 경작하며 지대를 바치는 자가 70여 호에 달한다(송찬섭 외, 2016에서 재인용).

이를 자세히 분석하여 보면 토지의 경작률을 볼 때 소작농일 것이다. 역설적으로 말하자면 농민들은 수령들의 수탈로 과도한 세금으로 물자 토지를 버리거나 빼앗기는 현상도 있었고 반대로 부농들은 토지를 개간하거나 매입하면서 토지가 권세가나 부농들에게 집중되었다는 것이다.

이러한 농민들의 계층분화는 상호 간 대립으로 이어졌으며 결국은 항조투쟁(抗租鬪爭)으로 지대를 덜 내는 사건까지 일어났다. 당시 지대는 병작반수제와 도조제가 있었는데 두 가지 모두 농민들에게는 감당하기 어려운 세금이었기 때문이다.

병작반수제(竝作半收制)는 주로 논농사에서 이루어지는 방식으로 수확의 반을 지주에게 납부하는 방식을 말한다. 또한, 도조제(賭租制)는 밭농사에서 이루어진 방식으로 일정한 도조(賭租)를 내고 남의 땅을 이용하여 농사를 짓는 방식으로 도지(賭地)라고도 하였다. 이렇게 지나친 세금으로 인한 항조투쟁은 자연스럽게 일어난 현상이다. 대표적인 예로는 탈곡을 허술하게 하거나 볏단을 빼돌리는 방식과 지대를 거부하거나 경영이 부실한 세력이 약한 지주에게서 전호농민(佃戶農民)이 토지를 자기 것으로 하는 일까지 벌어졌다(왕현종, "한국 근대 토지제도의 형성과 양안: 지주와 농민의 등재 기록과 변화", 혜안, 2016).

당시 농민층은 자신들의 이익을 위하여 조직화하는 모습이 나타나기 시작했다. 이것이 촌계(村契)나 두레 형태로 자생적으로 생겨나고 조직화가 이루어졌다. 양반들이 주도하는 '주현 향약(州縣鄕約, 18세기 말에 활발하였던 향약으로 뜻있는 수령이 앞장서서 지역사회의 상하 주민 모두를 의무적으로 참가시켜 운영하던 향약)'이라는 것이 있었지만 이는 백성들을 지배하던 수단에 불과하였다. 쉽게 말하면 오늘날의 주민자치제도가 '촌계'나 '두레'라고 할 수 있다.

두레란 농경사회에서 보편적인 생산 관행을 위한 고유의 세시풍속이다. 다시 말하면 두레는 농촌에서 농사일을 공동으로 하기 위하여 향촌 주민들이 마을, 부락(部落) 단위로 둔 공동 노동조직을 말한다. 두레의 어원에 관해서는 여러 가지 견해가 있다. 납입(納入)의 뜻을 가진 '드리', '드레', '드르'에서 유래했다는 설과 조직과 전체를 일컫는 '두르다.'에서 비롯되었다는 설이 있다.

기원은 고대 사회 한가위에서 유래되었는데 신라의 3대 왕인 유리왕은 6부를 두 갈래로 나누어 길쌈을 시켜서 어느 한쪽이 이기면 상을 주었고 노래를 불렀는데, 이 노래를 「회소곡(會蘇曲)」이라고 한다. 이를 『삼국사기』 신라본기 제1권 유리 이사금 편에 자세히 설명하고 있다.

> 유리 이사금 9년(32)에 6부의 여자를 두 패로 나누어 왕녀 두 사람으로 하여금 각각 한 패씩 거느리게 하여 7월 기망(旣望, 음력 16일)으로부터 길쌈 내기를 시켜 팔월 보름에 이르러 그 성적을 심사하여 진 편이 이긴 편에게 술과 음식을 대접하여 노래와 춤으로 즐기게 하였다 하는데, 그것을 '가배'(嘉俳)라 하였다.
> 그때, 진 편의 한 여자가 '회소(會蘇), 회소(會蘇)'라 하여 그 소리가 매우 슬프고 아름다웠으므로 뒷사람들이 그 소리로 인하여 노래를 지어 불렀는데, 그것이 곧 〈회소곡〉이라는 것이며, 노래 내용은 전하지 않는다. '회소'는 지금의 '아서라, 말아라'의 뜻인 '아소, 마소'의 뜻으로 추측된다.

이러한 모습은 오늘날까지 내려오는 두레, 길쌈의 모태로 여겨지고 있다. 그 밖에도 두레는 두레박, 두레놀이, 두레굿, 두레 잔치, 두레질, 두레꾼 등의 다양한 용어를 낳았으며 무언가를 함께 힘을 모아 해결하는 백성들의 지혜롭고 상호적이고 배려하는 생존방식으로 해석한다.

두레는 조선 시대에 들어와 활성화되었다. 이앙법의 발달로 벼농사는 씨를 뿌리는 데서 벗어나 모내기를 통해서 생산력을 증대시킬 수 있었다. 두레는 모내기와 추수 그리고 제초 작업을 하기 위하여 노동력을 서로 제공하기 위한 노동조직으로 발전하였다. 조선지역의 하삼도(下三道, 충청, 전라, 경상) 지역에서 두레가 번성하였으며 우리나라 농민문화의 중심으로 변모하였다.

두레는 남쪽 지방에서 활발하게 이루어졌지만, 북쪽에서는 일부 지방에서 농사철에 품 앗이를 목적으로 하여 부락(部落) 단위로 만들었던 두레인 황두가 존재했다. 이 두레와 황두는 농촌 지역의 농민 노동조직으로서 대표된다. 두레에는 여성들의 길쌈을 위해 조직 된 '길쌈 두레'와 남성들의 삼(대마) 농사를 위한 '삼 두레'가 있다.

두레의 특징을 종합하여 보면 첫째는 노동력이 없는(과부, 어린아이, 노약자) 이웃에게 노 동력을 주어 서로 상부상조하는 생활풍습과 기풍을 만드는 데 큰 역할을 했다. 두 번째는 농민의 민주주의 기틀과 오락의 기능을 동시에 충족되었다. 이는 노동조직 체계를 만들어 영좌, 좌상, 총각대방, 공원 등의 체계를 꾸려 자주적으로 회의를 열고 토론했다는 점에서 농촌의 민주주의를 이끌었다는 점이고 다른 하나는 오늘날 농촌에서 볼 수 있는 풍물 즉 농악을 만들었으며, 예를 들면 영기잡이, 큰기잡이, 상쇠, 북수, 고수, 징수, 소고잽이 등이 악기 체계를 만들어 농악의 원형을 갖추게 되었다. 즉 마을의 농악대(農樂隊)와 그들의 농 악 연주 및 무악(舞樂)을 가리키기도 한다. 이렇게 볼 때 두레와 농악 및 공동 노동은 서로 밀접한 관계를 맺고 있는 것으로 보인다.

우리가 알고 있는 향약은 앞에서 말했듯이 상호부조(相互扶助)를 목적으로 하는 농촌지 방조직이었으나 이를 구실로 하여 오히려 지배계급이 자신들의 권력을 공고히 하기 위한 도구로 사용하기도 하였다. 향약의 4대 덕목은 덕업상권(德業相勸, 좋은 일을 서로 권장함), 예속상교(禮俗相交, 서로 사귀는 데 있어서 예의가 있어야 함), 과실상규(過失相規, 나쁜 행실을 못 하도록 서로 규제함), 환난상휼(患難相恤, 어려울 때 서로 도와야 함)로서 어려울 때 서로 돕는 자치 규약이었다. 향약은 조선 중종 때 조광조에 의해서 시행되었다가 그가 실각하자 없 어졌다가 조선 중기 선조 시기에 사림들이 정권을 잡으면서 군현이나 마을 단위로 실시하 여 향촌을 안정시키고 사림들의 기반을 튼튼하게 하기 위한 일종의 지방 자치적인 질서를 유지하기 위해 다시 시행되었다. 그러나 형식은 지방 자치적이지만 실제로는 유교적인 질서를 통해 하층민들을 통제하는 의미가 더욱 강했다.

상천민(常賤民, 상민과 천민) 간에 상부상조하는 조직은 30~50호 내의 자연 촌락에서 촌 계, 동계라는 이름으로 광범위하게 존재하였고 이를 호남에서는 주로 '촌계'라 칭했다. 촌 계 조직에서의 기능은 첫째, 마을의 안녕과 풍년을 기원하는 정월 대보름 마을의 굿을 수행하는 사신공동체(祀神共同體)의 성격과 둘째로는 노동공동체적 기능으로 두레, 황두

등의 조직과 세 번째로는 일상생활 속에서 서로 돕고 의지하며 사는 생활 공동체로서 역할의 기능을 수행했다.

두레는 마을의 모든 농민이 그 마을의 경작지에 대해 자타의 구별 없이 일제히 조직적으로 집단작업을 하는 조직이며, 각 집의 경지 면적과 노동력에 따라서 나중에 임금을 결산하여 주고받는 공동 노동의 형태이다. 황두 조직이란 마을당 김매기에 능숙한 장정 20~30명이 작업 단위가 되어 김매기 작업만 수행하는 공동 조직인데, 이 중에서 신망 있고 경험 많은 황두꾼이 계수(좌장), 부계수 등의 임원이 되어 황구꾼과 함께 노동하였다.

이 같은 협업(協業)의 성격을 띤 공동 노동은 한국에서 장기간에 걸쳐 농촌 경제를 지배해 왔던 노동조직이었다. 한국의 고대 사회에서는 이러한 두레가 대내적으로는 노동단체, 예배단체, 도의 단체, 유흥단체의 의의를 지녔으며 또 한편으로는 대외적으로 군사 단체로 동지동업(同志同業)의 순수한 결사의 뜻을 가졌다.

따라서 이러한 조직은 농민들의 든든한 사회세력으로 성장하여 조선 후기의 잘못된 부세 운영에 대하여 저항하기 시작하였다. 이러한 저항운동은 결국은 많은 민란으로 얼룩지기 시작하였다.

3. 홍경래의 난과 민중운동의 시작

1) 홍경래의 난

조선 후기는 사회·경제적 변동과 함께 사회적 질서가 동요하던 시기였다. 특히 세도 정권의 성립에 따른 지배 질서의 왜곡과 사회적 문란은 동요를 가속하였고 다른 한편으로는 여러 형태의 민중 혹은 농민 저항을 불러일으켰다. 민란의 다발, 한유(寒儒), 빈사층(貧士層)이 주도한 변란의 빈발, 그리고 유민의 대량적인 창출 및 일부 유민들이 주축이 된 명화적(明火賊) 활동의 격화, 그리고 도시 하층민들의 저항 등이다(배항섭, 『조선 후기 민중운동과 동학 농민전쟁의 발발』, 경인문화사, 2002).

앞에서 지방사회는 세도정치와 삼정의 혼란으로 인하여 지방 농민이 큰 동요를 일으키기 시작했다고 말하였다. 영조와 정조 시기에는 그나마 탕평 정책과 백성들을 보호하고자 하는 강력한 군주로 인하여 큰 동요가 사회적으로 표출되지는 않았으나 여러 형태의 작은 동요인 도적(盜賊) 떼가 일어났다. 구체적으로는 장길산(張吉山, ?~?, 廣大 출신의 도적)을 비롯하여 명화적(明火賊), 수적(水賊, 해적), 채단(彩團) 등이 있었다.

먼저 장길산은 조선 숙종 때에 도적으로 그의 행적이 자세하게 기록되어 있지는 않다. 이익이 쓴 저서『성호사설』14권 인사문(人事門) 편에서 처음 연산조의 홍길동과 명종조의 임꺽정과 함께 조선 3대 도적으로 언급되었다.

장길산은 도적 무리의 우두머리로서 일부 반역, 즉 1697년 이익화(李翊華, 1679~1735), 등의 반역 모의에도 가담하였고 1692년 평안도 양덕현에서 장길산을 잡으려 하였으나 실패하여 그 고을 현감을 좌천시켰다는 기록이 있을 뿐이다. 이로 보건대 장길산은 체포되지 않았다는 것을 알 수 있다(오태호, 2007).

명화적(明火賊)이란 불한당(不汗黨)이라는 뜻이 있으며 떼를 지어 돌아다니며 재물을 마구 빼앗는 사람들의 무리를 말하거나 남을 괴롭히는 것을 일삼는 파렴치한 사람들의 무리를 뜻한다. '불한당(不汗黨)'의 사전적 의미는 다음과 같다.

한자의 뜻을 직역으로 풀어보면, 불한당(不汗黨)은 땀을 흘리지 않는 무리(당)라는 뜻이다. 유래는 두 가지 설이 있다. 첫 번째는 아무리 나쁘고 포악한 짓을 벌임에도 눈물은커녕, 땀 하나 흘리지 않을 정도로 양심이 없고, 냉혈한 질 나쁜 무리라는 의미이고, 두 번째는 땀 흘리지 않고 돈을 버는 족속이라는 의미이다. 단어 자체가 좀 오래된 느낌이긴 하지만, 구어로 그냥 소리 나는 대로 쓴 '부랑당'이라고 해도 뜻은 통한다(『국어사전』).

명화적(明火賊)이 된 사람들은 대부분 몰락한 농민이나 일부 저항적 지식이 무장 집단을 이룬 도적 떼라 할 수 있는데 특히 흉년이 들면 이곳저곳 이동하면서 지배층이라든가 부호들을 공격 대상으로 삼았다.

채단(彩團)이란 도적 떼로서 조선 시대에, 가무와 곡예에 종사하는 사람들로 이루어진 농민 폭동조직이다. 다시 말하면 재인(才人)과 화척(禾尺, 소 잡는 일을 하는 천민)의 무리가 다니면서 약탈하는 농민의 폭동조직을 말한다.

재인(才人)은 고려 때 천민의 하나로 광대로서 곡예(曲藝), 가무(歌舞), 음곡(音曲) 등을 하든 집단으로서 재산이 없이 유랑생활을 하면서 재주를 부리거나 춤을 추거나 노래를 부르던 집단이다. 이들은 일이 없을 때는 사냥하거나 유기(鍮器)와 같은 물건을 만들어 팔며 생활하였고 부역(負役)의 의무에서 제외되었다. 이들은 본업 이외에도 무복(巫卜, 무당이나 점쟁이)이나 창우(倡優, 몸을 파는 일)의 일을 하였으며 사회의 골칫덩어리로 전락하여 걸식(乞食), 절도, 방화, 살인하였으며, 왜구로 가장을 하여 약탈을 일삼기도 하였다.

화척(禾尺)은 버드나무 세공 일을 하거나 소를 잡는 천민을 말하며 이 집단의 기원은 매우 오래되었다. 이들은 후삼국 시대에서 고려 시대에 걸쳐서 떠돌아다니던 유랑집단을 기원으로 하며 조선 시대에도 유랑생활을 하면서 천업(賤業)에 종사하던 무리로서 양수척(楊水尺)이라고도 한다. 광대, 백정, 기생이 화척의 후예이다.

이들은 왕건이 후백제를 정벌할 때 끝까지 저항한 유민, 반란(叛亂) 등으로 국경 밖으로 추방된 사람들, 혹은 거란(契丹), 여진(女眞) 귀화인의 후예이다. 다시 말하면 북방 유목 민족들이다. 조선 말기 그들의 모습을 보면 우리나라 사람들과는 확연히 차이가 있다. 1899년 미국 공사 샌즈가 제물포항에서 처음 본 모습을 기록하였는데 다음과 같다.

> W.F.샌즈가 '극동회상사기(1930년 발행)'에서 묘사한 백정의 모습은 인상착의가 동양인과는 사뭇 달랐는데 눈동자가 회색이나 푸른색 혹은 갈색이었고, 머리칼은 붉고 안색이 좋았으며 키가 180cm를 넘었다. W.F.샌즈는 백정(白丁)을 혼혈 혈통이라고 판단했다(뉴스워치, http://www.newswatch.kr).

백정(白丁) 이외에 불렸던 이름은 달단(韃靼, 중국에서는 오랑캐)으로 불렸으며 이들이 고려와의 전쟁으로 남하하여 정착한 민족이라고 추정한다. 백정은 북방 유목민족의 혈통을 받아 덩치가 컸는데 옛말에 덩치가 큰 사람을 '백정 같다.'라고 한 연유(緣由)이다. 이들은 고려에 넘어와 도축업에 종사하였고 다른 사람들과 혼합하지 않고 그들만의 집단생활을 하였기에 조선 시대까지 명맥을 유지할 수 있었다.

세종 5년(1423)에는 천민이라는 인식을 없애기 위하여 화척, 양수척이라고 불리던 사람을 '백정(白丁)' 즉, 일반 평민으로 부르게 하였으며 각종 혜택을 주어 우리 땅에 정착시켰다. 이들은 고려 때에는 서북방 경계를 담당하였으며 고려 말에는 왜구 격퇴와 대마도 정벌, 이시애(李施愛, ?~1467) 난을 진압할 때 참여하였다.

한편 삼정의 문란으로 일반 평민들이 과도한 세금을 회피하기 위해 백정으로 편입한 일도 있었다. 백정(白丁)은 1894년 갑오개혁에 의해서 신분 해방은 이루어졌지만, 실제로는 광복 이후에 백정(白丁)의 개념이 없어졌다. 처음에는 순수한 북방 민족으로서 골격이 크고 파란 눈을 가지고 있었지만, 구한말 즉 갑오경장 이후에 우리 민족과 섞여서 과거와 같은 백정의 모습은 볼 수 없다.

충청북도 청주시 상당구 운동동에는 양수척(楊水尺)이라는 효자비(孝子碑)가 있다. 이 비석은 충청북도 기념물로서 조선 시대 효자 양수척의 효행을 기려 세운 비석(碑石)이다. 비석의 전면에는 '양수척효자비(楊水尺孝子碑)'라고 새겨져 있다. 이 비(碑)의 내용은 아래와 같다.

> 양수척은 조선 시대에 현재의 충청북도 청주시 상당구 운동동 비선거리에서 두 아우와 함께 살았는데, 주위 사람들에게 평판이 좋지 않았고 늙은 어머니에게 효도하지 않았다. 이를 걱정하던 어머니가 드러눕게 되자 고려장을 하려고 하였다고 한다. 이때 남일면 효촌리에 살던 慶大有가 이 소문을 듣고 삼 형제를 불러 꾸짖자 양수척 형제는 크게 감화되어 이후 노모에게 효행을 극진히 하였다고 하는데 다음과 같은 전설이 전한다.
> 어느 날 모친이 중병으로 눕게 되자 청주성으로 들어가 한약을 지어 돌아오는 중에 홍수가 나서 월운천을 건너지 못하고 한탄하고 있는데, 갑자기 하천의 물이 갈라져 건너게 되었으며 약을 달여 모친의 병구완을 하였다고 전하여 온다(충청북도 기념물 제145호 청주 "양수척효자비(清州楊水尺孝子碑)".

원래 천민은 성도 없어 일반적으로 돌쇠, 마당쇠 등으로 불렸는데 효자비를 천민들에게 세워주는 일은 매우 드문 일이나, 성은 천민들의 집단인 양, 소, 부곡에서 양(楊)을 더하여 이름을 수척(水尺)이라 하여 세워진 것으로 추정한다.

영, 정조 이전에는, 소규모인 도적(盜賊) 떼가 간혹 있었지만, 지역탕평정책(地域蕩平政策)과 소민보호정책(小民保護政策, 상사람, 얼마 되지 않은 계층, 예를 들면 양반)으로 인하여 큰 민란은 없었다. 그러나 순조 이후 세도정치의 문란, 자연재해와 왕권이 약화 그리고 백성들의 삶이 궁핍하여지자 대규모의 민란이 일어났다. 그래서 혹자들은 19세기는 민란의 시대라고 할 만큼 끊임없는 항쟁이 일어났다고 말하기도 한다(송찬섭 외, 2016).

이러한 저항은 초기에는 소극적인 방법으로 일어났다. 처음에는 양반들의 횡포로 자신의 기반을 피하여 다른 곳으로 옮겨가는 형태였다. 그리고 글을 통한 저항도 있었는데 주로 와언(訛言)과 괘서(掛書)를 통해서였다. 와언(訛言, 訛說, 잘못되어 전해 진 말)은 수령들의 잘못된 행정과 그들의 부정을 백성들에게 퍼트리는 행위를 말한다. 그리고 괘서는 이름을 숨기고 게시하는 글을 말하는데 주로 장시를 통해 글로써 여론을 형성하였다. 주로 조선 중기 이후 삼정의 문란과 세도정치에 시달린 일반 민중들이 인생의 길·흉·화·복이나 왕조의 운명, 성쇠를 예언하는 비기(秘記) 및 참설(讖設) 등을 믿고 괘서, 방서(榜書, 여러 사람에게 알리기 위해 벽에 붙인 글) 등의 벽보를 이용하여 민심을 현혹하였다.

그러나 이러한 소극적인 방법으로는 한계가 있었다. 농민들이 사회현실을 자각하면서 당시의 세도정치로 인한 삼정의 문란을 제대로 알리기 위한 적극적인 방법도 사용했다. 밤에 횃불을 들고 산에 올라가는 시위를 벌이거나 욕을 하기도 했다. 심지어는 양반을 살해하는 일까지도 벌어졌다. 한 예로 숙종 26년 경북 상주에 사는 이명과 이가음이(李加音伊)라는 형제는 천민 신분을 벗자마자 그 지역의 기와집에 침투하여 사랑채에 머물던 양반을 살해한 사건이다. 그 양반은 그들의 아버지의 옛 상전이었다.

또 한 사건으로는 철종 때인 1860년에는 관청에서 보수 작업을 하던 목수들이 포도청에 난입하여 시설물을 부수는 행위나, 1861년 철종 때에 조만준은 행차하고 있는 임금의 가마에 돌을 던져 가마 꼭대기에 있는 황금 봉황 장식을 부러뜨리는 행위도 마다하지 않았다. 감히 조선 시대에는 상상도 할 수 없는 일이다. 그러나 아무리 힘없는 백성이라도 세도가들의 폭압 정치에는 분노를 표출할 수밖에 없었던 현실을 보여준다. 즉 백성들의 생존투쟁 즉, 살아야 한다는 절박함은 세상에 순응하던 백성들이 무리를 이루면서 사회의 질서를 어지럽히는 난민(亂民)으로 만들었다. 즉 수탈하지 말아 달라는 간절한 애원이었다 (조윤민, 『조선에 반하다』, 글항아리, 2018).

그러나 영, 정조 시기 이후에는 개인이나 소규모 저항에서 지배층을 향해 전면적이고 조직적인 저항운동이 집단으로 발전하였다. 이러한 집단적인 저항운동은 이제는 조선을 믿지 못하며 새로운 사회가 도래할 것이라는 예언서들이 나오자, 여기에 믿음을 가지고 불교계나 무속인을 위주로 반란이 일어나기 시작했다. 이들 중 대표적인 저항운동은 홍경래의 난(1811)과 삼남 지방에서 일어났던 민란이었다. 이 난은 진주지방에서 비롯하여 전국적으로 70여 곳에서 일어난 농민 항쟁(1862)이다.

먼저 홍경래(洪景來, 1771~1812) 난은 정감록에 통달하였던 반란수괴인 홍경래가 안동김씨를 위주로 한 세도정치와 삼정의 문란으로 사회적인 모순을 인식하고 일어난 대규모 민란이었다. 이는 단순한 도적 떼가 양반들의 재산을 약탈하고자 하는 게 목적이 아니라 조선을 뒤엎고자 했다.

홍경래 난의 원인은 '계급' 차이가 아닌 '지역 차별'에 대한 항거였다(김선주, 『조선의 변방과 반란』, 푸른역사, 2020). 이 난의 원인은 첫째는 사회적 모순이고 또 하나는 서북지방의 사회·경제적 차별이다. 특히 두 번째에 관심을 가져야 할 것 같다.

조선을 건국할 당시부터 서북지방은 상대적으로 개경이나 다른 지방에 비해 열악한 환경이었다. 왜냐하면, 이 지역은 여진족과 거란족이 침범하여 크고 작은 전쟁에 시달려야 하는 횟수가 많았기 때문에 양반들이 기피를 하였다. 주로 유배지로 활용되었다.

북방 민족의 침입이 잦고 오지인 이곳에 조선의 국교인 성리학의 전파가 늦어진 탓에 "서북지방의 양반은 소학도 읽지 않는다"라는 상소나 장계가 올라올 정도였다. 이런 연유로 서북지방의 양반은 철저하게 외면되고 중요 요직에는 서북지방 출신의 이름을 찾아볼 수 없었다. 과거 영국인들이 그들이 지배하였던 호주와 러시아가 지배하였던 시베리아를 보는 것과 같을 것이다.

양반의 지위를 유지하기 위해서, 양반의 지위가 유지되더라도 실질적인 명예와 품위 유지를 위해서는 관직을 얻어야 했는데 이러하기 위해서는 엽관(獵官)이 필요하였다. 엽관이란 든든한 후원자(일명 백)를 만드는 것으로, 정계 유망주에게 경제적으로 막대한 후원을 해주는 것이다. 이것이 부족한 서북인들에게는 약점으로 남아 등용될 확률이 낮아졌고 사실상 대과에서 급제할 수밖에 없었다.

이런 연유로 잘해야 훈장, 지관, 의관이 되었고 농민이나 상공업자로 전락하여 군역을 담당해야 했다. 이 지역은 평안도 지역보다도 사족이 형성되지 못해 중앙의 간섭과 제한 그리고 지나친 수탈에 불만이 매우 컸고 수공업이나 임 노동자들은 농촌에서 몰락하여 지역을 버리고 온 자들이기에 지배층에 대한 적개심이 매우 컸다. 따라서 홍경래의 난은 지역 차별에서 시작하여 국가를 전복하고자 한 반란으로 여겨질 수밖에 없었다.

위에서 사족이 완전히 사라졌다는 것은 중요한 의미가 있다. 이 말은 다른 지역과는 달리 향권(鄕權)은 향임(鄕任)에 있어서 당시 이 지역은 부세를 중앙에 주지 않고 자체로 처리하는 잉류(仍留) 지역이기에 향임(鄕任)의 권한은 절대적이었다. 그런데 18세기 중반 이후 이 지역에도 수령과 결탁한 신향(新鄕)과의 대립이 나타나게 되었고, 서북지방 수령들은 다른 지방 수령에 견주어 더욱 긴밀하게 세도 가문과 연결되어 있었기 때문에 결론적으로 수탈이 매우 심해졌다.

반면에 평안도 지역은 경제적으로 매우 융성하고 풍부한 지역이다. 청나라와의 무역으로 의주, 평양, 안주 등에서는 대외무역으로 경제활동이 증가했기 때문이다. 또한, 청과의 교역으로 은의 수요로 인하여 금광과 은광의 채굴 활동이 활발하였다. 그로 인해 정주(定州)의 납청(納淸) 장시(場市)와 박천(博川)의 놋그릇 수공업은 가내 수공업에서 점차 공장제 수공업으로 발전하여 그 지역의 경제에 많은 도움이 되었다.

이 시기에 대표적인 수탈 방법으로는 매향(賣鄕)과 민고(民庫)가 있었는데 매향은 돈 많은 상인이 수령과 결탁하여 향임(鄕任)을 그대로 넘기는 것을 말하고, 넘기는 과정에서 워낙 돈을 많이 뜯으면서 문제가 되었다. 정조 14년 정주 목사 오대익은 총 46,849냥을 받고 400여 명을 향임에 올리는 것이 평안도 관찰사의 장계로 드러났다(『백과사전』).

반면에 민고(民庫)는 다른 지역과 확연하게 차별하고 있었다. 사신으로 보내는 경비와 자체 읍이 운영하는 경비는 자체적으로 부담하여 충당하게 한 창고를 민고라 부른다. 따라서 민고를 채우는 데 백성들의 세금 부담이 엄청났고 수령은 민고를 오늘날 말하면 뇌물창고나 개인금고로 이용하였다. 쉽게 말하면 매향으로 한 번 걷고 그 매향으로 생긴 향임(鄕任)에 부족분을 메우게 했다. 따라서 서북인인 향임(鄕任)과 중앙정부에서 파견한 수령이 대립하게 되어 자연 발생한 남부인들의 봉기와는 달리 향임들이 주도하는 경향이 되었다.

홍경래 난은 향임들의 적극적인 지원으로 초기에 세력을 확장하는 데에 많은 도움을 받았다. 즉 홍경래 난이 일어나자마자 무혈입성으로 성을 차지할 수 있었다. 그러나 향임(鄕任)들은 배신도 빨랐다. 홍경래 난이 끝날 무렵에는 향임층(鄕任層)은 사라지고 결국은 그들을 진압하기 위한 의병까지 조직하게 되었다는 것이다.

또한, 홍경래 난을 더욱 부추기게 된 것은 자연재해였다. 이 시기에 화산 폭발로 인하여 2년간 극심한 냉해를 포함한 기후 변화로 대흉작이 발생하여 식량부족과 전염병으로 이어져 유럽과 미국, 그리고 아시아에서 수백만 명에서 수천만 명이 죽었다(『백과사전』).

따라서 많은 기민(飢民, 굶주리는 백성)이 발생하였는데『순조실록』에 따르면 모두 840만 1,209명에 달한다. 그러나 이 숫자는 황당한 면이 있다. 왜냐하면, 그해 말에 기록된 8도 5부의 총인구인 758만 3,036명보다 많기 때문이다(『순조실록』).

이러한 기민(飢民)들이, 하삼도(下三道) 지역을 떠나 상대적으로 광산개발이 활발한 서북지역으로 옮기게 되었고 따라서 이 지역은 더욱 피폐해졌다. 즉 몰락한 농민이 일거리를 찾아 임 노동자로 변하였고 이들은 일확천금(一攫千金)을 얻을 수 있던 잠채(潛採, 광물을 몰래 캐는 것)로 연결되었으나 산업을 부흥시키지는 못하였다. 홍경래는 이를 이용하여 잠채를 하는 백성들을 모았고 이들이 가세하여 더욱 홍경래는 세력을 키워나갈 수 있었다.

홍경래 난은 5개월 동안 진행되었는데 대원수를 맡은 홍경래와 부원수 김사용(金士用, ?~1812), 우군칙(禹君則, 1776~1812, 풍수지리가), 김창시(金昌始, ?~1812), 이희저 등이 조직적으로 운영하였다. 이들은 동북면 다복동, 지금의 박천군 청룡면 인덕리 다복동을 근거지로 하여 잠채를 구실 삼아 농민을 모아 군사 훈련을 시켰고 여기에서 홍총각(洪總角, ?~1812), 이제초(李濟初, ?~1812) 등도 가담하여 난을 이끌었다. 이들의 봉기 의도는 다음과 같이 1811년 12월 18일 저녁, 홍경래는 평서 대원수의 직함으로 가산의 다복동에서 하늘에 제사를 지내고 다음과 같은 격문을 낭독하며 출정식을 올렸다.

평서 대원수는 급히 격문을 띄우노니 관서의 부로자제(父老子弟)와 공사천민(公私賤民)들은 모두 이 격문을 들으시라. 무릇 관서는 기자와 단군 시조의 옛터로서 벼슬아치가 많이 나오고 급제하고 문물이 발전한 곳이다. 저 임진왜란에 있어서는 나라를 다시 일으켜 세운 공이 있으며, 또한 정묘호란에는 양무공 정봉수(용골 산성에서 분전했던 의병장)가 충성을 능히 바칠 수 있었다. 돈암 선우협(鮮于浹, 1588~1653)의 학식과 월포 홍경우(洪儆禹, 1606~?, 조선 중기의 성리학자)의 재주가 또한 이곳 서도에서 나왔다.

그러나 조정에서는 서토(西土)를 버림이 분토(糞土, 썩은 땅)와 다름없다. 심지어 권문의 노비들도 서토의 사람을 보면 반드시 평안도 놈이라 일컫는다. 서토에 있는 자 어찌 억울하고 원통치 않은 자 있겠는가. 막상 급한 일에 당하여서는 반드시 서토의 힘에 의존하고 또한 과거

시험에 당하여서는 서토의 글을 빌었으니 400년 동안 서토의 사람이 조정을 버린 적이 있는가. 지금 나이 어린 임금이 위에 있어서 권신들의 간악한 짓은 날이 갈수록 심해지고 김모, 박모 (박종경)의 무리가 국가의 권력을 제멋대로 하니 어진 하늘이 재앙을 내려 겨울 번개와 지진이 일어나고 재앙별과 바람과 우박이 없는 해가 없으니 이 때문에 큰 흉년이 거듭 이르고 굶어 부황든 무리가 길에 널려 늙은이와 어린이가 구렁에 빠져서 산 사람이 거의 죽음에 다다르게 되었다. 그러나 다행히 오늘 세상을 구제할 성인이 청북 선천 검산의 일월봉 아래 군왕포 위 가야동 홍의도에서 탄생하셨다. 나면서 신령함이 있었고 5살 때에 신승을 따라 중국에 들어갔으며 성장하여서는 강계 사군의 여연에 머무르기 5년에 황명(皇明)의 세신 유족을 거느리게 되었으며 철기 10만으로 부정부패를 숙청할 뜻을 가지셨다. 그러나 이곳 관서 땅은 성인께서 나신 고향이므로 차마 밟아 무찌를 수 없어서 먼저 관서의 호걸들로 병사를 일으켜 백성들을 구하도록 하였으니 의로운 깃발이 이르는 곳에 소생을 기다리지 않는 사람이 없다. 이제 격문을 띄워 먼저 각 주, 군, 현의 고을원들에게 보내니 절대 동요치 말고 성문을 활짝 열어 우리 군대를 맞으라. 만약 어리석게도 항거하는 자가 있으면 철기 5,000으로 밟아 무찔러 남기지 않으리니 마땅히 명령을 따라서 거행함이 좋으리라. 위 격문을 안주 병사, 우후 목사와 숙천 부사, 순안 현령, 평안 감사, 중군, 서윤과 강서 현령, 용강 현령, 삼화 부사, 함종 부사, 증산 현령, 영유 현령에게 내리노라. 대원수(『한국민족문화대백과』).

이로 볼 때 홍경래 난은 단지 궁핍해서 자연 발생적으로 일어난 것이 아니라 철저하게 준비하여 국가에 대한 반역 수준의 민란으로 전개되었다. 당시에 아전들은 홍경래 난이 철저하게 준비가 되었기에, 중앙정부에서 파견된 관리들도 항복하거나 체포되어 목숨을 잃었다. 대표적인 관리 중의 하나가 김삿갓의 할아버지인 김익순이다. 다만 가산 군수 정시(鄭蓍, 1768~1811)만이 병부를 내놓으라는 반군의 위협에도 거부하다가 순절했고, 아버지도 아들의 시체를 몸으로 막다가 같이 죽었다.

여기서 김삿갓의 시를 한 편 감상하여 보자. 이 시는 할아버지 김익손이 홍경래 난 때 항복한 역적인 줄 모르고 과거 시험에 합격하여 '죄가 하늘에 사무친다'라는 내용이다.

此竹彼竹 化去竹(차죽피죽 화거죽)　이대로 저대로 되어가는 대로
風打之竹 浪打竹(풍타지죽 낭타죽)　바람치는 대로, 물결치는 대로
飯飯粥粥 生此竹(반반죽죽 생차죽)　밥이면 밥, 죽이면 죽, 이대로 살아가며

是是非非 付彼竹(시시비비 부피죽) 옳은 것 옳다, 그른 것 그르다, 저대로 부치세.
賓客接待 家勢竹(빈객접대 가세죽) 손님접대는 집안 형편대로 하고
市井賣買 歲月竹(시정매매 세월죽) 살림살이 사는 것은 돌아가는 대로 하세
萬事不如 吾心竹(만사불여 오심죽) 모든 일이 내 마음대로 하는 것만 못하니
然然然世 過然竹(연연연세 과연죽) 그렇고 그런 세상, 그런대로 살아보세.
(김병연 지음, 황병국 옮김, 『김삿갓 시집』, 범우문고 44, 1988).

한세상을 살면서 자기 뜻대로 살아가고 되는 일이 있겠느냐? 아무 생각도 없이 한세상을 살아가 보자는 체념 어린 삶을 그린 시이다.

반란민(反亂民)들은 순식간에 동북 지방 대부분을 점령하였고 해당 지역에서 기존의 행정 체계와 관속(官屬, 지방관아의 아전과 하인)을 이용하여 군량과 군비를 조달하였는데 이를 맡은 이가 유진장(留陣將)이었다. 이들이 이렇게 빠른 속도로 동북 지방을 점령한 이유는 향임(鄕任)과 상인들 모두 홍경래 난을 지원했기 때문이다.

그러나 홍경래 세력들은 의주나 안주 같은 지역은 점령하지 못하였는데 이 지역은 허술하게 관리하는 지역이 아니고 관군의 북상과 홍경래를 진압하기 위한 의병들이 일어났기 때문이다. 또 하나의 이유는 봉기군(蜂起軍)들 사이에서 홍경래를 살해하려다가 붙잡혀 처형당하는 사건이 발생하여 봉기군(蜂起軍)들은 당황하게 되었다.

이 사건으로 인하여 시간을 지체하게 되고 군사를 정비하는 시간을 틈타 관군과의 전투에서 패하여 정주성으로 후퇴하게 된다. 반란군이 이렇게 내부적인 분란이 생기게 된 이유는 한 가지 목표를 가지고 결집한 것이 아니라 서로 다른 속셈을 가지고 반란에 가담하였기 때문이다. 따라서 이들은 결집력이 약해 관군에게 연속적으로 패하자 물러서게 되었는데 향임층(鄕任層)과 상인층(商人層)이 가장 먼저 발을 빼고 오히려 반란민(反亂民)을 토벌하려고 의병까지 조직하여 홍경래를 공격하는 상황에 이르게 된다.

이후 전투에서 패한 홍경래는 농민들과 합세하여 진압군과 전투를 벌였고 초기 주도 세력이 이탈하자 농민층의 주도로 세력이 단일화되었다. 농민층으로 다시 재편된 이유는 진압군이 과잉 대응으로 당시 남녀노소를 구분하지 않고 살육을 저지르자 이에 격분한 농민들이 대거 지원하였기 때문이다.

홍경래는 끝까지 저항하다가 결국 1812년 4월 19일 총에 맞아 죽었으며 그의 시신은 참수된 뒤 군대를 일으켜 반역한 우두머리로 처리되었고 홍경래의 아내 최씨는 연좌제(緣坐制)로 인해 체포된 뒤 참수되어 거리에 목이 내걸렸다. 이들 가담자 전원 정주성 전투에서 체포되거나 처형되었다. 정주성에서 체포된 이들은 총 2,983명이었는데, 이 중 10세 이하의 남아 224명과 여자 842명을 제외한 1,917명은 4월 23일 한 사람의 예외도 없이 모두 처형당했다(『순조실록』). 살아남은 아이와 여인들도 모두 노비로 전락했다. 이후 어떻게 처리되었는지는 알려진 바가 없으나 당시 조선에서 공노비는 몇 년 전에 혁파되었으나 공신들의 사노비로 분배되었을 가능성이 크다(『백과사전』).

정주성 전투가 오래 진행된 이유는 다수의 속오군이 반군에 가담하였고 관군의 훈련 부족과 중앙군이 지방군에 대한 과도한 처벌, 예를 들면 과도한 진압 작전으로 군졸들을 처형하고 민간인에게 잔혹 행위를 벌여 관군에 대한 적개심이 커서 주민들과 반군이 필사적으로 저항한 결과였다. 따라서 조선조 유래(由來)가 없을 정도로 잔혹한 결말을 가져왔다.

홍경래 난의 성격은 체제 갈등이 아니라 체제 변혁의 출발점이다. 다시 말하면, 계급의식에 기초한 최초 봉기이다. 홍경래 난이 진압된 이후에도 저항 행위의 정당성을 부여하기 위하여 홍경래 불사설(不死說)이 확산이 되기도 하였다.

그의 봉기 의지는 반란의 후예들에게 두고두고 이어졌다. 오죽하면 그가 죽고 난 후인 1817년 전북 장수에 '홍경래 생존설'이 퍼졌고, 1813년 제주도의 풍헌(風憲) 양제해(梁濟海)는 홍경래의 거사 소식에 자극받아 변란을 꾀하다가 체포됐다. 1817년 '전주를 점령한 뒤 서울로 진격한다'라며 변란을 꾀했던 떠돌이 약장수 출신의 채수영(蔡壽永) 등은 '홍경래는 죽지 않고 대마도로 잠입했다'라고 선전했다. 그로부터 9년 뒤인 1826년 청주에 걸린 괘서에도 홍경래가 거병을 도울 것이라는 내용이 등장했다. 평안도 출신의 유랑 지식인 김치규는 괘서의 내용을 홍경래의 격문에서 베낀 구절로 채우기도 했다. '홍경래 불사설'이 끈질기게 이어진 것은 그만큼 새로운 세상이 도래하길 바라는 백성들의 마음이 간절했다는 방증일 것이다(조희선, "죽창을 든 조선의 선비, 폭압에 맞선 분투의 기록", 서울신문, 2018).

홍경래의 불사설은 일본에서도 불거졌다. 일본도 조선처럼 집권층의 부패로 민란이 일어났다. 비슷한 시기인 1833년 무렵 기근이 심각하게 발생하여 곡물의 수확량이 평년의

50% 이하로 감소하였다. 기근의 이유는 이상저온과 홍수 그리고 폭풍으로 당하는 풍재(風災)가 그 원인이었다. 따라서 많은 사람이 굶어 죽고 이를 참지 못한 농민들이 1836년 오늘날 야마나시현과 아이치현에서 봉기하였다.

홍경래의 난은 가장 오래 철저하게 준비가 되었고 최대의 인원과 조직력을 가지고 권력에 대항하였던 민중운동이자 봉기였다. 이러한 봉기가 실패했음에도 불구하고 새로운 세상을 만들려는 의지의 표현과 새로운 자신감의 발로가 홍경래의 불사조 정신을 만들게 된 배경으로 작용했다.

2) 삼남 지방의 민란

철종 시대는 조선왕조 역사상 민란이 전국적으로 가장 많이 일어난 시기이다. 기록에는 전국 70여 개 지역에서 각종 크고 작은 민란이 발생하였다. 그 중심 지역이 1862년 경상우도 진주에서 가장 큰 고을인 진주 지역이었다. 1862년 경상도 지리산 기슭에 자리를 잡은 단성에서 출발하여 진주 지역으로 번지고 전국 각 고을에 영향을 미쳤다. 민란의 주원인은 홍경래의 난과 같은 삼정(三政)의 문란이 최고조로 달하였기 때문이다.

처음에 단성지역에서 일어났던 민란은 경상도의 진주를 중심으로 2~3월에, 4~5월에는 전라도 지역과 그 후로는 충청도의 청주 및 진천까지 확산이 되었고 12월까지 끊임없이 하삼도 지역을 중심으로 일어났다. 처음에는 민란이 시작되자 조정이 조세 문제를 해결에 노력하여 민란은 해소 국면에 접어들었으나 약속을 이행하지 않자 다시 민란이 발생하여 심지어는 그해 말까지 함흥지방과 경기도 광주지역으로까지 번졌다.

당시 삼정(三政)중에서 진주 지역을 중심으로 일어난 원인은 삼정의 문란과 봉건 정부 그리고 관리들이 농민들에게 세금으로 거두어들이는 과정에서 저지른 억압과 수탈이었다. 그중에서도 환곡의 문제가 가장 심각했다. 이 시기 조정은 나라를 이끄는 조세를 안정적으로 확보하기 위해 지역적으로 할당하는 제도를 시행했다. 다시 말하면 전세, 군포, 환곡, 세 가지를 지역별로 배당하는 총액제(總額制)를 시행하였다. 지방의 수령들은 이를 맞추기 위하여 향임과 향리를 동원해 거두었는데 이 과정에서 여러 가지의 부정한 방법을 동원하였다. 이는 백성의 원망을 사기에 충분하였다. 상인, 농민 등 모든 사람을 대상으로 빼앗아 갔기 때문이다.

이러한 부정한 방법은 앞에서 언급하였다. 대표적인 방법은 전정으로서 갖은 명목을 보태 1결당 20두에서 100두 정도까지 내야 했으며, 군정은 총액을 맞추기 위해 죽은 사람, 도망간 사람, 노인의 나이를 내리는 방법으로 군포를 마구 걷어갔다. 조세 부담을 피하려고 양반 신분으로 위장하거나 사들여서 이 시기에 양반 인구가 전체 인구의 절반을 넘어섰다(한영우, 『다시 찾은 우리 역사 2』, 2016).

이 때문에 백성들을 억압하고 수탈하고 약탈하였던 지주, 수령 그리고 부호가(富豪家)가 주적(主敵)이 된 것은, 당시에 민란이 사회모순으로서 계급대립으로부터 시작이 되었음을 입증한다.

그리고 진대(賑貸, 고구려 때 흉년을 대비해 곡식을 나누어 주고 이자를 받은 제도, 고려 때는 의창, 조선으로 와서는 환곡제도로 부활함)를 위한 환곡이 그 이자를 재정 확보에 이용하면서 환곡 액수가 크게 늘어 관청 고리대로 전락하였다.

삼정 이외에도 농민들은 잡세(雜稅)와 잡역세(雜役稅)를 부담하였다. 잡세(雜稅)는 포구세(浦口稅), 시장세(市場稅), 어장세(漁場稅), 설점수세(設店收稅, 조선 시대에, 개인에게 금, 은, 동, 납 따위를 캐는 것을 허가하고 그들로부터 세금을 받던 광산 경영 방법) 등 상품화폐 경제의 발전에 따라 주로 농업 이외 부문의 생산과 유통에 주로 부과된 조세였다.

원래 잡세(雜稅)는 국가 제도로 수립하는 것이 원칙이나 이를 지방 관청에 맡겼으며 잡역세(雜役稅)의 부과 목적은 지방의 재정 궁핍을 막기 위해 제정한 조세였으나 지방관아들은 자신의 영리를 목적으로 무분별하게 증대되었다. 이는 일반 백성들 특히 농민으로 볼 때는 개인의 여건에 따라 세금의 부과가 이루어지지 않았고, 양반에게는 조세를 걷지 않아 차별을 주었고, 이의 부족분을 메우기 위하여 백성들을 더욱 수탈하였고, 백성들이 세금을 피해 도망갔을 경우도 주위나 친척들에게 부과하였고, 포흠(逋欠) 즉 수령들이 개인이 사용한 것을 공동으로 부과하는 등의 문제가 백성들에게는 너무나 가혹하였다. 이는 지방 세력이 농민층의 분해와 세도정치로 인하여 사족층(士族層)의 몰락이 중요한 원인이 되었다. 과거에는 지방에서는 지방 사족들이 수령과 이서배(吏胥輩)들의 견제가 어느 정도 이루어졌으나 사족층(士族層)의 몰락으로 더 이상의 역할을 기대하기는 어려운 실정이었다.

이로써 백성들 특히 농민들은 사회적 구조적 문제를 해결하고자 하는 기대는 절실해졌다. 이러한 과정의 하나로 예로부터 고을 단위로 향회(鄕會, 고을의 일을 논의하는 회의)에서 조세를 논의하는 것이 일반적이었으나 이제는 백성들이 참여해야 한다는 것을 알리기 위한 통문(通文, 여러 사람이 성명을 적어 돌려보는 일)을 돌려 새로운 기구를 만들어야 한다는 주장이 대두되었다.

이러한 논의는 여러 사람이 하소연하여 관청에 등장(等狀)으로 표현하는 소청운동(所請運動) 그리고 방서(榜書, 비방하는 글), 괘서(掛書, 이름을 숨기고 게재하는 글)에서 출발하여 초기에는 양반들이 참석하였지만 과격하고 개혁적인 방향으로 농민들에 의해서 주도되자 그들이 빠지면서 시위는 점차 격해졌다. 분함을 참지 못해 시위하던 농민들은 수령을 쫓아내고 관아를 공격하여 부수는 행위 그리고 토호 양반들이나 이서배(吏胥輩), 향임들, 부호가의 집을 부수거나 살인까지 자행하였다.

특히 진주 지역이 환곡 문제가 매우 심각하였다. 전임 수령과 향리들이 환곡을 제멋대로 사용해 창고에 아무것도 없었기 때문이다. 따라서 재정이 궁핍해지자 갖은 방법으로 채우려고 혈안이 되었다. 당시 진주목사 홍병원은 향회를 열어 토지 1결당 6냥 5전씩 부과하기로 했다. 이에 광분한 백성들이 여러 폐단을 지적하고 항의하며 관아로 쳐들어갔다. 진주목(晋州牧)과 경상도 우병영은 관원, 이서배의 포흠(逋欠, 관물을 사사로이 써 버림)으로 없어진 환곡을 토지와 가호에 일률적으로 부담시키려고 하였다. 이에 대해 농민들이 크게 반발하고 나섰다. 유계춘(柳繼春), 이계열(李啓烈), 이명윤(李命允) 등의 주도 아래 진주목(晋州牧)과 병영의 부당한 조세 부과에 대응하려는 모임이 1월부터 2월까지 여러 차례 있었다.

이러한 모임 아래 고을 주민들의 호응을 얻기 위하여 수곡장터에 모여 대중집회를 열기 시작하였고 대표자들과 함께 읍내를 공격하기로 마음먹고 결국에는 2월 14일 농민 항쟁의 서막을 올렸다. 초기에는 진주목사의 회유에 따라 조세 문제를 해결하겠다는 약속 문서를 농민에게 주었으나 분노에 찬 농민들은 세를 결집하여 병영에 쳐들어갔고 나중에는 관청이나 탈세를 일삼던 부호들을 공격하기에 이르렀다.

봄철에 봉기가 일어난 이유는 추수하면서 매긴 조세를 봄까지 완납하여야 했고 관아들은 조세를 받아들이기 위해 농민들에게 가혹한 형벌까지 시행하였기 때문이다. 특히 진주 항쟁은 향임까지 가세해 머리에 흰 두건을 쓰고 스스로 초군(樵軍), 즉 나무꾼이라 부르면서 죽창과 곤봉을 들고 일어나 관아를 부수고 농촌의 부민(富民, 부호가를 말함)을 습격하는 사태까지 이르게 되었다(한영우, 다시 찾는 우리 역사 2, 2016). 이를 다른 말로 하면 머리에 흰 수건을 둘렀기 때문에 '백건당(白巾黨)의 난'이라고도 한다.

당시 진주민란에 대하여 다음과 같이 적고 있다.

동치원년 임술년(1862, 철종 13) 2월 19일 진주민 수만 명이 머리에 흰 수건을 두르고 손에 몽둥이를 들고 무리를 지어, 진주 읍내에 모여 이서-이방과 하급 관리들의 집 수십 호를 태우니, 행동거지가 가볍지 않았다. 병마절도사가 해산시키고자 시장에 가니 흰 수건을 두른 백성들이 길 위에 빙 둘러 백성들의 재산을 함부로 거둔 명목과 아전들이 억지로 세금을 포탈하고 강제로 징수한 일들을 면전에서 여러 번 질책하는데 능멸함과 위협함이 조금도 거리낌이 없었다.

그리고 분(憤)을 풀기 위해 병사들을 병영에 잡아들여 이방 권준범(權準範)과 관물(官物)을 사사로이 써 버린 이속(吏屬) 김희순(金希淳)에게 엄히 10여 대를 곤장으로 힘껏 때리고는 무리 지은 백성들이 계속해서 양 관리를 불 속에 던져 태워 버려 재도 남지 않았다. 이방의 아들 권만두(權萬斗)가 그 아비를 구하고자 했으나 또한 난민에게 밟혀 죽었다.

병마절도사를 포위하여 한밤중까지 핍박하고 관아로 돌아가지 못하게 했다. 본 고을의 이방 김윤구(金潤九)가 기회를 타 도망하였으나, 다음 날 수색 끝에 붙잡혀 또 두들겨 맞고 불에 타서 죽었다. 백성들은 이어 무리를 나누어 촌으로 나가 마동의 영장 정남성(鄭南星)·성부인(成富人), 청강 최진사(崔進士)의 세 집을 아울러 불태워 부수었다. 듣건대 이 3인은 경영을 잘하지 못해 원우(院宇)에 백성을 절제 없이 부렸다고 한다.

영문(營門)으로부터 이 광경을 듣고 논하여 글을 지어 공문서를 내었다(『임술록』, 영남편).
* 『임술록』은 작자 미상으로 '영호미변일기'라는 부제가 있다.

이를 계기로 1862년 3월에는 전라도, 충청도, 경상도 지역으로 번졌고 이를 심각하게 여긴 조정에서는 다른 곳으로 확산이 되는 것을 막기 위해서 어사를 파견하여 문제가 있는 고을 수령을 파면시키는 등 회유정책으로 해결하고자 하였으나 사태가 너무 과격해지자 관군을 동원하여 주모자를 색출하여 참형에 처하는 강경책으로 바뀌었다. 특히 전라도 지역은 다른 어느 지역보다도 항쟁이 많이 일어났다. 전라도 지역은 3월 27일 익산지역을 시작으로 4월과 5월에 집중적으로 일어났다. 지역을 살펴보면 함평, 정읍, 고창, 강진, 영광, 고산, 부안, 금구, 무주, 장흥·순천 등 전라도 54개 군현 가운데 38여 곳에서 항쟁이 일어났음이 확인된다. 전라도는 삼남 가운데서도 가장 항쟁이 많이 일어난 지역으로서,

이 지역에서 첨예한 계급대립과 국가 수탈이 더 격심하게 전개되었음을 보여주고 있다. 특히 함평의 경우 농민들은 14개 면의 농민들이 훈장 등과 연계해 조직적으로 참여하고 한 달간이나 모임을 지속하는 완강한 모습을 보였다.

조정은 이에 대한 대책으로 삼정이정청(三政釐正廳)을 설치되어 『삼정이정절목(三政釐正節目)』을 반포하였는데 즉 현실에 맞는 부세 제도를 고치겠다는 약속을 받고 어느 정도 진정이 되었으나 조정의 약속 미이행으로 결국은 다른 지역까지 새롭게 농민 항쟁이 일어나게 되었다는 것이다. 결국은 함흥에서 제주에 이르기까지 전국적인 양상으로 번지게 되었다.

삼정이정청(三政釐正廳)은 조선 후기 삼남 지방의 민란을 해결하기 위한 임시 관서로 조정에서는 민란이 급속도로 번져나가자 삼정의 문란을 해결하기 위한 관서를 설치하였다. 철종은 수백 명의 관리와 유생들의 상소문을 통해 민생과 국가 재정에 필요한 개혁안을 마련하기로 하였다. 이 개혁안이 『삼정이정절목(三政釐正節目)』이다.

이러한 개혁안에도 불구하고 농민 항쟁의 주인공들은 조세 문제를 해결함과 동시에 억압과 수탈을 없앨 것을 직접으로 요구하게 되었고 12개의 요구조건을 조정에 건의하였다. 이러한 요구조건을 4가지로 요약하여 보면 다음과 같다(『한국민족문화대백과사전』, 임술민란, 壬戌民亂).

첫째로는 이서(吏胥)의 포흠(逋欠, 관물을 개인적 용도로 사용)을 농민에게 전가하지 말라는 것이다. 이는 세금이 과도해진 원인으로 탐관오리나 부정하게 관리들이 착복한 환곡을 농민들에게 거둬들이지 말라는 의미이다.

두 번째로 결가(結價)는 매 결당 7냥 5전으로 정하라는 것이다. 국가가 정한 세금은 토지 1결당 23두인데, 이를 금액으로 환산하면 7냥 5전이다. 이 외에는 다른 명목으로 세금을 거둬들이지 말라는 것이다.

세 번째는 그간 죽거나 도망한 천여 명을 군정 장부에서 제외하라는 것이다. 세금이 부족하다고 군정을 채운다는 명목에서 부정한 방법으로 조세 부담을 백성들에게 전가하지 말라는 것이다.

네 번째로는 군보(軍保)를 1인당 2냥씩 하되, 신분에 따라 차별하지 말라는 것이다. 이는 모든 사람에게 군역을 동등하게 부과하여야 한다는 의미이다. 신분제의 변동으로 인하여 평민이 줄어가는 가운데 총액제로 인하여 양반들이 군역에서 제외되는 것은 매우 불합리하므로 양반도 군역을 담당하여야 한다는 것이다. 이러한 요구는 전국 각지에서의 형편이 별로 차이가 없다는 것을 말하며, 충청도 공주 농민항쟁의 요구조건과 거의 내용이 일치하는 부분이다. 당시 전국적인 항쟁에서 나오는 조건을 요약하여 정리하여 보면 다음과 같다.

당시 조세개혁 문제뿐만이 아니라 불합리한 사회제도에 대하여서도 문제를 제기하였다. 당시 일부 농민들은 과거 억울하게 당하였던 자신들의 요구사항도 함께 제기하였다. 이들 가운데는 백성들이 억울하게 분쟁에 휘말려 관아에 회부(回附)되어 송사(訟事)에서 패하여 재산을 잃고 태신(笞訊, 볼기를 맞는 일종의 태형)을 당한 일을 호소하는 이도 있었다. 즉 수탈에 대한 불만이 쌓였으며 양반들의 억압과 수탈에서 벗어나고자 토호 양반을 직접 공격하기도 하였다.

실제로 이러한 요구는 중앙정부가 반대하였고 세제개혁은 쉽게 들어줄 분위기가 아니어서 대책을 세우는 데 매우 어려움을 느꼈다고 한다.

결국, 조정은 10월 29일 삼정이정청(三政釐正廳)의 삼정이정책(三政釐政策)을 포기하고 '옛날의 규례로 돌아간다'라는 명령을 내렸다. 조정안에서도 좌의정 조두순(趙斗淳, 1796~1870)만 삼정이정책(三政釐政策)의 실시에 적극적이었을 뿐, 당시 실권을 행사하였던 세도정치가, 특히 안동(安東) 김씨(金氏) 집안은 매우 소극적이었다. 결국, 정부는 자신들이 마련한 조세개혁마저도 실현하지 못하고 옛 제도로 환원시키고 말았다. 이는 세도정치 아래에서는 허약한 군주로서는 해결하기 힘든 정책이다.

1862년 농민 항쟁은 주로 고을 단위로 고을의 조세 문제를 해결하겠다는 목표를 가지고 수령에게 청원하거나 시위하는 형태 등으로 조정의 통치를 비판하였고 항쟁의 초기 단계부터 농민들이 주체가 되어 모의하고 주도한 경우가 많았으며, 요구도 훨씬 구체적이었다. 농민들이 자신들의 처지에서 당시의 조세 수취제도를 비판하고 대안을 제시했던 점, 즉 환곡의 운영을 중단하고 정식으로 조세를 만드는 정치적 주체로서 농민들이 스스로 각성하고 단련해 가는 과정이었다(『한국민족문화대백과사전』, 임술민란, 壬戌民亂). 이는 후에 동학 농민전쟁(東學農民戰爭)으로 옮겨가는 도화선으로 자리를 잡게 되었다.

4. 19세기 전반의 서민 생활과 문화

19세기에 이르러 서민들의 문화가 두드러지게 성장하였다. 즉 일반민(一般民)을 대상으로 하는 문화를 말하는데, 이를 서민문화(庶民文化)라고 한다. 즉 벼슬이나 신분적으로 특권이 없는 문화를 말한다. 특히 서민이라고 하는 용어는 양반이라는 용어와 대치되지만, 신분적으로 양반이지만 관직으로부터 소외된 계층까지 광범위하게 포함한다.

서민문화(庶民文化)의 성장은 세도정치를 개혁하려는 일반 지식인들의 개혁 사상뿐만 아니라 서민들의 의식이 그만큼 성장하였다는 것을 의미한다. 특히 일반 지식인들은 관료직에서 밀려나 서울 부근에 정착하면서 학문을 연구하고 농촌의 현실을 개혁하고자 하는 사람이었으며 상품경제의 발달로 인하여 서민들도 부를 축적하면서 정치에 참여하고 기존 지배층의 행태에 대해 비판과 저항 세력으로 번져갔다는 것이다. 다시 말하면 기존의 신분제가 허물어지면서 농민전쟁과 민란의 영향으로 저항하는 문화가 새로이 정착하게 된 것이다. 따라서 관직에서 물러난 일부 지식인과 부호민(富豪民)의 사회저항으로 형성한 문화를 서민문화라고 생각하면 될 것이다.

이 시기에 새로 형성된 문학 향유층을 위항인(委巷人)으로 칭하는 데 이는 앞에서 설명하였고 위항인(委巷人)들이 만든 시사(詩社, 시인들이 조직한 문학 단체)를 중심으로 간략하게 설명하고자 한다. 19세기 대표적인 시사로는 옥계시사(玉溪詩社), 서원시사(西園詩社), 비연시사(悲然詩社), 직하시사(稷下詩社), 육교시사(六橋詩社) 등이 이 시대 문학을 주도해 나갔다.

먼저 옥계시사(玉溪詩社)는 인왕산에서 흘러내리는 물이 옥류동을 거쳐 관통하는 계곡에 중인과 양반들이 모여 문학 활동을 하였고 이 계곡에 천수경(千壽慶, ?~1818, 호는 松石園, 松石道人)이 그의 호를 따서 만든 송석원이라는 집을 짓고 살면서 시 모임을 주도한 모임이 옥계시사(玉溪詩社)이다. 이 집은 천수경이 죽은 후 주인이 여러 번 바뀌었다. 안동 김씨, 여흥 민씨를 거쳤으나 1973년에 철거되고 이 자리에 주택단지가 섰으나 주민들은 여전히 이 지역을 송석원(松石園)이라 부르고 있다.

천수경(千壽慶, ?~1818)은 본관은 금계(金溪), 자(字)는 군선(君善), 호(號)는 희헌(羲軒)이며 후에 송석원(松石園), 송석도인(松石道人)으로 바꾸었다. 그는 옥계시사를 이끈 장본인으로서 이 시사를 만든 이유에 대하여 박윤묵(朴允默, 1771~1849)은 다음과 같이 적었다.

무릇 역사란 사실에 대한 기록을 의미하니, 임금의 언행과 시사(時事, 그 당시에 생긴 세상 일)의 잘잘못을 쓰는 것은 사신(史臣, 사초를 쓰던 신하)의 직임이고 명산대천과 도로의 원근을 기록하는 것은 외사(外史, 야사를 말함, 사관 이외에 기록한 자료)의 소임이다. 그런데 이른바 옥계시사라는 것에 이르러 '시(詩)'에 '역사[史]'라는 이름을 붙였으니, 이는 어째서인가. 바람·비, 이내·구름, 날짐승·들짐승, 풀·나무 및 거문고·바둑, 붓·벼루, 술·단술, 차·과실과 같은 것들에 대해 무엇을 만나더라도 그 실정을 묘사하고 기록하지 않음이 없으니 그렇다면 이를 두고 시의 역사라고 말하더라도 가당할 것이다. 아아, 송석 선생이 옥계에 살면서 문학과 역사를 스스로 즐기니, 인근에 사는 뜻을 함께하는 선비들이 날마다 커다란 소나무와 오래된 바위 사이를 함께 오가며, 만나면 반드시 시를 지었고 시가 또 권을 이루었다. 이것이 옥계시사를 지은 이유이다.

(원문)
夫史也者。紀實之謂也。書人君言動時事得失。史臣之職也。記名山大川道里遠近。外史氏之任也。至於所謂玉溪詩史者。以詩謂史。此何也。若其風雨烟雲鳥獸草木與夫琴棋筆硯酒醴茶果。無往不觸物而寫其情。遇景而錄其實焉。則雖謂之詩之史亦可也。嗚呼。松石先生居玉溪上。以文史自娛。鄕隣同志之士。日相與往來於長松老石之間。會必有詩。詩又成卷。此詩史之所以作也(부지야사. 기실지위야. 서인군언동시사득실. 사신지직야. 기명산대천도리원근. 외사씨지임야. 지어소위옥계시사자. 이시위사. 차하야. 약기풍우연운조수초목여부금기필연주예다과. 무왕불촉물이사기정. 우경이록기실언. 즉수위지시지사역가야. 오호. 송석선생거옥계상. 이문사자오. 향린동지지사. 일상여왕래어장송노석지간. 회필유시. 시우성권. 차시사지소이작야).
(박윤묵(朴允默, 1771~1849), 『존재집(存齋集)』 23권, 옥계시사서, 玉溪詩史序).

이는 옥계 모임을 하게 된 연유를 밝혔는데 정조 10년(1786) 7월 어느 날 그와 뜻을 함께하는 문인(文人)들이 모여 시를 짓고 술을 마시며 교유하는 모임을 만들었다. 이를 옥계시사(玉溪詩社) 혹은 송석원시사(松石園詩社)라고 불렀는데, 당시에 있었던 시사(詩社) 중에서 손꼽히는 모임으로서 이에 참여하지 못한 문인은 수치로 여길 만큼 유명하였다고 한다. 저자 또한 이 모임의 일원으로, 구성원들이 지은 시를 모아 책으로 엮어 『옥계시사』라고 이름 짓고 이 책의 서문을 지어 편찬 경위 등을 서술하였는데 위는 그 내용 중 일부이다. 장혼(張混, 1759~1828)이 '바둑과 장기로 사귄 관계는 하루도 못 가고 권력과 이익으로 사귄 관계는 1년을 못 가고 오로지 살아서 평생 갈 수 있는 모임은 문장을 남기는 모임이다(博奕

之交不日 勢利之交不年 惟文學之交可以永世'라고 한 말처럼, 모임의 목적을 분명하게 밝혔다 (張混, 『書玉溪社修稧帖後』, 강만문, "우리의 노래", 한국고전연구원에서 재인용).

여기서 중요한 것은 시의 제목에 사(史)를 사용했다는 것이다. 흔히 사(史)는 역사를 뜻하는 단어에서 흔히 사용하나 여러 사람이 주고받은 시들을 모아 쓴 책에 이 단어를 붙이는 것은 매우 이례적이다. 이는 단지 사(史)라는 단어를 사용했다는 것이 시사의 구성원들이 시를 주고받으면서 살아온 삶 자체를 기록하여 희로애락(喜怒哀樂)이 담겨있다는 의미이다.

서원시사(西園詩社)는 김희령(金羲齡), 지석관(池錫觀) 등이 중심이 되어 설립한 모임으로 인왕산의 일섭원(日涉園), 칠송전(七松亭) 등에서 시회(詩會)를 가졌던 중인 출신을 위주로 한 위항인 시사(詩社)로서 흔히 '칠송정시사(七松亭詩社)'라고 말한다. 원래 송석원시사의 별칭이었으나 김희령의 일섭원이 서원이라 불리게 되자 명칭(名稱)으로 사용하였다. 다시 말하면 송석원시사가 해체된 뒤에 결성되었다. 칠송정(七松亭)은 인왕산 육각현 위에 있는 경승(景勝)으로 지석관의 소유였다.

회원으로는 지석관, 박기연(朴基淵, ?~?), 박기열(朴璣烈, 1862~1939), 유정주(劉定柱) 유기성(柳冀聖, 1881~1959) 등이 있었으며 송석원시사의 목적을 분명히 한 박윤묵은 이들을 격려하기도 하였다. 이들은 주로 송석원시사의 맥을 이은 정통 시사(詩社)라는 것을 자부하고 있다.

송석원시사(詩社)가 명맥을 이어온 것은 박윤묵(朴允默, 1771~1849)의 영향을 많이 받았는데 송석원시사의 막내로서 서원시사를 기리는 중요한 인물이다. 그는 3,000여 수의 시를 남겼는데 '그는 평생토록 시를 짓는 데 버릇이 들어 육십 년을 하루와 같이 많은 글을 지었다. 진실하여 화려하게 숨기는 것이 없었으며 생각에 사악함이 없었다.' 이것은 『시경』의 思無邪를 잇는 정신으로 창작활동에 임하였으며 이것이 그의 시적 세계의 특성을 말해주는 것이다.

박윤묵(朴允默, 1771~1849)은 당시의 사회상(社會相)을 시로써 비판하였다. 당시의 사회는 관리들의 부정부패나 세도가들에 의해서 조선은 서서히 존재감을 잃어가는 상황이었다. 그는 실력이 있어도 관직에 나가지 못하는 실태를 한탄하기도 하였다. 특히 삼정의 문란으로 백성이 고통을 받는 것을 매섭게 비판하였다.

당시의 현실은 아이가 세상에 나오기 전에 관리들이 미리 세수(稅收)를 거두고 흉년이나 과도한 세금으로 길가에서 굶어 죽어가는 백성들이 많은데 권세가들은 고기와 술을 쌓아 두었다. 초봄이면 백성들은 집에 쌀독이 비어서 굶다가 더 이상 버티지 못하고 유랑생활을 선택했다. 박윤묵은 이러한 현실을 비판하면서 새로운 세상을 꿈꾼 시인이라고 볼 수 있다.

그의 시 두 편을 감상해 보자.

촌가를 보고 지은 글(村舍卽事)

다 떨어진 치마를 입은 여자가 베틀 앞에 앉아서
솜을 타니 어지러이 눈이 날리는 것 같구나.
자기 집에 뼈를 에는 듯한 추위는 살피지 못하면서
도리어 부잣집에 몇 사람의 옷을 더 보태고 있구나.
村舍卽事
襞裙女子坐當機 彈絮紛紛亂雪飛
不省自家寒切骨 反添華屋幾人衣
(朴允默, 『存齋集, 존재집』).

이 한시는 민초(民草)의 고충을 헤아리며 시골 아낙네의 삶을 그려낸 시이다. 집 안이 뼈를 에는 듯이 추운데 다 떨어진 치마를 입고서 부잣집을 위한 겨울 옷감을 짜고 있는 여인을 안타까운 시선으로 바라보았다. 즉 그의 따뜻한 애민 정신으로 고통스러운 민초(民草)의 삶을 헤아렸다.

寡婦歎(과부탄) ; 과부의 탄식, 朴允默(박윤묵, 1771~1849), 신영산 옮김

噫彼寡婦路傍哭	희피과부로방곡	아아! 저 과부 길가에서 통곡을 하는데
呼天叫地身顚覆	호천규지신전복	하늘 땅을 부르면서 절규하다 몸을 마구 뒹굴더라.
忽復吞聲聲不出	홀부탄성성불출	문득문득 울음을 삼키다가 소리가 안 나오니
滿裳龍鐘血和淚	만상용종혈화루	피눈물을 가득하게 치마에다 흘리누나.
臨岐住筇不忍去	임기주공불인거	갈림길에서 지팡이 짚은 채로 차마 떠날 수 없어

爲問空山此何女	위문공산차하녀	물었더라. "빈산에서 이리 우는 그대는 누구인가?"
作氣仰視公是誰	작기앙시공시수	기운 차려 눈을 들어 답하기를, "공은 뉘신가요?
煩公聽我此一語	번공청아차일어	번거로워도 공께서는 제가 하는 말 한마디 들어주오."
十五嫁作農人婦	십오가작농인부	열다섯에 시집와서 농부의 아내가 되었으니
夫婦藕耕田數畝	부부우경전수묘	우리 부부 몇 이랑의 밭뙈기에 농사를 지었습죠.
長夏隆冬僅糊口	장하융동근호구	긴 여름에 매서운 겨울에 겨우 입에 풀칠하며
勞筋苦骨無不有	노근고골무불유	힘써가며 뼈 닳도록 고생해도 가진 게 없었네요.
今春夫壻餓而死	금춘부서아이사	그러다가 올봄에는 남편이 굶어서 끝내 죽고
眼前唯有一子耳	안전유유일자이	눈앞에 오로지 아들 하나 남았을 뿐이었지요.
昨者未暮探薪去	작자미모탐신거	그 아들 어두워질 무렵에 나무하러 나갔는데
爲虎嚙死前山裏	위호람사전산리	앞산에서 범에게 물려 먹히고 말았네요.
子子此身寡又獨	혈혈차신과우독	외로운 이 몸은 과부 되고 자식마저 없었으니
與誰依賴爲生理	여수의뢰위생리	뉘에게 의지하며 살아갈 수 있으리오.
況復冬候漸迫近	황부동후점박근	게다가 다시금 겨울이 가까이 다가오는데
夫布兒布將何以	부포아포장하이	남편 신포 아들 신포 내라 하니 장차 이를 어이하리오.
一行徒御傾聽之	일행도어경청지	우리 일행 이 말을 귀 기울여 듣고 나서
莫不惻然爲戱眉	막불측연위희미	불쌍하지 않음이 없었으니 미간을 찡그렸도다.
平薪歸客倍霑巾	평신귀객배점중	평신에서 돌아가는 나그네도 수건에다 눈물 적시고
慰諭不可容言辭	위유불가용언사	위로하고 달래려도 말로는 어찌할 수 없었다네.
回頭荒村兩冥冥	회두황촌량명명	고개 돌려 황량한 마을 보니 모두가 어둑하니
正是山哀浦怨時	정시산애포원시	바로 산도 슬퍼하고 포구도 원망하는 때이구나.
(朴允黙, 『存齋集, 존재집』)		

이 시(詩) 역시(亦是, 또한), 민초(民草, 백성들의 잡초와 같은 삶)들의 삶이 어려운 것을 표현하고 있다. 화자는 근무하고 돌아오는 길에 과부의 삶을 애절하게 표현하고 있다. 이 한시는 과부의 팔자를 노래하였으며 전체 내용은 네 가지 기구한 팔자(고아, 홀아비, 과부, 자손이 없는 사람)를 다루는데 위 시의 과부는 가난으로 남편이 굶어 죽고 자식은 호랑이한테 잡아먹혔는데도 신역을 내야 해서 생활은 더욱 어렵다. 위로할 말조차 없는 백성의 삶을 표현하였다.

또한, 비연시사(悲然詩社)는 장지완(張之琬, 1806~1858)이 중심으로 한 시사 모임으로 비연(悲然)은 장지완의 호를 따서 만들었다. 장지완(張之琬, ?~?) 역시 중인으로 태어나 그의 스승 장혼(張混, 1759~1828)의 밑에서 학문을 배웠으며 장혼(張混) 역시 '이이엄(而已广)'이라는 집을 지어 위항 시인들과 함께 문학을 즐긴 대표적인 사람이다. 장지완은 그의 회원들과 시문에만 뜻을 두고 자연 속에서 생활하였다.

비연시사(悲然詩社)는 장효무(張孝懋), 임유(林瑜), 고진원(高晋遠), 유기(柳기), 박사유(朴士有), 한백첨(韓伯瞻) 등과 함께 모임을 결성하고 비연시사(斐然詩社)라고 하여 19세기 여항문학을 이끌었다. 서원시사(西園詩社)보다 약간 후기에 결성된 듯하다.

특히 장지완(張之琬 1806~1858)은 본관은 인동(仁同), 자는 영옥산(玉山), 호는 침우당(枕雨堂)이다. 이학서(李鶴棲)의 문인으로 과거에 뜻을 두지 않고 학문에만 몰두하였고 그 후에 만주와 요동까지 두루 다니며 가는 곳마다 시문을 지어 남겼다. 『침우당집(枕雨堂集)』이라는 시문집을 지었으며 아들 윤창(允蒼)이 교감(校勘)한 것으로 되어 있으나 간년(刊年)은 미상이다. 권 1, 2에 부(賦) 2편, 시 247수, 권 3, 4에 서(序) 11편, 기(記) 6편, 제발(題跋) 10편, 서(書) 2편, 명(銘) 4편, 찬(贊) 1편, 잠(箴) 2편, 잡저 7편, 권 5, 6에 비갈(碑碣) 4편, 묘지 15편, 행장 6편, 전(傳) 7편, 애사(哀辭) 4편 등이 수록되어 있다(『한국민족문화대백과사전』, 침우당집, 枕雨堂集). 여기에 실린 시 한 편을 감상하여 보자.

白髮自嘲(백발자조): 백발을 스스로 위로한다. 장지완(張之琬)

人憎髮白我還憐 (인증백발아환련)
흰 머리털 미워하나 나는 외려 어여쁘니
久視猶成小住仙 (구시유성수주선)
오래 살면 오히려 소주선(小住仙)이 되겠네.
回首幾人能到此 (회수기인능도차)
돌아보매 몇이나 흰 머리에 이르렀나
黑頭爭去北邙阡 (흑두쟁거북망천)
검은 머리 다투어서 북망 길로 가는 것을.
(『침우당집』)

** 해설 **
환련(還憐): 도리어 어여삐 여기다.
구시(久視): 늙지 않고 오래 삶.

소주선(少住仙): 인간세상에 잠시 머물러 사는 신선.
북망천(北邙阡): 북망산으로 가는 길.
북망산은 예전의 공동묘지. 죽는다는 의미

이 시는 만년에 백발을 탄식하여 지은 칠언절구이다. 그의 생애로 보았을 때 일찍 백발
이 되었음을 짐작한다. 사람들은 누구나 젊어지기를 바라는데 자기의 백발을 보면서 개탄
하는 모습이다. 그러나 남들은 싫어하지만, 오히려 신선이 된 기분이고 천수를 누리는 사
람은 적다는 것을 의미한다. 오히려 백발이 되어 보지도 못한 채 죽는 사람들을 안타깝게
보는 시이다.

또한 박규수(朴珪壽, 1807~1877)의 시 한 편을 감상하여 보면

강양 죽지사(江陽竹枝詞)

바린 가야산은 한쪽 반이 서리인데 산은 깊고 구름이 에워싸 불경이 향기롭네.
이끼에는 청학이 남긴 흔적이 없고 붉은 잎만 독서당에 어지럽게 날리네.
강양에 가을이 왔으나 물결 일지 않고 구름 위의 석탑은 희고 높게 솟았네.
숲속 성긴 비에 단풍진 길로 누가 다시 소를 타고와 삿갓 벗은 이를 찾으리.
渲染伽倻一半霜 山深雲擁貝多香 莓苔靑鶴行無跡 紅葉繽紛讀書堂
秋入江陽水不波 凌雲石塔皓嵯峨 一林疎雨紅流路 誰復騎牛訪脫簑
(『大東詩選』 卷9)

이 시는 지금의 합천군인 강양(江陽)에서 가야산의 절경을 읊은 글이다. 최치원이 청학
을 타고 신선이 되어 날아간 후에 그가 머물던 독서당에는 붉은 잎만 날리고 있다는 것이
다. 인용한 둘째 수의 기구와 승구는 해인사의 가을 풍경이다. 합천에 가을이 와서 해인사
의 석탑은 하늘 높이 솟았다고 했다. 전구와 결구는 조식과 이민구의 만남이다. 이 구절
뒤에 달린 주에 조식과 이민구가 해인사에서 만나기로 약속하여 남명(南溟)이 소를 타고
가다가 비를 만나 늦었는데 동주는 이미 먼저 해인사에 와서 삿갓을 벗고 있었다고 했다.

옛날 선비들의 고사를 읊어서 그곳의 군수로 가는 이에게 송별의 정을 표한 것이다.

그들은 스스로 죽림칠현에 비의(比擬)하고 오직 시문에만 뜻을 두고 날마다 경치가 좋은 자연 속에 노닐며, 사대부 중심의 사회체제 내에서 불우한 자신들의 처지를 시(詩)를 통해 표현했다.

송석원시사(松石園詩社)의 중심인물이었던 장혼(張混)의 문인들로 구성된 이 시사는 당대 위항인(委巷人)들이 처한 사회적 처지에 대한 자각을 더욱 분명히 함으로써 앞으로 다가올 조선 말의 사회적 변화에 대처할 준비를 하고 있었다고 할 것이다.

힘든 일이나 어려울 때는 문자 그대로 견마지로(犬馬之勞)를 다하지만, 버림을 받게 될 때는 개돼지 신세로 돌아가는 중인사회(中人社會)의 불평음(不平音)이 너무도 간절하게 그리고 우회적으로 표현했다. 즉 여항인(閭巷人)으로서 살아온 중인들의 애절한 마음과 혹은 서인과 벼슬로 나가지 못한 양반들의 애절한 삶들이 녹아 있다. 여항인이라는 말은『예기(禮記)』, 단궁(檀弓) 상편, 그리고 『사기(史記)』, 이사열전 등에서 유래되었다. 이 말의 사전적인 의미는 인구가 조밀한 지역과 평민들의 거리에 산다는 뜻을 가진다. 즉, 여항(閭巷) 또는 위항(委巷)이란 '꼬불꼬불한 거리' 또는 '골목'을 의미하는 지역에서 사는 대개 피지배층의 거주지를 의미한다. '여항(閭巷)'이라는 말은 특히 조선 후기에 이르러 특이성을 지니게 된다. 서울에 거주하는 피지배층을 포괄적으로 나타내는 용어가 아니라, 서울이라는 특정 지역에 거주하는, 중인이라는 특정 계급을 나타내는 것이다. 여기서 중인은 대개 기술직 중인이나 경아전(京衙前)이라는 말로 쓰인다. 하지만 기술직 중인이나 경아전인(京衙前人, 중앙 관아에 속해 있는 모든 吏屬을 말함, 하급 관리)은 그 이전에도 명백히 존재하였다.

따라서 여항문학(閭巷文學) 또는 위항 문학(委巷文學)은 이들이 주체가 되어 생긴 문학으로서 협의의 개념에는 한시(漢詩, 한문으로 된 시)를 말하는 것이고 좀 더 넓은 광의(廣義)의 개념으로는 중인들에 의해서 창작된 시조, 가사, 전(傳)을 포함한다.

직하시사(稷下詩社)는 1853년 최경흠(崔景欽, ?~?)과 유재건(劉在建, 1793~1880) 등이 모여 한문학이나 문학을 위주로 한 단체의 위항문인(委巷文人)들의 모임을 말한다. 이들의 대표작은 조희룡(趙熙龍, 1789~1866)은 『호산외기(壺山外記)』, 유재건(劉在建, 1793~1880)은 『이향견문록(里鄕見聞錄)』을 이경민(李慶民, 1814~1883)은 『희조일사(熙朝軼事)』를 편집하여 전대의 위항인으로서 뛰어난 재주를 지녔던 인물들의 행적을 정리하였다.

그리고 유재건과 최경흠은 1857년(丁巳年, 철종 8)에 『풍요삼선(風謠三選)』을 간행하여 송석원시사에서 세웠던 『위항 시선집』을 정사년마다 간행하는 전통을 충실히 지켰다. 이와 함께 그때 이미 희귀본이 되어 버린 『소대풍요(昭代風謠)』를 120년 만에 다시 펴내며 세상에 전하였다. 이 시사 활동의 중요한 의미는 앞의 시기와 달리 위항인들이 자신의 문학 활동에 대한 대단한 자부심이 있어서 그들의 문학과 전대 위항인들의 전기까지 아울러 정리하고자 한 점에 있다.

특히 유재건(劉在建, 1793~1880)은 '지구도'와 '대동여지도'를 만든 고산자 김정호에 대하여 극찬한 글을 그의 저서에 남겼다.

> 김정호는 스스로 호를 고산자라 하였는데 공교한 재주가 많고 지리학에 관심이 있었다. 두루 찾아보고 널리 수집하여 일찍이 '지구도'를 제작하였고 또 대동여지도를 만들었는데 능란하게 그림을 그리고 새겨 인쇄해 세상을 펴냈다. 상세하고 정밀함이 고금에 견줄 만한 것이 없는데 내가 한질을 구해 보았더니 진실로 보배로 여길 만했다(金正浩自號古山子 素多巧藝 癖於輿地之學 博攷廣蒐 嘗作地球圖 又作大東輿地圖 能畫能刻印布于世 詳細精密 古今無比 余得一本 誠為可寶).
> (劉在建, 『異鄕見聞錄』권8, 書畫).

특히 그의 작품 중의 하나인 『이향견문록(異鄕見聞錄)』에는 김정호 이외에도 천민 출신 학자 서기(徐起, 1523~1591), 역관 홍순언(洪純彦, 1530~1598), 서예가 한호(韓濩, 1543~1605), 화원 안견(安堅, ?~?), 김득신(金得臣, 1604~1684), 김홍도(金弘道, 1745~?), 시인 조수삼(趙秀三, 1762~1849) 등의 인물들을 기록으로 남겨놓아서 매우 흥미롭다. 그들에 관한 기록들은 당시 위항 문학을 천하게 여기는 이유와 신분이 낮은 관계로, 다른 곳에서는 그의 행적을 찾아볼 수 없기에 더욱 값어치가 있다는 것이다. 조선을 대표하는 효자, 열녀, 호걸들이 살았던 모습도 풍부하게 수록되어 있어서, 보통 사람들의 행적이 눈에 선하게 들어온다는 점도 이 책이 지니는 큰 장점이다.

이 책의 특징은 저서 제목에 드러나 있다. 『이향견문록(異鄕見聞錄)』에서 이향(里鄕)이라는 단어는 '백성이 사는 일반적인 동네'를, 견문록(見聞錄)은 '보고 들은 이야기'를 말하는데 종합하여 보면 백성들이 사는 동네에서 보고 들은 이야기를 정리한 내용이다. 따라서 양반을 제외한 다양한 이야기가 총 298편에 걸쳐서 308명의 전기(傳記, 개인 일생의 사적인 이야기)를 기록하고 있다는 것이다.

이 책은 친구인 조희룡(趙熙龍, 1789~1866)이 서문을 작성하였는데

> 친구인 유재건이 나와 같은 심정에서 여러 사람의 문집 속에서 더듬고 찾아 모아 이미 기록이 있는 사람을 몇 명 얻었고, 입전(立傳)된 것이 없는 사람은 스스로 전을 지어 … 정성스럽게 한 책을 만들어 제목을 『이향견문록(異鄕見聞錄)』이라 하였다(劉在建, 『이향견문록, 異鄕見聞錄』).

따라서 이 책을 쓴 의도대로 중인들뿐만 아니라 상민, 천민, 노예, 신선, 도사, 점쟁이, 여자, 스님 등 다양한 신분층 인물 이야기가 주로 수록되어 있다. 중인층 이하 인물들에 대해서도 양반과 대등한 사회적 평가가 이루어져야 함을 은연중에 강조한 것이다. 『이향견문록(異鄕見聞錄)』 10권의 구성은 학행(學行), 충효(忠孝), 지모(智謀), 열녀, 문학, 서화, 의학, 잡예(雜藝), 승려, 도가류(道家類)로서, 이 중에서 효행, 지모, 열녀, 문학, 서화 등 양반의 덕목이나 교양에 해당하는 요소가 비중을 차지한다.

육교시사(六橋詩社)는 개항 직후에 결성된 시사 단체로서 북학에서 개화 즉 조선 후기에서 근대로 넘어가는 과정의 다리를 놓는 데 큰 역할을 하였다. 육교시사(六橋詩社)는 청계천 상류인 인왕산의 옥류계(玉流溪)에서 시작된 문화 운동이 청계천을 따라 광교 부근의 육교시사에서 개화운동으로 변화하고 있었다. 이 시기에, 이들 단체는 개화의 필요성을 조정에 올리고 외국 서적을 수입하여 우수성을, 서양의학을 수입 보급하는 데 역할을 한 사회계몽의 단체라 보면 될 것이다. 위에서 이어 내려온 그들의 개혁 의지는 이 단체에서 혁신 세력으로 자리 잡기도 하였다. 대표적인 사람은 강위(姜瑋, 1820~1884)와 오경석(吳慶錫, 1831~1879)이 주축이 되었다.

특히 강위(姜瑋)는 조선 말기의 한학자이면서 개화사상가이며 김택영(金澤榮, 1850~1927), 황현(黃玹, 1855~1910)과 함께 조선 말의 3대 시인으로 불린다. 어린 시절에는 관직을 꿈꾸

며 학문에 전념하다가 과거에 낙방하자 추사 김정희(金正喜, 1786~1856)와 금석문을 함께 연구하였고 그 후에는 방랑 생활을 하다 현실정치에 참여하게 되었다. 그가 당시의 상황을 이렇게 적고 있다("강위(姜瑋)의 삼정책(三政策)", 경향신문, 1995).

> 백성들은 아침 저녁거리도 없으며 나라에서는 1년 저축도 없습니다. 임금은 마음을 졸이고 모든 신하들은 오로지 탄식만 하고 있지 아무 대책이 없습니다. 관아의 관리들은 농간을 부리고 서울의 관료들은 세력을 믿고 날뛰고 시골 양반들은 말을 둘러대고 토호들은 위엄을 부립니다.

그는 이러한 현실을 보고 삼정이정청(三政釐整廳) 설치에 참여하였고 위정척사론, 쇄국정책론(鎖國政策論)을 비판하였다.

그는 또한 당대의 부패를 국가적 위기 상황으로 규정하고 다음과 같이 적고 있다.

> 오늘날 군정(軍政)과 농정(農政)이 문드러져서 위아래가 모두 곤궁하다. 백성은 아침 저녁의 끼니를 이을 수 없고 나라에는 1년의 저축이 없어서 갑작스런 흉년이나 전쟁이 일어난다면 무엇으로 막겠는가?(이이화, 『역사인물 이야기』, 역사비평사, 1989)

또한, 강위(姜瑋)는 고종 7년인 1870년 봄에, 중인, 향리를 포함한 위항문인과 위항시인, 작가 모임인 육교시사(六橋詩社)를 조직하였다. 단체의 명칭이 된 육교는 한성부 청계천 하류로부터 여섯째 다리인 광교를 지칭하는 것으로, 이곳 주위에는 의관(醫官), 역관(譯官), 중인 등의 집단적 거주지가 형성되어 있었다고 한다. 여기에는 중인, 의관, 역관, 서자와 양반, 평민 등 다양한 계층의 문인, 시인들이 참여하였다. 그는 과거의 꿈을 접고 있다가 김홍도가 일본으로 사신으로 가면서 개화파로 지목되어 오늘날의 국토교통부에 해당되는 종9품의 선공감가감역(繕工監假監役, 토목, 영선, 공조에 속하는 벼슬)에 관하여 일을 하는 관직의 벼슬길에 처음 올랐다. 이때의 심정을 다음과 같이 표현했다.

우리 가문이 변(기묘사화)을 맞은 이래 무과에만 응해 왔었는데, 유문의 벼슬자리는 꿈도 꾸지 못했었다. 지극히 감격스럽고 황송하여 눈물이 돌았다(이이화, 『역사인물 이야기』, 역사비평사, 1989).

그에 대한 재미있는 사건이 전해진다. 이 사건은 박광희 역, 『대한제국아 망해라』에서 발췌한 글이다.

친구 집 여종 통정 사건

추금 강위(姜瑋)가 18세 무렵 정건조(鄭健朝, 1823~?)의 집에 함께 글공부할 때였다. 당시 정건조의 집에는 갓 결혼한 열아홉 살 계집종이 하나 있었는데, 아름다운 얼굴과 총명함이 전 시대의 홍랑(洪娘, ?~?, 기생 홍랑)에 견줄 만했다. 강위(姜瑋)는 이를 마음에 두고서 있던 중이었는데, 마침 둘이 눈이 맞아 그녀의 남편이 외출한 밤에 만나기로 서로 약속했다. 강위(姜瑋)는 본래 정건조와 같은 방에서 함께 잤는데, 이날 밤에는 홍랑과 운우(雲雨, 남녀 간의 육체적 관계)의 정을 나누고 슬며시 사랑방으로 돌아왔다. 그리고 이른 아침 변소에 갔는데, 그 집 바깥 변소가 홍랑(洪娘, ?~?, 기생 홍랑)의 방과 붙어있었다. 이때 홍랑의 방 안에서는 홍랑의 어머니가 매섭게 매질해 대는데, 홍랑은 울음소리도 내지 못하고 그 아픔을 견디지 못하여 거의 죽을 지경에 이르렀다.

강위(姜瑋)는 변소에 앉아 까닭을 알 수 없어 답답한 심정으로 귀를 바짝 세우고 방 안의 동정을 살피는데, 그 어미는 언성을 높이지 못하고 거친 매질을 계속하면서 작은 목소리로 딸을 꾸짖었다.

"내가 3대를 이 댁의 종으로 살아왔는데, 어쩌다 너 같은 자식을 낳아 상전 댁을 망하게 할 터이면 너를 먼저 죽이고 내가 따라 죽는 것이 옳다. 속담에 이르기를, 양반댁의 예쁜 종년은 문밖에 정을 통하는 남자가 열둘이요, 문 안에 정을 통하는 남자가 열둘이라 하니, 정(正)히 서방 생각이 나면 문밖, 문 안의 그 많은 불알 달린 놈과 정을 통하면 될 일이지, 그놈들 다 버리고 하필이면 상중에 계신 상전을 유혹하여 상전 댁을 망하게 하는 뜻이 무엇이냐? 이, 무지한 년아! 이 댁이 어떤 가문이더냐? 상제님이 건을 쓰고 행랑채 계집종 방에 외입했다는 일을 남이 알기라도 하면 이 댁은 여지없이 망하는게 아니냐?"

그러자 홍랑이 울면서 대답했다. "죽어도 그런 일 없습니다." 이 말에 더욱 세차게 매질을 하며 그 어미가 말했다. "이년아! 무슨 거짓말로 이 어미를 속이려 드느냐?"며 대노(大怒)하였다. 이 말을 듣고 강위(姜瑋)가 변소에 앉아서 곰곰이 생각해 보니, 야밤에 홍랑을 만나러 갈때에 토시를 끼고 갔다가 더워서 이를 벗어 놓고 빠져나온 것이 떠올랐다.

강위(姜瑋)는 급히 변소에서 나와 행랑채 홍랑의 방으로 들어가 다짜고짜 꿇어 엎드렸다. 그리고 홍랑 어미에게 넙죽 절한 다음 어젯밤 있었던 일을 이야기하고 용서를 빌었다. 홍랑의 어미는 짐짓 성내는 것처럼 하면서도 내심 기뻐하며 말했다.

"그러면 그렇지, 내 딸이 설마하니(⋯) 에이, 여보시오! 글 읽는 선비가 외입하는 수단이 변변치 않소그려. 어서 이 토시나 가지고 가시오."

강위(姜瑋)는 토시를 가지고 슬며시 방으로 들어와 본래 놓였던 자리에 놓으니, 주인 정건조는 그제서야 일어났다.

"정강성(鄭康成)의 계집종이 그 이름을 남길 수 있음은 시경 구절을 주고받는 것에 불과하지만 이 정씨의 계집종에 이르러서는 상전에 대한 충성심이 사랑하는 여자에 대한 사사로운 정을 끊어 없애게 하니, 가히 이 가문의 예의 법도를 충분히 증명하고도 남음이 있다. 나는 이날 이후로 혼외의 여색을 탐하는 일을 단칼에 베어내고 평생 내 스스로를 지켰노라!"

이후로 강위(姜瑋)는 술과 담배는 가까이해도, 평생 축첩이나 외도(外道)를 하지 않았다고 한다.

(박광희 역, 『대한제국아 망해라』, 다산초당, 2010에서 발췌)

그의 저서는 『고환당수초(古歡堂收艸)』, 『의삼정구폐책(擬三政救弊策)』, 『국문자모분해(國文字母分解), 1864』, 『손무자주평(孫武子注評)』, 『경위합벽(經緯合璧)』, 『용학해(庸學解)』, 『북유일기(北游日記)』, 『북유담초(北游談草)』, 『북유속담초(北游續談草)』, 『충효경예주합벽(忠孝經禮註合璧)』, 『동문자모분해(東文字母分解)』, 『의정국문자모문해(擬定國文字母文解)』, 『간독정요(簡牘精要)』, 시집으로는 『고환당시초(古歡堂詩草)』, 『청추각수초(聽秋閣收草)』, 『한사객시선(韓四客詩選), 강위 엮음』, 『육교연음집(六橋聯吟集)』이 있으며 『경위합벽』과 『손무자주』는 등 일부 저서는 끝내 간행하지 못하였다.

이 두 저서는 세론(世論, 여론)에 휩싸여 문집간행에서 제외되었다. 나머지 저서들은 대한제국이 멸망한 이후 그리고 1978년 아세아 문화사에서 『강위전집(姜瑋全集)』을 출판하였다.

시 외의 문학작품으로는 판소리와 잡가 그리고 소설과 가면극이 대표적이다. 판소리는 앞에서 설명하였지만, 19세기 후반에 신재효가 판소리 12마당을 정리하였다. 신재효(申在孝, 1812~1884)는 여자라도 판소리를 할 수 있다고 여겨 진채선 등 여류 명창을 길러냈다. 판소리는 동편제와 서편제로 나누어지는데 이는 지방마다 창법이 다르기 때문이다. 당시까지만 해도 판소리는 기생이나 광대가 아무 계통 없이 불러왔는데, 그는 이를 통일하여 '춘향가', '심청가', '박타령', '가루지기타령', '토끼타령', '적벽가' 등 여섯 마당으로 체계를 세우고 독특한 창의로 판소리 사설 문학을 이루었다. 특히 '춘향전', '박타령', '토끼타령', '심청전' 등을 창극화했다. 그의 작품은 서민적이고 해학적이어서 당시에 인기가 좋았으며 특이한 것은, 1866년 병인양요 당시에 프랑스가 패하자, 전승(戰勝)을 축하하는 노래를 지었는데(강준만, 『인물과사상사』, 2007) 제목이 '괘씸한 서양 되놈'이다. 이 노래는 '무군무부(無君無父) 천주학을 네 나라나 할 것이지'라며 질타하였고 남은 목숨 도생(圖生, 살기를 도모함)을 하려고 바삐 도망친다며 조롱하였다(강준만, 『인물과사상사』, 2007. 임헌영, 리영희, 『한국 현대사 산책』, 한길사, 2006).

이 외에도 속되고 잡스러운 잡가(雜歌)는 조선 말기에 평민들이 지어 부르던 노래로서 정악(正樂) 이외의 노래를 말한다. 정가(正歌, 가곡, 가사, 시조악을 정가로 인정)는 조선 후기 풍류방, 양반, 중인들이 부르던 지배층의 음악을 말한다. 대표적인 잡가로는 '새타령', '육자배기', '사랑가', '수심가' 등이 있다. 여기에서 새 타령의 일부를 소개하고자 한다.

새가 날아든다 왼갖 잡새가 날아든다
새 중에는 봉황새 만수문전의 풍년새
산고곡심(山高谷深) 무인처(無人處, 인적이 없는 곳)
춘림비조(春林飛鳥, 봄숲에 날아드는 새) 뭇새들이
농춘화답(弄春話答, 봄놀이)에 짝을 지어
쌍거 쌍거래(雙去來, 둘로 함께 오고가며) 날아든다
저 쑥꾹새가 울음운다 울어~
울어 울어 울음운다
이 산으로 가면 쑥꾹쑥꾹
저 산으로 가면 쑥쑥꾹쑥꾹
어허 어히 어허 어허 어허 어허어어어어허
좌우로 다녀 울음 운다

이 부분은 새타령에서 가장 유명한 대목이다. 화창한 날에 모여서 노니는 온갖 새의 모습이나 울음소리를 표현하였다. 통절 형식이나 대개는 두 장단이 한 가락을 이루며, 장단은 '중중모리'이다. '비조가(飛鳥歌)'라고도 한다.

19세기에 이르러 탈을 쓰고 하는 연극의 일종으로서 가면극이 더욱 성행하였다. 가면

극에는 함경도 지역의 북청춤, 강령탈춤, 안동지방의 하회탈춤, 봉산탈춤, 통영의 오광대놀이, 양주의 별산대놀이가 유명하고 오늘날까지 전해져 오고 있다. 우리나라의 가면극은 문헌상으로는 『삼국사기』에 전하는 최치원의 「향악잡영(鄕樂雜詠)」 5수에 나타나 있는 오기(五伎, 金丸, 月顚, 大面, 束毒, 狻)가 처음이다. 그 이전에도 신라에는 극적 요소가 다분히 있는 무검무(無劍舞), 처용무(處龍舞), 無, 舞 등 가면희가 존재하였으므로 이미 신라 시대의 가면극은 상당히 발달하였던 것으로 추측된다. 이와 함께 고구려의 무악(舞樂), 백제의 기악(伎樂) 등에서 보는 바와 같이 대륙 전래의 산악백희(散樂百戲)가 향악화(鄕樂化)되었다 (박문용, "조선 후기 탈춤의 생성 배경과 예능적 특성 연구", 중앙대학교, 2002).

이 시기에는 우리나라 최초의 소설인 『홍길동전』 이외에도 대중소설로서는 『베비장전』, 『채봉감별곡』, 효제충신의 내용을 180권에 걸쳐 풀어낸 『완월회맹연(玩月會盟宴)』도 매우 유명하다.

『베비장전』의 줄거리는 다음과 같다.

한양에 살던 김경(金卿)이 제주 목사에 제수되자, 서강에 사는 배선달을 불러 예방(禮房)의 소임을 맡긴다. 사또 일행은 제주도로 가는 배 위에서 술을 마시며 즐기다가 태풍을 만나 위험에 처하지만, 다행히 용왕에게 제사를 지내 무사히 목적지에 도착한다. 이때 마침 배에서 내린 배비장은 정비장과 기생 애랑이 이별하는 장면을 목격하게 된다. 애랑은 갖은 아양과 애교를 부리며 정비장이 가진 재물을 모두 빼앗고, 입고 있던 의복을 벗겨낸다. 정비장은 자신의 보검을 내어주고, 앞니까지 뽑아서 애랑에게 준다. 모든 광경을 지켜본 배비장은 정비장을 조롱하면서, 자신은 결코 여색을 가까이하는 일이 없을 것이라 호언장담한다. 이에 방자는 배비장에게 내기를 제안한다. 사또를 비롯한 다른 무리들이 기생과 함께 즐길 때에, 배비장은 도덕군자를 자처하며 도도하게 군다. 그러자 배비장을 곯려 주리라 작정한 제주 목사 김경이 배비장을 훼절시킬 기생을 찾고, 애랑이 이 일에 자원한다.

아무것도 눈치채지 못하고 목사 및 다른 비장들과 함께 한라산 놀이를 떠난 배비장은 기생 애랑이 목욕하는 모습을 보고 한눈에 반해버린다. 애랑의 자태를 잊지 못해 상사병이 날 지경에 이른 배비장은 방자를 시켜 자신의 마음을 담은 서신을 그녀에게 전달한다. 방자는 서신을 애랑에게 전달하고, 애랑의 허락을 받은 배비장은 한밤중에 개가죽 두루마기에 노벙거지를 쓰고 담 아래 구멍을 통해 애랑의 집으로 들어간다. 애랑의 유혹에 완전히 넘어간 배비장은 그녀와 함께 운우의 정을 나눈다. 이때 갑자기 바깥에서 고함치는 소리가 들리고, 애랑은 배비장에게 자신의 남편이 왔다고 이야기한다.

하지만 고함 소리의 실제 주인공은 방자이다. 몸을 숨길 곳을 찾던 배비장은 애랑의 말에 따라 자루 속으로 들어가고, 자루 속에 든 물건이 무엇인지 묻는 방자의 물음에 애랑은 거문고라고 답한다. 방자가 자루 이곳저곳을 손가락으로 퉁기자 배비장은 거문고 소리까지 내며 벌벌 떤다. 잠시 방자가 자리를 비운 사이, 배비장은 자루 밖으로 나와 다시 애랑의 권유대로 피나무 궤 속에 숨는다. 그러자 애랑의 남편으로 가장한 방자가 들어와 자신의 꿈에 백발노인이 나와 궤를 불사르라 했다고 말한다. 애랑은 그럴 수 없다며 만류하는 체하고, 방자는 궤를 공평하게 나누자며 톱질을 시작한다. 그러자 배비장은 궤 속에서 업궤신 흉내를 내며 이 궤를 계집에게 주라고 소리친다. 이에 방자는 궤를 강물에 버리겠다고 큰 소리로 이야기한 뒤, 궤를 짊어다 동헌 마당에 내려둔다. 배비장은 이리저리 흔들리는 궤 안에서 바다에 당도했다고 생각하고, 지나가는 어부에게 살려달라고 구원을 요청한다. 드디어 배비장이 헤엄을 치면서 궤 밖으로 나와 보니 그곳은 다름 아닌 관청 마당이었고, 목사와 육방관속, 기생들이 둘러서서 자신을 비웃고 있었다(전경욱, 『배비장전』, 한국전토연희사전, 2014에서 발췌).

원래 『배비장전』은 판소리로 향유되다가 소설로 각색된 판소리계 소설이다. 따라서 소설 중간중간에 풍자와 해학이 넘쳐나고 양반들의 위선적인 모습을 폭로하고 비판하는 내용을 담고 있다.

'한양가'는 서울의 아름다움을 노래하였고, 농촌의 세시풍속을 노래한 '농가월령가', '연행가'와 같은 규방가사는 사대부 부녀자들에게 인기가 좋았다. 조선 시대에 유행했던 '가사'라는 갈래는 산문과 운문의 특징을 동시에 가지고 있는 독특한 장르이다. 가사가 쓰이기 시작한 초반에는 주로 양반들이 유교적 가치관이나 자연 친화적인 내용을 써서, 주제가 한정적이다가 조선 후기가 들어서면서, 작자 층이 확산이 되자 주제 또한 다양해지기 시작했다.

대표적인 가사 중의 하나인 '농가월령가(農家月令歌)'는 작자 미상인 월령체 가사로서 13장으로 구성되어 있다. '월령체'는 1월부터 12월까지 시간의 흐름에 따라 각 연을 부르는 시가 양식이다. 이는 우리말로 된 노래로서 농업기술을 보급하기 위해 만든 작품으로 볼 수 있으며 우리의 생활 태도와 습관 등 사료로서 큰 가치가 있다. 위에서 작자 미상으로 표기하였지만, 조선 헌종 때 정학유(丁學游, 1786~1855)가 지었다는 설과 광해군 때 고상안(高尙顔, 1553~1623)이 지었다는 설이 있다. '농가월령가(農家月令歌)'는 양반의 무학이면서 농민에 대한 애정이 담겨있는 가사이다. 따라서 서민 생활의 내용이 담겨있다.

'한양가(漢陽歌)'는 19세기 풍물(風物, 경치, 한 지방이나 계절 특유의 구경거리나 산물) 가사로서 한양의 문화 풍속을 노래하였다. 문학성이 다소 떨어지더라도 당시의 생활 풍속을 알 수 있어서 사료적 가치가 높다.

규방가사(閨房歌詞)는 조선 시대에, 부녀자가 짓거나 읊은 가사 작품을 통틀어 이르는 말이다. 영남 지방에서 널리 유행하였으며, 주로 시집에서 지켜야 할 몸가짐과 예절 따위를 내용으로 한 것으로 '계녀가(誡女歌)', '춘유가(春遊歌)' 등이 있다. 따라서 이러한 가사를 내방가사(內房歌辭)라고도 한다. 대표적인 규방가사(閨房歌詞)는 '원부가(怨婦歌)', '화전가(花煎歌)', '교훈가(敎訓歌)'가 있는데, '원부가(怨婦歌)'는 허난설헌(許蘭雪軒, 1563~1589)이 지은 것이고 '화전가(花煎歌)'는 작자나 연대를 알 수 없고 '교훈가(敎訓歌)'는 조선 후기의 교훈 가사로서 아녀자들의 유교적 교화를 목적으로 쓴 글이다. 조선 철종 12년(1861)에 최제우(崔濟愚, 1824~1864)가 지어서 자녀와 조카들에게 교훈하는 형식을 빌려 도인들에게 수도를 올바르게 하도록 지었고 그의 저서 『용담유사(龍潭遺詞)』에 담겨있다. 이 저서는 서민, 부녀자들의 교리 대중화를 위해 한글 가사체로 기록하였다.

'계녀가(誡女歌)'는 조선 시대의 규방가사(閨房歌詞)로 시집가는 딸에게 어머니가 예의범절에 관하여 훈계하는 내용으로 영남 지방에 전한다. 그 전형적인 것을 기술되는 차례에 따라 열거해 보면, ① 서사(序詞), ② 사구고(事舅姑: 시부모를 섬김), ③ 사군자(事君子: 남편을 섬김), ④ 목친척(睦親戚: 친척과 화목함), ⑤ 봉제사(奉祭祀: 제사를 받듦), ⑥ 접빈객(接賓客: 손님을 대접함), ⑦ 태교(胎敎), ⑧ 육아(育兒), ⑨ 어노비(御奴婢: 종들을 다스림), ⑩ 치산(治産), ⑪ 출입(出入), ⑫ 항심(恒心: 평소의 마음가짐), ⑬ 결사(結詞)와 같은 13개의 항목으로 구성되어 있다. 물론 작품들이 다 이렇게 구성되는 것은 아니다. 작품에 따라 한두 개의 항목이 빠지거나 더 첨가되기도 하며 순차가 바뀌기도 한다.

내방가사(內房歌辭)는 여성이 주로 작성하고 읽었지만, 간혹 남성이 짓기도 했다. 예컨대 자녀를 시집보낼 때 부인이 세상을 떠나 없다면 남성이 작성해서 딸에게 건넸다. 이러한 내방가사(內房歌辭, 조선 시대 내방의 규수 작가들이 지은 가사 문학)는 대개 예의범절을 훈계하는 '계녀가(誡女歌)'에 속한다.

'춘유가(春遊歌)'는 조선 시대의 규방가사(閨房歌詞)로서 시집살이하는 부녀자들이 봄놀이하면서 친정 생각의 간절함을 읊은 노래로 작가와 연대는 알 수 없다. 이 가사는 기일(其

一), 기이(其二)가 있다. 형식은 4음보 1행을 기준으로 기일(其一)은 모두 44행이며, 기이(其二)는 91행으로 국, 한문 혼용 표기로 되어 있다. 경상북도 칠곡군 인동(仁同) 출신 장현광(張顯光)을 모신 동락서원(同洛書院)을 중심으로 일가 부녀들이 춘유(春遊)를 즐기며 부르던 노래였다. 또한 '기이(其二)'는 달성 지방에 전하는 것이 있으나, 두 작품 모두 그 내용과 수법이 비슷한 것으로 보아 같은 해에 지어진 한 사람의 작품이 아닌가 하는 생각이다.

작품을 살펴보면 '기일(其一)'은 시집살이에 골몰하던 색시가 오래간만에 기회를 얻어 친정에 돌아와 자유스러운 몸으로 처녀 시절 다정하게 지냈던 벗들과 옛정을 나누며 춘흥을 즐긴다는 내용이고, '기이(其二)'는 시집와서 규중에 묻혀 시집살이하던 새색시가 꽃 피고 새가 우는 춘삼월에 겨우 시부모의 허락을 받고 가군(家君)의 눈치를 보며 이곳저곳 벗을 불러 봄놀이를 가 춘흥을 즐기지만, 하늘 저 멀리 계실 친정 부모 생각에 시름겨워한다는 내용이다. 두 작품의 가사는 모두가 춘유(春遊, 봄철의 정취를 느끼며 노는 것), 춘흥(春興, 봄철에 일어나는 흥과 운치)을 주제로 한 가사로서, 옛 우리 부녀자들의 정감이 곡진(曲盡)하게 표출된 고아(古雅)한 가사 작품이다(김성배 외, 정익섭 (편), 『주해가사문학전집』, 정연사, 1961, 『한국민족문화대백과사전』에서 발췌).

이 시기에는 천민 집단으로 이루어진 음악가들이 있는데 이것이 사당패(牌)이다. 사당이란 사당의 무리 즉, 돌아다니며 노래와 춤, 잡기(雜技) 따위를 팔았던 유랑극단의 하나라 볼 수 있다. 사당패는 노비, 백정, 기생, 승려, 광대와 같은 가장 신분이 낮은 계층 중의 하나이다. 우리가 흔히 "상것 같으니"에서 상것은 천민 집단이 아니라 일반 백성을 말하는 것으로 상민을 칭한다. 이보다 더 낮은 계급이 천민이다.

우리나라의 신분제도에 대해 살펴보자면, 고조선의 '팔조금법(八條禁法)'에서 처음 등장한다. 여기에서 "남의 물건을 훔친 사람은 노비로 삼는다."라는 대목에서 노비에 대하여 언급하고 있다. 남사당패는 노비와 같은 신분 집단으로 사당패 또한, 천민 집단이다.

남사당패는 남자로만 이루어진 무리였지만 1900년대 이후에는 여자도 끼게 되었다. 당시에 남사당패는 일반 사람들에게는 오락적인 면에서는 많은 인기가 있었으나 신분적으로 외면받는 집단으로 광대와는 다른 이미지이다. 즉 광대는 가면극이나 줄타기하는 곡예(曲藝) 집단이었으나 사당패는 유럽의 집시처럼 전국을 떠돌면서 연예 활동을 하는 집단이라 할 수 있다. 원래 이들은 삼국시대로부터 내려오는 향도, 두레의 전통으로 이어진 단체였으나 상업적 활동을 하는 것으로는 차이가 있다. 특히 향도는 마을의 노동력이 동원될 때 주도적인 역할을 하였으며, 상장례 등 의례를 행하는 조직으로 마을의 공동체 조직을 말했다.

그림으로는 서울의 궁궐 등을 세련되고 화려하게 그린 작품들이 나타나기 시작했다. 그 대표적인 작품이 지금 고려대학교 박물관에 소장이 되어 있는 '동궐도(東闕圖)'라는 작품이다. 이 작품은 도화서 화원들이 그린 그림으로서 창덕궁과 창경궁 그리고 후원을 담았다. 고려대에 소장된 것은 화첩 형태로 국보 249-1호, 동아대에 보관된 것은 병풍 형태로 국보 249-2호로 1995년에 지정되었다.

'동궐도(東闕圖)'는 궁궐과 전각 그리고 배경의 산수들이 전통적인 방법과 서양화의 기법을 가미하여 그린 기록화로서 정확하고 정밀하게 궁궐과 한양의 모습을 담았다. 이 작품은 궁궐의 전경을 높은 곳에서 아래로 내려다보는 시각상(視覺象)을 표현한 것으로 심원법(深遠法)을 적용하였다.

우리나라 전통 산수화의 기본 구도는 세 가지가 있다. 이를 삼원법(三遠法)이라고 한다. 평원법(平遠法)은 눈높이를 화면의 중앙에 두고 자연스럽게 앞을 바라본 구도이다. 고원법(高遠法)은 눈높이를 화면의 아래에 두고 산 밑에서 정상을 올려다보는 구도이다. 마지막으로 앞서 언급한, 위에서 아래를 내려다보는 심원법(深遠法)이 있다.

또한, 이 당시에 '서궐도(西闕圖)'라는 작품은 동궐도(東闕圖)와는 달리 묵화(墨畫, 먹으로 그린 그림, 동양화)로 경희궁을 그렸으며 부감법(俯瞰法)을 적용하였다. '북궐도(北闕圖)'는 경복궁을 그렸으며 일제 침략기에 허물어진 경복궁을 복원하는 데 큰 도움이 되고 있다.

당시의 유명한 화가 중에는 신위(申緯, 1769~1845, 자는 漢叟, 호는 紫霞)와 김정희(金正喜, 1786~1856), 장승업(張承業, 1843~1897) 등이 있다. 특히 신위(申緯)는 그림뿐만 아니라 시와 글씨에서 두각을 남겼다. 그는 시에서 한국적인 특징을 찾으려고 노력하였고 특히, 사라져가는 악부(樂府)를 보존하려 했는데, 한역한 『소악부(小樂府)』와 시사평(詩史評)을 한 『동인논시(東人論詩)』 35수, 우리나라의 관우희(觀優戱)를 읊은 '관극시(觀劇詩)' 등이 있다.

신위(申緯)의 시를 가리켜, 김택영(金澤榮)은 시사적(詩史的)인 위치로 볼 때 500년 이래 대가라고 칭송하였다. 이러한 신위(申緯)의 영향은 강위(姜偉), 황현(黃玹), 이건창(李建昌), 김택영(金澤榮, 1850~1927)에 이어져 우리나라 한문학을 마무리하는 구실을 하였다.

또한, 그림에 있어서 산수화와 함께 묵죽(墨竹, 먹으로 그린 대나무)에 능하여, 이정(李霆), 유덕장(柳德章)과 함께 조선 시대 3대 묵죽(墨竹) 화가(畫家)로 손꼽힌다. 강세황(姜世晃)에게서 묵죽(墨竹, 먹으로 그린 대나무)를 익히고 남종화(南宗畫)의 기법을 이어받아 조선 후기 남종화의 꽃을 피웠다. 신위의 묵죽(墨竹) 화풍(畫風)은 아들 신명준(申命準), 신명연(申命衍)을 비롯하여, 조희룡(趙熙龍) 등 추사파(秋史派) 화가들에게까지 영향을 미쳤다.

김정희는 1844년 제주도 유배 시절에 수묵(水墨)으로 '세한도(歲寒圖)'를 그려서 제자처럼 아끼던 역관 이상적(李尙迪, 1804~1865)에게 주었다. 이상적은 '세한도'를 청나라로 가지고 가서 추사의 옛 친구를 비롯한 명사들의 글을 그림에 이어 붙였다. 세한도는 이씨 문중(門中)에서 떠난 후 130여 년 동안 떠돌다가 1930년대 중엽에 일본인 경성제대 교수 후지쓰카 지카시(藤塚鄰, 1879~1948)에게 들어갔다. 후지쓰카는 일제 말엽에 세한도와 함께 일본에 건너갔는데 서예가 소전 손재형(1902~1981)에게 무상으로 기증(寄贈)해 세한도는 국내에 돌아오게 되었다. 국립중앙박물관에 기탁하여 전시하여 오다가 현재는 소유주로부터 완전히 기증받아 국가에서 소유하고 있으며 국보 180호로 지정되었다. '세한도(歲寒圖)'라는 이름은 그의 그림 발문(跋文)에서 잘 나타나 있다.

歲寒然後知 松栢之後凋(세한연후지 송백지후조) 한겨울 추운 날씨가 되어서야 소나무 측백나무가 시들지 않음을 비로소 알 수 있다.
지금 그대가 나를 대하는 것을 보면, 내가 곤경을 겪기 전에 더 잘 대해 주지도 않았고 곤경에 처한 후에 더 소홀히 대해주지도 않았다. 그러나 나의 곤경 이전의 그대는 칭찬할 만한 것이 없겠지만, 나의 곤경 이후의 그대는 역시 성인으로부터 칭찬을 들을 만하지 않겠는가? 성인께서 유달리 칭찬하신 것은 단지 엄동을 겪고도 꿋꿋이 푸르름을 지키는 송백의 굳은 절조만을 위함이 아니다. 역시 엄동을 겪은 때와 같은 인간의 어떤 역경을 보시고 느끼신 바가 있어서이다.
김정희. "세한도 발문(歲寒圖 跋文)" 中

'세한도(歲寒圖)'는 『논어』 자한편에서 따온 말로 사람은 고난을 겪을 때라야 비로소 그 지조의 일관성이나 인격의 고귀함 등이 드러날 수 있다는 뜻이다. 추사는 시절이 좋을 때나 고난과 핍박을 받을 때나 한결같이 인격과 지조를 지켜야 한다고 다짐하였고 이를 그림으로 표현하였다.

歲寒然後知 松栢之後凋(세한연후지 송백지후조) 한겨울 추운 날씨가 되어서야 소나무 측백나무가 시들지 않음을 비로소 알 수 있다(『논어』 자한편).

세한도는 청나라에서도 많은 호평을 받았다. 특히 장악진, 조진조를 비롯한 여러 사람에게 제찬(題讚, 감상평)을 받았을 만큼 '세한도(歲寒圖)'와 김정희의 명성은 높았다. 이 그림에 대한 제찬으로는

추사라는 이름 일찍 들어는 보았으나 아쉽도다.
한 번도 만나지 못했네.
우여곡절 끝에 가시에 상처를 입고,
몸은 곤궁하나 도는 변함이 없네.
푸르름이 동심(冬心)을 품고,
꿋꿋이 서리와 눈에 굽히지 않네.
서로 만날 수 있을지 알 수 없어 먼저 이 시로 인사하노라.
청의 문인, 조무견의 제찬(『백과사전』).

19세기 한양에서는 권력의 사유화로 인한 세도정치로 부정부패가 심각하게 대두되었고 지방에서는 수령과 신흥세력인 향리층이 결탁하여 농민들에게 과도한 세금을 부과하면서 갈 곳을 잃은 백성들은 살길을 찾아 투쟁하거나 혹은 세금을 내지 못해 고향을 버리고 도피하는 현상이 일어났다.

이 때문에 농민층이 와해(瓦解)되고 사회변동이 더욱 가속화가 되었다. 농민들은 수탈을 피해 지대를 거부하거나 도피하거나 와언(訛言, 訛說, 그릇된 말), 괘서(掛書, 이름을 숨기고 글을 적는 것), 격쟁(擊錚, 징이나 꽹과리를 치면서 하소연하는 것) 등을 통해 초기에는 소극적으로 대응하였으나 해결되지 않자, 무력투쟁의 길로 가게 되었다. 이를 농민 항쟁이라고 부르는 데 대표적인 것이 홍경래 난이었다. 이러한 난을 통해 19세기는 사회변동이 일어나

기 시작하였다.

　이러한 영향으로 결국은 신분제가 붕괴가 되면서 양반층이 주도한 모든 분야에서 새로운 문화인 서민 문화가 등장하였다. 예를 들면 소설, 시, 탈춤, 판소리, 회화, 인형극 등을 통하여 사회를 비판하거나 그들의 목소리를 내기 시작하였다. 결국, 민중 의식의 발로는 조선이 근대화로 가기 위한 과도기라 볼 수 있는 시기이다.

자랑스러운 우리의 역사

제8장

조선 후기 세계 열강의
각축과 개혁운동

자랑스러운 우리의 역사

조선 후기 세계 열강의 각축과 개혁운동

1. 조선 후기 국제정세 변화의 조짐

조선 후기는 일부의 권문세가들이 왕실과 친·인척 관계를 맺으면서 정치를 사유화하여 세도정치기(勢道政治期)라고 한다. 특히 철종(哲宗, 1831~1863)이 승하한 뒤 왕위를 물려줄 마땅한 세자가 없자 신정 황후(익종의 妃)는 철종의 6촌인 이하응(李昰應, 1820~1898)의 둘째 아들을 양자로 들어와 왕위를 물려주었다. 그가 바로 고종이다. 고종의 아버지인 이하응을 흔히 대원군(大院君)이라 부르고 있다.

이 시기의 동아시아의 정세는 청나라의 주도로부터 큰 변화가 일어났다. 동아시아의 맹주국 청나라는 아편전쟁에서 영국에게 패하고 서서히 제국주의의 희생양이 되기 시작하였다.

당시 영국 및 서유럽의 국가들은 산업혁명 이후 무력을 동원하여 아시아, 아프리카 국가들을 군사, 경제력을 동원하여 식민지로 삼거나, 불평등 조약을 맺으면서 시장개척과 원료를 확보에 주력하였다. 이때 동아시아에서 서구 세력들이 청나라에 관심을 가지기 시작하였고 결국은 이로써 동아시아에 급격한 변화의 조짐이 있었다. 즉 가장 이에 앞장섰던 영국은 청나라와 교역하기 위하여 노력하였으나 청나라가 거부하자 아편을 인도에서 만들어 청나라에 밀수출하였다. 이에 격분한 청나라와 영국이 일으킨 전쟁이 1차 아편전쟁이다.

영국과 청나라의 충돌은 동양의 강자와 서양의 강자가 처음으로 대립하여 일어난 전쟁이었고 그 발단은 '차(茶)'가 주된 이유이다. 당시 영국은 동양에서 들여온 차의 인기가 아주 높았는데 차의 수요로 인하여 엄청난 무역적자가 생겼다. 영국은 이를 해소하기 위하여 청나라에 광저우 항 이외의 개방할 것을 요구하였으나 이를 거부 당했다. 당시에 중국은 화이사상에 젖어 있어 타국민들을 오랑캐로 보았다. 영국은 이를 해결하기 위해서 '아편'을 이용하였다. 엄청난 양의 아편이 수입된 청나라는 나이, 성별을 불문하고 많은 사람이 아편에 취하고 말았다. 아편에 중독된 청나라 사람들은 극심한 환각과 무기력에 빠지고 점점 피폐해졌다. 아편이 청나라를 잠식할 동안 청나라 내부에서는 지방관리 및 상인들이 뇌물을 받고 아편 수입을 모른 체 했다.

그때 청나라의 '임칙서(1785년 8월 30일 ~ 1850년 11월 22일, 중국 청나라 말기의 정치가)'는 아편에 대한 국가의 제재를 주장했다. 청나라 황제는 임칙서를 광저우로 보내 아편 규제를 시작하였다. 서양 상인들을 구금하고 압수한 아편을 바다에 버리고 불태우는 등 강력한 규제를 펼쳤다. 영국과 청나라 간의 무역 갈등이 점점 고조되던 가운데, 영국 선원이 청나라 사람을 살해하는 사건이 발생하기도 하였다. 영국 정부는 중국 무역을 안정된 기초 위에 두는 데 필요한 조건의 획득이라는 명분을 내걸고 20척의 함선과 4,000여 명의 원정군을 파견하고 중국에 선전포고하면서 아편전쟁이 일어났다.

앞서 언급한 듯이 중국은 이 전쟁에서 패하였고 그 결과로 1842년 난징조약(南京條約)을 맺고 상하이 등 5개 항을 개방했으며 홍콩이 영국으로 넘어가게 되었다. 난징조약의 내용은 아래와 같다.

대영제국 여왕 폐하와 중국 황제 폐하께서는 두 나라 사이에 빚어진 오해와 그에 따른 적대행위에 종지부를 찍고자, 조약을 맺기로 합의하셨다. 이들 전권 대사들은, 서로 완전한 권한에 입각한 의사소통을 하고, 적절하고 절차에 맞는 형태로, 다음과 같은 조항에 합의했다.

제1조. 영국과 청나라는 앞으로 영구히 평화와 우정을 누린다.
제2조. 청은 광저우 외에 샤먼(아모이), 푸저우, 닝보, 상하이를 개항한다.

제3조. 청은 영국의 편의를 위해 홍콩섬을 제공하고, 홍콩섬은 영국의 법률에 따라 통치된다.
제4조. 청은 1839년에 몰수했던 아편의 대금과 이후 영국인들에게 가한 위협의 위자료로 6백만 달러를 배상한다.
제5조. 청은 공행(公行)을 폐지하고, 공행의 채무금 3백만 달러를 지불한다.
제6조. 청은 전쟁 배상금으로 1,200만 달러를 지불한다.
제7조. 청은 이상의 총 2,100만 달러 중 6백만 달러는 즉시, 6백만 달러는 1843년까지, 5백만 달러는 1844년까지, 4백만 달러는 1845년까지 지불한다.
제8조. 청은 현재 중국 전역에 감금 중인 모든 영국인을 무조건 석방한다.
제9조. 청은 영국에 협조한 모든 중국인은 일체 처벌하지 않는다.
제10조. 청은 개항한 5개 항에서 영국인들이 자유롭고 안전하게 생활하도록 보장하며, 공정하고 적절한 관세를 설정한다.
제11조. 영국과 청의 고위 관료들은 해당되는 직급에 맞게 대등하게 교류한다.
제12조. 이 조약 내용을 청국 황제가 승인하고, 최초의 배상금이 지불되는 즉시, 영국군은 난징과 대운하 지역에서 철수한다. 단, 고랑서(鼓浪嶼)와 주산(舟山) 열도의 주둔군은 조약 내용이 모두 이행될 때까지 주둔한다.
제13조. 이 조약문의 원본을 각자의 수도로 가져가 비준하고 교환하며, 그 사이에 그 복사본은 원본과 같은 효과를 갖는다.

이 조약은 1843년 6월 26일에 발효되면서 영국은 홍콩섬을 차지하게 되고 중국은 문호를 강제로 개방하고 서구 열강들의 반식민지로 전락하게 된다.

2차 아편전쟁은 1856년 청나라 관리가 애로호 해적을 체포한 것이 시초가 되었다. 영국은 애로호의 선장이 자국민임을 빌미로 프랑스와 연합하여 다시 중국을 침범하였다. 영국은 진짜 속셈은 무역적자를 만회하려는 것이었다. 1858년에 청나라는 이번에도 패배하였고 영국과 천진조약(天津條約, 혹은 톈진 조약)을 맺었다. 영국은 이를 통해 아편을 공식적으로 들여가게 되고 무역항을 추가 개방할 것을 요구하면서 중국은 근대화로 접어들게 되었다. 이 조약은 미국, 프랑스, 영국, 러시아와 맺은 조약으로서 주요 내용은 다음과 같다.

1. 전쟁 비용을 배상할 것.
2. 외교관을 베이징에 주재시킬 것.
3. 외국인의 중국 여행과 무역을 자유롭게 보장할 것.

4. 종교 포교의 자유와 선교사 보호를 할 것.
5. 잉커우, 즈푸(산둥반도, 현 옌타이 구 덩저우), 전장(장강 연안), 난징(장강 연안), 주장(장강 연안), 한커우(장강 연안), 단수이(타이완), 타이난(타이완), 차오저우(광둥성 동부, 이후 산터우로 변경), 충저우(하이난 섬) 등 10개의 항구를 개방할 것(『백과사전』).

일본 역시도 서구 열강의 침략을 피해 갈 수는 없었다. 미국의 압력에 1858년 미일 수호통상조약을 맺으면서 문호를 개방하였고 이어 1868년 메이지 유신(明治維新)을 단행하여 서양 세력에 대항하기 위하여 강력한 천황(天皇)을 중심으로 부국강병 정책을 시행하였다. 메이지 유신(明治維新, 메이지이신)은 막번 체제(幕藩體制, 에도 시대의 무사 계급에 의해 조직된 지배 체제)가 해체되고 왕정복고를 통한 중앙 통일 권력의 확립에 이르는 광범위한 변혁 과정을 총칭한다(도쿄대 교양학부, 『일본사 개설』, 지영사, 1998). 메이지 유신은 학문상 명칭이며, 당시 고잇신(御一新) 등으로 불렸다(이에나가 사부로 외, 『신 일본사』, 문원각, 1996).

청나라와 일본은 서구 열강들과 조약을 맺으면서 근대화로 진입하였으나 이 조약은 불평등한 조약으로 치외법권이 포함되었다. 이러한 점으로 보면 세계질서는 서양 중심으로 재편되고 강제 편입되었다. 따라서 동아시아 3국은 '개화 = 문명 = 서구, 미개 = 야만'이라는 서구 열강의 제국주의 논리를 따라 근대화 = 서구화를 위한 큰 변화를 겪기 시작했다(송찬섭, 2016). 따라서 중국은 제국주의 침략을 극복하고 근대국가로 지향하고자 하는 운동으로 양무운동(洋務運動)을 벌였다. 양무운동이란 청나라 말기에 관료들에 의해서 이루어졌던 군사 중심의 근대화 운동으로 서양 문물을 받아들여 안으로는 봉건적 모순을 타파하고 밖으로는 부국강병을 이루려 하였던 자강운동(自强運動)이라 하겠다. 즉 서양의 문물과 기술, 성과를 받아들인다는 뜻을 내포한다.

일본 역시, 문호 개방 이후 '화혼양재론(和魂洋才論)'을 주장하였다. 즉 일본의 전통적인 정신을, 양재란 서양의 기술을 뜻하는데 '일본의 자국 것은 혼(魂)이고 서양 것은 재(才)로 삼는다'라고 하는 근대화로 가려고 하는 '모토(motto)'라 할 수 있다. 이는 정신적으로는 일본의 주체성과 우월성을 찾아내려 하였고, 기술적인 면에서는 서양의 문물을 받아들여야 한다는 것이다.

조선은 1876년 강화도 조약으로 동아시아에서 가장 늦게 문호를 개방하였다. '동도서기론(東道西器論)'에 영향을 받아 중국과 일본과 마찬가지로 근대적 국가로 나아가고자 하였다. 동도서기론(東道西器論)은 '화혼양재론(和魂洋才論)'과 마찬가지로 서양의 과학기술을 받아들여 부국강병을 이루고 정신적으로는 전통 윤리와 도덕을 중시하는 개화 정책을 말한다.

이러한 상황이 전개되던 당시의 조선은 세도 정권으로 인한 왕권의 약화와 관료들의 수탈에 농민전쟁이 끊임없이 일어나 사회가 혼란하였다. 철종이 승하하고 12살에 불과한 고종이 등극하자 흥선대원군(이하응, 李昰應, 1820~1898)이 정권을 잡아 쇄국 정책(鎖國政策⇔開放政策)을 동시에 이를 왕권 강화를 위한 정책으로 추진했다.

안동 김씨 세도하에서 이씨 왕조의 몰락과 백성의 고통을 경험한 대원군은 실권(實權)하자마자 종친부(宗親府)를 부흥하여 정치 세력화를 이루고 새로운 사회개혁의 주체인 상인, 부농층 및 수공업자들을 중심으로 정치, 사회개혁을 이루고자 하였다. 다시 말하면 그가 겪었던 세도정치의 피폐를 없애고 새로운 부강한 나라를 만들고자 하는 개혁 정치를 열망하였다.

그의 개혁은 첫째는 문치주의의 말폐(末弊)를, 즉 세도 정치가들을 몰아내고 무신들과 권력에서 소외되었던 남인과 북인을 등용하여 조선을 부흥하고자 하였다.

둘째는 서원을 철폐하기 시작하였다. 서원은 세도가들을 양성하는 소굴로 국가를 위해서는 백해무익(百害無益)하다는 것이다. 즉 그들은 서원을 통해 당리당략(黨利黨略)만을 일삼고 경제적 군사적 측면에서는 면세와 면역의 특권이 있어 오히려 국가재정을 축내고 있다는 것이다. 따라서 대원군은 사액(賜額)되지 않은 서원 1,000여 개를 없애고 납세의 의무를 지도록 하였으며 고종 8년(1871)에는 서원 47여 개만을 남기고 모두 철폐하기에 이르게 되었다.

셋째는 삼정의 문란을 바로잡는 일이다. 대원군은 국가의 재정과 부세 제도를 균등을 위해서 양전사업(量田事業)을 실시하였다. 양전사업(量田事業)은 일종의 토지조사사업 및 제도를 말하며 조세 수입원을 집계하기 위해서 20년마다 실시하였다. 이를 통해 토지의 소유권을 명시한 문서, 오늘날 토지문서인 지계(地契)를 발급하여 농지의 크기, 규모 등을 정확하게 파악함으로써 국가재정을 확보하는 것이 목적이었다. 또한, 환곡제를 폐지하고 평민에게만 부과되던 군포를 동포(洞布)로 전환하여 양반에게도 징수하여 삼정의 문란을 바로 잡고자 하였다.

그러나 대원군은 경복궁 중건에 드는 재원을 마련하기 위해 원납전(願納錢, 스스로 원하여 바치는 돈)이라는 기부금을 걷고 잦은 인력 동원으로 백성들의 원망을 샀다. 그리고 당백전(當百錢)이라는 화폐를 발행하다 중단된 이후에는 청전(淸錢)을 수입하여 유통하고 강화도를 방비하기 위한 심도포량미(沁都砲糧米, 특별세)를 거두는 과정에서 물가가 폭등하여 빈축을 사기도 하였다.

당백전(當百錢)은 조선 말기인 1866년(고종 3)에 흥선대원군 이하응이 경복궁을 중건하는 데 부족한 국가 재원을 채우기 위해 주조한 화폐로, 법정 가치는 일반 상평통보의 100배에 해당하였으나, 실제 가치는 일반 상평통보의 5~6배 가치에 불과하였다. 경복궁을 중수하는 데는 가히 천문학적인 경비가 소요되었다. 이를 타개하기 위해 김병학(金炳學) 등의 건의로 당백전 주조에 들어가 그해 10월부터 사용하였다. 그러나 당시 화폐가치가 무려 20% 이상 떨어지는 등 부작용이 발생하자 이듬해 주조를 중단했다.

주화에 새겨진 글자는 '호대당백(戶大當百)'으로, 풀이하면 "이 화폐는 호조(戶曹)에서 주조하였으며, 다른 화폐의 100배 값어치가 있다."라는 의미이다. 그러나 액면가가 100배에 달하였으나 실제 구리의 함량은 당대 상평통보의 6~8배에 불과하여 가치가 매우 나쁜 악화(惡貨)에 해당했다. 따라서 그레샴의 법칙에 따라 대금 거래를 대체하게 된 이외에, 실물 경제에서는 초인플레이션이 나타나는 등의 극심한 혼란이 초래되었고, 결국 1868년 10월, 발행 2년 만에 폐지되었다.

그레샴의 법칙(Gresham's Law)은 한마디로 요약하면 "Bad money drives out good 으로 가치 나쁜 돈은 가치 높은 돈을 몰아낸다."라는 의미이다. 쉽게 이야기하면, 악화(惡貨, 지금의 가격이 법정가격보다 낮은 화폐), 양화(良貨, 품질이 좋은 화폐로 실제 화폐의 가치가 법정가격의 차가 적은 화폐)를 말하며 "좋은 돈과 나쁜 돈은 같이 돌 수 없다(good and bad coin cannot circulate together)"라는 것이다(『백과사전』).

당백전의 발행은 당대에도 백성들 사이에 악명이 높아 '땅 전', '땅 돈' 등으로 불렸으며, 이는 푼돈을 뜻하는 땡전이라는 말의 어원이 되었다. "땡전 한 푼 없다."라는 관용어는 '당백전(매우 저급한 돈인) 한 닢조차 갖고 있지 않을 정도로 가난하다'라는 의미에서 유래했다.

당백전은 조선 정부의 재정이 부족하여 발행되었다. 삼정의 문란은 조선 정부에 심각한 타격이었다. 왜냐하면, 세금이 걷히지 않았고 부패한 관료들이 착복하는 경우가 흔히 일어났기 때문이다. 또한, 산업혁명으로 대량 생산된 영국의 목화가 청나라를 통해 들어와 면포의 가치가 폭락하면서 인플레이션 현상이 일어났다.

이러한 가운데 경복궁 재건 사업으로 막대한 재원과 노동력이 투입되어 경제를 더욱 악화시켰고 백성들에게 기부받는 원납전은 부족해져서 결국은 당백전을 발행하였다. 그러나 당백전의 가치마저도 폭락하여 조선 경제는 마비에 이르렀다.

당백전은 100배의 가치를 가졌다고 하지만 일상생활에서 너무나 고액화였다. 그리고 실제로는 100배가 아니라 5~6배에 미쳤고 흥선대원군은 나머지 94나 되는 화폐를 국가에 강제로 바치는 꼴이 되었다. 예를 들면 당백전을 시중에 풀려면 기존의 화폐와 교환하여야 하는데 흥선대원군의 수중에 돈이 없다는 것이고 돈을 많이 취하기 위해 얄팍한 무리수를 쓴 것이 당백전 발행이다.

당백전은 조선 경제에 인플레이션과 디플레이션을 가져오게 한 원인이 되었다. 결국은 조선 정부는 당백전을 회수하게 되었고 결국은 조선 조정의 불신임만 남게 한 정책이다. 게다가 사주전(私鑄錢)이 생겨나서 위조화폐까지 등장하여 1867년 4월에 주조가 중단되고 그 이듬해 유통도 금지되었다. 당시 개인이 돈을 발행하면 부대시참(不待時斬) 즉 발견되면 즉시 참수하는 강력한 법이 있었으나 이를 잡지는 못하고 사주전(私鑄錢)의 기승은 산속이나 강 위에서 배를 띄워놓고 몰래 주조하는 과감성을 보였다. 당백전은 오늘날까지 '땡전'이라는 오명을 가지고 있는 화폐로 통하고 있다.

2. 제국주의와 조선의 대처

19세기 중엽 이후에는 조선도 중국과 일본과 마찬가지로 미국, 영국, 프랑스 등이 직접 통상을 요구하며 우리 해안에 출몰하기 시작했는데 흥선대원군은 오히려 쇄국정책(鎖國政策)으로 일관되게 맞섰다. 즉 외국과의 통상과 교역을 거부하였다. 또 한편으로는 서학이 들어와 유교의 근본을 흔든다는 이유로 서학을 탄압하고 서양의 개방에 대비하여 삼군부(三軍府, 조선 시대에 군무를 담당하는 관아)를 설치하는 등 해안경비를 더욱 강화하였다.

외국 선박의 출현 목적은 연안의 해로를 조사하고 조선의 군비와 직접 통상을 요구하기 위한 일종의 무력시위이다. 오히려 대원군은 오히려 외국 선박을 이양선(異樣船, 모양이 다른 배, 당시 서양의 선박을 칭함)으로 부르면서 안으로는 개혁정책과 밖으로는 해안의 경비를 강화하는 정책을 시행하였으므로 그들과의 충돌은 불가피했다.

고종 3년인 1866년 미국의 상선인 '제너럴 셔먼(General Sherman)' 호가 통상을 요구하며 대동강으로 거슬러 평양 주민을 약탈하고 무참히 죽이는 사건이 발생하였는데 이에 격분한 평양 주민과 관군들이 '제너럴 셔먼(General Sherman)' 호를 격침하고 선원을 모두 살해하는 사건이 발생하였다. 이 사건을 계기로 조선은 더욱 문을 닫았으며 오히려 이 일에 천주교가 관련되었다고 생각하여 천주교 신부를 처형하였다. 이를 병인박해(丙寅迫害)라고 한다. 즉 대원군은 "서양 오랑캐가 더럽혔던 땅을 서학인(西學人)의 피로 씻음이 마땅하다"라고 분노하면서 양화나루 옆의 잠두봉에 형장을 설치하고 천주인(天主人)을 처형한 것이다(민경배, 『한국 기독 교회사』, 연세대학교 출판부, 1995). 이때의 상황은 다음과 같이 기록되어 있다.

> 수천 명의 천주교인이 이곳에서 죽게 되었다. 잘린 목은 한강에 던져졌고, 한강 물이 핏빛으로 변하였다고 전해진다. 잘려 나간 머리가 산처럼 높이 쌓였다 하여, 이곳은 절두산(切頭山)이라 불리게 되었다(김육훈, 문명과 야만, "살아있는 한국 근현대사" 네이버 지식백과, 2011).

프랑스는 병인박해를 구실로 천진에 정박하여 있던 프랑스 극동 사령관 로즈 제독이 함대를 이끌고 조선을 침공하였다. 이를 '병인양요(丙寅洋擾)'라고 한다. 여기서 양요(洋擾)라는 말은 서양 오랑캐가 소요를 일으켰다는 의미이다. 프랑스가 1차로 침입하였을 때는 한강 근처까지 들어와 충돌 없이 물러났으나 곧 전력을 보강하여 강화도를 점령하고 조선 정부에 프랑스 신부를 살해한 책임자를 처벌할 것과 통상을 일방적으로 요구하였으나 대원군은 이를 거부하고 전쟁의 길을 택하였다. 1866년 11월에 프랑스군이 철수하면서 강화읍을 파괴하고 수천 권의 서적과 의궤, 국왕의 인장, 19만 프랑 상당의 은괴(銀塊)를 약탈하였다(강준만, 『한국 근대사 산책 1』, 인물과 사상사, 2011).

프랑스가 약탈해 간 『의궤』 297권은 2011년이 되어서야 반환되었으나 일시적인 대여 형식으로 완전하게 해결되지는 않았다. 병인양요는 우리나라 역사상 최초로 일어난 서양 과의 무력 충돌로 기록되었고 흥선대원군은 서양에 대한 배외(排外) 정책을 강화하였다.

1968년 4월에 독일 상인 오페르트(Oppert) 일당이 대원군의 아버지 무덤(충남 예산)을 도굴하려고 한 사건이 발생하였다. 이 사건은 프랑스 선교사와 결탁하여 대원군을 협상 테이블에 끌어들이려고 한 작전에 불과하였다. 이 사건은 조선을 발칵 뒤집어 놓은 사건으로 유교를 국시로 삼는 조선에서 있을 수 없는 일이었다. 남연군(南延君, 1788~1836)은 흥선대원군의 아버지로 오페르트는 시신을 도굴하여 시신을 무기로 유리한 협상을 이끌고자 하였다, 오페르트는 서양인 8명과 조선인 신도 2명 기타 100여 명을 이끌고 덕산 관아로 들이닥쳐 무기를 빼앗고 관아를 부수었다. 그리고 남연군묘를 파기 시작하였다 그러나 석관으로 되어 있어 도굴은 실패하고 말았다. 이 사건을 계기로 대원군은 철저하게 통상을 거부하게 되었다. 『고종실록』에는 아래와 같이 기록되어 있다.

> 너희 나라와 우리나라 사이에는 원래 왕래도 없었고 은혜를 입거나 원수를 진 일도 없다. 이번 덕산 묘지에서 저지른 사건은 사람으로서 차마 할 수 없는 일이다. 또한, 무기를 빼앗고 백성들의 재물을 강탈하는 것도, 사리로 볼 때 용납할 수 없다. 따라서 우리나라 신하와 백성들은 있는 힘을 다하여 한마음으로 네놈들과 같은 하늘을 이고 살 수 없다는 것을 다짐할 뿐이다(『고종실록』, 1868).

1871년에는 미국이 아시아함대를 이용하여 군함인 함장 로저스 제독이 이끄는 콜로라도호(號)와 1,200명의 병사에 명령을 내려 조선과의 통상을 위해 무력으로 강화도를 침범하였다. 이를 신미양요(辛未洋擾)라고 한다.

신미양요(辛未洋擾)는 1871년 6월 1일에 발생한 조선과 미국 사이에 일어난 전투를 말한다. 제너럴셔먼호 사건의 책임과 통상 교섭을 명분으로 조선의 주요 수로였던 강화도와 김포 사이의 강화해협을 거슬러 올라왔고 조선 측의 거부를 무시하고 무력으로 탐침을 시도하여 교전이 일어났다. 3일간의 교전 결과 조선은 광성보가 함락되고 어재연(魚在淵, 1823~1871)을 비롯한 수비 병력 대다수가 사망하였다. 미 해군은 20일간 통상을 요구하며 주둔하였으나 조선의 완강한 쇄국정책(鎖國政策)으로 아무런 협상하지 못하고 철수하였다. 이때 철수하는 과정에서 사망한 어재연(魚在淵, 1823~1871) 장군의 '수자기(帥字旗)'를 탈취하여 가지고 갔다. 수자기(帥字旗)는 진중(陣中)이나 영문(營門)의 뜰에 세우던 대장의 군기(軍旗)를 말하며 누런 바탕에 검은색으로 '帥' 자가 쓰여 있으며 드림이 달려 있다. 오로지 군영(軍營)에서 조련할 때만 썼다. 그 깃발에는 '지휘관'을 뜻하는 '수(帥)' 자(字)가 대문짝만 하게 쓰여있다. 그래서 이 깃발을 '수자기'라 한다. 수자기는 강화역사박물관에서 딱 한 점 전시하고 있는데 이 깃발의 소유권은 미국에 있다. 신미양요 이후 조선은 척화비를 세우고 쇄국정책(鎖國政策)을 강화하였다.

이 전쟁으로 대원군은 전국 200여 곳에 통상을 거부한다는 의지를 담은 '척화비(斥和碑)'를 세웠다. 그리고 '척화비'의 비문은 아래와 같다.

"洋夷侵犯 非戰則和 主和賣國"
(양이침범 비전즉화 주화매국)
서양 오랑캐가 침범하매
싸우지 않음은 곧 화친을 주장하는 것이요
화친을 주장함은 곧 나라를 파는 것이다.

"戒我萬年子孫 丙寅作 辛未立"
(계아만년자손 병인작 신미립)
우리 자손 만대에 훈계하노라.
병인년(1866)에 만들고
신미년(1871)에 세우다(문화재청).

이 척화비는 문호 개방이 일어나자, 일본 공사의 요구로 철거되거나 매장되었고, 우리의 부실로 인하여 거의 방치되거나 훼손이 되어 30여 기가 남아 있다. 대표적인 척화비는 청주, 서울(운현궁), 경주(국립박물관), 부산(용암초등학교 교내), 대구(원화여고 교정), 경북 성주군 성주여자고등학교 교내, 경남 창녕군 만옥정 등에 존재하며 지방문화재로 지정되어 있다.

3. 고종의 개화정책과 실패

당시 조선은 통상압력을 거부하고 쇄국정책(鎖國政策)을 단행하였으나 국제정세에 따라 흥선대원군이 집권 10년 만에 실각하자 고종과 민씨 일가는 근대문물을 본격적으로 추진하기 시작했다. 이 시기에는 북학을 계승한 인사들이 외국 문물을 수용하는 통상론을 제기하였다. 이때는 고종이 10대에서 벗어나 친정정책을 하던 시기로서 대외통상론을 수용하는 개방정책으로 바뀌게 되었다. 이는 고종의 부인인 명성왕후(明聖王后)의 가족이 개화사상을 주장하는 노론 북학파였기 때문이다.

이 시기의 대표적인 통상론을 주장한 사람들은 유신환(兪莘煥, 1801~1859), 이규경(李圭景, 1788~1856), 최한기(崔漢綺, 1803~1879) 등의 실학자뿐만 아니라 그들의 사상을 계승한 박규수(朴珪壽, 1807~1877), 이유원(李裕元, 1814~1888), 오경석(吳慶錫, 1831~1879) 등이 있다. 여기에서 박규수(朴珪壽, 1807~1877)는 북학론의 원칙으로 대외통상론을 주장한 인물이다. 조선 말기의 문신으로서 청나라에 갔다 온 후 양무운동처럼 서양 기술의 선택적 도입과 국제통상을 주장하였다. 그는 어린 시절에 학습법과 관련된 유명한 일화가 있다.

> 네가 석탑을 그릴 때 한 층 한 층 높아지듯이
> 성인군자가 되는 일도 평범한 데서 시작한다.
> 네게 가르치나니 독서법은 이것이다.
> (김종성 기자, "조선 천재 박규수의 특별한 학습법", 오마이뉴스, 2012)

그의 외종조(外從祖)이자 스승인 류화는 선비가 되는 길은 단계적으로 학문을 해야 한다고 가르쳤다. 즉 오늘날 추구하는 주입식 교육이 아니라 물 흐르듯이 창의적이고 자연스럽게 공부하라는 것이며 그것을 몸소 가르쳤다.

그는 박지원, 김정희, 박제가 등과 교류하여 지구가 둥글다는 것을 이미 알고 있었다. 『금유시집』에 하늘을 보면서 지은 시 한 수 전해온다.

> 세 개의 커다란 환약(丸藥)이 허공에 떠있구나.
> 하나는 스스로 빛나서 밝구나.
> 하나는 덕성이 고요하여
> 그저 생명을 자라게 할 뿐이구나.
> 하나는 컴컴하기가 거울과 같아서
> 빛을 빌려 비추어 주네.

그는 하늘에 있는 2개의 행성과 태양을 환약에 비유하고 있다. 즉 태양과 지구 그리고 달에 대하여 시로써 밝힌 것이다. 그의 문집 『장암시집』에서도 지구를 만져보면 '호두 속 살 같을 것'이라고 표현하였다. 이로 보면, 어린 나이에 과학적 지식을 갖추고 있었다는 것을 알 수 있다.

박규수는 여러 관직을 마친 뒤 청나라를 통해 국제정세를 넓히기 위해 사행 길에 올랐다. 외교문서를 작성하는 데 탁월한 능력을 발휘하였고 진주민란이 번지자 안핵사(按覈使)로 나가 사태를 수습하고 지방관과 지역 향반들의 부패로 인한 백성들의 참상을 보고하고 세금 감면과 구휼을 주장하여 관철시켰다.

1866년 제너럴셔먼호 사건이 일어나자, 당시 평양 감사 박규수가 공격 명령을 내렸다 (문일평, 『호암전집』 제3권, 조광사, 1939).

박규수는 양무운동을 중심으로 동도서기론을 주장했지만, 그의 제자나 동료들은 급진적 개화의 방향으로 틀기 시작했다. 그의 개화사상은 실학사상의 근대지향적 측면을 내재적으로 계승한 것으로 위의 외부적 요인이 작용해 촉발된 것으로, 선대의 북학파 학자들이 주장한 이용후생(利用厚生)이었다. 두 차례에 걸친 연행을 통하여 세계의 정세를 파악하고 서구의 우수한 문명이 있음을 인정, 좋은 것은 과감하게 수용하자는 의견을 개진하였다. 중국의 개화파 관리들과 접촉하면서 개화의 필요성을 절감하고 개항을 역설했다. 그는 서양 사정에 밝아 신문물의 수입과 문호 개방을 주장했다. 그는 개항을 통해 서구의 선진문물을 받아들여야 한다고 보았다. 그는 할아버지 박지원의 사상을 후대의 개화파에게 전달하여 북학파의 개혁, 실용주의 학문을 가르쳤다. 그는 현실에 유용하게 쓰이지 못하는 학문은 죽은 학문이라 했다(『백과사전』에서 편집).

고종은 조선의 근대화를 실현하기 위해서 그의 측근들과 함께 외국과의 통상을 통하여 조선을 부강하게 하려는 자강정책(自强政策)으로 서양의 문물을 그대로 받아들이는 것이 아니라 우리 것을 유지하고 서양의 문물을 이용하여 국가를 부강하게 만들자는 취지였다. 이는 중국이 선진문물을 받아들이기로 한 중체서용(中體西用)과 양무운동(洋務運動)의 성격을 지니고 있었다. 즉 서양 것을 무분별하게 그대로 수용하자는 의미는 아니었다는 것이다. 양무운동이란 서양의 기술을 받아들여 '자강(自强)'을 하려는 중국의 부국강병 운동이었다. 흔히 교육 과정에서 양무운동은 조선의 동도서기(東道西器)처럼 중체서용으로 대표된다. 즉, 보수파에 대한 방어적 논리로 "서용(西用)"을 강조한 구호이지, 흔히 알려진 것처럼 "중체(中體)"를 강조한 구호가 아니라는 것이다. 양무운동 역시 당대에는 "자강운동"으로 불리었다. 다만 변법자강운동과의 구분을 위해서 양무운동이라는 표현이 많이 사용하는 것이다.

따라서 고종은 이를 위하여 고종 17년(1880)에 군국기무(軍國機務)를 총괄하는 관아로 '통리기무아문(統理機務衙門)'를 설치하여 운영하였으나 후에 청나라가 일본에 패하면서 일본식 모델로서 메이지유신을 따르자는 이들의 세력이 커졌다. 대표적인 인물이 김옥균(金玉均, 1851~1894), 홍영식(洪英植, 1855~1884), 김홍집(金弘集, 1842~1896) 등이었으며 입헌군주제 혹은 서양의 모델로서 공화정(共和政)을 추구하려는 세력이 등장하기 시작하였다. 즉 변법개화사상(變法開化思想)으로 급변하기 시작했다는 것이다.

변법개화사상(變法開化思想)은 메이지유신을 모델로 일으킨 근대화(자강) 운동을 말하며 일본의 도움을 받아서 적극적으로 근대화를 추진하고자 하였다. 다시 말하면 온건 개화파가 주장한 동도서기론(東道西器論)인 유교적 가치와 질서를 지키면서 서양의 우수한 과학 기술과 군사제도를 수용하자는 것과는 달리 유교적 질서를 근본적으로 변화하여 전통적인 정치체계를 없애고 서구식 정부를 수립할 것을 주장하는 급진적 개혁파를 주장한 개화사상을 말한다. 이러한 사상은 후에 너무나 급진적이어서 친일 매국노로 변질되는 폐단을 낳았다.

조선 정부는 김기수(金綺秀, 1832~?, 『일동기유(日東記遊)』, 『수신사 일기』)로 하여 수교 교섭을 위한 답방으로 일본의 정세가 메이지유신 이후 얼마나 변하였는지를 탐방하기 위해서 수신사를 파견하였다. 이것이 한일교섭의 시초라고 할 수 있다. 그는 일본을 다녀와 우리의 실정을 새롭게 각인하게 되었으며 신사유람단(紳士遊覽團)을 파견하는 계기를 마련하였다. 신사유람단(紳士遊覽團)은 고종 18년 1881년에 일본에 파견된 시찰단으로 서양문물을 받아들여 발전된 일본의 정세를 관찰하기 위하여 전문 위원 12명의 조사(朝士, 벼슬아치)와 수행원들이 합쳐 60여 명으로 구성되어 개항 이후 근대화를 추진해 오던 정부는 일본과 청에 신사유람단과 영선사(營繕司)를 파견하였다. 특히 이 중에서 고영희(高永喜, 1849~?)는 수행원으로 다녀와 변절하여 국권 찬탈에 앞장을 선 친일파가 되기도 하였다.

일본에서 조선을 무력으로 정벌하자는 정한론(征韓論)이 일어나자, 원만했던 한일 관계는 급격하게 냉각되었다. 정한론(征韓論)이란 『일본서기』에 등장하는 삼한정복설(三韓征復設)에 기원하는데 "진구 황후가 신라와 백제 그리고 고구려를 정복하고 조공을 받았다는 데서 근거로 하며 임진왜란은 도요토미 히데요시가 이를 근거로 정한론이 대두되기 시작하였다. 이는 처음에는 정조론(征朝論)이라 불렀으나 조(朝)가 "조정(朝政, 일본 왕을 의미)"을 말하는 것으로 오해를 살 수 있다고 해서 정한론으로 바뀌었다(『백과사전』).

이러한 정한론은 메이지유신을 계기로 일본 내에서 일어나고 있는 여러 가지 내부적인 문제들을 외부로 돌리기 위한 자구책으로 전쟁이 대두되기 시작하였으며 이것이 일본의 제국주의 발로이자 결국은 군국주의자들의 우익화(右翼化) 시초라고 할 수 있다. 이에 대하여 야스카와 주노스케(『후쿠자와 유키치의 아시아 침략 사상을 묻는다』, 역사비평사, 2011)는 다음과 같이 말했다.

> "조선국은(…) 미개하므로 이를 유인하고 이끌어야 하며, 그 인민은 정말로 완고하고 고리타분하므로 이를 깨우치고(…) 끝내 무력을 사용해서라도 그 진보를 도와야 한다(1882.3)."
> "조선 인민 일반의 이해 어떤지를 논할 때는 멸망이야말로 오히려 그들의 행복을 크게 하는 방편이다."
> "인민의 생명도, 재산도 지켜주지 못하고, 독립 국가의 자존심도 지켜주지 않는 그런 나라는 오히려 망해 버리는 것이 인민을 구제하는 길이다."

19세기에 들어와 사토 노부히로를 필두로 요시다 쇼인 등은 오랑캐(洋人)들이 일본을 넘보지 않게 시베리아에서 필리핀까지를 정복해야 하며 한반도는 과거 일본의 땅이었기에 다시 정복해야 한다고 주장하였으며, 하시모토 사나이는 한반도와 중국을 병합하지 않으면 일본은 망하게 될 것이라고 주장하였다. 이에 가쓰 가이슈, 사다 하쿠보, 우에노 가기노리, 후쿠자와 유키치, 기도 다카요시 등의 군국주의자들이 정한론을 찬성하였다.

이에 따라 일본은 고종 12년(1875)에 통상 교섭을 위하여 군함 운요호(雲揚號)를 비롯하여 군인을 부산과 강화도에 접근시켜 압력을 넣기 시작하였고 이에 조선 정부는 "강화도 조약 혹은 병자수호조약"을 맺게 되었다. 이를 조일수호조규(朝日修好條規)라고도 하는데 '조선과 일본은 좀 더 사이좋게 지내자'라는 의미이지만 사실상 내용은 매우 불평등 조약으로 되어 있다.

이 사건은 조선으로서는 매우 충격적이었다. 3일간의 전투에서 일본군은 2명의 피해자가 발생하였으나 우리 측은 전사자가 35명에 달하였기 때문이다. 이는 일본과 조선의 군사력이 차이가 너무나 심하여 만약 일본이 조선을 침입한다면 막을 재간이 없다는 것이다. 따라서 일본의 구로다 기요타카와 조선의 신헌(申櫶, 1810~1884) 등은 서둘러 일본과의 통상을 서둘러 맺자고 주장하였다. 이들의 주장대로 12개 조에 달하는 통상조약을 맺은 것이다. 이 내용은 다음과 같다.

> 제1관: 조선국은 자주 국가로서 일본과 평등한 권리를 보유한다. 이후 양국은 화친의 실상을 표시하려면 모름지기 서로 동등한 예의로 대해야 하고, 조금이라도 상대방의 권리를 침범하거나 의심하지 말아야 한다. 우선 종전의 교제의 정을 막을 우려가 있는 여러 규례(規例)를 일체 혁파하여 없애고 너그럽고 융통성 있는 법을 열고 넓히는 데 힘써 영구히 서로 편안하기를 기약한다.
>
> 제2관: 일본 정부는 지금부터 15개월 뒤에 수시로 사신을 파견하여 조선국 경성(京城)에 가서 직접 예조 판서(禮曹判書)를 만나 교제 사무를 토의하며, 해사신(該使臣)이 주재하는 기간은 다 그때의 형편에 맞게 정한다. 조선국 정부도 수시로 사신을 파견하여 일본 동경(東京)에 가서 직접 외무경(外務卿)을 만나 교제 사무를 토의하며, 해사신이 주재하는 기간 역시 그때의 형편에 맞게 정(定)한다.
>
> 제3관: 이후 양국 간에 오가는 공문(公文)은, 일본은 자기 나라 글을 쓰되 지금부터 10년 동안은 한문으로 번역한 것 1본(本)을 별도로 구비(具備)한다. 조선은 한문을 쓴다.
>
> 제4관: 조선국 부산(釜山) 초량항(草梁項)에는 오래전에 일본 공관(公館)이 세워져 있어 두 나라 백성의 통상 지구가 되었다. 지금은 종전의 관례와 세견선(歲遣船) 등의 일은 혁파하여 없애고 새로 세운 조관(條款, 조목을 뜻함)에 준하여 무역 사무를 처리한다.

또 조선국 정부는 제5관에 실린 두 곳의 항구를 별도로 개항하여 일본 국 인민이 오가면서 통상하도록 허가하며, 해당 지역에서 임차한 터에 가옥을 짓거나 혹은 임시로 거주하는 사람들의 집은 각각 그 편의에 따르게 한다.

제5관: 경기(京畿), 충청(忠淸), 전라(全羅), 경상(慶尙), 함경(咸鏡) 5도(道) 가운데 연해의 통상하기 편리한 항구 두 곳을 골라 지명을 지정한다. 개항 시기는 일본력(日本曆) 명치(明治) 9년 2월, 조선력 병자년(1876) 2월부터 계산하여 모두 20개월로 한다.

제6관: 이후 일본국 배가 조선국 연해에서 폭풍우를 만나거나 땔나무와 식량이 떨어져 지정된 항구까지 갈 수 없을 때에는 즉시 곳에 따라 연안의 지항(支港)에 들어가 위험을 피하고 모자라는 것을 보충하며, 선구(船具)를 수리하고 땔나무와 숯을 사는 일 등은 그 지방에서 공급하고 비용은 반드시 선주(船主)가 배상해야 한다. 이러한 일들에 대해서 지방의 관리와 백성은 특별히 신경을 써서 가련히 여기고 구원하여 보충해 주지 않음이 없어야 할 것이며 감히 아끼고 인색해서는 안 된다. 혹시 양국의 배가 큰 바다에서 파괴되어 배에 탄 사람들이 표류하여 이르면 곳에 따라 지방 사람들이 즉시 구휼하여 생명을 보전해주고 지방관에게 보고하며 해당 관청에서는 본국으로 호송하거나 가까이에 주재하는 본국 관원에게 교부한다.

제7관: 조선국 연해의 도서(島嶼)와 암초는 종전에 자세히 조사한 것이 없어 극히 위험하므로 일본국 항해자들이 수시로 해안을 측량하여 위치와 깊이를 재고, 도지(圖志)를 제작하여 양국의 배와 사람들이 위험한 곳을 피하고 안전한 데로 다닐 수 있도록 한다.

제8관: 이후 일본국 정부는 조선국에서 지정한 각 항구에 일본국 상인을 관리하는 관청을 수시로 설치하고, 양국에 관계되는 안건이 제기되면 소재지의 지방 장관과 토의하여 처리한다.

제9관: 양국이 우호 관계를 맺은 이상 피차의 백성들은 각자 임의로 무역하며 양국 관리들은 조금도 간섭할 수 없고 또 제한하거나 금지할 수도 없다. 양국 상인들이 값을 속여 팔거나 대차료(貸借料)를 물지 않는 등의 일이 있을 경우 양국 관리는 포탈한 해당 상인을 엄히 잡아서 부채를 갚게 한다. 단 양국 정부는 대신 상환하지 못한다.

제10관: 일본국 인민이 조선국이 지정한 각 항구에서 죄를 범하였을 경우 조선국에 교섭하여 인민은 모두 일본국에 돌려보내 심리하여 판결하고, 조선국 인민이 죄를 범하였을 경우 일본국에 교섭하여 인민은 모두 조선 관청에 넘겨 조사 판결하되 각각 그 나라의 법률에 근거하여 심문하고 판결하며, 조금이라도 엄호하거나 비호감이 없게 공평하고 정당하게 처리한다.

제11관: 양국이 우호 관계를 맺은 이상 별도로 통상 장정(章程)을 제정하여 양국 상인들이 편리하게 한다. 또 현재 논의하여 제정한 각 조관(條款, 조목을 뜻함) 가운데 다시 세목(細目)을 보충해서 적용 조건에 편리하게 한다. 지금부터 6개월 안에 양국은 따로 위원(委員)을 파견하여 조선국의 경성이나 혹은 강화부(江華府)에 모여 상의하여 결정한다.

제12관: 이상 11관 의정 조약은 이날부터 양국이 성실히 준수하고 준행하는 시작으로 삼는다. 양국 정부는 다시 고치지 못하고 영원히 성실하게 준수해서 화호(和好)를 두텁게 한다. 이를 위하여 조약서 2본(本)을 작성하여 양국 위임 대신이 각각 날인하고 서로 교환하여 신임을 명백히 한다.

대조선국 개국(開國) 485년 병자년(1876) 2월 2일
대관(大官) 판중추부사 신헌
부관 도총부 부총관 윤자승

대일본국 기원 2536년 명치(明治) 9년 2월 6일
대일본국 특명 전권 변리 대신 육군 중장 겸 참의 개척 장관 구로다 기요타카
대일본국 특명 부전권 변리 대신 의관(議官) 이노우에 가오루
(『한국민족문화대백과』)

이 조약은 조선이 외국과 맺은 최초의 근대적 조약이었으나 사이좋게 지낸다는 의미가 무색할 만큼 불평등 조약으로 곳곳에 독소 조항들이 깔려있었으며 당시 우리 측 인사들이 국제법에 밝지 못해서 맺은 조약이라 할 수 있다. 이로써 1880년 원산, 1883년에는 제물포를 차례로 개항(開港)하게 되었다.

일본은 이 통상조약을 통해 미국과의 불평등 조약을 맺은 것에 대한 분풀이를 한 것이다. 일본인 범죄자에 대한 영사재판을 허용하여 치외법권을 주장하였으며 조선을 자주국이라고 명시한 것은, 청나라와의 관계를 단절하도록 위한 의도로 볼 수 있으며 일본의 선박과 화물에 대해서는 무관세를 원칙으로 하여 자유무역을 보장받으려고 했다는 점에서 불평등 조약이다.

조선은 1882년 고종 19년에 미국과 "조미수호통상조약"을 맺게 되었다. 이 조약은 조선이 서양 국가와 맺은 최초의 수호조약으로서 의의가 있다. 이 조약에 참석한 인물은 강화도 조약에 참석한 신헌, 김홍집과 로버트 윌슨 슈펠트 간 제물포에서 체결되었으며 14개 조항으로 되어 있다. 이 내용 중에서 특이한 것은 "조선이 제3국으로부터 부당한 침략을 받을 경우는 조약국인 미국은 즉각 이에 개입, 거중조정(居中調整)을 행사함으로써 조선의 안보를 보장한다."라는 것이 있다.

당시 이 조약은 일본의 조선 침략을 막고 러시아의 남하 정책을 우려하던 조선으로서는 어느 정도는 불평등한 조약이지만 고종의 세력균형 정책은 일단 성공적이었다. 즉 일본과의 강화조약을 체결하는 동시에 서구 열강, 프랑스 독일, 러시아, 이탈리아, 오스트리아와의 통상을 맺음으로써 청의 후원 아래 외국 세력을 한반도에 끌어들여 이를 이용하고 활용하여 부국강병을 이루고자 하였던 그의 외교정책은 성공적이었다고 볼 수 있다.

고종의 이러한 정책은 대내적으로는 위정척사파(衛正斥邪派)들의 반발과 외부적으로는 임오군란과 청의 간섭으로 후퇴하였다. 우선 위정척사파(衛正斥邪派)들의 반발이 매우 거셌는데 이는 개화 정책으로 인하여 외국 문물이 급격하게 밀려오자, 도덕 중심의 유교 정신에 커다란 위험을 감지하고는 반대하고 나섰기 때문이다.

위정척사파(衛正斥邪派)들은 1860년대 서양과의 통상 반대운동으로서 시작되어 1870년대 개항 반대운동으로 거쳐 1880년대에는 정부 개화 정책 추진과 조선책략 유포에 반발하며 이만손(李晩孫, 1811~1891) 등 영남의 유생 만 명 이상이 연명하여 "영남만인소(嶺南萬人疏, 조선 시대에 1만 명 내외의 유생들이 연명해 올린 집단적인 소)"를 올렸고, 홍재학(洪在鶴, 1848~1881)은 "만언척사소(萬言斥邪疏)"를 상소하였다. 이 내용을 살펴보면 아래와 같다.

> (…) 대체로 서양의 학문이 원래 天理(자연 이치)를 문란하게 하고, 人倫을 멸하는 것은 더 말할 것도 없이 심합니다. 서양의 문물은 태반이 음탕한 것을 조장하고 욕심을 이끌며 윤리를 망치고 사람의 정신이 천지와 통하는 것을 어지럽히니, 귀로 들으면 내장이 들으면 내장이 뒤틀리고 눈으로 보면 창자가 뒤집히며 코로 냄새 맡거나 입술에 대면 마음이 바뀌어 본성을 잃게 됩니다. 이것은 마치 그림자와 메아리가 서로 호응하고 전염병이 전염되는 것과도 같습니다. (…)
> 『고종실록』 18권.

1890년대 들어 의병 운동을 계승하였으며 이는 무분별한 외국 문물의 수용은 오히려 경제적 파멸과 열강들의 침략 빌미를 제공할 뿐이다. 즉 위정척사(衛正斥邪)라는 용어에서 밝혔듯이 정학과 정도를 지키며 사학과 이단을 물리친다는 의미로 즉, 위정이란 정학인 성리학과 성리학적인 질서를 수호하고 척사란 성리학 이외에 모든 종교와 사상을 배격한다는 의미로서 이항로(李恒老, 1792~1868)를 중심으로 최익현(崔益鉉, 1833~1906) 등이 거세게 반발하였다.

이 용어에 대하여 『백과사전』에는 아래와 같이 말하고 있다.

> 척사위정(斥邪衛正) 또는 위정척사(衛正斥邪)는 조선 후기에 일어난 사회운동으로, 정학(正學)인 성리학과 정도(正道)인 성리학적 질서를 수호하고(위정), 성리학 이외의 모든 종교와 사상을 사학(邪學)으로 보아서 배격하는(척사) 운동이다. 이 운동을 하는 정치세력을 척사위정파 또는 위정척사파라 부르기도 하는데, 이는 유교 학파이기도 하다. 또한, 전통사회 체제를 고수했으므로 수구당이라고 불렀다.

특히 김홍집이 들여온 『조선책략(朝鮮策略)』은 유생들의 반발과 비난을 사게 되었다. 이에 대하여 다음과 같이 적혀있다.

> 러시아가 서양 공략을 이미 할 수 없게 되자, 이에 번연히 계획을 바꾸어 그 동쪽의 땅을 마음대로 하고자 하였다. 십여 년 이래로 화태주(사할린)를 일본에게서 얻고, 중국에게서 흑룡강 동쪽을 얻었으며, 또한 도문강 입구에 주둔하여 지켜서 높은 집에서 물병을 거꾸로 세워 놓은 듯한 형세이고, 그 경영하여 여력을 남기지 않는 것은 아시아에서 뜻을 얻고자 함이다. 조선 땅은 실로 아시아의 요충에 자리잡고 있어, 형세가 반드시 싸우는 바가 되니 조선이 위태로우면 즉 중동의 형세가 날로 급해질 것이다. 러시아가 땅을 공략하고자 하면 반드시 조선으로부터 시작될 것이다.
> 俄既不能西略, 乃幡然變計, 欲肆其東封, 十餘年來, 得樺太洲於日本, 得黑龍江之東於中國, 又屯戍圖們江口, 據高屋建瓴之勢, 其經之營之, 不遺餘力者, 欲得志於亞細亞耳, 朝鮮一土, 實居亞細亞要衝, 爲形勝之所必爭, 朝鮮危則中東之勢日亟, 俄欲略地, 必自朝鮮始矣.
> (『사의조선책략』 전문, 수신사일기 2권)

이에 따라 러시아의 책략을 막기 위해 개화를 해야 하며 열강과도 통상을 맺어야 한다고 주장하였다. 이 책은 1880년인 고종 17년 수신사로 간 김홍집(金弘集, 1842~1896)이 일본에서 가져와서 고종에게 바쳤다. 이 책은 조선의 보수적인 유생들에게 심각한 반발을 유발하여 1881년 "영남 만인소 사건" 등이 일어났으며, 이 책의 의의는 개화를 주장하는 새로운 세력들에게는 당시의 국제정세를 알려주는 지표가 되었다. 또한, 고종 19년 1882년 5월 22일 청나라의 주선으로 미국과의 수교(『조미수호통상조약』)를 맺는 데에도 『조선책략』의 영향이 컸다고 한다.

당시 고종의 이러한 정책에 맞서서 위정척사 운동이 발발하게 되었다. 이들은 서양과 일본의 근대식 문물은 조선의 정학과 맞지 않는 야만적이고 비도덕적이다. 따라서 개항한다면 오히려 조선을 파멸시키거나 경제적인 침탈이 더욱 거셀 것이라 주장하고 있으며 서양과의 통상보다는 이들을 배격하고 이들과 싸우다 죽는 것이 가장 정의롭다고 생각하였다(한영우, 『다시 찾는 우리 역사 3』, 경세원, 2020).

이 위정척사 운동의 대표적인 인물은 최익현(崔益鉉, 1833~1906)이다. 그는 조선 말기와 대한제국의 정치인이며 독립운동가이자 1905년 을사늑약(乙巳勒約)에 저항한 의병장이다. 그의 공로를 인정받아 1962년 3월 1일 대한민국 건국 공로 훈장이 추서되었다. 최익현은 이항로(李恒老, 1792~1868)의 제자이며 생애 초기에는 이항로의 뜻에 따라 대원군을 지지하였으나 이항로가 죽은 뒤에는 대원군에게 매우 비판적인 인물이 되었다. 즉 그는 다음과 같이 대원군을 비판하였다.

> 1868년(고종 5) 경복궁 중건의 중지를 촉구하고, 부역에 동원되는 백성들의 생계 문제와 당백전 발행에 따르는 물가 인상과 재정의 파탄 등을 지적, 흥선대원군의 정책을 실정(失政)이라며 상소하였다. 그는 경복궁 중건의 대규모 공사에 많은 비용과 인력이 동원되어 인적, 물적 자원의 낭비가 심함을 들어 경복궁 중건을 반대하였다. 그해 사헌부장령에 제수되었으나 1868년 10월 다시 경복궁 중건을 무리한 토목공사라며 이를 중지할 것을 청하는 상소를 올렸다(『백과사전』).

이러한 최익현은 1876년 강화도 조약에 반대하였다. 그는 도끼를 들고 광화문에 나가 개항을 반대하는 이유를 다섯 가지를 들면서 불가함을 역설한 인물로 유명하다.

개항오불가(開港五不可)의 5조(條)로 된 '병자척화소(丙子斥和疏)'를 올렸다. 그는 자기의 머리를 치고 가야 통상할 수 있다며 반대하였다. 이른바 지부상소(持斧上疏)이다. 그는 '척화소(斥和疏)'에서 조약체결의 불가함을 역설하였다. 일제의 강압과 정부의 수교 방침을 정면으로 반대하는 것으로 그 무렵 모든 개항 반대 상소 중에서도 가장 잘 지은 내용으로 손꼽힌다. 그러나 이 상소는 외면되었고, 그는 일본과의 통상조약 체결을 극렬하게 반대하다가 결국에는 흑산도에 4년간 위리안치(圍籬安置)되었다. 그가 안치된 이유를 고종은 다음과 말했다.

일본을 제어하는 일은 일본을 제어하는 일이고, 서양을 배척하는 일은 서양을 배척하는 일이다. 이번에 일본 사신이 온 것이 어떻게 서양과 합동한 것이라고 확실히 알겠는가? 가령 일본이 서양의 앞잡이라고 해도 또한 변란에 대처할 방도가 각기 있을 것이다.
최익현(崔益鉉)의 상소에서는 내가 사학(邪學)을 물리치는 일에 엄하지 않아 그렇다고 하면서, 한세상 현혹할 계책을 앞장서 만들고 이렇게 임금을 속이고 핍박하는 말을 만들어서 방자하게 지적하여 규탄하였다. 지적하여 규탄하는 것도 모자라서 공동(恐動)하기까지 하였고, 공동하는 것도 모자라서 헐뜯어 욕하였으니, 그 가운데서 두세 마디의 말은 어찌 신하로서 감히 할 말이며 차마 할 말이겠는가? 가늠할 수 없는 행동과 음흉하고 간사한 속셈에 대해서는 마땅히 전형(典刑)으로 단죄해야 하겠지만 참작해 볼 것이 있으니 최익현은 특별히 한 가닥 남은 목숨을 용서하여 흑산도(黑山島)에 위리안치(圍籬安置)하고 삼배도(三倍道)로 당일에 압송하라(『백과사전』).

또한, 그는 개항에 대하여 다음과 같이 비판하였다.

우리나라가 고려(高麗) 이후로 명칭은 비록 중국의 번속(藩屬)이었지만, 토지와 인민과 정사는 모두 우리가 자립하고, 자주(自主)하여 털끝만큼도 중국의 간섭을 받지 않았다. 그러므로 전성기 때에는 승병(勝兵)이 백여 만이요, 재화(財貨)가 창고에 가득하였으며, 백성은 부유하고, 인구가 번성하였다. 비록 수양제(隋煬帝)와 당태종(唐太宗)의 위세로도 패하여 돌아감을 면치 못하였으며, 원 세조(元世祖)가 여덟 번이나 쳐들어온 다음에야 복속(服屬)시켰다.
우리 태조(太祖) 때에 왜적이 여러 번 침범하였지만, 번번이 패하였고, 임진왜란(壬辰倭亂)에 비록 명(明)나라의 구원이 있었지만 회복하여 전승(全勝)한 공은 모두 우리 군사가 왜선(倭船) 70여 척을 노량(露梁)에서 침몰시킨 데 있었으며, 병자호란(丙子胡亂)에도 만약 임충민의 '곧바로 근거지를 쳐부수자'라는 청을 들었다면 청(淸)나라 사람들은 그 즉시 멸망하였을 것이니, 그 꾀를 쓰지 않은 것이 한스러울 뿐이지 진실로 힘이 부족했던 것은 아니다.

> 이로 보건대, 우리나라가 비록 작지만, 백성들의 성질이 강력함은 반드시 타국에 뒤지지 않는다.
> 최익현(崔益鉉, 1833~1906), "팔도의 사민에게 널리 고함(布告八道士民)", 『면암집(勉菴集)』제
> 16권 잡저(雜著).

최익현은 을사늑약(乙巳勒約) 이후에는 항일운동을 전개하여 관군에게 체포되어 대마도로 유배당했으며 유배당하자마자 서양식의 단발령에 항의하여 단식하였으며 결국은 대마도주의 사과를 받고 단식을 풀기도 하였다. 이처럼 그의 삶은 순탄하지 않았다. 정리하자면 경기 포천에서 태어난 그는 이항로에게서 수학하였으며 그 후 대원군을 비판하고 축출하는 데 앞장섰다. 개화, 개항, 갑오경장, 단발령 실시, 을사늑약(乙巳勒約)을 반대하고 의병을 모집하다가 1907년 대마도 교도소에서 순국하였다.

이러한 위정척사 운동은 긍정적인 면과 부정적인 면이 동시에 존재한다. 긍정적인 면은 진정한 선비들의 모습이라는 점이다. 간신배들과는 달리 격렬하게 죽음을 불사하면서 상소를 올려 자신의 영달에 치우치지 않고 애국적인 면에서는 긍정적이었으나 부정적인 측면은 국가를 위해 싸운 것이 아니라, 그들의 신념인 성리학의 이념을 중시하였다는 것이다. 즉 충신보다도 주자 성리학 체제를 위해 싸운 것이라고 혹평하는 학자들도 있다는 것이다. 그러나 이러한 비판은 그들의 의도를 부정하는 것이 아니라는 것이다. 이에 대하여 한영우는 『다시 찾는 우리 역사』에서 다음과 같이 정리하였다.

> 위정척사 사상은 정서적으로 매우 애국적이고 당시 서양과 일본의 근대문명이 지닌 침략성과
> 비도덕성을 정확하게 예견하였다는 점에서 높이 평가를 할 만하다. 그러나 그것은 이 시대의
> 과제를 해결할 수 있는 대안을 제시하지 못했다는 점에서 한계를 지닌 것이었다.

위정척사 운동이 전개되고 있음에도 불구하고 적극적으로 문호를 개방하여 다양하게 정책적으로 추진되었다. 우선 1880년 통리기무아문을 필두로 신식 군대인 별기군(別技軍)인 교련병대(教鍊兵隊)를 설치하여 일본군 장교를 초청하여 군사 훈련을 시켰으며 규장각을 부활하여 개화 정치를 학문적으로 뒷받침하게 하였다.

또 한편으로는 시찰단을 파견하여 외국의 문물을 보게 하였으며 이것을 토대로 견문록을 작성하여 정책을 시행하는 데 참고하게 하였다는 것이다. 대표적인 시찰단에는 1876년 김기수를 위주로 수신사를 파견하였고 김홍집과 조사시찰단을 일본에 파견하여 그들의 문물을 장기간 시찰하여 여러 기술을 보도록 적극 권장하였다.

여기서 특이한 것은 조사시찰단이 위정척사 운동에 불을 지폈다는 것이다. 조사시찰단(朝士視察團)은 1881년(고종 18) 양력 5월 7일부터 8월 26일까지 1876년의 수신사에 이어 일본 제국에 파견되었던 조선의 문물 시찰단이다. 과거에는 근대화에 대한 부정적인 여론에 영향을 받은 신사유람단(紳士遊覽團)이라는 명칭(名稱)으로 위장하여 불린 것이 고착화가 되었으나, 한국사 용어 수정안에 따라 "조사시찰단"으로 공식 명칭이 변경되었다. 시찰단의 단원들은 동래부 암행어사(東萊府暗行御史)라고 불렸다.

개화파로 구성된 60명이 파견되었으며, 비밀리에 파견되었기에 암행어사의 신분으로서 부산을 통해 뱃길로 도쿄로 향했다. "강화도 조약"이 체결(1876)된 뒤 수신사인 김기수와 김홍집은 일본에 다녀온 뒤, 서양의 근대문명과 일본의 문물제도를 배워야 한다고 주장하였다. 그들이 고종에게 올린 보고서의 내용은 다음과 같다.

> 고종 : 일본의 제도가 훌륭하고 정치가 부강하다는데 정말 그러하였는가?
> 홍영식 : 제도가 훌륭하기는 하지만 다 쌓이고 쌓여서 만들어진 것입니다. 밤낮으로 부지런히 마음을 하나로 하여 힘을 모아 완성을 시킨 것이므로, 그렇게 해서 만들어진 것이라고 생각을 하면 정말로 어려운 일은 아닙니다(『승정원일기』).

조사시찰단과는 별개로 수신사를 파견하였다. 1차로 수신사 대표인 김기수(金綺秀, 1832~?)는 부산에서 출발하여 도쿄에 머물면서 일본의 각종 시설을 시찰하였는데 『일동기유(日東記遊)』에서 일본의 모습을 소개하였다. 그는 변화된 일본의 모습을 보고 충격적이라고 적었는데 메이지 유신 이후 발전상에는 긍정적이었으나 문화적인 면에서는 부정적으로 보았다. 그 예로 일본 무도회에 참석하였는데 그 광경은 매우 충격적이다. 당시 일본 육군 경의 딸이 자신에게 다가와 손을 잡고 인사하였는데 이를 보고는 일본의 예절은 붕괴가 되었다고 하였으며 인체 해부 실습을 보고는 당시 조선으로서는 상상도 할 수 없었다고 했다.

2차로 간 김홍집(金弘集, 1842~1896)은 일본의 시설을 시찰하고 돌아오면서 황준헌의『조선책략』을 가져와 서양 문물의 수입과 서양과의 외교를 맺을 것을 주장하였다. 이는 "조미수호통상조약"을 체결하는 데 영향을 주었지만, 위정척사 운동에 불을 지폈다.

그 후 조병호(趙秉鎬, 1847~1910)를 대표로 하는 3차 수신사를 파견하였는데 그들은 시찰의 목적이 아니라 1881년 "강화도 조약"의 불평등 조약 중에서 무관세 문제를 해결하기 위해서 파견하였다.

4차는 박영효(朴泳孝, 1861~1939)를 중심으로, 후에 자세하게 설명하겠지만 임오군란에 대한 문제를 해결하기 위해 일본과의 굴욕적인 "제물포 조약"을 체결하였다. 박영효는 철종의 사위이자 조선의 마지막 부마였다. 그는 4개월간 일본에 머물면서 일본의 근대적 발전상을 확인하였으며 일본 주재 외교관과의 회담을 통해서 국제정세를 파악하였다. 4차 수신사의 의의는 박영효가 일본으로 가는 도중에 공식 석상에서 태극기가 등장하였으며 이것이 오늘날 태극기의 원형이 되었다.

문제가 된 부분은 2차 수신사로 간 김홍집이 가져온『조선책략』이다. 당시 일본은 서서히 제국주의적 발상이 꿈틀거리고 있었는데 대표적인 단체가 흥아회(興亞會)와 동방협회이다. 이 단체는 러시아의 제국적인 침략을 위한 남하 정책(南下政策)을 저지하기 위해서 아시아의 연대를 외치고 있었으나 속셈은 과거의 정한론을 주장한 것과도 일맥상통하고 있다. 즉 이를 구실로 조선을 침략하기 위한 발판을 구축하기 위한 일종의 변칙으로서 청, 조선과 일본이 연대를 통해 서양의 침략을 막아야 한다는 것이다. 이에 대하여 스기타 테이이치(杉田定一)는 다음과 같이 주장했다.

"백인종은 미개한 황인종을 잡아먹고 있다. 인도, 안남, 중앙아시아 국가들의 멸망이 이를 증명한다. 지금 독립을 유지하고 있는 곳은 중국, 조선, 시암(태국), 그리고 우리나라(일본)에 지나지 않는다. 곧 유럽 국가들의 침략이 이곳에도 미치게 될 것이다. 그러므로 동양의 국가들은 공동연합하여 이를 극복하지 않으면 안 된다. 그러나 이 공동연합이 이루어지기 어려울 때에 우리는 지체하지 말고 이들 동양의 국가들을 취함이 옳다. 만일 우리가 취하지 않으면 동양국가들은 하나같이 백인종의 뱃속에 장사지내게 될 것이다. 백인종에게 장사지내지 않고 동양의 국가들을 취함으로써 유럽 제국(諸國)과 같은 대열에 서지 않으면 일본은 그 명맥을 결코 유지하지 못할 것이다(변승웅, 『건대사학』 9집, "청일전쟁 후 일본의 대한 교육 침략에 관한 소고", 1997).

이는 동, 서양의 이데올로기에 대항하기 위해 동북아시아 국가들의 연대론을 주장하였으나 이는 포장일 뿐, 이를 통해 조선과 중국을 침략하기 위한 야욕을 드러낸 것이다. 이에 대한 근거로는 강화도 조약과 청일전쟁이 있다.

이를 모르고 김홍집은 귀국하면서 이들의 사상을 맹목적으로 받아들이면서 『조선책략』이라는 서적을 가지고 귀국하였다. 이 책의 중심 내용은 러시아의 남하 정책(南下政策)을 저지하기 위해서는 중국과 일본 그리고 미국과의 관계를 개선하라는 것이다. 이것으로 인하여 위정척사파들은 김홍집을 탄핵하라는 상소를 올리는데 이 사건이 "영남 만인소 사건"이라고 한다. 즉 영남의 유생이나 보수세력 10,000명이 상소를 올렸다는 의미이다.

결국은 이러한 일이 계기가 되어 그의 말(末)로는 매우 비참했다. 고종과 태자가 1896년 2월 11일부터 1897년 2월 20일까지 1년 9일간 경복궁을 떠나, 어가(御駕)를 러시아 제국 공사관으로 옮겨서 파천(播遷)한 것이다. 이를 '아관파천(俄館播遷)'이라고 한다. 『조선왕조실록』에서는 러시아 제국을 한자로 '아라사(俄羅斯)'라고 기록하였다. 따라서 '아관(俄館)'이란 러시아 대사관을 뜻하며, 당시 일본에서는 러시아를 '노서아(露西亞)'라고도 하였기 때문에, '노관파천(露館播遷)'이라고도 했다. 즉 이 사건은 김홍집을 위시한 친일세력을 배제한 채 이루어진 일종의 망명이었다.

이를 뒤늦게 알았던 김홍집 등 친일 세력들은 고종을 만나기 위해 러시아 공사관으로 달려갔으나 이미 을미사변(乙未事變)으로 대일 감정이 악화가 되고 각지에서 의병이 일어나자, 러시아 공사 베베르는 1895년 공사관 보호라는 명목으로 수병(水兵) 백 명을 서울로 데려왔다. 이에 친러파인 이범진 등은 베베르와 공모하여 건양 1년(1896) 2월 11일에 국왕의 거처를 궁궐로부터 지금의 서울특별시 중구 정동인 정동(貞洞)에 있는 러시아 공사관으로 옮겼다(『글로벌 세계 백과사전』). 고종은 옮긴 당일 내각총리대신 김홍집을 비롯하여 김윤식, 유길준, 어윤중, 조희연, 장박, 정병하, 김종한, 허진, 이범래, 이진호를 면직하고, 유길준 등을 체포하도록 명하였다.

당시 민비 시해 사건과 단발령(갑오개혁)으로 사나운 민심에 친일 세력들은 겁을 먹고 일본 군대가 주둔한 곳으로 피신할 것을 권유하였으나 김홍집은 "나는 명색이 조선의 총리대신이다. 내가 조선인을 위해 죽는 것은 떳떳한 천명이거니와 다른 나라 사람에 의해 구출이 된다는 것은 짐승만 같지 못하리라(『고종실록』)."라고 하면서 이를 거부하였다.

이에 격분한 보부상(褓負商)들은 김홍집을 끌어내려 발로 차고 주먹을 쳐서 거리에서 때려죽였다. 한 나라의 총리 격인 벼슬을 가진 자가 보부상의 우두머리에게 맞아 죽은 것은 역사상 한 번도 일어나지 않은 일이다.

이 사건으로 보자면 김홍집이 가져온 『조선책략』은 아시아 연대론을 주장한 책이었으므로 후에 이와 유사한 김옥균의 삼국합종론(三國合從論) 혹은 삼화주의(三和主義) 그리고 안경수(安駉壽, 1853~1900)가 일청한동맹론(日淸韓同盟論)을 주장한 것은 후에 대동 합방론을 주장하게 된 계기가 되어 국민이 울분을 표출하게 되었다. 즉 이러한 논리가 후에 일본이 한일합방(韓日合邦)을 하는 데 있어서 결정적인 논리를 주게 되었다는 것이다.

4. 임오군란과 갑신정변

고종은 청나라의 도움 아래 외국 세력인 미국, 프랑스, 독일 등과 연합하여 동아시아에서의 균형을 맞추면서 통상에 힘을 박차고 있었다. 다시 말하면 통상교역을 통하여 국제적인 안목을 넓혀갔으며 부국강병을 실현하고자 노력하고 있었다. 이러한 개화 정책은 오히려 일반 백성들에게는 오히려 생활을 힘들게 한 결과를 가져와 주민의 불만은 최고조(最高潮)로 다다랐다. 왜냐하면, 개화로 인하여 혜택은 골고루 주어지지 않고 일부 상인들에게 국한되었다는 것이다. 예를 들면 개화로 인하여 일부 농산물이 일본으로 대량으로 실려 갔으며 오히려 조선인들에게는 부족 현상을 가져와 쌀값이 폭등하게 되었다.

당시 쌀을 월급으로 받던 구식 군인들이 월급을 받지 못하고 받더라도 쌀 일부에는 돌과 겨가 섞여 있었으며 이들마저도 쌀을 관리하던 선혜청 관리들이 착복하는 사태가 벌어졌다. 당시 구식 군인들은 신식 군대인 '교련병대(敎鍊兵隊, 별기군)'에 비하여 엄청난 차별 대우를 받았다. 이에 불만을 품은 구식 군인들이 1882년 군인들이 일으킨 변을 임오군란(壬午軍亂) 혹은 임오군변(壬午軍變)이라고 했다.

구체적으로 말하자면 구식 군인들이 13개월 동안 밀린 급료를 지급한 결과로는 양도 절반이 되지도 않았고 그마저도, 식용이 아닌 썩은 쌀과 쌀겨가 섞여 있었다. 이들은 수령을 거부하고 다시 지급해달라고 요구하였다. 그러자 관리들은 '모욕받기 싫으면 가라'는 말을 듣고 폭발하여 관리들을 구타하고 기물을 파손하는 등의 난동을 부리기 시작한 것이 시초였다는 것이다. 이에 대하여 『고종실록』에는 다음과 같이 적혀있다.

> 홍순목: "올해는 흉년인데, 나라 곳간도 다 비었습니다. 당장 어제만 해도 군인들이 월급 때문에 창고지기를 두들겨 팼답니다. 월급이 13개월이나 밀렸고 1개월치 월급밖에 안 줬는데 그 양조차도 엉망이었답니다."
> 고종: "월급 13개월을 못 준 것부터가 할 말 없는 일인데, 그나마 준 1개월치도 제대로 안 준 건 왜 그런 건가?"
> 홍순목: "산지에서 쌀을 수송하다 보면 상하는 것은 흔한 일이라고는 하지만 심각한 사안이라 엄중히 조사시켰습니다. 근데 진짜 원인은 그게 아니고, 차별 대우 때문인 것 같습니다. 신식 군인들은 제대로 받으면서 훈련도감 군인들은 제대로 받지를 못했으니 똑같이 하루를 위해 10년 훈련하는 애들 입장에서 화가 안나면 그게 더 이상하죠. 월급 1년이나 넘게 안 받고 스스로 먹을 거 입을 거 해결해 가면서 군령을 안 어긴 겁니다. 오히려 군기가 제대로 잡혀있습니다."
> 고종: "그러게 말이다. 저러고도 그간 난리 안 쳤다니 대단한데?"

이러함에도 불구하고 부패한 관리들을 처벌하지 않고 오히려 임오군란의 주동자만을 처벌한 데 대한 반감으로 군인들이 반란을 일으킨 것이다. 당시 쌀이 없어 임금을 지급하지 못한 결정적인 이유는 쌀의 대량 유출이었다. 이는 이전에 맺은 불평등 조약에 따르면 양곡의 무제한 유출을 허용한다는 조항에서 기인한 것이다. 당시 조선이 일본에 수출한 쌀은 45,077석이었는데 임오군란이 터진 1882년에는 2,721석에 불과하였다는 것은 조선에는 쌀이 매우 부족했던 것으로 보인다.

당시 조선의 조정이 쌀이 없다는 것을 솔직히 시인하고 대책을 세우거나 달래기만 하였더라도 군인들의 봉기는 일어나지 않았을 것이다. 이 일을 담당하였던 민겸호(閔謙鎬, 1838~1882)는 고질적인 병폐를 무마하지 못하고 강제적인 진압으로 잘못된 판단을 내려 이 일을 더욱 확대하였다.

임오군란의 주동자인 김춘영(金春永, 1844~1885)과 유복만(柳卜萬, 1855~1882)은 체포되어 옥에 갇히게 되었으며 가담한 군인들조차도 곧 처형이 될 것이라는 소문은 더욱 군인들을 분노하게 했다. 이에 따라 백성들까지 가세하여 당시 조사관이었던 민겸호의 자택을 습격하여 그의 정치적으로 적대관계에 있던 흥선대원군에게 요청하여 사태를 진정시키기에 이르렀다. 따라서 대원군의 지휘 아래 궁궐로 진입하여 민씨(閔氏) 일가를 처단했다. 이때 민겸호(閔謙鎬, 1838~1882) 및 경기도 관찰사인 김보현(金輔鉉, 1826~1882) 등이 살해되었으며 중전의 일가인 민씨(閔氏) 등을 찾아내는 데 혈안이 되었다. 당시의 상황에 대하여 『저상일월(渚上日月)』에 다음과 같이 적혀있다.

군졸들은 먼저 교동(校洞) 이최응의 집을 부수고 벌벌 떨고 있는 그를 죽였다. 군병들은 그가 다시 살아날까 염려하여 장창(長槍)으로 항문을 찔러 창날이 머리와 뺨에 나오는 것을 확인하고 멈추었다. 그리고 "장안의 민가 놈은 다 죽이겠다"라고 호언을 하면서, 민겸호(閔謙鎬), 민태호(閔台鎬), 민규호(閔奎鎬), 민두호(閔斗鎬), 민영익(閔泳翊), 민치서(閔致序), 민치상(閔致庠), 민영목(閔泳穆), 민창식(閔昌植)은 종루(鐘樓)에 끌려 나와 난자 질 당해 죽었다. 또 김보현의 큰집, 작은집과 신관호(申觀浩), 한성근(韓聖根), 윤흥렬(尹興烈), 홍완(洪玩), 이태응(李泰膺), 내영 집사 등 속과 중인통왜자(中人通倭者: 일어 통역관)의 집들이 모두 파괴되었다. 홍완은 포박되어 죽이려 들자 살려달라고 애걸복걸하였다. 그 밖에도 민가(閔家)와 친근한 사람이나 궁궐에 출입하는 점쟁이, 무당들 집까지도 모두 파괴하여 이날 피살된 사람의 숫자는 헤아릴 수 없을 정도로 많았다.
(『저상일월(渚上日月)』 1882년(壬午年, 고종 19) 6월 10일)

『저상일월(渚上日月)』은 함양박씨(咸陽朴氏)의 정랑공파(正郎公派)에 의해 쓴 일기로 1834년 순조 34년에서 1974년까지 6대에 걸쳐 약 140년 동안 쓴 일기로 현재는 대한민국 보물 제1008호로 지정되어 있으며 당시의 주변 상황과 국외 상황을 매우 사실적으로 기록되어 있다.

이 사건의 여파로 고종은 흥선대원군의 입궐을 허용하였으며 이로써 고종의 섭정을 재개하게 된 것이다. 먼저 대원군은 이 사건에 관련된 민씨 일가와 지원자들을 모두 파면하거나 귀양을 보냈으며 군인들의 밀린 월급을 지급하였고 고종이 실시하였던 개화 정책을 전면적으로 보완 수정하게 된 것이다.

또한, 이 사건은 여기에서 마무리가 되는 듯했으나 고종과 중전 민씨(閔氏)는 청나라에 군대 파병을 요청하면서 더욱 사태가 복잡하여졌다. 임오군란으로 인하여 피신하였던 중전은 행방불명으로 기록되었으나 민씨(閔氏)가 충주에서 환궁하면서 민씨(閔氏) 외척들이 조정을 완전히 장악했다. 김옥균 등 급진개화파들도 조정의 중책을 맡게 됐으며, 난의 진압을 축하하기 위해 과거 시험이 열리며 이완용, 서재필 등이 출사하는 계기가 됐다. 청나라는 흥선대원군을 천진(天津, 톈진)으로 납치하였고 반란을 주도한 11명은 결국 처형을 당하게 되었다. 특히 유복만(柳卜萬, 1855~1882)과 김장손(金長孫, 1820~1882)은 참수, 시신까지 훼손당하는 능지처참을 받았다.

이 사건으로 인하여 흥선대원군의 시대는 1개월 만에 막을 내리고 다시 민씨(閔氏) 일가와 고종이 복귀하게 되었으며 이를 계기로 일본은 자국 공사관의 피해와 국민의 피해를 보상받기 위하여 제물포 조약 체결을 요구하며 일본 군대가 주둔하는 결과를 가져왔다. 쌀로부터 시작한 임오군란은 결국은 한반도에 일본과 청나라가 들어오는 구실을 만들었으며 1884년 갑신정변의 계기를 마련하였다. 임오군란 이후로 청군과 일본군이 조선에 주둔하며 청과 일본 상인이 조선 영토로 진출하게 되었으며, 상대적으로 기반이 빈약했던 조선 상인들이 몰락하게 되었다. 1891년 기준 청 거류민은 2천 명, 일 거류민은 8,600여 명에 육박했다.

임오군란 이후 청나라는 조선에 사대관계를 내세워 실질적으로 속국화를 시도하였다. 즉 청은 조청수륙무역장정(朝淸水陸貿易章程)을 체결하여 영향력을 확대하기 시작하였다. 이 조약의 원래 이름은 '중국조선상민수륙무역장정(中國朝鮮商民水陸貿易章程)'이라 하며 조선과 청나라의 불평등 조약으로 명문화시켰다. 즉 청나라 상인의 경제적 침투가 이루어지면서 조선에서 청과 일본 상인이 이권 경쟁에 더욱 불이 붙었다. 그리고 청나라의 동의가 없이는 각국의 영사관이나 외교관을 함부로 임명할 수 없으며 재판권도 청나라에 넘어갔으며 조선 국왕의 지위 또한 청나라의 대신(大臣) 급으로 격하시켰고 군대도 조선에 합법적으로 진주하도록 하였다. 이로써 늦게 한반도로 들어온 청은 후에 청일전쟁이 일어날 때까지는 일본과의 통상에서 유리한 위치에 올라서게 되었다. 즉 조선은 실질적인 청의 보호국으로 전락하게 되었다는 것을 의미한다.

군인들의 봉기가 일어난 이후 일본도 이를 구실로 군대를 파견하여 조선과 제물포 조약을 맺었고 청과 일본도 "양군의 철병과 한 나라가 조선에 군대를 보낼 시에는 다른 나라에 사전 통지한다."라는 '텐진조약'을 체결하였다. 이로 볼 때 한반도는 일본과 열강 그리고 청나라의 각축장이 되어버렸다.

청나라는 조선의 자주권을 침해하면서 조선의 내정에 관여하였고 이에 따라 정권을 장악하였던 고종과 민씨 일가들은 개화 정책에는 무척 소극적으로 대항하기 시작하였다. 즉 청의 간섭이 심화가 되면 될수록 일본의 침탈을 견제할 수 있었기에 여전히 청에 대하여서는 관대하게 대할 수밖에 없었다. 이는 김옥균을 중심으로 하는 급진개화파들을 당황하게 하였으며 오히려 온건 개화파들이 수구세력과 힘을 합쳐 청나라의 양무운동을 모델로 하여 청나라식의 개혁을 모색하고자 하였다.

이러한 급진 개혁파들의 대표적인 인물은 김옥균, 박영효(朴泳孝, 1861~1939), 서광범(徐光範, 1859~1897), 홍영식(洪英植, 1855~1884) 등 서울 출신의 젊은이들이 주가 되었는데 이들은 서서히 일본의 도움을 받아 민씨 일가들을 몰아내기 시작하였고, 쿠데타로 혁명을 일으켜 청나라가 외국과의 전쟁으로(청불전쟁) 혼란을 틈타 신정부를 수립하기에 이르렀다. 이를 갑신정변이라 한다.

갑신정변은 음력으로 1884년 10월 17(양력은 1884년 12월 4일)일 우정국 낙성식을 이용하여 왕을 창덕궁 옆에 있는 경우궁(景祐宮)으로 옮기고 대신들을 왕명으로 불러 처단하였다. 이때 처단된 인물들이 민영익을 비롯한 민씨 일가들이다. 따라서 급진적 개혁파들은 김옥균을 비롯하여 서재필(徐載弼, 1864~1951) 등이 정권을 장악하였으며 급히 14개 조의 정강을 발표하였는데 이는 아래와 같다(『갑신일록』).

1. 대원군을 즉각 환국하게 하고 청나라에 대한 사대, 조공 허례를 폐지할 것
2. 문벌을 폐지하고 인민평등권을 제정하고, 실력과 재능에 의해 인재를 등용할 것

3. 전국의 지조법을 개혁하여 간리(奸吏, 간사한 관리)와 탐관오리들을 근절하고 궁민(窮民)을 구제하며 국가 재정을 충실히 할 것
4. 내시부를 폐지하고 재능 있는 자만을 등용할 것
5. 전후 국가에 해독을 끼친 간리(간사한 관리)와 탐관오리 가운데 현저한 자를 처벌할 것
6. 각 도의 환상미(還上米)는 영구히 폐지할 것
7. 규장각을 폐지할 것
8. 시급히 순사를 설치하여 도적을 방지할 것
9. 혜상공국을 폐지할 것
10. 전후의 시기에 유배 또는 금고된 죄인을 다시 조사하여 죄의 경중을 묻고, 무고한 죄인은 석방시킬 것
11. 4영을 합하여 1영으로 하고, 영 가운데서 장정을 뽑아 근위대를 급히 설치할 것. 육군 대장은 왕세자로 임명할 것
12. 일체의 국가재정은 호조(戶曹)에서 관할하고 그 밖의 중앙 재무관청은 금지, 혁파할 것
13. 대신과 참찬은 매일 의정부에서 회의하고 정령(政令)을 의정, 시행할 것
14. 의정부, 6조 외에 불필요한 관청을 혁파하고, 대신과 참찬으로 하여금 이것을 심의 처리하도록 할 것(박은봉, 『한국사 100장면』, 가람기획, 1993에서 재인용)

그러나 이들의 정권은 혁명 3일 만에 동도 개화파의 개입과 민씨 정권 측은 위안스카이(袁世凱)가 이끄는 청나라군에 의해 왕과 왕비는 구출되었고 홍영식과 박영교(朴泳敎, 1849~1884)는 청나라군에 의해 전사하고 김옥균, 서재필 등은 일본으로 망명하였으며 윤치호는 유학 형식으로 망명하였다. 따라서 갑신정변은 '갑신 의거', '갑신 사태', '갑신 봉기', '3일 천하', '3일 혁명' 등으로 불리기도 한다.

그들에 의해 발표된 정강 정책은 이론적으로는 참신하였으나 신분제도 폐지, 과거제도 폐지와 같은 조항은 지방 유생들뿐만 아니라 양반들에게는 반발을 사게 되었다. 그러나 개혁안 중에서는 청나라와의 사대관계를 청산하자는 개혁안은 매우 공감하였다. 결국은 청나라의 정책을 추종하는 집권 세력을 사대당(事大黨)이라고 하고 개혁적이고 일본의 메이지 유신을 따르는 세력을 개화당(開化黨) 혹은 독립당(獨立黨)이라고 하였을 때 독립당이 패배하고 보수세력이 재집권하는 계기가 되었다.

갑신정변의 실패와 의의는 당시 준비 부족과 거사 자금이 부족하였으며 자본주의의 뿌리나 민중의 의식에 한계가 있었다는 것이다. 그러나 당시 동아시아의 정세를 살펴보았

을 때 조선의 개화는 시대적 흐름이었으며 이를 통해 중세 봉건적인 국가에서 탈피하여 근대적 국가 수립과 이로써 부정부패를 청산하고 신분제를 폐지하는 등의 근대화 운동의 시발점이다. 또한, 청나라의 사대 국가로부터 탈피하여 자주 독립국이고 전제주의 국가에서 입헌군주제로 바꾸려는 시도가 획기적이었다는 평을 받는다.

갑신정변의 결과로는 청나라를 중심으로 한 사대당(事大黨)이 더욱 득세하게 되어 더욱 보수적인 정권으로 변모하였으며 청의 강성함이 조선에서의 일본과의 쟁탈전은 조선 침략의 시발점이 되었다는 것이고 두 나라의 공동철병으로 인하여(톈진조약) 일본으로 하여 조선에 대한 내정간섭이 심화가 되었으며 경제침탈도 가속화되었다.

갑신정변의 실패로 보수파는 김옥균을 내놓을 것을 요구하였고 정변 지원을 추궁하여 일본 공사관이 불에 타고 일본인들이 살해되었다. 일본은 이를 빌미로 조선에 배상을 요구하였고 조선 정부의 사죄와 희생자에 대한 구휼금을 요구하였다. 이를 1885년 1월에 체결한 '한성조약'이라 했다.

이 조약에 의해 조선은 일본 정부에 사과를 표명하고, 희생자와 각종 피해에 대한 보상금 10만 원을 지불(支拂)하고 한성에 일본 공사관을 새로 건축하는 비용 상당액을 부담하게 되었다.

또, 청나라 군대의 개입이 문제가 되어 일본은 청나라 측에 청, 일 양국은 조선에서 군대를 철수할 것, 장래 조선에 변란 등이 일어나서 청, 일 어느 한쪽이 파병할 때 그 사실을 상대방 국가에 알리고 출병할 것 등을 내용으로 하는 톈진조약을 체결하는 원인이 된다.

여기에서 알고 넘어가야 할 것은 김옥균의 죽음에 관한 이야기이다. 김옥균은 1894년 망명 도중 홍종우(洪鍾宇, 1854~?)에게 암살당하는데 그는 김옥균을 안심시킨 뒤 상하이로 유인하여 거사를 실행했다. 홍종우는 김옥균을 저격하여 암살한 이유를 두 가지로 경찰서에서 변론하였는데 아래와 같다(김삼웅, 『친일 정치 100년사』, 동풍, 1995에서 재 인용).

김옥균을 암살한 첫 번째 이유로 공무라고 밝혔다. 김옥균 암살은 첫째로, 공무다. 어명을 받든 것이다. 두 번째 이유로는 김옥균이 동양 평화에 위협적인 인물이라는 것이었다.
"나는 조선의 관원이고, 김옥균은 나라의 역적이다. 김옥균의 생존은 동양 삼국의 평화를 깨뜨릴 우려가 있다"("조선의 운명을 바꾼 김옥균 암살사건", 오마이뉴스, 2005.

조재곤,『그래서 나는 김옥균을 쏘았다 - 조선의 운명을 바꾼 김옥균 암살사건"』, 푸른역사, 2005).

이 사건으로 상하이 경찰은 저격수 당시 프랑스 유학생 출신인 홍종우를 체포함과 동시에 김옥균(金玉均, 1851~1894)의 사체(死體)를 일본으로 인계하기로 하였으나 개화파의 존재로 인한 외교적 마찰을 없애기 위해서 청나라로 인계하였고 다시 조선인이 저지른 사건을 조선인의 상호 간의 문제로 처리하여 조선으로 인계되었다. 이에 따라 선박으로 인계된 그의 시신은 1차로 강화도의 양화진에서 능지처참(陵遲處斬)당하고 머리는 저잣거리에 효시(梟示)된 후 실종되었고 당시 그의 목에는 "모반(謀反) 대역부도(大逆不道) 죄인 옥균(玉均) 당일 양화진두(楊花津頭) 능지처참(陵遲處斬)"이라고 쓰여있었다(민족문제연구소,『민족 문제 연구』 9권, 민족문제연구소, 1996).

효시(梟示)는 '효시경중(梟示警衆)'의 줄임말로 목을 베어 군중이 보는 앞에 공시함으로써 대중에게 경계심을 주고자 하는 목적으로 대역죄를 방지하고자 하는 목적이라 할 수 있다. 이와 같은 방법으로 볼 때 김옥균의 죄는 당시에 명예가 훼손될 정도로 큰 죄가 되었다는 것을 암시한다.

서재필(徐載弼, 1864~1951)의 경우, 갑신정변이 실패로 끝나자, 부인은 친정으로 쫓겨 가게 되었는데 그녀의 집안에서는 대역죄인이라 하여 집 안에 들이는 것을 거부하였고 그 집 귀신이 되라고 돌려보내기도 하였다(송건호, 2002). 당시의 일부 개화파들은 김옥균이 사지가 분열된 상태로 돌아오고 개화파들의 가족들이 연좌제(連坐制)로 인하여 고통을 받는 것을 보고는 "조선이라는 나라는 존재할 가치가 있는 나라인가?"라고 비판하였다.

자랑스러운 우리의 역사

제9장

개화정책과
근대국가로의 진입

자랑스러운 우리의 역사

개화정책과
근대국가로의 진입

제 9 장

1. 조선의 변화: 개화정책

갑신정변이 실패한 뒤에도 조선의 개화 정책은 고종과 왕비 측근들의 세력을 중심으로 해서 실시되었다. 즉 국가의 자존심과 주권을 지키면서 자주적인 개화 정책을 온건 개화파와 신진 개화 관료들 중심으로 서서히 진행하였다. 그러나 문제는 청나라와 일본의 침투였다. 임오군란 이후 청나라의 정치적 간섭과 일본의 경제적 침투와 불평등한 무역 통상은 조선을 어렵게 만들었기 때문이다.

그러나 조선의 개화 정책은 고종을 중심으로 농업을 위시하여 교육, 언론, 기술 등의 분야에서 조용히 진행되고 있었다. 먼저 조정은 전환국(典圜局)과 기기창(機器廠)을 세워 산업기술의 발전을 꾀하고자 하였다. 전환국(典圜局)은 구한말에, 탁지아문 또는 탁지부에 속하여 화폐의 주조를 맡아보던 관아로서 고종 20년(1883)에 설치하여 광무 8년(1904)에 없앴다. 즉 근대 화폐를 주조 발행하기 위하여 1880년대에 독일에서 조폐기기 시설을 들여와 근대 화폐를 제조하기 위한 기구였다.

또한 기기창(機器廠)은 무기를 제조하는 기구로서 영선사 김윤식(金允植, 1835~1922)과 유학생 그리고 기술자들을 이끌고 청나라의 톈진(天津)에서 무기 제조법과 근대적 군사 훈련

법을 배워 1883년 설치한 기구이다. 즉 기기창(機器廠)은 조선 후기에, 기기국(機器局, 조선 후기에 병기를 만들던 관아)에 속하여 신식 무기를 만들던 공장이다. 고종 20년(1883)에 설치하였다가 1894년 동학 농민 운동과 청일전쟁으로 없어졌다.

언론 분야에서는 박문국(博文局)이 신문이나 도서를 출판하기 위하여 인쇄기기를 도입하여 1883년에 만들었으며, 여기에서 우리나라 최초의 신문인 한성순보(漢城旬報)가 1883년에 발간되었다. 한성순보(漢城旬報)는 갑신정변으로 중단된 후 열흘 간격으로 발행되었던 신문을 다시 속간하게 되었으며 1886년 고종 23년 1월 25일 우리나라 최초의 주간 신문인 한성주보(漢城週報)를 발간하게 되었다가 1888년 7월에 폐간하게 된다. 한성순보(漢城旬報)가 한자 위주로 쓴 데 비하여 국한문을 혼용하여 썼고 내용에 따라 순 한글 혹은 순 한문만을 사용하였다는 것이 특징이었다. 이 외에도 독립신문(1896), 제국신문(1898), 황성신문(1898), 대한매일신보(1904) 등 신문들과 여러 종교의 기관지가 창간되어 민중을 계몽시키는 역할을 도맡다가 1888년 폐간됐다.

원래는 박문국은 한국 최초의 근대식 인쇄소라고 보면 정확하다. 즉 신문 및 잡지를 편찬하고 인쇄하던 출판기관으로 신문을 발행했다는 점에서 한국 최초의 신문사라고도 보면 된다(김은신, 『이것이 한국 최초』, 삼문, 1995). 1876년 김기수가 일본에 다녀오면서 인쇄소에서 대량의 책이 나오는 것을 보고는 1882년 박영효(朴泳孝, 1861~1939)와 함께 고종에게 건의하여 세웠다. 박문각의 설치는 한국 인쇄역사를 바뀌게 된 계기가 되었다. 이어서 1884년에 한국 최초의 민간 인쇄소인 광인사(廣印社)가 설치되었고 1885년 한국 최초의 학내 인쇄소가 설립되었으며 1886년에는 한글 연활자(鉛活字, 납으로 만든 활자를 말함)가 등장했다.

또한, 근대식 학교들이 이때 등장하여 서양의 우수한 문물을 가르치기 시작하였다. 우리나라 최초의 관립학교인 동문학(同文學)이 1883년에 세워졌다. 동문학은 통변학교(通辯學校)라고도 칭하며 조선 후기 외교와 통상을 담당한 관청인 통리교섭통상사무아문의 부속기관으로서 외국어 교육을 위해 세운 학교이다. 즉 외국과의 교류를 위한 통역관을 양성하는 학교이다. 그러나 이 학교는 영어 교육기관인 육영공원(育英公院)이 등장하자 폐지하였다. 사실상 중국의 관리하에 있었으며 영어교육에는 적절한 교육 과정이 없었고 설립 목적에 어려움이 있었기 때문이다.

육영공원(育英公院)은 조선 후기의 근대식 왕립 교육기관으로 영어교육을 지나치게 강조하고 양반 자제들을 위주로 한 교육기관으로서 대중교육과는 무관하였다. 초기에는 35 명으로 출발하여 1889년 50명으로 늘어났으나 대다수가 입신양명을 위해 영어를 습득하려 했으며 신학문이나 종교학 등은 재미가 없어서 수업 시간이 단축되는 등의 우여곡절 끝에 1894년에 폐교되었다.

이 외에도 원산학사(元山學舍)가 개교하였다. 이 학교는 조선 시대에 원산에 세워진 최초의 근대식 사립학교로 고종 20년 1883년에 덕원 부사 정현석(鄭顯奭)이 덕원 주민들의 요청으로 세웠다. 원산학사는 외세의 도전에 대응하기 위해 외국어, 역사, 지리, 자연과학 등을 교과목으로 하여 가르쳤다.

당시 조선은 일본과 강화도 조약을 맺은 뒤 3개 항인 부산, 원산, 인천의 항구를 열었고 일본 상인들의 활동에 자극받아 원산의 유지들이 근대지식을 갖춘 인재들을 양성해야 한다는 뜻으로 원래 있던 서당을 고쳐서 학교를 짓고 근대학문을 가르치기 시작하였다. 갑오개혁 이후에는 소학교와 중학교로 분리 운영하였는데 특히 소학교는 일제 강점기에 보통학교로 개명되어 광복 때까지 운영되었다. 엘리자베스 키스(영국 출신의 화가, Elizabeth Keith, 1887~1956)가 "원산학사와 그 제자들"이라는 그림을 그렸으며 지금도 국립민속박물관에 소장되어 있다. 이 그림을 자세히 살펴보면 앞에는 선생님으로 보이는 남자와 그 뒤로는 어린아이와 젊은이 그 뒤로는 두루마리를 입은 선생님 그리고 전통 복장을 한 학생으로 보이는 모습을 그린 작품이다. 원산학사 설립의 목적은 『덕원부계록』에 자세하게 설명되어 있다.

> 덕원부사 정현석이 장계를 올립니다.
> 신이 다스리는 원산읍은 해안의 요충지에 있고 아울러 개항지가 되어 소중함이 다른 곳에 비할 바가 아닙니다.
> 개항지를 빈틈없이 운영해 나가는 방도는 인재를 선발하여 쓰는 데 달려 있고,
> 인재 선발의 요체는 교육에 있습니다.
> 그러므로 학교를 설립하여 연소하고 총명한 자를 뽑아 교육하고자 합니다.

이 학교는 민간인들이 자발적으로 자금을 모아 설립하였다. 이를 시작으로 선교사들을

중심으로 많은 사학(私學)이 생겨났다. 대표적인 학교로는 배재학당, 이화학당, 경신학교, 정신여학교가 있다. 이 학교들은 기독교를 전파하고 서양 문화 보급을 목적으로 하였지만 고종과 왕비의 적극적인 후원으로 세워질 수 있었다.

배재학당(培材學堂)은 조선 고종 22년(1885)에 미국의 북 감리회 선교사(宣敎師)인 아펜젤러(Appenzeller, Alice R.)가 서울에 세운 우리나라 최초의 근대식 사립학교이며 지금의 배재중, 고등학교의 전신이라 할 수 있다. 그는 학교를 설립하는 목적은 『백과사전』에 분명하게 나타나 있다.

> 아펜젤러는 언더우드처럼 종파와 교리에 상관없이 조선인들에게 선교 활동을 펼치라고 가르침을 행했다. 이때가 그의 나이 겨우 27세였다. 배재학당의 학훈인 '크고자 하거든 남을 섬겨라.'를 만들었고, 그의 아들인 헨리 다지 아펜젤러는 배재(培材) 교가를 작사, 작곡했다. 모교 프린스턴 대학교의 응원가를 개사해 만들었다고 한다. 배재(培材) 학교의 교표가 프린스턴 대학의 교표와 비슷한 이유도 바로 이것이다.

그는 한국 최초의 서양식 결혼을 집례(執禮, 예식을 집행하는 일)했는데 그 시기가 1888년 3월 14일이다. 『별건곤(別乾坤, 1928. 2)』에서는 1890년이라고 언급하지만 이보다 2년이 앞선다. 당시 결혼한 사람은 그에게 두 번째로 세례를 받은 한용경과 과부 박시실이었다. 결혼식은 저녁에 기독교식으로 진행되었고 결혼식이 끝난 뒤 아이스크림과 차를 마셨다. 이 결혼식이 한국 최초의 교회 결혼식이자 현대 결혼식의 기원이다.

한국에서는 1894년 고종이 갑오경장을 통해 과부 재가를 허용하면서 공식적으로 폐지되었지만, 한국의 개신교는 이보다 6년 더 빠르게 과부의 재가를 허용했고 지출을 최대한 억제한 점으로 보아 결혼식의 좋은 모델을 제시했다는 점에서 신선한 충격을 주었다(소요한, 『한국교회 선교사 시리즈』, "한국 최초의 선교사, 아펜젤러의 생애와 신앙", 한국교회총연합, 2022, 뉴스 앤 넷).

이화학당(梨花學堂)은 조선 고종 23년(1886)에 미국의 선교사 스크랜턴(Scranton, M.) 부인이 설립한 여성 교육기관으로서 유관순의 모교이자 이화여자고등학교와 이화여자대학교의 전신이다(『한국민족문화대백과』, "이화학당", 한국학중앙연구원). 이화학당은 초기에는 조선 사회에 초석을 다지는 데 매우 어려움이 있었다. 왜냐하면, 당시 여자들의 교육은 필요가 없다는 생각이 주를 이루었고 외국인이 설립했다는 이유로 배타적인 성향이 강했기 때문이다. 예를 들면 설립자인 스크랜턴 부인을 '서양 도깨비'라고 할 정도로 배타적이었다.

이화학당이라는 이름은 고종과 명성황후가 설립자의 공로를 치하(致賀)한다며 내린 교명으로 당시에 그 주위에 배꽃이 많아서 배꽃처럼 희고 맑고 깨끗하게 자라라는 의미가 있다. 그리고 이화학당은 1887년 의료선교의 목적으로 보구여관(普救女館)을 설립했는데 이는 한국 최초의 여성병원이라 할 수 있고 오늘날 이화여자대학교 의료원의 전신(前身)이라 할 수 있다. 보구여관(普救女館)이라는 이름에서 보듯이 "여성을 보호하고 여성을 구제한다."라는 의미로 역시 고종이 지어준 이름이다. 초기에는 외국 의사들이 주를 이루었으나 후에 한국인 최초의 여의사 박에스더를 비롯하여 조선인 여의사들이 배출하여 그 자리를 차지하였다.

박에스더는 한국 이름이 김점동이며 1900년 유학에서 돌아와 보구여관에서 의료봉사를 하였다. 그 와중에 과로로 인하여 영양실조와 폐결핵을 앓다가 34세(1910)의 나이로 사망했다. 또한, 보구여관(普救女館)에 간호원 양성학교를 만들어 1기인 김마르타와 이그레이스를 배출하였다. 이 학교가 현재 이화여자대학교 간호학과의 전신이다.

또한, 경신학교(儆新學校)는 조선 고종 23년(1886)에, 미국인 선교사 언더우드가 목회자 양성을 위해 정동에 세운 중등학교로 최초의 교명은 언더우드 학당이었다. 이 학교는 1893년 '민노아 학당', '예수교 학당'으로, 1901년 '구세 학당'을 거쳐 1905년에 경신학교라는 이름으로 개칭(改稱)했다.

정신여학교(貞信女學校)는 1887년 6월에 개설되어 현재 잠실동에 있는 정신여자고등학교의 전신이라 할 수 있다. 독립운동가 김마리아(金瑪利亞, 1892~1944)가 정신여고 졸업생이자 교사로 활동하였다. 그녀는 유학 중 조선의 노예 상태를 안타까워했다.

현대 문명의 특징은 해방이라 합니다. 정권 해방, 직업 해방, 노예 해방, 학문 해방, 여자 해방 등등. 오늘날 문명의 갱신이라 하겠습니다.… 먼저 사람을 만들고 다음에 여자를 만듦이외다.…'(『잡지 여성계』 1917년 12월호)

그 뒤 1919년 2.8 독립 선언 및 3.1만세운동에 참여하여 서대문 형무소에 수감(收監)되었고 이후에도 독립운동에 투신하여 대한 애국부인회를 출범시키고 체포되어 5년의 징역을 구형받는데 내용은 아래와 같다.

> "…여자로서 대학까지 졸업하고 일본 연호를 모른다 하고 (…) 일본 제국이란 것은 없고 일본 신민이 아닌 태도를 지녔다. 대역무도한 무리로 (…) 조선 사람으로 독립운동하는 것 당연한 일 아니냐, 남자가 활동하는데 여자가 활동하는 것도 당연한 일 아니냐고 답한 것만 보아도 범죄의 증거가 확실하다(『백과사전』)."

김마리아는 해방되기 1년 전인 1944년 갖은 고문으로 인한 후유 병으로 사망하였으며 현재는 후손이 없는 그를 추모하기 위해 서울 송파구 정신여중, 고교 교정에는 김마리아 열사의 흉상과 기념관이 있다.

또한, 학교뿐만 아니라 서양 의술을 갖춘 근대적인 병원이 생겨나기 시작하였는데 1885년 설립된 왕립광혜원(王立廣惠院)은 일반 백성을 위해 지어진 우리나라 최초의 근대식 병원이다. 광혜원은 지금의 서울특별시 종로구 재동(齋洞)에 미국 선교사 알렌(Allen, H. N.)의 주관 아래 세웠으며, 같은 해에 제중원(濟衆院)으로 이름을 고쳤다. 알렌(안연, 安連) 고종황제의 시의(侍醫, 궁중에서 임금의 진료를 보는 의사) 및 고문으로 있으면서 관립의학교를 만들자고 건의하였다.

알렌은 갑신정변에서 자객의 칼을 맞아 중상을 입은 명성황후의 친척 민영익의 봉합수술을 집도해 그를 살렸는데 이에 고종 황제가 크게 감격하여 알렌의 소원 한 가지를 들어주기로 하였다. 그의 소원은 '조선의 백성들과 황제를 위한 병원설립'이었다. 그 결과 탄생한 것이 조선 최초의 왕립병원 광혜원이었다.

알렌은 병원을 설치하고자 건의안을 조정에 제출하였는데 자신의 작은집에서는 많은 사람을 치료할 수 없다면서 공기가 잘 통하고 깨끗한 큰 집 한 채와 조선의 청년들에게 서구식의 의료기술을 전수할 것을 요청하였다. 이를 위해서 운영비나 약값은 조선에서 예산을 지급한다면 미국에 있는 유능한 의사를 더 데려올 수 있다는 내용이 들어가서 고종을 움직이게 하였다.

그는 당시 병원설립을 반대하였던 묄렌도르프에게 간곡한 편지를 써서 그의 허락을 받아 내었고 이 병원을 세우면서 조선의 자주독립(自主獨立)을 위하여 이름을 '한국 정부의 병원'이라고 하였다.

알렌의 노력으로 1885년 2월에 병원의 설립 허가가 났으며 홍영식의 옛집을 병원부지(病院敷地)로 받았다. 홍영식은 갑신정변의 주역으로 진압 과정에서 사망하였고 그에 따라 그의 집은 조정에서 몰수했던 차였다.

『고종실록』에 보면 그 병원의 설립 일자는 1885년 4월 14일이고, 그때 조정이 지어준 이름은 '광혜원'이다. 넓게 혜택을 준다는 뜻으로 그렇게 지었다. 처음 개원할 때의 병원 규모는 외래진료실, 환자실, 수술실, 약국 조제실, 일반병실, 외과 병실, 여자병실, 특등실을 갖추었다. 병상의 수는 430상이었다. 이상하게도 서양식 병원이면서도 광혜원이라는 이름을 지었다는 것에 주목할 필요가 있다. 다시 말하면 병원이라는 말을 사용하지 않았다는 것이다. 광혜원의 첫 공식 영어 명칭은 'Royal Hospital', 곧 '왕립병원'이었다. 그러나 설치 허가 공문에는 확실히 '미국 북 장로교 선교사 알렌(Allen, H. N.) 박사의 주관'이란 글귀가 있다.

고종 임금은 광혜원 개원 후 12일이 지난 4월 26일 광혜원을 '제중원'이라 개칭했다. 여러 민중을 구제한다는 뜻이다. 제중원에서 첫해에 치료한 환자는 외과수술 환자 150명, 외래 치료 394명 등 총 1만 460명이다. 알렌(Allen, H. N.)이 혼자 다 한 것이다.

또한, 제중원은 운영권이 1894년 미국 북 장로회 선교부로 고종의 명에 따라 이관되었고 조선 몇 개의 지방 도시에서 설립한 병원을 처음에는 제중원이라고 동시에 불렀다. 다시 말하면 서울, 대구, 광주, 평안남도 선천 등 미국 북 장로회 선교사에 의해서 세워진 병원을 모두 제중원이라고 불렀다는 것이다.

그러나 인력과 시설이 부족하고 정부 후원금마저 끊어지자 1899년 당시 미국의 유명한 사업가 중 한 사람인 루이 헨리 세브란스(Louis Severance, 1838~1913)가 거액의 지원금을 제중원 측에 쾌척했다. 이에 제중원은 1904년 9월 23일 서울역 앞에 새로운 병원을 완공하며 후원자의 이름을 따서 '세브란스 병원'으로 이름을 지었다. 그리고 지방의 제중원은 지역의 기독병원으로 개칭하였다.

여기에서 오늘날 혼란을 가져오는 일이 벌어졌다. 연세대와 서울대가 본인들이 제중원의 후신이라 주장하고 있기 때문이다. 지방에서는 대구 제중원은 계명대학교 의과대학의 전신이 되었고, 광주 제중원은 현재 광주기독병원이 되어서 문제가 되지는 않지만, 서울에 소재한 제중원은 서울대는 고종의 명에 의해 설립된 국립기관이기 때문에 서울대가 전신이라는 주장과 연세대 측은 제중원은 북 장로회 선교회가 운영권을 가지고 출발했기 때문에 연세대가 정통성을 가지고 있다는 것이다. 일반적으로는 연세대학교 병원이 제중원의 후신으로 받아들여진다(박형우 외, "제중원에서의 초기 의학교육", 대한 의사학회지 8(1), 1999, 『백과사전』에서 재인용).

국민 보건을 위해서 정부에서는 천연두를 예방하기 위해서 우두국(牛痘局)을 설치하였는데 우두국(牛痘局)에서 우두(牛痘)는 천연두를 예방하기 위해서 소에서 추출한 면역물질을 말한다. 천연두를 예방하기 위하여 백신을 인체의 피부에 접종하는 방법으로 영국의 의사, 에드워드 제너가 개안한 우두(牛痘: 소의 두창, 천연두) 고름을 이용하는 우두법(牛痘法)이 대표적이다. 천연두에 대하여 다음과 같이 『백과사전』에서 기술하고 있다.

> 이전까지 조선에서 예방접종을 시도해왔다고 알려진 건 우두 접종이 아니라 천연두 걸린 사람의 딱지나 고름을 가루로 만들어서 접촉하게 하는 인두법(Variolation)이다. 이는 실제 병에 걸릴 위험이 높았고 효과도 떨어졌다. 또한, 그 시절까지 천연두와 홍역을 구분하지도 못하고 마마신이라고 통칭하여 불렀다. 당시 천연두의 어마어마한 사망률은 질환을 신처럼 모시고 추앙의 대상이 되게 하였다. 마마신께서 일단 들어오시면 (=천연두에 걸리면) 그저 굽신굽신 비위 맞춰서 곱게 나가시기만을 빌 수밖에 없었다. 마마신 비위를 맞추기 위해 환자가 있는 집안은 제사도 못 지냈다고 한다. 마마신(媽媽神)님께서는 질투가 많아 자기 말고는 다른 귀신이 들어오는 걸 매우 싫어하시기 때문이다. 그리하여 그때까지 천연두의 주 치료 방법은 무당의 굿이었다.

위에서 말하는 인두법(人痘法, Variolation)은 천연두 환자의 고름이나 딱지 등을 피부에 상처를 내고 문지르거나 코 등에 흡입해서 후천 면역을 획득하는 접종법의 일종을 가리킨다. 약하게 천연두를 앓게 되고, 피 접종자가 기본 면역력이 약하면 사망까지 이르게 된다. 그런 이유로 종두법에 밀려 이제는 사용하지 않는다. 인두법((人痘法, Variolation)으로 접종하면, 피 접종자는 천연두 감염된 것보다는 조금 약한 천연두가 발병하여 일반 천연두처럼 농포(膿疱)가 발생한다. 약 2~4주 후에 이러한 증상이 가라앉아 회복되고, 성공적으로 면역이 생성된다.

천연두의 기원은 이집트에서 시작되어 전 세계를 공포로 몰아넣은 무서운 전염병이다. 예로 피라미드 속 미라로 발견된 람세스 5세가 천연두를 앓고 있었다는 것이다. 이것이 우리가 알고 있는 천연두에 대한 물적 증거로 추정된다. 이 증세는 이마에서부터 시작된 반점이 온몸으로 퍼지기 시작하면서 현재 코로나19와 같이 마찬가지로 호흡기로 전염이 된다. 사망률은 33%에 달하는 매우 무서운 병이다.

천연두를 우리나라에서 '마마'라고 부르는 이유는 병이 빨리 지나가라는 의미에서 존칭어를 사용하였고 혹은 손님으로 표현하였다. 흔히 종기를 일컫는 '창'을 붙여 '두창(痘瘡, 천연두)'이라고도 불렀다.

지석영(池錫永, 1855~1935)은 조선 말기 한의사이자 문신이며 한글 학자이다. 그는 1880년부터 종두법(種痘法)의 보급에 힘썼으며 에드워드 제너(Edward Jenner)의 우두법(우두 접종법)에 관심을 가졌다. 1879년 10월 일본인이 운영하던 부산 제생의원에서 두 달간 우두법(牛痘法)을 배웠다. 그해 겨울 충청북도 충주시 덕산면에서 최초로 40여 명에게 우두를 시술하였고 서울에는 종두장(種痘場)을 설치하였다. 1885년, 『우두신설』을 저술하여 조선의 종두법 시행의 선구자로서 의학 발전에 매우 힘을 썼다. 이후에도 천연두가 유행할 때마다 우두종법(牛痘種法)을 하여 병에 걸린 이들을 구제했다. 그는 의학뿐만 아니라 한글 보급에 힘쓴 공로를 인정받아 팔괘장과 태극장을 받았다(허정, "지석영", 『월간과학』, 계몽사, 1993). 국문 관련 저서로는 『자전석요(字典釋要, 1907)』, 『언문(言文, 1909)』, 『훈몽자략(訓蒙子略, 1909)』 등이 있다.

이 시기에 통신시설이 도입되어 새로운 혁명을 가져왔다. 즉 거대한 통신망을 구축함으로써 생활의 변화와 혁신을 가져왔다는 것이다. 이러한 전신(電信) 시설은 전파와 전류를 사용하여 두 지점 사이에 통신이 원활하여 소식이 빠르게 전달하는 통신 혁명을 가져올 수 있었다. 전신은 서울과 인천, 의주, 부산 등 여러 지역을 연락하는 데 이용되었다. 1885년, 경운궁에는 전화가 가설되었고 전등은 1887년 경복궁 건청궁에 처음 설치되어 밤거리를 밝혔다. 이는 에디슨이 전구를 발명한 지 8년이 되는 시기에 미국의 에디슨 전등회사를 통해 전구 등을 수입하여 전기를 설치한 것이다.

전기 도입은 고종의 개화 정책으로 건청궁의 전등소(電燈所)는 궁중 전기 등 점등 계획에 따라 조선 정부가 1884년 미국의 에디슨 전등회사(Edison Electric Light Company)에 발전 설비와 전등기기를 발주해 1887년(고종 24) 초에 설립한 우리나라 최초의 발전소(發電所)를 말한다. 요즘 전기를 생산하는 공장인 발전소를 당시에는 전등소 또는 전기소(電氣所)라고 부른 것이다.

이를 본 조선 사람들은 '묘화(妙火)'라고 불렀고 대낮같이 밝은 불이라고 하여 처음 대한 사람들은 '도깨비불', '물불', '건달 불'이라고 불렀으며 당시 흔히 쓰던 등잔불과는 완전히 다른 이상야릇한 불이라고 생각하였다.

또한, 석유와 성냥이 이 시기에 들어와 흔히 사용하던 부싯돌이 사라지게 되었으며 개항 이후에 청나라와 일본의 상인들이 속속 들어오면서 조선의 시장경제와 상권의 변화가 일어나기 시작했다. 개항 초기에는 상인의 활동이 개항장(開港場)으로 한정되었으나 점점 열강과의 조약을 맺음으로써 열강국(列強國)에 내륙의 시장까지 개방하기에 이르렀다.

먼저 청나라의 상인들은 명동이나 남대문 등지에서 수입 직물, 잡화 및 피혁(皮革), 모피 등을 판매하였고 일본 상인들은 일본 공사관 주변의 남산과 진고개 일대에 진출하여 조선 상인들과 마찰을 일으키곤 하였다(송찬섭 외, 2016). 1876년 개항이 시작되자마자 일본이 조선의 무역을 완전히 장악하다시피 하였다. 조선은 주로 일본에 농산물인 쌀이나 콩 등을 수출하였고 일본은 삼각무역으로 영국에서 의류 등을 수입하였다.

상품경제가 활발히 이루어지는데도 조선의 경제는 더욱 어려워졌다. 그 이유는 일본, 청과 불평등한 조약을 체결하였기 때문이다. 이러한 조약들은 조선의 자본을 침탈하기 위한 수단으로서 기본적으로 약탈의 성질을 띤다. 이로써 조선 백성 모두에게 심각하게 타격을 주었다. 왜냐하면, 관세자주권을 확보하지 못하였기 때문이다.

일례(一例)로는 수입품이 대부분 면 제품이었는데 청과 일본은 아직 근대화를 이루지 못한 관계로 영국으로부터 수입하여 조선민(朝鮮民)에 비싸게 팔았으며 일본은 곡물이나 금을 헐값으로 사 가는 일종의 중계무역을 통한 막대한 부를 축적할 수 있었다. 이 당시 곡물의 대부분 특히 쌀은 일본으로 수출되어 농업의 상품화를 촉진하였으나 조선 내에서 쌀값이 폭등하여 오히려 백성들에게는 고통을 안겨주었다.

조선 정부는 이를 해소할 목적으로 방곡령(防穀令)이 공포되었으나, 일본 측의 방해로 인하여 뜻을 이루지 못하였다. 방곡령은 1884년 고종 때 곡물 반출 금지령으로 시작하여 결국 조선과 일본 사이에 외교 분쟁으로까지 번졌다. 당시 과도한 수출로 인하여 품귀현상과 흉년까지 겹쳐서 지방관들이 자기 지방에서 생산된 쌀이 타지방이나 외국 특히 일본으로 나가는 것을 막기 위해 실시하였다.

1, 2, 3차 방곡령사건은 1876년 개항 이후 1904년까지 100여 건에 이르는데 정부가 나서서 이를 해결하였으나 1889~1890년 황해도와 함경도에서 실시한 방곡령은 정부의 지시를 무시하고 그대로 실시하여 외교적 마찰을 초래하였다. 특히 문제가 된 사건은 1889년 황해도 관찰사 조병철(趙秉轍, 1826~?)이 일본 상인이 도내에서 사들인 2,000여 석의 곡물을 인천으로 실어 가려는 것을 저지하였고 새로 부임한 오준영(吳俊泳, ?~?)도 곡물 6만 4천여 석을 압류하였고 함경도 관찰사 조병식(趙秉式, 1823~1907)도 방곡령을 발표하여 곡식을 다른 지역으로 유출되는 것을 막았다. 그러나 이들 중 황해도 관찰사 조병철은 정부의 곡물을 허용하라는 통첩장을 받았음에도 불구하고 황해도는 개항장이 없어서 통상장정과는 무관하다며 이를 거부하였다. 따라서 일본은 이로 인한 손해배상을 요구하여 11만 원의 배상금을 주고 사건은 마무리가 되었다(한영우, 『다시 찾는 우리 역사 3』, 2020).

2. 동학의 출현과 동학농민운동

동학(東學)은 1860년 최제우(崔濟愚, 1824~1864)가 창시한 종교로서 후에 손병희에 의해 천도교의 모태가 되는 종교이다. 당시 중국이 열강들에 의해 무너지자, 최제우는 조선의 여러 문제를 유교적 이념만으로 해결하지 못하는 현실을 읽고는 외래 학문인 유교, 불교, 기독교도 아닌 새 시대를 위한 학문의 필요성과 한 민족 고유의 신앙들을 정신적으로 결집할 필요를 느껴 동학을 창시했다. 이는 농민층에 급속하게 파고들었다.

다시 말하면 구시대의 사대주의적인 외래 학문인 유교(북학)도 아니고, 조선 시대 이전에 정신적 역할을 담당했으나 숭유억불 정책(崇儒抑佛政策)으로 쇠퇴하였던 불교(남학)도 아니며, 조선 후기 선교사들에 의해 들어왔던 기독교(서학)도 아닌 새 시대를 위한 조선인들을 위한 학문의 필요성이 대두되기 시작하였다. 이러한 상황에서 사람 중심의 학문이 만들어졌는데 이를 동학이라고 했다. 최제우는 『논학문』에서 "나 또한 동쪽에서 태어나 동도(東道)를 받았으니 도(道)는 비록 천도(天道)나 학(學)은 동학(東學)이다."라고 하여 '동학'이라고 명명하였다.

어찌 되었든 그는 서학에 대항하는 동쪽의 학문이라는 동학을 창시하였고, "시천주조화정영세불망만사지(侍天主造化定永世不忘萬事知, 앞으로 천주님을 모시고 조화를 정하는 조화문명 시대가 오는데 하나님의 마음을 모든 사람들이 체험하고 도통문화를 생활화하는 그 은혜 영세토록 잊지 못하옵니다)"라는 주문을 외치고, 유교와 불교의 쇠운설(衰運說)을 주장하였다. 하지만 동학이 서서히 퍼지자, 조정에서는 '민심을 현혹한다.'라고 하여 최제우와 그의 추종자들을 압송하여 1864년 '혹세무민(惑世誣民)'의 죄로 처형시켰다.

동학의 기본 사상은 "사람이 곧 하늘이요, 하늘이 곧 사람"이라는 '인내천(人乃天)' 사상으로 이는 인간 중심의 평등사상으로 인간은 누구나 존귀하여 인간을 대하는 것을 섬기고 경건함을 가지고 겸손하게 대하여야 한다는 사상이다.

그러나 열강들의 침탈을 당한 조선은 이들로부터 불평등 조약을 체결하고 이를 통한 무역구조의 불만족 그리고 지방관리와 이서배(吏胥輩, 벼슬아치의 무리)들의 탐욕이 계속되자 동학 교주(최제우)의 사형으로 인하여 잠시 주춤하였던 동학은 다시 민중들 사이로 번지기 시작하였다. 이와 같은 동학의 확산은 2대 교주 최시형(崔時亨, 1827~1898)의 등장으로 전국적으로 확산이 되었다.

최시형은 최제우가 처형되자 지하에 은신하면서 동학의 포교에 힘을 썼으며 동학을 정비했다. 특히 '교조신원(敎條伸冤)'을 내세우면서 농민들 속으로 접근하였다. 따라서 그의 포교의 힘으로 삼남 일대를 장악하게 되고 '교조신원운동'을 본격적으로 제기하게 된다. 1892년 삼례(參禮)에서 첫 대규모 집회가 열렸고, 1893년에는 광화문에서 복합 상소를 하였다. 그리고 펼쳐진 보은 집회에서 척왜양창의(斥倭洋唱義)를 내세우며 반봉건, 반외세의 성격이 드러나기 시작했다.

한편 이때부터 동학에서는 북접과 남접으로 나뉘게 되었는데 북접은 최시형을 위시한 동학의 지도자들이 중심이 되는 온건파 세력들이 이끌었으며, 남접은 전봉준 등 동학에 입교한 지 얼마 되지 않은 신진 급진파 세력들이 이끌었다.

여기서 '교조신원운동(敎條伸冤運動)'을 짚고 갈 필요가 있다. 이 운동은 교조의 억울함을 풀고 포교의 자유를 얻기 위해 노력한 운동이다. 다시 말하면 '교조신원운동(敎條伸冤運動)'은 1대 교주인 최제우가 '혹세무민(惑世誣民)', 즉 세상을 어지럽히고 백성을 미혹하게 하여 속였다는 죄목으로 억울하게 죽임을 당하자, 교조(敎條)의 원한을 풀어주고 동학을 억압하지 못하도록 하는 종교의 자유를 얻기 위한 일종의 동학교도들의 종교의 자유 운동이었다.

동학이 종교의 자유를 외치게 된 배경에는 당시 조선은 양반제를 기본으로 한 신분제 사회여서 동학의 인내천(人乃天) 사상이 커다란 사회적 반향을 일으키는 이단 종교로 취급을 당하며 최제우와 같은 교주들과 교도(敎徒)들이 억울한 죽음과 탄압을 당하였기 때문이다. 즉 기존의 학문과 종교로는 어지러운 사회질서를 유지하는 데 한계가 있다는 것이며 동학이 조선의 어지러운 현실과 정치 그리고 피폐(疲弊)해진 백성들의 삶을 구제하고 서구 열강뿐만 아니라 일본과 청나라로부터 나라를 지키는 데 이상적이며 이러한 교리는 농민층의 입장이 나타내고 있기 때문이다. 그러한 이유로 농민들 사이에 빠르게 번지고 있었다. 그 결과 1880년대에 동학의 교세는 영남 지방을 벗어나 호남, 충청, 경기 지방까지 넓게 퍼졌다.

'교조신원운동(敎條伸冤運動)'의 시초는 경북 영덕군 영해면에 있는 지방에서 이필제(李弼濟, 1824~1871)에 의해 시작되었으며 그는 어둠을 타 봉기를 일으켜 부사 이정을 참살하고 군기(軍器, 병기)를 빼앗아 200여 명과 함께 민란을 주도한 인물이다. 이 난을 역사가들은 '이필제의 난'이라고도 부르고 있다.

이필제(李弼濟, 1824~1871)는 충청남도 홍주(洪州) 출신인 향반(鄕班)으로 시골로 낙향한 선비 집안의 아들이었다. 그는 당시에 지식인들이 과거를 응시하여 합격하였음에도 불구하고 벼슬을 얻지 못해 선달(先達)에 그쳤으며 당시 이들은 조선 사회에 불만을 품고 반란을 일으킨 경우도 많았다. 요즈음으로 말한다면 공무원 시험에 합격하였으나 무기한 대기 발령 상태에 있는 것과 같다.

이필제는 매우 특이한 인물이다. 동학 이전에 일어난 민란의 성격은 지배층의 폭정으로 인하여 백성들이 자발적으로 일어난 경우가 많다. 이때 주장한 것은 왕조를 교체하여 새로운 세상을 만들자는 '역성혁명(易姓革命)'이 대부분이다. 대표적인 민란은 조선 후기에 들어와 홍경래의 난과 전봉준의 난이 이러한 성격을 내포하고 있다. 북부지역에서 일어난 홍경래의 난과 남부지역에서 일어난 전봉준의 난은 잘 알려졌지만, 중부지역에서 일어난 이필제의 난에 대하여서는 잘 모른다.

이필제는 위의 역성혁명과는 달리 천자가 되어야겠다고 스스로 다짐한 혁명가였다. 즉 중원을 정벌하여 자기가 계승할 차례라고 주장한 인물이다. 중원은 단군의 후손들이 세운 나라이며 이제는 자기가 이를 계승해야 한다는 것이다. 그의 역사 인식은 한나라를 세운 유방(劉邦) 그리고 명나라를 세운 주원장은 단군의 화생(化生)이고 현재는 자신이 단군의 화생이니 중원을 정벌하여 자신이 천자가 되어야 한다는 것이다.

'제2차 교조신원운동(敎條伸冤運動)'은 1892년 10월에 충청도(忠淸道) 공주(公州)에서 일어 났다. 2대 교주인 최시형(崔時亨, 1827~1898)의 제자인 서병학(徐丙鶴, ?~1894), 서장옥(徐璋玉, ?~1900) 등을 주축으로 공주에 모여 교조의 신원과 억압을 중지할 것을 충청감사 조병식(趙秉式, 1823~1907)에게 건의하였고 11월 1일에는 전라도 삼례(參禮)에서 동학교도인(東學教徒人)들과 함께 동학을 인정해 줄 것과 관리들의 가렴주구(苛斂誅求)와 부당한 억압과 재물을 약탈하지 말 것을 요구하며 전라감사에게 약속받고 자진 해산하였다. 그러나 동학의 공인에 대해서는 자기의 관할(管轄)이 아니라 조정에서 결정하는 것이라는 말을 듣고는 교도들은 한성으로 올라가 상소(上疏)하기로 하였다.

'3차 교조신원운동(敎條伸冤運動)'은 2차 운동 이후에 1893년에 한양으로 상경해 박광호(朴光浩, ?~?)가 대표로 하여 교도들과 사흘 동안 광화문에서 엎드려 상소하였다. 그 결과 고종은 "각기 집으로 돌아가 안심하고 생업에 종사한다면 마땅히 소원대로 시행하겠다"라고 하였으나 약속을 지키지 않고 오히려 주모자들을 체포하였다. 물론 동학을 공인하지 않고 더 심하게 폭압적으로 다루었다.

제4차 교조신원운동(敎條伸冤運動)은 조정에서 약속을 지키지 않자, 모든 교인이 모여 대규모 집회로 양상이 바뀌었다. 그들은 충청도(忠淸道) 보은에 집결하여 "일본과 서양 세력을 물리치는 것이 정의"라는 '척왜양창의(斥倭洋唱義)'를 외쳤다. 이 집회에서는 북접 소속의 동학교도들이 중심이 되었다. 남접의 동학교도들은 전라도 금구(金溝)에서 집회를 열어 무기와 식량을 모아 북접 동학교도들과 힘을 합쳐 서울로 집결하여 "척왜척양(斥倭斥洋)"를 실천하려 하였다.

사건이 크게 확산하자 조선 조정은 전라지방의 민심을 안정시키기 위해 양호선무사(兩湖宣撫使)를 파견하여 충청도(忠淸道) 보은으로 파견하여 설득 작업을 시작했다. 이 임무를 맡은 이가 어윤중(魚允中, 1848~1896)이었다. 그는 동학교도들을 설득하여 자진 해산하기로 하였으나 종교의 자유와 포교의 자유 그리고 교도들의 억압, 조정의 약속 불이행이라는 뇌관이 남아 있어서 결국은 정치집회인 반봉건, 반외세의 투지만을 상승시켜 고부(古阜) 봉기(蜂起)를 시작으로 전봉준(全琫準, 1855~1895)이 중심이 되어 1894년 갑오 동학농민전쟁(東學農民戰爭)으로 확산이 되었다.

동학농민전쟁(東學農民戰爭)은 1, 2차로 진행되었다. '제1차 동학농민전쟁'은 전라도 지방을 중심으로 전개가 되었다. 고부봉기(古阜蜂起)는 농민운동이 가속화되는 계기가 되었다. 특히 전라도는 개항 이후 중앙정부의 무능함과 일본의 곡물 침탈 그리고 고부 군수 조병갑(趙秉甲, 1844~1912)의 탐학(貪虐, 탐욕스럽고 포학함)으로 전쟁은 언제라도 일어날 기세였다.

조병갑(趙秉甲, ?~?)은 조선 후기, 부패한 탐관오리이자 동학농민운동을 발발하게 한 장본인이다. 그는 군수 재직 중 농민들을 동원해 만석보(萬石洑)를 쌓게 하면서 그 첫해에는 수세(收稅)를 물리지 않는다고 약속하였으나 이를 어기고 수세를 받자, 농민들은 이에 격분하여 1894년 관아를 습격하여 물건을 부수고 결국은 만석보를 헐었다. 그의 가렴주구와 탐학은 이뿐만이 아니었다. 자신의 모친상 때 부조금 2,000냥을 모으지 않았다는 이유로 전봉준 부친을 곤장 치도록 하여 결국은 죽음으로 몰았던 장본인이다(『백과사전』).

그의 행각은 멈출 줄을 몰랐다. 자기 아버지의 비각을 세운다고 1,000냥을 사취(한영우, 다시 찾는 우리 역사 3, 2022), 굶주린 백성들에게 악명이 높은 인물이었다. 또 온갖 죄를 씌워 보석금을 내게 하였고 대동미를 돈으로 착복하였고 결국은 농민들의 반발을 사게 되어 동학농민운동이 주변으로 급속하게 번졌다.

민생은 외면하고 탐관오리들이 판을 친 조선은 결국 파멸의 길로 접어들었다. 탐관오리들의 횡포는 『춘향전』에 잘 기술되어 있다.

"금준미주(金樽美酒)는 천인혈(千人血)이요, 옥반가효(玉盤佳肴)는 만성고(萬姓膏)라. 촉루낙시(燭淚落時) 민루낙(民淚落)이요, 가성고처(歌聲高處) 원성고(怨聲高)라(금동이의 아름다운 술은 일만 백성의 피요, 옥소반의 아름다운 안주는 일만 백성의 기름이라. 촛불 눈물 떨어질 때 백성 눈물 떨어지고, 노랫소리 높은 곳에 원망 소리 높았더라)."

이와 같은 관리들이 많았던 조선은 올바른 정치를 행할 수 없었다. 특히 동학교도 가운데 강경과 온건 노선을 취하는 이들이 있었는데 강경 노선은 전라도 지방을 중심으로 한 남접과 온건 노선은 충청도를 중심으로 하는 북접으로 갈라졌다. 전라도 지방이 강경 노선이 된 이유는 넓은 땅과 논이 많아 탐학이 특히 심하였기 때문이다. 그 가운데 하나가 조병갑의 탐학이었다. 이에 전봉준은 부친 전창혁을 잃은 가운데 농민들과 함께 고부 관아와 전주 감영을 찾아가 탐학을 멈추어 달라고 요구하였으나 이를 시정(是正)하지 않자, 대규모 농민운동이 전개되었다. 이것이 '1차 동학농민전쟁'이다.

동학교도들은 이때 '사발통문(沙鉢通文)'을 돌리는데 이는 어떤 일을 함께 도모하고자 하는 사람 이름을 사발 모양으로 둥글게 삥 돌려 적어, 같은 뜻을 가진 다른 사람을 모으기 위해 널리 알리는 문서를 말한다. 원래는 '사발통문'은 유교적인 규범과 윤리를 확인하기 위해 계(契) 조직을 만들 때 활용하였으나 후에는 정치적 목적으로 사용되자 조정에서는 돌리기만 하여도 역모로 처벌하는 상황이었다.

동학교도들은 '사발통문'을 송두호(宋斗浩, 1829~1895) 집에서 만들어서 호(戶)에 돌렸는데 이 속에는 전봉준이 포함된 20여 명이 서명되어 계획적으로 거사를 준비했다. 이 통문은 1968년 12월에 발견되었는데 내용은 다음과 같다.

하나. 고부성을 격파하고 군수 조병갑을 효수할 것
하나. 군기창과 화약고를 점령할 것
하나. 군수에게 아첨하여 인민을 괴롭히던 탐리를 격징할 것
하나. 전주성을 함락하고 경사(한양)로 직향할 것

1894년 2월 전봉준(全琫準, 1855~1895)이 수많은 농민을 이끌고 고부 관아를 야간에 습격하여 아전을 처단하고 양곡을 몰수하여 주인에게 돌려주었다. 농민군은 병기를 탈취하여

고부읍(古阜邑)을 장악한 후에 13개 항의 요구조건을 제시하였다. 안핵사(按覈使, 조선 후기에 민란을 수습하기 위해 파견된 벼슬아치) 이용태(李容泰, 1854~?)는 처음에는 조병갑을 징죄(懲罪)하고 진상조사를 하였으나, 나중에는 동학교도(東學敎徒人)의 잘못으로만 돌리고 오히려 탄압에만 눈을 돌렸다. 다시 말하면 사태 수습을 위해 정부에서 보낸 관리(임금을 호위하던 군사, 京軍)가 오히려 농민을 탄압하면서 고부 봉기는 농민전쟁으로 번졌다.

전봉준은 조정의 행위에 격분하여 1894년 4,000여 농민군을 이끌고 지금의 전북 고창에서 다시 봉기했다. 이때 봉기의 주장은 보국안민(輔國安民), 즉 나라를 돕고 백성을 지킨다는 구호 아래 통문을 보내 조직적으로 항거하였다. 이들은 대부분 참여한 사람들은 일반 농민이었으며 서양 세력을 몰아내고 왕정국가를 도모하기 위해 노란 깃발을 표지로 내걸고 죽창과 곤봉으로 무장하여 관군과 대치했다.

이후 지금의 부안인 백산에서 진을 치고 정비한 다음 차례로 정읍, 고창(옛 이름 무장), 영광을 점령하고 함평, 무안, 나주를 거쳐 북쪽으로 향했다. 조정에서 내려온 관군(임금을 호위하던 군사, 京軍)은 800여 명에 불과하여 사기면(士氣面)에서 농민군에는 상대가 되지 않았다. 관군(임금을 호위하던 군사, 京軍)이 전주성에 도착했을 때 이미 절반은 탈영한 상태고 두려움에 떨고 있었다. 사실상 전라도는 농민군이 접수하였고 이에 관군(임금을 호위하던 군사, 京軍, 官軍)과 휴전협정을 벌여 전주화약(全州和約)을 맺었는데 이때가 개전 2개월 만인 1894년 6월이었다. 이때 농민군과 관군(임금을 호위하던 군사, 京軍, 官軍)은 12조의 개혁안을 합의했는데 이는 아래와 같다(오지영, 『동학사』. 한영우, 『다시 찾는 우리 역사 3』에서 재인용).

1. 동학교도와 정부는 쌓인 원한을 씻고 서정에 협력한다.
2. 탐관오리는 그 죄목을 조사하여 엄징한다.
3. 횡포한 부호를 엄징한다.
4. 불량한 유림과 양반의 무리를 징벌한다.
5. 노비문서는 소각한다.
6. 칠반천인(七班賤人)의 차별을 개선하고 백정의 평량갓(平凉笠)을 없앤다.
7. 청상과부는 개가(改嫁)를 허용한다.
8. 무명의 잡세는 일체 폐지한다.
9. 관리 채용은 지벌(地閥)을 타파하고 인재를 등용한다.

10. 왜(倭)와 내통하는 자는 엄징한다.
11. 공사채를 막론하고 기왕(旣往, 이미 지나간 것)의 것을 무효로 한다.
12. 토지는 평균하여 분작한다.
(변태섭,『한국사통론』, 삼영사, 2015).

전주화약(全州和約)을 맺은 배경을 설명한다면 조선 조정은 동학군을 진압하기 위해 청나라에 원병을 요청하고 이에 따라 청군이 아산만에 상륙하기에 이르자, 한편 조선의 상황을 예의주시하던 일본은 이 기회를 놓치지 않고 조선에서의 영향력을 높이기 위해 톈진조약에 의거, 제물포(현재의 인천)에 병력을 투입하고 결국은 서울로 침투하여 경복궁을 점령했다. 청나라의 투입은 고종과 민씨(閔氏)가 흥선대원군이 동학교도들을 후원한다고 믿는 바람에 급히 청에 원군을 요청하였고 일본도 톈진조약(天津條約)으로 자국민을 보호한다는 자국의 명으로 군대를 보낸 것이다.

일본과 청이 조선에 이르자 농민군과 조정은 결국 전주에서 화약을 맺어 두 나라를 철군시키려는 의도가 포함되어 있다. 그 이유는 두 나라는 조선이 안정되면 병력을 철수시켜야 하며 잔류해서는 안 된다는 것이 조항에 있기 때문이다. 또 하나의 이유는 동학군의 내부 사정이 있다. 동학군은 신식무기로 무장한 관군(임금을 호위하던 군사, 京軍, 官軍)과의 전투에서 피해를 보았고 구성원 대부분이 농민이었는데 농사일이 다가오고 있었기 때문이다.

전주화약에 따라 전라도 일대에 집강소를 설치하고 특히 전주에는 집강소의 총본부인 대도소(大都所)를 따로 두었다. 이에 따라 전라도를 두 개로 나누어 전라우도를 전봉준, 전라좌도를 김개남(金開南, 1853~1895)이 통할(統轄)했다. 이에 대하여 아래와 같이 기록으로 남아 있다.

전봉준은 수천의 무리를 거느리고 금구원평에 웅거하면서 전라우도를 호령하였으며, 김개남은 수만의 무리를 거느리고 남원성에 웅거하면서 전라좌도를 통할하였다(『백과사전』).

두 사람의 관계는 같은 마을에 산 의형제로 어렸을 적부터 자연스럽게 친분을 맺었고 따라서 두 사람은 세상을 한 번 엎을 계획을 한 것으로 보인다(『백과사전』). 따라서 둘은 함께 1차 동학혁명을 일으켰다. 여기에 대하여 다음과 같이 적고 있다.

1894년 1월 전봉준의 아버지 전창혁은 다시 부임한 고부 군수 조병갑에게 끌려가 고초를 당한다. 외아들에 일가친척(一家親戚)도 없던 전봉준은 의형제이자 태인의 동학대접주인 김개남을 찾아가 아버지 구출을 논의했다. 두 사람은 1월 10일 말목장터에 모여 봉기를 일으켜 아버지를 구출하고, 탐관오리 고부군수 조병갑을 징토했다. 이후 김개남과 전봉준은 손화중, 김덕명 등과 연합하여 백산에 동학농민군 창의소를 세우고 창의문을 발표한다. 이들은 4월 7일 황토재에서 전라 감영군에 승리하고, 이어서 4월 23일 장성 황룡촌에서 홍계훈의 경군(京軍)에 승리한 후 전라도 일대를 석권하며 4월 27일 전주성까지 점령했다. 전주성에서 경군(京軍)과 다시 맞붙어 여러 날 싸움을 벌였는데, 농민군에게도 많은 피해가 있었다. 관군과 동학농민군은 5월 7일 이른바 전주화약을 맺고 전봉준과 김개남의 동학농민군은 전주에서 물러났다. 그리고 각 지역에 집강소를 두고 동학농민군 스스로 행정을 맡아 다스렸다.

동학군은 자신들이 점령한 전라도 일대에 집강소를 설치하여 폐정개혁을 서둘렀으나 나주, 남원 등에서는 관군의 저항이 끊이지 않았으며 1894년 7월 일본군이 경복궁을 범궐(犯闕)하여 고종의 신변을 가두고 친일 내각을 세우자, 개혁은 수포(水泡)로 돌아 갔다. 결국은 이 때문에 2차 동학농민운동이 일어났다.

동학군은 한때 비록 농촌의 문제를 중심으로 한 세금이라든가 신분 철폐, 토지문제 그리고 생활 안정을 중심으로 집강소(執綱所)를 설치하여 정부와 농민이 협력하여 개혁하려했으나 뜻하지 않게 청나라군이 아산으로 들어오고 일본군이 인천을 통해 들어오자 두 나라는 자국의 이권을 차지하려는 목적으로 전쟁을 일으킨다. 이 전쟁이 1894년에 일어난 청일전쟁이다.

청일전쟁은 1894년 7월 25일에서 1895년 4월 17일 근 1년여에 걸친 전쟁으로서 한반도에서 청나라와 일본이 패권을 차지하기 위한 전쟁이다. 다시 말하면 조선이 농학 농민전쟁이 일어나자 서로 자신의 이권을 위한 조선에서 전쟁을 벌이게 되는데 결국은 한반도에서 충돌하게 되었다.

이때 조선에서는 농민군들은 외국 침탈의 기회를 주지 않기 위해서 전주화약을 맺고 해산하고 "두 나라는 조선의 내정이 안정되었으니 물러나라"라는 요구를 무시하고 일본군은 7월 23일 경복궁을 점령하는 사태가 일어났다. 이로써 고종의 신변을 일본군이 확보하고 일본군은 효창공원 일대를 숙영지로 삼아 김홍집을 위시한 친일 내각을 구성하고 청나라에서 독립하라는 갑오개혁을 하도록 요구하였다. 결국, 이 전쟁은 한반도와 중국 각지에서 청나라가 패하면서 시모노세키에서 이홍장과 히로부미가 정전회담을 진행하여 다음과 같은 일본의 요구사항을 맺었다.

- 대고(大沽, 다구), 천진(톈진), 산해관의 성지와 보루는 모두 일본군이 점령하고 청군의 군수품 일체는 일본군이 관리한다.
- 천진, 산해관 간의 철도는 일본군이 관리한다.
- 정전 기간 내의 일본 군비는 청국 측이 부담한다.
- 정전 일시 및 양군의 경계선 등 세부 사항은 중국이 전기 3항에 동의했을 때 다시 논의한다.

이 전쟁으로 청나라는 막대한 재정을 압박받고 있는 가운데 이홍장이 일본인에게 저격당하는 사건이 발생하자 일본은 사태를 무마하기 위해 정전을 선언하면서 회담을 이어나가 시모노세키조약을 완전히 체결하게 되었다. 이 조약으로 청나라는 조선에서 완전한 철수를 함으로써 체면(體面)이 구겨졌을 뿐만 아니라 요동 반도, 대만과 그 부속 도서, 팽호제도(澎湖諸島)를 할양하였고 고평은 2억 냥을 7년 이내에 배상하기로 했다. 이를 당시 일본 화폐로 환산하면 3억 6천만 엔으로 일본 정부의 4년 치 세입이다. 또한, 일본은 서구 열강과 같은 최혜국 대우를 받게 되었다.

그러자 러시아의 재무장관 비테(Vitte, Sergei Yulievich)는 일본이 요동 반도를 점령하는 것은 러시아의 이익에 해를 끼치며 극동 평화를 위협하는 일이라고 주장하며 프랑스, 독일 제국과 연합하여 일본에 삼국간섭을 벌이며 압력을 가했다. 당황한 일본은 영국이나 미국에 도움을 요청하였으나 반응이 없자 결국 압력에 굴복하고 만다. 그래도 요동 반도를 돌려주는 대가로 청나라로부터 하이난도 할양을 요구하려 너무 멀어서 대신 은 3천만 냥을 추가로 뜯어냈다. 그리고 러시아, 프랑스, 독일은 요동 반도 반환에 대한 대가로 각종 이권을 차지하였다.

중국은 아편전쟁 등 서양 세력과의 전쟁에서 계속 패배하던 것은 지나가던 미친개에게 재수 없게 물린 일 정도로 여기던 중국인들에게 청일전쟁은 큰 충격이었다. 자기네 문화권에서 별 볼일이 없었던 변방의 섬나라, 속된 말로 한낱 오랑캐로 생각했던 작은 종자들에게 어처구니없이 털리고 앞마당 조선에서 영향력을 상실하는 개망신을 당하자, 비로소 중국이 천하의 중심에서 물러났다는 사실을 깨달으며 엄청난 충격을 느꼈다.

그렇다고 해서 일본이 한반도에 대한 이권을 모두 장악했던 것은 아니었다. 삼국간섭을 표명한 러시아 제국, 독일, 프랑스가 '랴오둥반도를 차지하는 것은 조선을 자주독립국으로 만들려는 태도가 아니다'라고 주장한 것에서 확인할 수 있듯 서구 열강들은 조선에 대한 이권을 대가 없이 일본에 넘겨줄 생각이 없었다. 실제로 영국은 청의 요청에 따라 조선 내 거류 중인 청인들과 그들의 거류지를 보호해 주었으며, 일본이 청인 중심으로 운영되던 조선 해관(海關, 일종의 세관)을 장악하려는 것을 견제했다. 춘생문 사건(春生門事件)이나 아관파천도 조선에 대한 이권을 잡기 위해 서구 열강들이 직접 연결된 사건이라 할 수 있다.

1894년 일본이 경복궁을 점령하자 농민군은 "일본을 몰아내자"라는 명목으로 다시 농민전쟁으로 확대하는데 이것이 2차 동학농민전쟁이다. 즉 척왜(斥倭)를 주장하는 거병 운동(擧兵運動)이다. 이들은 전라도 농민은 삼례(지금의 전라북도 삼례읍)에 집결하고 충청도 농민(북접)들이 최시형의 승인하에 손병희(孫秉熙, 1861~1922)가 인도하여 전봉준과 논산에서 일본 병참기지를 습격하고 서울로 진격하다가 우금치(牛禁峙, 공주지역)에서 격전을 벌이다가 패하고 후퇴하였다.

이 전투에서 전봉준(全琫準, 1855~1895)은 순창에서 붙잡혀 사형선고를 받아 죽임을 당했으며 거병한 지 1여 년 만에 끝나게 되었다. 그의 사형선고는 근대 사법제도가 출범한 이래 첫 사형선고로 기록되었다. 그는 죽는 순간까지도 의연함을 잃지 않았다고 한다. 그의 시 한 편을 감상해 보자.

時來天地皆同力　때를 만나서는 천지가 모두 힘을 합치더니
運去英雄不自謀　운이 다하매 영웅도 스스로 도모할 길이 없구나
愛人正義我無失　백성을 사랑하고 의를 세움에 나 또한 잘못이 없건마는
愛國丹心誰有知　나라를 위한 붉은 마음을 그 누가 알까
(신복룡, 『전봉준평전』, 지식산업사, 2006).

전봉준의 친구이자 동지인 김개남(金開南, 1853~1895)도 일본군에 의해 패하고 지금의 산내면 장금리라는 곳에서 숨어있다가 관군에게 체포되어 전주로 압송하는 도중 도주할 우려가 있다며 포박하고 달구지에 태운 뒤 손가락을 대목으로 박고는 탈출하지 못하게 짚둥우리를 서까래로 덮고 이송하였다.

그러한 모습을 본 백성들은 다음과 같은 노래를 불렀다고 한다(『백과사전』).

"개남아 개남아 김개남아. 수많은 군사 어디다 두고 짚둥우리에 묶여 가다니 그게 웬 말이냐"

당시 전봉준을 체포하였던 전라감사 이도재(李道宰, 1848~1909)는 김개남이 한양으로 압송하는 도중 도망갈 염려가 있으며, 다시 동학란을 일으킬 소지가 있다고 하여 전주에서 즉결 처형했다. 그때의 광경을 매천 황현(黃玹, 자는 雲卿, 호는 梅泉, 1855~1910)은 『오하기문』에서 이렇게 전하고 있다.

도재는 마침내 난을 불러오게 될까 두려워 감히 묶어서 서울로 보내지 못하고 즉시 목을 베어 죽이고 배를 갈라 내장을 끄집어냈는데 큰 동이에 가득하여 보통 사람보다 훨씬 크고 많았다. 그에게 원한을 가지고 있는 자들이 다투어 내장을 씹었고, 그의 고기를 나누어 제상에 올려다 놓고 제사를 지냈으며 그이 머리를 상자에 넣어서 대궐로 보냈다.

그의 수급(首級)은 한성부로 이송, 12월 25일 서소문 밖에서 3일간 내걸렸다가 이후 남

부 각 지방에 조리돌렸다고 한다.

　이러한 동학농민전쟁은 이전의 민란과는 다른 성격을 지니고 있다. 즉 종교조직을 중심으로 일어난 농민들의 항쟁이라는 측면과 외세를 배척하고자 하는 목표를 가졌다는 점이다. 이러한 동학농민전쟁이 실패할 수밖에 없었던 이유는 정치인들을 배척했기 때문이다. 다시 말하면 농촌문제를 해결하고자 하는 그의 뜻과는 별개로 중앙관료들을 배척함으로써 정치적 기반이 열악했다는 것이다.

　또한, 당시 중앙의 관료들 그리고 지역을 기반으로 하는 지주, 부호, 지방의 양반 등을 적대세력으로 만들었다. 이에 그들은 민보단(民堡團)이라는 조직을 만들어 동학교도들을 공격하였다.

　동학농민운동은 애국적이고 자발적으로 일어난 봉기이지만 그들 스스로 힘을 결집하지 못한 채 근대국가 건설을 위한 구체적인 방안을 제시하지 못했고 조선왕조나 왕권을 타도 대상으로 삼지 못한 채 농민층 이외에 넓은 지지층을 만들지 못하였다. 그리고 자기 생존의 처절한 측면만을 남긴 채 대원군에 의지한 단순한 농민전쟁에 불과하였다. 그러나 이러한 실패는 후에 반일 애국주의로 의병 운동에 다양한 계층까지 끌어들여 참여하게 되어 결국은 노비제도 폐지, 무명잡세 정리 등 갑오개혁의 원동력이 되었다는 데서 의의가 있다.

3. 갑오개혁

　1894년 일본과 청나라는 조선을 차지할 목적으로 한반도에서 국제전쟁을 벌였다. 일본은 청을 완전하게 한반도에서 몰아내고 조선을 보호국으로 만들려고 전쟁을 일으켰다. 일본은 아산만에서 시작된 성환 전투(아산 전투라고도 함), 평양 전투, 황해 전투 등에서 승리하고 중국 본토인 요동반도(遼東半島, 황해도 북쪽) 다롄과 산동반도(山東半島)의 함대를 공격한 끝에 승리했다. 일본과 청나라는 시모노세키에서 조약을 맺었는데 청나라는 일본에 요동 반도와 대만을 넘겨주는 수모를 당하였다. 수천 년 동안 아시아를 주름잡던 중국은 아시아의 종이호랑이로 전락하는 수모를 당하였다.

1894년 7월 23일 일본군은 청일전쟁이 일어나기 이틀 전 조선 정부는 전주화약을 동학군과 맺은 뒤 청군과 일본군을 한반도에서 물러날 것을 요구하였으나 오히려 일본은 우리의 철수요구를 무시하고 일본군을 경복궁에 투입하여 청일전쟁의 계기를 만들었으며 조선을 무력으로 합병하기 위한 초석을 마련했다. 게다가 한반도에 친일 정권을 만들어 고종을 사로잡았고 민비(閔妃) 세력을 밀어내고 대원군이 다시 섭정하게 되었다. 김홍집을 중심으로 정치, 경제, 사회 등의 개혁안을 강제로 통과시킨 것이 갑오개혁(甲午改革)이다.

갑오개혁(甲午改革)은 1894년 7월 27일(음력 6월 25일, 1차 갑오개혁)부터 1895년 7월 6일(음력 閏 5월 14일, 『고종실록』 33권, 고종 32년 閏 5월 14일 기사)까지 일제가 조선 정부와 동학농민군이 맺었던 전주화약을 간섭한 제도 개혁을 말한다. 10년 전 갑신정변의 실패 후 망명했던 개화파들이 청일전쟁에 승리한 일본의 위세를 업고 돌아와 추진한 일본식 개혁으로서 갑오경장(甲午更張)이라고도 불렸다. 경장(更張)은 거문고 줄을 다시 '튜닝(tuning)'한다는 뜻으로 해이해진 옛것을 다시 고친다는 의미이다. 즉 정치, 사회의 모든 면을 새로 개혁하자는 것이다.

우선 갑오개혁은 정치와 경제의 개혁을 우선시하였는데 우선 왕실의 정치개입을 근절하기 위하여 궁내부(宮內府, 왕실의 일을 보던 관아)를 설치하고 의정부(議政府, 조선 시대 행정부의 최고 기관)의 권한을 확대하는 내각제로 바꾸었다(송찬섭 외, 2016). 그리고 인물 위주의 관리를 선발하기 위한 기존의 과거제도를 폐지하였다. 갑오개혁을 1, 2, 3차로 나누는 기준은 내각의 변화에 따라 제1차 갑오개혁과 제2차 갑오개혁으로 세분하며, 이후 을미개혁(제3차 갑오개혁)으로 이어지게 된다. 주요 내용은 신분제(노비제)의 폐지, 은본위제, 조세의 금납 통일, 인신매매 금지, 조혼 금지, 과부의 재가 허용, 고문과 연좌법 폐지 등이다(국사편찬위원회, 『고등학교 국사』, 두산, 2004). 즉 조선은 전주화약을 통해 자주적인 개혁 노력을 하였지만, 결국은 일본의 주도로 맺어지게 되었다.

그러나 일본 위주의 개혁은 국민에게 반외세적이라는 한계 때문에 지지를 받지 못하고 러시아, 프랑스, 독일 등이 일본의 제국주의를 반대하면서 한반도에서 일본의 철수를 요구하게 되었다. 즉 이를 삼국간섭이라고 부르는데 삼국은 일본에 전쟁 전의 환원을 요구하면서 압박하였고 일본은 대다수 전리품만 챙긴 채로 타이완만 차지하게 되었다.

삼국간섭으로 인하여 위험에 처했던 고종은 러시아를 중심으로 친러정권을 세우고 일본을 견제하는 정책을 폈다. 이에 위기감을 느낀 일본은 다시 조선을 침탈하기 위해 명성왕후(明聖王后)를 살해하고 을미사변(乙未事變)을 일으켰다. 이에 당황한 고종은 러시아 공사관으로 몸을 숨기게 되는데 이를 아관파천(俄館播遷)이라 한다.

아관파천의 결과로 다시 정권은 고종이 득세하게 되고 일본에 호의적이었던 갑오개혁 세력들은 백성들에게 살해되거나 일본으로 도주 또는 망명하여 근대국가 수립이라는 개혁의 목표는 실현되지 못했다.

제3차 갑오개혁(을미개혁)은 1895년 10월 8일(음력 8월 20일) 을미사변(乙未事變) 직후부터 1896년 2월 11일(1895년 음력 12월 28일) 아관파천 직전까지 제3차 김홍집 내각에 의하여 추진되었다. 친일 세력들이 내각을 구성하여 주도한 개혁으로 가장 친일적 성향이 짙었다.

이때 태양력을 도입하여 1895년 음력 11월 17일을 1896년 1월 1일로 정하고, 이를 기념하여 연호를 건양으로 변경했다. 단발령을 단행하였고, 정부 주도로 종두를 시행하였다 (사설 의원에서의 인두 및 우두 접종은 그전에도 이루어지고 있었다). 또한, 근대적 우편제도를 도입하기 위한 우체사(郵遞司, 구한말에 체신 사무를 보던 관아, 서울의 한성 우체총사를 중심으로 지방에 일등 우체사(郵遞司)와 이등 우체사(郵遞司)를 두었다)가 설립되었다. 단발령의 강압적 시행은 을미사변(乙未事變)으로 격앙되어 있던 일반 백성들의 반일, 반정부 감정을 폭발시켰고, 대규모 항일 의병 운동으로 번지게 되었다. 이 운동을 을미의병(乙未義兵)이라고 한다.

갑오개혁은 정부 주도의 근대적 개혁의 성격을 지닌다. 특히 유교적 사회질서를 근대적으로 바꾸기 위한 노력이 많이 보인다. 먼저 계급제도 타파, 문벌을 초월한 인재의 등용, 노비 매매 금지 등 전통적 조선의 신분제도를 바꾸었다. 이 시기 이후 신분 차별은 급속하게 사라졌다. 다음으로 죄인의 고문과 연좌제 등 비합리적인 형벌의 폐지, 마지막으로 조혼 금지, 자유의사에 의한 과부의 재혼, 양자 제도의 개정, 의복제도의 간소화 등 불합리한 전근대적 제도들을 개혁하였다.

유럽의 근대사회는 르네상스 이후 종교개혁, 산업혁명, 프랑스 혁명 등 문화적 혁신과 과학적 문명의 진보를 통해 획기적인 근대화의 과정을 밟아 왔다. 그러나 조선의 경우는 실학운동과 동학혁명이 고질적인 봉건왕조의 폐쇄성으로 인하여 개화를 보지 못한 채, 갑오개혁이라는 타율적인 힘으로 외세 자본주의가 이룩한 서구적 근대화 과정으로 이행하게 되었다. 따라서 봉건왕조의 유교적인 형식 논리, 양반 관료의 가렴주구(苛斂誅求), 그리고 은둔적인 쇄국정책(鎖國政策)은 일제의 식민지화를 촉진하고, 조수(潮水)처럼 밀려든 근대사조를 주체적으로 수용하고 극복하기에는 너무나도 힘에 겨웠다. 그리하여 문화와 생활면에서도 서양 문물의 영향이 직접, 간접적으로 침투되어 근대화의 구호가 바로 개화(開化)에 있는 것처럼 착각하게 되었다.

당시에 유행한 '개화장(開化杖)', '개화당(開化黨)', '개화 주머니', '개화군' 등의 색다른 이름까지 나올 정도로 개화기의 의식을 반영하고 있다. 개화(開化)는 '문명개화(文明開化)'를 말하는 것으로, 이는 구시대의 문화 및 생활양식에서 벗어나, 새로운 시대의 문화를 흡수하고 새로운 생활양식으로 변모하거나 동화함을 뜻한다. 다시 말해서 개화(開化)란 일본을 통해 들어온 서양 문물에 동화, 즉 '서양화'한다는 말이요, 시대적인 의식 전환으로 근대화를 뜻한다.

갑오개혁은 외세에 의한 피동적인 제도상의 개혁이기는 했으나 이것이 한국의 근대화를 촉진하는 획기적인 계기가 된 것은 사실이다. 첫째, 정치적 면에서는 귀족정치에서 평민정치로의 전환을 밝혔고, 외국에의 종속적인 위치로부터 주권의 독립을 분명히 했고, 둘째, 사회적인 면에서는 개국 기원의 사용, 문벌과 신분 계급의 타파, 문무 존비제(文武尊卑制)의 폐지, 연좌법 및 노비제의 폐지, 조혼의 금지, 과부 재가(再嫁)의 자유가 보장되었고, 셋째, 경제적인 면에서는 은본위의 통화제, 국세 금납제(金納制) 실시, 도량형의 개정, 은행 회사의 설립 등 이 밖에 2백여 조항의 개혁을 목적으로 한 것이었다.

그러나 조선 정부로서는 이를 주체적으로 실시할 수 있는 자주 역량이 부족하고, 외세에만 의존하는 한편, 이 새로운 개혁을 저지하는 기존 봉건세력의 힘이 컸기 때문에, 불행히도 실질상의 큰 성과를 얻었다고는 할 수 없다. 한편 이때부터 조선 말기 사회에서는 인습과 전통의 구속을 벗어나 자유로운 지식을 보급하고, 일반 민중으로 하여 무지의 상태에서 벗어나게 하려는 개화, 계몽사상이 싹트기 시작했다. 이것은 당시의 유교적인 인습과 전통에 사로잡힌 재래의 누습(陋習)을 타파하고, 그 굴레에서 벗어나 자아를 각성하고 과학 문명에 입각한 새로운 지식을 체득하게 하려는 시대 의식을 말하는 것이다.

그러므로 이 개화 계몽기는 새로운 것을 창조하겠다는 의욕보다는 낡은 것에서 벗어나겠다는 욕구가 더 선행했으며, 모든 일들은 신(新), 구(舊)로 대립이 되고, 낡은 것은 일차 부정의 단계를 겪지 않으면 안 되었다. 또한, 김홍집, 박영효 연립내각이 고종을 강제하여 발표하게 한 『홍범 14조(洪範十四條)』는 한국 최초의 헌법적 성격을 띤 법령으로 볼 수 있다. 『홍범 14조』의 내용은 다음과 같다.

제1 청국에 의존하는 생각을 끊고 자주독립의 기초를 세운다.
제2 왕실 전범(王室典範)을 작성하여 대통(大統)의 계승과 종실(宗室), 척신(戚臣)의 구별을 밝힌다.
제3 국왕(大君主)이 정전에 나아가 정사를 친히 각 대신에게 물어 처리하되, 왕후·비빈·종실 및 척신이 관여함을 용납치 아니한다.
제4 왕실 사무와 국정 사무를 분리하여 서로 혼동하지 않는다.
제5 의정부와 각 아문(衙門)의 직무 권한의 한계를 명백히 규정한다.
제6 부세(賦稅, 세금의 부과)는 모두 법령으로 정하고 명목을 더하여 거두지 못한다.
제7 조세 부과와 징수 및 경비 지출은 모두 탁지아문(度支衙門)에서 관장한다.
제8 왕실은 솔선하여 경비를 절약해서 각 아문과 지방관의 모범이 되게 한다.
제9 왕실과 각 관부(官府)에서 사용하는 경비는 1년간의 예산을 세워 재정의 기초를 확립한다.
제10 지방관 제도를 속히 개정하여 지방관의 직권을 한정한다.
제11 널리 자질이 있는 젊은이를 외국에 파견하여 학술과 기예(技藝)를 익히도록 한다.
제12 장교(將校)를 교육하고 징병제도를 정하여 군제(軍制)의 기초를 확립한다.
제13 민법 및 형법을 엄정히 정하여 함부로 가두거나 벌하지 말며, 백성의 생명과 재산을 보호한다.
제14 사람을 쓰는 데 문벌(門閥)을 가리지 않고 널리 인재를 등용한다.

이 개혁안은 순 한글체와 순 한문체, 국한문 혼용체로 작성되었다. 즉 근대적인 국정개혁의 기본강령을 선포한 문서로 청나라에 대한 종주권(宗主權, 한 나라가 다른 나라의 내정이나 외교를 관리하는 특수한 권리)을 부인하고 자주독립의 기초를 세울 것을 선포하고 종실, 외척의 정치 관여를 배제함으로써 대원군과 명성왕후(明成皇后)의 정치개입을 불허하고자 하는 우리나라 최초의 성문법이다.

4. 국모(國母, 明聖王后)의 시해와 을미의병

1895년 10월 8일(음력 8월 20일)에 우리나라 역사상 가장 치욕적인 사건 중의 하나가 발생하였다. 그날 총성 한 발을 필두로 일본 낭인들이 광화문 담벼락을 넘어서면서 명성왕후(明聖王后)를 죽였다. 당시 괴한들은 그녀를 죽이기 위하여 왕과 왕비의 거처 건청궁으로 침입하여 고종과 세자 그리고 궁녀들까지 협박하며 그녀의 소재를 파악하려고 하였다.

또한 괴한들은 명성왕후(明聖王后)의 얼굴을 몰라서 닥치는 대로 궁녀들을 죽이기 시작하였으며 왕비는 놀라서 피신하는 중에 일본인 한 명에게 붙잡혀 칼로 시해를 당했다. 혹은 다른 기록을 보면 시체를 옮겨 불로 태웠다는 기록으로 보아서 조선 측에서는 매우 치욕적인 사건이라 볼 수 있다. 괴한들은 일본 우익세력으로 후에 모두 무죄로 풀려났으며 일본은 이 같은 사건에는 전혀 모르는 일이라고 부인하였다. 오히려 괴한들에게는 출세의 길을 보장해 주었고, 오히려 조선 사람이 일으킨 사건으로 둔갑시켜 버렸다.

이 사건의 배경은 러시아를 통해 일본을 견제하려고 하였던 민비(閔妃)를 잔인한 방법으로 제거한 사건이다.

1894년 일본은 청나라 북양함대를 침몰시킨 후 청일전쟁에서 승리해 시모노세키조약을 체결하여 청나라로부터 요동 반도와 타이완섬 그리고 전쟁배상금을 받아 냈다. 그러자 러시아는 독일, 프랑스를 끌어들여 일본에 요동 반도를 청나라에 반환할 것을 요구했고, 3개 열강의 압박으로 일본은 할 수 없이 요동 반도를 반환했다.

이를 계기로 러시아의 도움을 받고자 했던 고종과 민비(閔妃)는 일본을 견제하고자 러시아와 공조하자 불안을 느낀 일본은 육군 중장 미우라로 하여 민비(閔妃)를 시해했다. 즉 인아거일(引俄拒日)의 외교정책에 불안을 느낀 일본의 고육지책(苦肉之策)이다. 따라서 일본은 수십 명의 괴한을 동원하여 이들을 한성신보의 직원들로 위장 채용해 8월 20일 민비(閔妃)의 호위대장인 홍계훈(洪啓薰, ?~1895)을 살해하고 미국인 교관과 시위대(侍衛隊, 귀인을 지키는 사람)들을 공격하였고 건청궁에 난입하여 고종을 협박하여 왕비를 폐비(廢妃)할 것을 강요하였다.

이에 고종은 굴복하지 않자, 항의하던 궁내부대신(宮內府大臣) 이경직(李耕植, 1841~1895)을 죽이고 달아나던 민비(閔妃)를 추격하여 구둣발로 가슴을 세 번이나 짓밟고 일본도로 시해한 후 민비(閔妃)를 확인하기 위하여 국부검사(局部檢查), 젖가슴 검사까지 하였으며 증거를 없애기 위해 시신을 화장하는 등 조선 백성에게는 씻지 못할 만행을 저질렀다.

일본은 또한 이번 사건은 일본과는 무관한 일이며 훈련대와 대원군이 결탁하여 행한

쿠데타로 일축하였으며 오히려 고종의 요청으로 일본군이 출동하여 시위대와 훈련대를 진압하였다고 발뺌하였다.

친일파로서 민비시해사건에 참여한 우장춘(禹長春, 1898~1959) 박사의 아버지인 우범선(禹範善, 1857~1903)은 일본으로 망명하였으며 결국은 대한제국의 군인에게 피살되었고 이두황(李斗璜, 1858~1916)은 숨어 살다가 지리산 빨치산 토벌대장의 자녀들에 의해 묘지가 훼손되는 수모를 당했다.

민비(閔妃) 살해 이후 일본은 김홍집 내각을 통해 여러 건의 법령을 제정하고 공포하였다. 그 내용을 보면 태양력 사용, 연호제정(年號制定, 建陽), 서울에 소학교 설치, 단발령 등이었다. 또한, 민비(閔妃) 시해 사건을 위장 발표하였으나 외국 공사관들이 이 사건을 증언하였으며 미국과 러시아의 군인들을 동원하여 시위하였고 일본의 만행과 폐위(廢位) 조치를 인정하지 않는다고 발표하였다.

이에 따라 일본은 미우라 공사를 교체하고 사건 관련자를 처벌하여 본국으로 압송하였고 일본 군대의 철수와 조선에 내정간섭(內政干涉)을 하지 않겠다는 약속과 동시에 왕비 민비(閔妃)를 복위시키는 데 동의하였다. 그러나 이 사건은 철저하게 형식적인 기소와 처벌에 불과하였다. 사건이 일어난 다음 해에 대부분 괴한과 폭도들은 증거가 충분하지 않다는 이유로 모두 석방되었으며 후에 출세의 길로 승승장구하였고 사후에는 극우 계열의 신사(神社, 국가에 공헌한 사람을 모시는 사당)에 안치가 되어 칭송받고 있다. 오히려 이주회(李周會, 1843~1895)와 윤석우를 범인으로 지목하여 처형하였으며 대원군(大院君)을 정치에서 완전히 배제 시킴과 동시에 이준용(李埈鎔, 1870~1917, 고종의 조카)을 일본에 망명시키는 선에서 사건을 처리하였다.

그러나 왕비 시해 사건에 대한 백성들의 반일 감정이 극도에 달해 전국적인 을미의병과 1897년 '아관망명(俄館亡命)', 혹은 '아관파천(俄館播遷)'을 불러일으키는 계기가 되었다.

왕비가 시해되고 여러 가지 법령을 제정 공포한 것을, 제3차 갑오개혁이라고 말하는데 이번 개혁은 백성들에게 반감을 샀다. 왜냐하면, 우리 민족이 전통적으로 계승하여 온 태음력 사용을 금지하는 것이 우리 실정에는 맞지 않는다는 것이다. 특히 단발령은 당시 유교 사회에 있어서 부모에 대한 불효가 된다는 생각이 국민 사이에 팽배하였다. 당시 조선 사회에서는

> 身體髮膚受之父母(신체발부수지부모) 不敢毁傷(불감훼상) 孝之始也(효지시야)
> 사람의 신체와 터럭과 살갗은 부모에게서 물려 받은 것이니, 감히 손상시키지 않는 것이 효의
> 시작이다(『孝經』).

라는 말 그대로, 머리를 길러 상투를 트는 것이 인륜의 기본인 효의 상징이라고 여겼다.
그러므로 단발령이 내려지자, 백성들은 이것을 살아 있는 신체에 가해지는 심각한 박해로
받아들였다. 최익현은 단발령에 항의하는 상소문에서 오두가단 차발불가단(吾頭可斷此髮
不可斷)이라 하여 목이 잘리더라도 머리는 내놓을 수 없다고 맞섰다. 다시 말하면 "효도의
시작은 제 몸을 아끼는 것부터인데, 어찌 부모가 물려준 몸을 함부로 해한다는 말인가?"라
고 하였다.

고종의 단발령은 1895년에 내려졌는데 당시에는 엄청난 반발이 있었다. 당시 최익현
(崔益鉉, 1833~1906)의 상소문에서 나타났듯이 개인에게는 매우 치욕적이다. 과연 선비 개
개인에게만 치욕적이었을까? 아니다. 당시 머리를 자른다는 것은 경제적으로도 매우 치명
타였다. 상투 잘린 사람들은 집에만 틀어박혀 있었기 때문이다.

우리나라를 여행한 영국인 이사벨라 비숍(1831~1904)은 저서 『한국과 그 이웃 나라들』
에 이같이 적었다.

> "서울의 성문, 궁전, 관공서마다 머리 깎는 소리가 들렸다. 하인들도 예외가 아니었다.… 어떤
> 아버지는 두 아들이 머리를 깎인 비탄과 치욕을 못 이겨 독약을 먹고 자살했다.… 서울에서
> 80km 떨어진 춘천에서는 수령이 법령을 집행하려 하였을 때 주민들이 무리를 지어 일어나
> 수령을 죽이고 그가 내린 법령을 폐기했다.… 서울에 올라왔다가 머리를 깎인 지방민, 상인,
> 기독교 전도사 등등은 감히 고향으로 돌아가지 못했다. 도성 안에 사람의 발길이 끊어지자
> 목재, 토산품이 들어오지 못했고, 생필품의 가격은 치솟았다.… 1896년 1월 중순에는 물가가 심
> 각하게 올랐다."
> (뉴스클레임, https://www.newsclaim.co.kr).

단발령은 일본 사람이 시행하였기 때문에 당시 사회적 반감이 매우 컸다. 하나의 예로서는 죽동궁(竹洞宮) 민영익(閔泳翊)의 첫 양자로 들어갔던 민정식(閔庭植)은 양어머니인 대방 마님의 노여움을 받고 파양(罷養, 양자 관계를 끊음)을 당했다. 민정식이 대방 마님에게 파양을 당해 쫓겨난 이유의 하나도 '상투를 잘랐다'라는 사실 때문이었다(이용선, 『조선 최강 상인 3 불세출』, 동서 문화사, 2002).

단발령(斷髮令)은 상투를 자르고 머리를 짧게 하라는 명령으로서 조선 후기에 을미사변(乙未事變)과 의병 활동의 기폭제가 된 당시의 큰 사건이다. 이러한 단발령은 1895년과 1900년 두 차례가 실시되었는데 흔히 1차 단발령을 말한다. 왜냐하면, 2차보다는 더 큰 반향을 일으켰기 때문이다.

1차 단발령은 유길준의 주도로 김홍집 내각이 1895년에 공포하였다. 내부(內部)에서 고시(告示)하기를,

"이제 단발(斷髮)은 양생(養生)에 유익하고 일하는 데에 편리하기 때문에 우리 성상 폐하(聖上陛下)가 정치 개혁과 민국(民國)의 부강을 도모하며 솔선궁행(率先躬行)하여 표준을 보인 것이다. 무릇 우리 대조선국(大朝鮮國) 민인(民人)은 이러한 성상(聖上)의 뜻을 우러러 받들되 의관 제도(衣冠制度)는 아래와 같이 고시(告示)한다.

1. 나라의 상사(喪事)를 당하였으니 의관(衣冠)은 나라의 거상 기간에는 그 전대로 백색(白色)을 쓴다.
1. 망건(網巾)은 폐지한다.
1. 의복제도는 외국 제도를 채용하여도 무방하다."
(『고종실록』 33권, 고종 32년 음력 11월 15일 신해 9번째 기사)

우리나라에서 개화파들이 비공식적으로 단발하고 다녔다고 한다. 맨 먼저 한 자는 누구인지는 모르지만 1885년 1월 8일 윤치호(尹致昊, 1865~1945)가 자신의 일기에서 단발하였다고 밝히고 있다.

> 윤치호(尹致昊, 1865~1945)는 신학문을 공부하기 위해 상하이에 건너가서 학교에 가고, 또 서양사람들과 자유롭게 상종하기 위해 그 불편한 상투를 잘라 버리고 양복을 입었는데, 그렇게 상투를 자르고 자기 모양을 보니 "퍽 가소롭다"라고 하였다.
> 갑신정변 이후 국외로 망명하여 쫓겨 다니던 국사범들은 일본, 중국, 미국 등지로 떠돌아다니면서 갓 쓰고, 상투 꽂고 다니기란 보통 불편한 일이 아니었다. 또 그렇게 남의 시선을 끄는 꾸밈새를 하고 다닐 처지도 못 되어, 그들은 상투를 싹둑 잘라버리고 양복을 입었다(이용선, 2002).

더 재미있는 모습은 박정양(朴定陽, 1841~1904)의 예가 있다. 그가 주미 전권 대사로 외국에서 상투를 쓰고 거리를 활보한 내용이 있다.

> "상투에다가 갓 쓰고, 도포 입고 워싱턴 시내를 활보했을 뿐만 아니라, 무도회에도 나가 춤을 한번 추어 어느 명사의 딸을 반하게 하여 신식 로맨스를 불러일으켰다."라고 한다 (이용선, 2002).

일본의 경우, 단발령이 처음 시행되었을 때 천황(天皇)이 시범으로 자르자 모두 따라서 했듯이 조선도 고종과 태자(후에 순종) 그리고 신하들이 반강제적으로 단발령을 했다. 그후 12월 30일에 시행한 단발령은 12월 31일 아침에 관료, 군인들을 비롯하여 벼슬아치들에게 시행하도록 하였으며 1896년 1월 1일부로 전국으로 확산하여 백성에게 단발령을 요구하였으나, 사회적 분위기는 혼란을 가져올 수밖에 없었다. 심지어는 경북 선산 출신인 장길상(張吉相)은 아들이 서울로 유학(遊學)하자마자 단발한 것을 보고는 학비를 끊었다고 적혀있다(이용선, 2002).

그 후 상투보다는 단정하고 짧은 머리가 위생적이고 일상에서 작업 효율을 높여준다고 선전하며 전 국민에게 머리를 깎을 것을 요구했다. 이러함에도 불구하고 백성들이 받아들이지 않자, 강제로 시행하게 되어 지방으로까지 관리들이 파견되어 지나가는 길마다 이유도 없이 상투를 자르고 가는 일이 많아지게 되었고, 그 결과 사람들이 왕래하지 않아 물자가 부족해져 잠시간 동안 인플레이션 사태도 있었다.

동시에 그 이전까지만 해도 사진 찍는 걸 꺼리는 풍토 때문에 파리만 날렸던 사진관들은 머리 자르기 전 상투 온전한 사진만이라도 남겨두려는 사람들의 발걸음이 이어지면서 갑자기 호황을 누렸다. 이것뿐만 아니라 단발령에 항의하며 시골로 숨거나 귀향하였으며 강제로 상투를 잘린 사람은 상투를 보관하며 통곡했다. 혹은 일부 사람들은 문을 걸고 손님이 오는 조차 경계하였으며 야밤에 도망가서 화전민으로 전락하는 이들도 있었다.

결국은 을미사변(乙未事變)과 함께 반일 감정이 증폭되는 계기가 되어 각지에서 의병이 일어나기 시작했고, 결국 아관파천으로 김홍집 내각이 무너지고 이완용(李完用, 1858~1926)을 중심으로 하는 친러시아 내각이 등장, 단발령을 철회하여 소동은 일단락되었다. 여담으로 이때 고종의 머리카락을 잘랐던 정병하(鄭秉夏, 1849~1896)는 아관파천 이후 경무청 문 앞 돌계단 위에서 살해당했고, 순종의 머리를 잘랐던 유길준은 일본으로 망명했다.

정병하는 개화파 대신으로 김옥균에게 영향을 받아 정치에 입문하였으며 김홍집 내각에 들어가 갑오개혁과 을미개혁에 참여했다. 그 시기가 1894년과 1895년이었다. 그는 을미사변(乙未事變) 이후에 명성왕후(明成皇后) 폐비를 주장하였고, 고종이 직접 모범을 보여야 한다고 하면서 단발령 때 직접 고종의 머리카락을 잘랐다. 그의 사망에 대해서는 아관파천(1896) 당일 역적으로 분류되어 경무청 앞에서 김홍집과 함께 순검(巡檢)들에게 참살되었다는 이야기와 백성들에게 돌 맞아 죽었다는 설이 함께 전해졌다. 시신은 종로에서 전시되고 성난 군중들이 다시 찢어서 절단되었다.

2차 단발령(斷髮令)은 1900년 대한제국 선포 이후 근대화 과정에서 일어났다. 즉 사회가 어느 정도 근대화가 이루어지는 과정이므로 서양 풍속에 반감이 많이 줄어든 상태였기 때문이다. 또한, 외국 학문과 교육 그리고 백성들의 근대화에 대한 열망이 있었고 유학자들도 상투를 고집하지 않아도 효행을 할 수 있다는 것으로 인식하였기에 큰 저항이 없이 단발령이 정착될 수 있었다. 이후에는 모든 관리나 군사들에게 상투를 자르게 하고 서양식 복장으로 관복을 변경하였다. 즉, 정책의 뒷배경에 의도가 의심스러운 이들이 존재했기 때문에 첫 단발령은 실패로 돌아간 것이고, 스스로 필요성을 자각한 상태에서 두 번째로 진행한 단발령은 성공적으로 정착한 셈이다. 그러나 극단적 보수주의자들은 단발을 거부하는 이들도 많이 있었다.

일제 강점기에는 단발령을 강제로 하지 않았고 학생들이나 순경 등과 같은 일부 사람들만은 강제실시가 되었다. 시대가 변해 오히려 단발을 선호하였고 상투를 튼 사람은 무식한 사람으로 인정하는 세태가 『만세전(萬歲前)』에 기록되어 있다. 이 소설은 이인화(李仁和, 1858~1929)가 동경에서 서울로 오는 여정의 내용을 쓴 글로써 나라를 잃은 서러움과 울분을 토한 염상섭(廉想涉, 1897~1963)의 작품이다. 내용을 요약하면 다음과 같다.

> 일본에 유학 중인 나는 아내가 위독하다는 전보를 받고 귀국한다. 그러나 도중에 술집 여성 만나고, 고베에 들러 '을라'도 만나는 등 발걸음을 빠르게 하지 않는데, 귀국하는 배 안에서 일본 형사에게 시달리고, 우리 농민들을 유인해 노동자로 팔아먹는 현실을 보고는 민족적 울분을 느끼지만, 집에 와 보니, 현대 의학으로 고칠 수 있는 병을 방치해 아내는 죽어 가고 있었고. 죽은 아내는 말이 부부이지 불과 몇 달밖에 살지 않았던 것이다.
> 아내의 장례를 치른 뒤 다시 일본으로 돌아가려 하나 뜻대로 되지 않았다. 일본에서 새 길을 찾아 대학에 진학하겠다는 정자의 편지가 오고, 나는 그녀를 지원한다. 그리고 나는 구더기가 들끓는 공동묘지 같은 조선을 떠나 경쾌한 기분이 되어 다시 일본 동경으로 간다.

대체로 일제 강점기에 너무 짧은 머리보다는 단정하고 어느 정도 머리카락을 길게 하여 머리를 손질하는 것이 유행하였으며 서구화로 변천해 가는 특징이 있다. 해방 이후 여담이지만 머리카락으로 적군과 아군을 쉽게 구분할 정도로 길이 차이가 확연하게 드러났다. 주로 중국군과 인민군은 머리가 짧거나 빡빡머리에 가깝다면 국군은 그들보다도 길었다는 것이다.

그러나 노년층의 일부에서는 기존의 상투 차림으로 생활하는 광경이 종종 보이곤 했다. 1960년대에는 조금은 쉽게 볼 수 있었으나 1970년대 들어서는 거의 사라졌으며 오늘날에는 서당이나 과거 전통을 유지하는 청학동에서나 볼 수 있을 것이다.

을미사변(乙未事變)을 일으킨 일본에 호의적이라 하여 친일 내각으로 오해를 받던 김홍집 내각은 지지 세력이 취약했고, 전국에서는 단발령에 대한 공포감과 함께 의병이 발생했다. 김홍집 내각은 출범 초기부터 여러 개혁 조치를 단행했는데, 여기에는 단발령도 포함되어 있었다. 그러나 머리카락은 부모에게서 물려받은 것이므로, 소중히 간직하려는 전통에 위배가 된다며 전국적으로 극심한 반대를 불러왔다. 『정감록』에 의거한 유언비어들이 유포되는가 하면 반상의 구별이 사라진다는 소문 등이 퍼졌다. 또한, 단발령의 배후가 일본이라는 설이 돌면서 전국적으로 의병 활동이 확산이 되었다. 이를 을미의병(乙未義兵)이라 한다(『백과사전』).

의병(義兵)이라는 용어는 친일파를 응징하기 위하여 유생들이 전국적으로 무력투쟁을 하기 위한 시도로서 역적을 토벌하기 위해 모인 '의로운 병사'를 칭한다는 것이다. 이들은 유생들이 주축이 되어 관군 및 일본군에 대항하여 처단하였고 군사시설을 목표로 파괴하였다.

이러한 가운데 '춘생문 사건(春生門事件)'이 일어나게 된다. 이 사건은 1895년 을미사변(乙未事變)에 대한 반동으로 친미, 친러파의 관리와 군인들에 의해 기도되었던 사건으로 당시 고종은 왕비의 시해 사건으로 불안에 떨고 있던 고종을 궁으로부터 탈출시켜 친일 정권을 무너뜨리고 새 정권을 수립하려던 사건을 말한다. 당시 이 사건은 관리 중에는 이재순, 임최수, 김재풍, 이완용, 이범진, 윤치호 등과 군인 이규홍(李圭弘, 1881~1928) 그리고 외국인 선교사 언더우드(Underwood, H. G.), 에비슨(Avison, O. R.), 헐버트(Hulbert, H. B.), 다이(Dye, W. Mc) 그리고 미국 공사관 서기관 알렌(Allen, H. N.), 러시아 공사 베베르(Veber, K. I.)와 같은 구미 외교관도 이 사건에 직접, 간접으로 관련되어 있었다.

1895년 11월 28일 동이 틀 무렵 군인들을 인솔하여 입궐을 시도하였으나 저지되자 춘생문을 이용하여 고종을 탈출시키려고 하였으나 친위대 대대장 이진호(李軫鎬, 1867~1943, 친일파)가 배신하여 어윤중(魚允中, 1848~1896)에게 밀고하여 사전에 발각되어 일부는 체포되고 일부는 도주한 사건이다.

한편, 고종을 탈출시키려는 거사가 실패하자 정동파(정동구락부) 인사들은 재빨리 미국 및 러시아 공사관 또는 선교사 집으로 피신하였다. 일본은 이 사건에 서양인이 직접·간접으로 관련되어 있음을 대서특필하였다. 그리고 이를 기회로 히로시마(廣島) 감옥에 수감 중이던 을미사변(乙未事變) 관련 주모자들을 증거불충분이라는 이유를 내세워 전원 석방하였다. 그러나 이 사건의 주동 세력인 정동파(정동구락부)들은 1896년 2월 11일 새벽 궁녀가 타는 가마에 태워 고종과 태자를 러시아 공사로 모시는 아관파천(俄館播遷)을 단행하여 일시적이나마 일본 세력을 물러나게 하였다(『한국민족문화대백과사전』).

명성 왕후가 살해된 뒤에 고종황제를 끝까지 모신 여인이 엄귀비(嚴貴妃)였는데 후에 순헌황귀비(純獻皇貴妃)로 실질적인 고종의 여인이었다. 그녀는 아관파천을 주도한 인물로 근대 교육기관인 양정, 숙명, 진명학교를 세웠으며 영친왕의 생모이기도 하다. 세상에서는 보통 '엄귀비(嚴貴妃)'로 불린다. 8살 때 궁녀로 궁에 들어와 민비(閔妃)의 시위 상궁으로 있다가 고종의 눈에 띄어 승은(承恩)을 입게 된다. 이를 안 명성황후는 엄상궁(嚴尙宮)을 궁 밖으로 쫓아낸다. 그러나 명성황후가 을미사변(乙未事變)으로 세상을 떠나자, 고종은 다시 엄상궁(嚴尙宮)을 궁으로 불러들였다.

그 후에 고종은 엄상궁(嚴尙宮) 사이에 영친왕을 낳게 되는데 그녀의 나이는 42세였다. 영친왕을 낳았음에도 불구하고 왕후로 봉하지 못한 것은 그녀의 출신 성분 때문이었다. 즉 숙종 때 장희빈의 악행 때문에 후궁은 절대로 왕비가 될 수 없다는 엄명이 있었다. 따라서 후궁 중에서 가장 높은 서열인 귀비(貴妃)에 봉해졌다.

말이 귀비(貴妃)이지 그녀는 황후와 마찬가지였다. 여기서 주목할 것은 고종이 아관파천을 하였을 때 결정적인 역할을 하였다. 그녀는 일본인에게 언제부터인가 뇌물을 주고 궁 밖으로 외출했다. 이러한 외출은 일본인에게는 왕에게 잘 보이고자 줄을 대면서 뇌물을 받고 있다고 소문이 나기 시작했으며 결국은 고종과 함께 일본의 감시망을 뚫고 자신의 가마에 고종과 태자를 싣고 러시아 공사관으로 발길을 돌렸다는 것이다. 후에 알았지만, 엄상궁(嚴尙宮)의 잦은 외출은 고종을 피신시키기 위한 계획을 세우기 위한 것이었다. 그녀는 고종이 죽고 영친왕마저 일본에 빼앗기자 1911년 덕수궁 함녕전에서 장티푸스로 사망하고 경술국치(庚戌國恥) 이후 귀비로 순헌황귀비(純獻皇貴妃)에서 귀비(貴妃)로 격하되는 수모를 겪었다.

5. 대한제국의 탄생

일본의 만행은 날로 포악해졌다. 당시 민비(閔妃)를 시해하고 단발령 등의 시행으로 일반 국민에게 반발을 사고 있었다. 또한, 러시아의 남하 정책으로 일본은 러시아와 군사적으로 긴장 관계를 형성하였으며 서구 열강들은 철도, 광산, 삼림(森林)을 차지하기 위해 혈안이 되어 있었다.

당시 서양 제국주의 열강들은 '최혜국 대우' 조항을 주장하며 조선과의 교역을 위하여 경쟁적으로 손을 뻗치는 상태였다. '최혜국 대우' 조항이란 한 나라에 경제적 이권을 넘겨주면 다른 나라에도 기회균등의 차원에서 같은 수준의 이권을 넘겨주어야 하는 불평등 조항이다(송찬섭 외, 2016). 당시 황실은 열강들에 이권을 넘김으로써 근대화를 서둘렀으며 그들을 통해 조선이 보호받을 수 있다는 계획 아래에 근대화가 진행되었다.

예를 들면 조선 금 생산량의 25%를 생산하던 운산 금광 개발권을 한국 최초의 상주 의료선교사인 미국인 알렌(安連, Horace N. Allen, 1858~1932) 등을 통하여 미국이 챙겨갔으며 이 밖에도 철도와 전기 그리고 전차 등의 이권을 차지하였고 러시아를 비롯하여 일본, 영국, 프랑스, 독일 등도 앞다투어 조선의 최혜국 대우 조항을 앞세워 이권을 차지하였다. 일본의 경우, 대륙진출과 러시아의 남하 정책을 저지하기 위하여 경부 철도부설권과 경인 철도부설권을 군사적 목적으로 사들였다.

조선이 외국 자본들에 의해 어려운 사정에 이르자 위축된 국가의 위상을 높이고자 친일 내각을 도왔던 이들을 체포함과 동시에 우리나라가 자주독립 국가임을 전 세계에 알리고 근대국가로의 이행을 준비하고 있었다. 그 예로 친일 세력에 의해 시행되었던 단발령과 내각제 폐지와 의정부(議政府)제도를 환원하고 양력과 음력을 동시에 사용하도록 하는 제도 개편안을 내놓았다.

고종이 이렇게 할 수 있었던 것은 아관파천 이후에 친러인사들로 새 내각을 구성하고 친일 세력들을 체포하여 당시 국민감정인 친일 세력을 몰아내자는 데 있었으며 청일전쟁으로 청나라의 내정간섭이 사라지고 러시아의 견제로 일본의 세력이 약한 틈을 이용하여 주권과 왕권을 강화하려는 포석으로 근대국가로의 발 빠른 이행을 하고자 하였다.

고종은 이러한 여론에 힘입어 아관파천에서 돌아와 경운궁(현 덕수궁)에 돌아왔다. 고종이 정궁(正宮)으로 경복궁에 가지 않은 것은 일본을 견제하기 위한 목적이었다. 왜냐하면, 경운궁은 외국 공사관들이 많이 위치하여 일본의 접근이 용이(容易)하지 않기 때문이다. 그는 이 같은 계획의 일환(一環)으로 러시아 공사관에 있던 고종은 친일 세력을 체포하라는 명령으로 김홍집과 정병하는 군중들에 의해 광화문에서 맞아 죽었으며 어윤중은 시골로 내려가던 중 지방민에게 맞아 죽었으며 유길준 등은 일본으로 도망갔고 김윤식은 제주도로 유배를 당했다. 따라서 친일 내각이 사라지고 이완용(李完用, 1858~1926)과 이범진(李範晉, 1852~1910), 윤치호 등이 새 내각을 차지하여 일본과 다른 국가들을 견제하고 자주

국가로 진행될 수 있는 분위기가 형성되어 대한제국이 탄생할 수 있었다.

고종은 1897년 8월 16일 연호(年號)를 광무(光武, 대한제국의 고종 연호)로 정하고 10월 12일 환구단에서 황제 즉위식을 하고 대한제국의 수립을 선포하였다. 이어 1899년 8월에는 "대한제국은 전제국가이며 군권(君權)은 무한하다"라고 하는 '대한국국제'를 공포하여 황제권을 법적으로 명문화하고 황제 중심으로 근대 국민국가를 지향했다. 대한제국의 수립은 청의 속국에서 벗어나 주권 국가임을 선포한 획기적인 사건이었다(송찬섭 외, 2016).

대한제국의 국명은 '대한(大韓)'이다. 이 말은 '삼한(三韓)'에서 유래되었으며, 삼한(三韓)은 10세기 이후 후 삼국시대인 후고구려, 후백제, 신라를 가리키며 삼국의 옛 영토를 아우르는 대국을 건설한다는 의미로 '대한(大韓)'이라고 하였다. 다시 말하면 세 삼국이 통일되었다는 의미이다. 여기서 주목할 만한 것은 삼국 이전의 국가인 흔히 삼한(三韓) 즉 마한, 변한, 진한을 의미하는 것이 아니다.

1897년 10월 12일 대한제국 고종은 환구단(圜丘壇)을 짓고 하늘에 제사를 지낸 후 국호를 대한국(大韓國), 연호를 광무(光武)로 정하고, 초대 황제로 즉위했다. 고종은 1882년부터 사용하던 태극기(太極旗)를 국기로 정하고, 국장을 이화문(李花紋)으로 하였으며, 애국가(愛國歌)를 국가로 하였다. 여기서 주목할 것은, 대한민국의 국장(國章)은 자두꽃을 도안한 문양으로 이화(李花)이다. 이는 순우리말인 '오얏'을 사용하여 '오얏 꽃 문장'이라고 부르기도 한다. 우리가 알고 있는 이화여자대학교에서 이화(梨花)는 한자에서 차이가 나듯이 배꽃과는 다르다는 것이다. 즉 대한제국 황실의 가문인 전주 이씨를 상징한다.

대한제국은 자주성과 독립성을 한층 강하게 표방하고자 사용된 의례상, 의전상 국호로 대한제국의 국명은 '대한(大韓)'이다. 대한(大韓)이라는 말은 '삼한(三韓)'에서 유래한 것으로 고구려, 백제 그리고 신라를 통틀어서 삼한이라 불렀는데, 그 삼한이 통일되었다는 의미에서 '대한'이라 한다. "我邦乃三韓之地而國初受命統合爲一 今定有天下之號曰大韓未爲不可", (『고종실록 제36권』, 고종 34년 10월 11일), "及高麗時吞竝馬韓辰韓弁韓 是謂統合三韓 … 定有天下之號曰大韓", (『고종실록』 제36권, 고종 34년 10월 13일). 자세한 설명은 다음과 같다.

> 상이 이르기를 "우리나라는 곧 삼한의 땅인데, 국초에 천명을 받고 하나의 나라로 통합되었다. 지금 국호를 대한이라고 정한다고 해서 안 될 것이 없다. 또한, 매번 각국의 문자를 보면 조선이라고 하지 않고 한이라고 하였다. 이는 아마 미리 징표를 보이고 오늘이 있기를 기다린 것이니, 세상에 공표하지 않아도 세상이 모두 다 대한이라는 칭호를 알고 있을 것이다. (…) 국호가 이미 정해졌으니, 원구단에 행할 고유제의 제문과 반조문(頒詔文, 나라에 경사가 있을 때 백성에게 알리는 詔書)에 모두 대한으로 쓰도록 하라(『고종실록』 제36권, 고종 34년 10월 11일)."

　여기에 국호를 변경하면서 제국이라고 선포하였기에 '제(帝)'가 첨가하여 대한제국이 되었다. '대한'이라는 이름은 1919년 4월 11일 수립된 대한민국 임시정부가 "대한으로 망했으니 대한으로 다시 흥해 보자"라는 취지로 국호로 재사용했고, 1948년 8월 15일 수립된 대한민국 정부에 그대로 이어졌다.

참고문헌

강경표 외, 『한국 근현대사』, 진영사, 2015.

姜萬吉 外, 『韓國의 實學思想』, 삼성출판사, 1990.

강만길, 『고쳐 쓴 한국 근대사』, 창작과 비평사, 1994.

강만길, 『조선 후기 상업자본의 발달』, 고려대 출판부, 1973.

강만길, 『조선 시대 상·공업사 연구』, 한길사, 1984.

강명관, "조용한 아침의 나라를 뒤흔든 무뢰배들, 검계와 왈자", 『조선의 뒷골목 풍경』, 푸른역사, 2004.

강명관, 『조선 후기 여항 문학 연구』, 1997.

강범석, 『잃어버린 혁명:갑신정변 연구』, 도서출판 솔, 2006.

강승환, 『열왕 대전기』, 조크미디어, 2011.

강영수, 『조선 명탐정 정약용』, 문이당, 2011.

강위, 『강위 전집 1, 2 』, 아세아문화사, 1998.

강준만, 『한국 근대사 산책 1: 천주교 박해에서 갑신정변까지』, 인물과 사상사, 2006.

강준만, 『한국 근대사 산책 1』, 인물과 사상사, 2011.

강재언, 하우봉(역), 『선비의 나라 한국 유학 2천년』, 한길사, 2003.

강재언, 『근대조선의 사상』, 미래사, 1984.

『고려사』.

고미숙, 『열하일기, 웃음과 역설의 유쾌한 시공간』, 그림비, 2003.

고석규 외, 『암행어사란 무엇인가』, 도서출판 박이정, 1999.

고성훈 외, 『민란의 시대』, 가람기획, 2000.

고승제 외, 『전통 시대의 민중운동(하)』, 풀빛, 1981.

고순희, "가사 문학의 문화관광자원으로서의 가치", 『한국 시가 문화연구』 제37집, 한국 시가 문화 학회, 2016.

『고종실록』, 1868년.

『광해군일기』.

구선희, "19세기 후반 조선 사회와 전통적 조공 관계의 성격", 『史學硏究 第80號』, 한국사학회, 2005.

구자균, 『조선평민문학사(朝鮮平民文學史)』, 민학사, 1974.

국방부 전사 편집위원회, 『임진 왜란사』, 1987.

국사편찬위원회, 『고등학교 국사』, 두산, 2004.

국사편찬위원회, 『조선 후기 민중 사회의 성장』, 탐구당, 1997.

국사편찬위원회, 『한국사 : 조선 중기의 외침과 그 대응』 29, 국사편찬위원회, 1995.

권내현, 『노비에서 양반으로, 그 머나먼 여정』, 역사비평사, 2014.

권오상, 『바로 보는 한 토막 임진 전쟁』, 삼진기획, 2002.

권태억, 『한국 근대사회와 문화』, 서울대학교 출판부, 2003.

김강식, "임진왜란 의병 활동과 성격", 부대사학, 1993.

김규섭 외 2명, "조선 시대 권율 장군 묘역 주변 계획 설계", 한국전통조경학회, 2003.

김동진, 『파란 눈의 한국 혼 헐버트』, 참 좋은 친구, 2010.

김문길, 『임진왜란은 문화 전쟁이다』, 혜안, 1996.

김병연 지음, 황병국 옮김, 『김삿갓 시집』, 범우문고 44, 1988.

김상태, "근현대 지역 갈등의 양상과 그 추이", 한림대 인문학 연구소, 2003.

김선, 『암행어사 박문수』, 이화문화출판사, 1996.

김선주, 『조선의 변방과 반란』, 푸른역사, 2020.

"경제 거꾸로 읽기, 엥겔계수와 담뱃값 인상", 이코노미 21, 2006.

김영미, 『기간(奇簡)과 유몽인의 산문』, 태학사, 2008.

김영민, 『한국 근대소설의 형성과정』, 소명, 2005.

김영은, 『미술사를 움직인 100인』, 청아출판사, 2013.

김영호, "성호의 군주론", 경기일보, 2013.

김옥균, 박영효 외, 조일문 외 1명 역, 『갑신정변 회고록』, 건국대학교 출판부, 2006.

김용덕, 『정유 박제가 연구』, 중앙대 출판국, 1970.

김용숙, 『조선조 궁중 풍속연구』, 일지사, 1989.

김육훈, 『문명과 야만』, "살아있는 한국 근현대사", 네이버 지식백과, 2011).

김윤경, 『청소년을 위한 한국철학사』, 두리미디어, 2007.

김은신, 『이것이 한국 최초』, 삼문, 1995.

김은희, "담양의 장소성에 대한 일고찰-면앙정가와 성산별곡을 중심으로", 『한국시가문화연구』 제
            35집, 한국 시가 문화학회, 2015.

김은희, "가사 문학의 창의적 가치", 『한국 시가 문화연구』 제37집, 한국 시가 문화학회, 2016.

김인회 외, 『한국 교육 사상연구』, 집문당, 1989.

김종성, "'조선 천재' 박규수의 특별한 학습법", 오마이뉴스, 2012.

김호성, 『한국 민족주의론』, 문우사, 1989.

김창룡, 『한국의 가전 문학(하)』, 태학사, 1999.

김창룡, "存齋 朴允默과 文房의 四傳記", 『한성대학교 논문집』, 1992.

김평원, "정조 대 한강 배다리의 구조에 관한 연구", 『한국과학사학회』 39권 1호, 2017.

김태식, "유네스코 세계기록유산", 연합뉴스, 2011.

나종우, "영·호남 의병 활동의 비교검토", 원광대학교 사학과, 1998.

남상권, "북한 역사소설 〈홍경래〉와 서북", 반교어문학회, 2005.

노대환, 『이옥』, 역사의 아침, 2007.

내일을 여는 역사 모임, 『질문하는 한국사』, 서해문집, 2009.

도쿄대 교양학부, 『일본사 개설』, 지영사, 1998.

동국대학교 불교문화연구원, 『동아시아 불교 근대와의 만남』, 동국대학교 출판부, 2008.

망원 한국사연구실, 『한국 근대 민중 운동사』, 돌베개, 1989.

문일평, 『한국문화』, 을유문화사, 1969.

문일평, 『호암 전집』 제3권, 조광사, 1969.

민경배, 『한국 기독 교회사』, 연세대학교 출판부, 1995.

민족문제연구소, 『민족 문제연구』 9권, 민족문제연구소, 1996.

민태원, 이선아 역, 『불우지사 김옥균 선생 실기』, 한국국학진흥원, 2006.

민태원, 『갑신정변과 김옥균』, 국제문화협회, 1947.

박경신, 『울산지방 무가 자료집』 4, 울산대학교 인문과학연구소, 1993.

박문용, "조선 후기 탈춤의 생성 배경과 예능적 특성 연구", 중앙대학교, 2002

박영규, 조선 왕실 로맨스, 옥당출판사, 2019.

박영규, 『한 권으로 읽는 조선왕조실록』, 웅진지식하우스, 2014.

박은봉, 『한국사 100 장면』, 가람기획, 1998.

박은숙, 『갑신정변 연구』, 역사비평사, 2005.

박은숙 역, 『갑신정변 관련자 심문 진술 기록 : 추안급국안 중』, 아세아문화사, 2009.

朴允默, 임형택 편, 『存齋集』, 『이조 후기 여항 문학 총서』 4권, 여강출판사 1986.

박준규, 최한선, 『담양의 가사 문학』, 담양군, 2001.

朴趾源, 『燕巖集』, 渡江錄.

박재광, "6월의 문화 인물: 권율", 문화체육관광부, 1999.

박재광, "임진 왜란기 이순신과 권율", 순천향대학교 이순신 연구소, 2009.

박찬희, 『한 권으로 재미있게 읽는 에세이 조선왕조 오백 년 야사』, 꿈과 희망, 2009.

박형우 외, "제중원에서의 초기 의학교육", 『대한 의사학회지』 8(1), 1999.

"분수대, 담배꽁초", 중앙일보, 2008.

변승웅, 『건대 사학』 9집, "청일전쟁 후 일본의 대한 교육 침략에 관한 소고", 1997.

변태섭, 『한국사 통론』, 삼영사, 2015.

부르스 커밍스, 『부르스 커밍스의 한국 현대사』, 창작과 비평사, 2001.

불교신문, "후궁들 떼지어 비구니 되다.", 2012.

배항섭, 『조선 후기 민중운동과 동학 농민 전쟁의 발발』, 경인문화사, 2002.

백승종, 『문장의 시대, 시대의 문장』, 김영사, 2020.

백유선 외, 『청소년을 위한 한국사』, 두리미디어, 2004.

서대석 · 박경신, 『안성무가』, 집문당, 1990.

손인수, 『한국 교육 사상사 Ⅳ』, 문음사, 1989.

송건호, 『송건호 전집』 12, 한길사, 2002.

송건호, 『송건호 전집』 13, "서재필과 이승만", 한길사, 2002.

손승철, 『근세 한일관계사』, 강원대출판부, 1987.

송준호, 『조선 사회사 연구』, 일조각, 1987.

송찬섭 외, 『한국사의 이해』, 한국방송통신대학교 출판부, 2016.

송찬식, "이조 후기 수공업에 관한 연구", 서울대 한국문화연구소, 1973.

『승정원일기』

신병주, 『조선을 움직인 사건들』, 세문사, 2014.

신병주, 『역사 속 명저를 찾아서』, "이수광의 지봉유설", 매일경제, 2021.

신용하, 『초기 개화사상과 갑신정변 연구: 신용하 저작집』 3, 지식산업사, 2000.

손종섭, 『이두 시 논평』, 김영사, 2011.

송건호, 『송건호 전집』 12, 한길사, 2002.

신병주, 『이지함 평전』, 글항아리, 2008.

신복룡, 『전봉준 평전』, 지식산업사, 2006.

신복룡, 『한국사 새로보기』, 풀빛, 2007.

신승운 저, 박소동 역, 『고전 읽기의 즐거움』, 솔, 2004.

신용하, "유럽으로 간 고조선 문명 : 고조선 후예 '훈 제국' 세워…유럽 민족 대이동 '폭풍' 불러", 중앙 Sunday, 2020.

신윤복, 『한국사 새로보기』, 풀빛, 2007.

신익철, "새롭게 발굴, 소개 된 어우야담 40화", 『민족문학사연구』 28호, 2003.

신익철, 『유몽인 문학 연구』, 보고사, 1998.

신익철, 이형대, 조융희, 노영미 역, 『어우야담 세트』, 돌베개, 2006.

신흠, 『난적휘찬(亂蹟彙撰)』.

안계현, 한국 불교사 연구, 동화출판공사, 1982.

안병국, 『한국 전통문화의 이해』, 2007.

안병렬, "存齋 朴允默의 假傳作品 『麴淸傳』 考察", 『대동한문학』, 1988.

안영길, "조선 중인의 향기와 멋", 성균관, 2003.

안영길, "조선 후기 위항인의 풍류 활동과 문학", 2007.

야스카와 주노스케, 『후쿠자와 유키치의 아시아 침략상을 묻는다』, 역사비평사, 2011.

양재숙, "임진왜란은 우리가 이긴 전쟁이었다.", 『조산사회사총서』 10, 가람기획, 2001.

역사비평 편집위원회, 『논쟁으로 읽는 한국사』, 역사비평사, 2009.

연갑수, "이필제 연구", 동학학보, 2003.

『연산군일기』

오길보, 『갑오농민전쟁』, 북한노동당 출판사, 1968.

오수창, "조선 후기 평안도 지역 차별의 극복 방향", 역사비평, 1996.

오수창, "18세기 평안도 저항 세력 성장의 사회적 배경", 한국문화, 1997.

오수창, "조선 후기 경상도, 평안도 지역 차별의 비교", 역사비평, 2002.

오주석, 『단원 김홍도』, 열화당, 1998.

오태호, 『황석영의 장길산 연구』, 한국문학도서관, 2007.

유영렬, 『개화기의 윤치호 연구』, 경인문화사, 2011.

유영렬, 『한국 근대사의 탐구』, 경인문화사, 2006.

유재건, 『이향 견문록』, 글항아리, 2008,

윤대원, "이필제 난의 연구", 서울대 대학원, 1984.

윤대원, 『한국사론』, "이필제난 연구", 서울대 국사학과, 1987.

이광린, 『한국 개화사 연구』, 일조각, 1974.

이덕일, 『당쟁으로 보는 조선 역사』, 석필, 2004.

이선주, 『인천지역 무속 III: 재수굿·진굿』, 미문출판사, 1989.

이영례, 『한국 근대 토지 제도사 연구』, 보문각, 1968.

이이화, 『역사 인물 이야기』, 역사비평사, 1989.

이에나가 사부로 외, 『신 일본사』, 문원각, 1996.

『선조수정실록』 권 12, 선조 11년(1578) 7월 1일(경술) 2번째 기사.

『조선왕조실록』 숙종 31권.

안대희 옮김, 『소화 시평』, 성균관대출판부, 2019.

왕현종, 한국 근대 토지제도의 형성과 양안 : 지주와 농민의 등재 기록과 변화, 혜안출판사, 2016.

이관명, 『병산집』 권 11.

이광린, 『개화당 연구』, 일조각, 1973.

이기훈, 『전쟁으로 보는 한국 역사』, 지성사, 1997.

이경민 편, 『희조일사(熙朝軼事)』, 민족문화사 영인, 1980.

이경석, 『임진 전란사』, 임진전란사간행위원회, 신현실사, 1974.

이노, 『용사일기』, 금강출판사, 1979.

이덕무, 권정원(역), 『책에 미친 바보』, 미다스북스, 2011.

이덕일, 『송시열과 그들의 나라』, 서울: 김영사, 2000.

이덕일, 『당쟁으로 보는 조선 역사』, 석필, 1997.

이덕일, 『당쟁으로 보는 조선 역사』, 석필, 2004.

이문구, 『관촌수필』, 문학과 지성사, 2003.

이산해, 『아계유고』 권6, 숙부 묘갈명.

이상식 외, 『숙종 대 정국 운영과 대외관계: 조선의 변화를 생각한 숙종』, 한국학중앙연구원, 예스
        24시, 2020.

이상원, "문학, 역사, 지라-담양과 장흥의 가사문학 비교", 『한민족어문학』 제69집, 한국어문학회, 2015.

이상태, 『조선 역사 바로잡기』, 가람기획, 2000.

이수광, 『조선부자 16인 이야기 중에서』, 스타리치북스, 2015.

이월영, 시귀선 역, 『어우야담』, 한국문화사, 1996.

이재석, "한청 통상조약 연구", 『대한정치학보』 (2), 대한정치학회.

이용선, 『조선 최강 상인 3 불세출』, 동서 문화사, 2002.

이윤섭, "후금의 건국과 조선의 대응". 프레시안, 2009.

『월간 문학 바탕』, (주)미디어바탕, 2007년 5월 34호.

이이 저, 안외순 역, 『동호문답』, 책세상, 2005.

이이화, 『한국사 이야기 15 : 문화 군주 정조의 나라 만들기』, 한길사, 2005.

이익, 『성호사설』

이익, 『곽우록』

이을호, 『한국 개신 유학사 시론』, 박영사, 1980.

이현정, "조선 시대 폭력배의 실상과 처벌", 검찰전자신문, 2009.

이향순, "감로도에 나타난 조선의 비구니 승가", 규장각 한국학연구원 『한국문화』 49권, 2010.

李炫熙, 『한국의 역사』, 학원출판공사, 1988.

이현희, 『정한론의 배경과 영향』, 대광사, 1986.

이희근, 『한국사 그 끝나지 않는 의문』, 다우, 2001.

이정린, "강위의 인물과 사상", 『동방학지』 제17집, 연세대학교 동방학연구소, 1976.

이준구 외 편저, 『조선의 화가』, 스타북스, 2017.

『인조실록』.

원주용, 『조선 시대 한시 읽기』, 이담북스, 2010.

원주용, 『조선 시대 한시 읽기 (하)』, 이담북스, 2010.

임용한, 『난세에 길을 찾다』, 시공사, 2009.

임병준, 『조선의 암행어사(우리나라 고유의 감찰제도 이야기)』, 가람기획, 2003.

임병준, "암행어사 제도의 운영 성과와 한계", 『법사학연구』, 24권, 단일호, 2001.

임형택, 『한국 근대문학사론』, 한길사, 1982.

柳奇玉, "存齋 朴允默의 假傳 硏究", 『우석어문』 권 8, 1998.

유몽인, 신익철 외 옮김, 『어우야담』, 돌베게, 2006.

유영렬, 『개화기의 윤치호 연구』, 한길사, 1986.

윤병석 외, 『개화 운동과 갑신정변』, 삼성문화재단, 1977.

유상종, 『일본을 바로 알자』, 학문사, 1997.

유재건, 최경흠 편, 『풍요삼선(風謠三選)』, 아세아문화사 영인, 1980.

유재건 편, 『이향견문록(里鄕見聞錄)』, 아세아문화사 영인, 1974.

유재건, 『이향견문록』, 글항아리, 2008,

유한준, 『권율 · 곽재우』, 대일출판사, 2002.

柳馨遠, 『磻溪隧錄』, 卷之十, 敎選之制下.

윤희진, 『가장 한국적인 그림을 그린 천재 화가 - 김홍도』, 네이버캐스트, 2010.

윤효정 저, 박광희 역, 『대한제국아 망해라』, 다산초당, 2010.

『선조실록』.

장지연 편, 『대동시선(大東詩選)』, 아세아문화사 영인, 1980.

장지연 편, 『일사유고(逸士遺事)』, 회동서관, 1922.

전국역사모임, 『살아있는 한국사 교과서』, 휴머니스트, 2006.

전경일, 『남왜 공정』, 다빈치북스, 2011.

정기숙, 『회계 사상과 회계기준의 발전』, 경문사, 2002.

정민, 『한시 미학 산책』, 휴머니스트, 2010.

정석종, 『조선 후기 사회 변동 연구』, 일조각, 1983.

정석종, "홍경래 난의 성격", 한국사연구회, 1972.

정성철, 『실학파의 철학 사상과 사회정치적 견해』, 북한 사회과학출판사, 1974.

약용, 『경세유표(經世遺表)』, 田論.

정옥자, "시화(詩社)를 통해서 본 조선말기중인층(朝鮮末期中人層)", 『한우근박사정년기념사학논총』, 지식산업사, 1981.

정옥자, 『조선 후기 문학사상사』, 서울대출판부, 1990.

정옥자, 『조선 후기 역사의 이해』, 일지사, 1993.

정후수, "조선 후기 중인 문학 연구", 깊은샘, 1990.

조규익 외, 『연행록 연구 총서 1』, 학고방, 2006.

『조선왕조실록』, 선조 수정 실록 25권.

조윤민, 『조선에 반하다』, 글항아리, 2018.

조용헌, 『소설보다 더 재미난 조용헌의 소설』, 랜덤하우스코리아, 2007.

조중화, 『바로잡는 임진 왜란사』, 삶과 꿈, 1998.

조재곤, 『그래서 나는 김옥균을 쏘았다 조선의 운명을 바꾼 김옥균 암살사건』, 푸른역사, 2005.

조희룡, 『호산외사(壺山外史)』, 아세아문화사 영인, 1974.

주승택, "강위의 개화사상과 외교활동", 『한국문화』 12집, 서울대학교 한국문화연구소, 1991.

주승택, 『한문학과 근대문학』, 태학사, 2009.

중앙시사매거진, "연산군도 두려워한 사관(史官)", 2020년.

진동영 기자, "하반기 분양 앞둔 잠실 진주서 '문화제 발견' (…) 분양 밀리나", 서울경제, 2022. 02.18.

『懲毖錄』

차문섭, 『조선 시대 군제 연구』, 단국대출판부, 1973.

천경화, 『한국사의 이해』, 백산출판사, 2010.

최낙철, "도원수 충장공 권율 장군 실기", 권율장군사적연구소, 1982.

최성규, 『일본의 역사는 없다』, 아세아 문화사, 1987.

최완수, 『김추사 연구 초』, 지식산업사, 1976.

최영희, "임진왜란", 『교양 국사 총서』, 세종대왕기념사업회, 1974.

최용범, 『하룻밤에 읽는 한국사』, 렌덤하우스 중앙, 2004.

최정여 · 서대석, 『동해안 무가』, 형설출판사, 1974.

최제우, 『논학문』.

최항기, 『최항기 역사소설』, "홍경래의 난", 함께 읽는 책, 2006.

채만식, 『채만식 전집』 08, 창작과비평사, 1989.

케이넨 저, 신용태 역, 『임진왜란 종군기』, 경서원, 1997.

하겸진 저, 진영미, 기태완 번역, 『국역 동시화』, 아세아문화사, 1995.

한국문화예술진흥원, "충장공 권율", 한국문화예술위원회, 1999.

『한국민족문화대백과사전』 "서원시사(西園詩社)".

한국 역사연구회, 『한국사 강의』, 한울아카데미, 1990.

한국 역사연구회, 『조선 시대 사람들은 어떻게 살았을까』, 청년사, 2005.

한국 역사연구회, 『모반의 역사』, 세종서적, 2001.

한국정치외교사학회, "갑신정변 연구", 한국정치외교사학회, 1986.

한명기, "홍경래, 헤이하치로 불사설, 그 씨앗은 집권층의 부패," 중앙일보, 2021.

한영우, 『다시 찾는 우리 역사 2권』, 경세원, 2020.

한영우, 『다시 찾는 우리 역사 3권』, 경세원, 2020.

한우근, 『성호 이익연구』, 서울대출판부, 1980.

한우근, 『기인제 연구』, 일지사, 1992.

한윤희, "이필제 난의 고찰", 영남대 교육대학원, 2000.

한정주, 『한국사 천자문』, 포럼, 2007.

함석헌, 『뜻으로 본 한국사』, 한길사, 2006.

황현(저), 허경진 역, 『梅泉 黃玹 詩選』, 평민사, 2020.

황현(저), 정동호 역, 『매천야록』, 일문서적, 2011.

황호덕, 『근대 네이션과 그 표상들』, 소명출판, 2005.

허경진, 『조선의 르네상스인 중인』, 랜덤 하우스 코리아, 2008.

허경진, 『조선 위항문학사』, 태학사 1997.

허경진, 『평민 열전』, 웅진북스, 2002.

허동욱, 『한국사』, 박영사, 2019.

허정, 『월간과학』, "지석영", 계몽사, 1993.

화랑세기(花郎世記).

홍태한, 『한국의 무가』 1, 민속원, 2004.

저자약력

김숙복

강원도 삼척에서 출생하여 대구로 유학을 떠나 계명대학교 사범대학 교육학과를 졸업하고 동 대학교 대학원 교육학과 철학을 전공하여 석, 박사과정을 수학하였다. 또한 동 대학에서 교양 및 교직과목 강의를 시작으로 가톨릭 상지대학교, 계명문화대학교, 대경  대학교, 영남외국어대학을 거처 현재는 경북과학대학교 겸임교수와 창원문성대학교에서 후학들을 가르치고 있다.

대표적인 저서로는 『학교폭력의 예방과 대책』, 『생명존중을 위한 자살 예방론』, 『고대, 중세로 떠나는 서양 철학사』, 『근대, 현대로 떠나는 서양 철학사』, 『대학생들을 위한 쉽게 풀어 쓴 손자병법』, 『국제사회와 인권』 등이 있으며 논문으로는 "R.S. Peters 교육철학에 있어서 자유와 교육", "다산 정약용의 교육사상연구", "조선후기에 있어서 실학과 교육", "간호대학생의 폭력에 대한 대처양식과 현장실습적응" 등이 있다.

정일동

연세대학교 대학원에서 정치학을 전공하였고, 계명대학교 대학원에서 교육학 박사과정 재학 중에 있다. 국회 국방위원정책토의에 참가하였고 다국적군 전투실험국제콘퍼런스에 참석하였으며 인성교육진흥협회에서 활동하였다. 한국연구재단위원으로 있었으며 현재는 경북과학대학교에서 군사학과장으로 재직하고 있다.

저서로는 『생명존중을 위한 자살 예방론』, 『근대, 현대로 떠나는 서양철학사』가 있으며 논문으로는 "작전실시간 대대급 전장상황파악수준 향상방안", "미래 보병부대 방어 작전간 기동수단을 활용한 전투수행", "적 상황에 대한 전장가시화 향상방안", "대대급 지휘통신운영의 효율성 증대방안" 등이 있다.

정윤화

계명대학교 대학원 간호학과 석, 박사과정을 수학하여 취득하였고 동 대학교 간호학과, 가톨릭 상지대학교에서 강의하였으며 현재는 경북과학대학교 간호학과 교수로 재직하고 있다. 칠곡군 정신건강심의(심사)위원회 위원, 칠곡군 정신건강복지센터 운영위원회 위원으로 활동하고 있다.

대표적인 저서로는 『정신간호학 및 실습지침서』, 『정신건강간호학 제2판』, 『간호정보학』, 『인간관계와 커뮤니케이션』, 『정신건강간호학 제2판』, 『정신간호학 및 실습지침서』, 『원리 및 실무 중심의 정신건강간호학』, 『국제사회와 인권』 등이 있으며 논문으로는 "간호대학생의 폭력경험, 대처양식 및 회복탄력성이 정서반응과 임상실습스트레스에 미치는 효과", "간호대학생의 분노표현, 우울이 대학생활 적응과 대인관계에 미치는 영향", "간호대학생의 분노표현방식, 회복탄력성이 대학생활 적응에 미치는 영향", "간호대학생의 폭력에 대한 대처양식과 현장실습적응", "간호대학생의 임상실습 폭력예방 프로그램의 개발 및 효과", "간호대학생의 폭력 예방 프로그램 중재 후 경험(포커스 그룹 인터뷰)", "간호대학생의 간호 전문직관 관련 변수의 경로 분석", "2020년 The development and effectiveness of a clinical training violence prevention program for nursing students(IJERPH)", "응급실 간호사의 요통에 따른 우울과 일상생활 활동 장애의 매개 효과(문화기술의 융합)" 등이 있다.

저자와의
합의하에
인지첩부
생략

자랑스러운 우리의 역사 2

2025년 2월 28일 초판 1쇄 인쇄
2025년 3월 4일 초판 1쇄 발행

지은이 김숙복 · 정윤화 · 정일동
펴낸이 진욱상
펴낸곳 (주)백산출판사
교 정 박시내
본문디자인 오행복
표지디자인 오정은

등 록 2017년 5월 29일 제406-2017-000058호
주 소 경기도 파주시 회동길 370(백산빌딩 3층)
전 화 02-914-1621(代)
팩 스 031-955-9911
이메일 edit@ibaeksan.kr
홈페이지 www.ibaeksan.kr

ISBN 979-11-6567-991-0 03900
값 22,000원